부산외국어대학교 아세안연구원 연구총서

700년의 싱가포르 역사

과충관 · 데릭 헹 · 피터 보쉬버그 · 탄타이용 **지음**
박장식 · 강민지 · 이정은 · 하정민 **옮김**

진인진

저작권 표시 및 사사표기

본 역서는 *Seven Hundred Years: A History of Singapore* by Kwa Chong Guan, Derek Heng, Peter Borschberg, and Tan Tai Yong (2019년)의 발행처인 싱가포르국립도서관(National Library Board of Singapore)이 한국어판 저작권을 제공하여 출판되었음.

이 역서는 2021년 대한민국 교육부와 한국연구재단의 지원을 받아 수행된 연구임 (NRF-2021S1A5C2A01087076).

차 례

저자 서문

본서는 정확히 10년 전에 출간된《싱가포르: 700년의 역사 – 초기 제국부터 세계도시까지》를 완전히 다시 저술한 것이다. 새로 합류한 피터 보쉬버그(Peter Borschberg)와 원저자들은 래플스 도래 200주년을 기념하여 싱가포르가 그의 도착 이전 500년의 역사가 더 있다고 상기할 필요를 느꼈다. 이 책은 래플스가 싱가포르에 영국 거점을 설치하였던 의미를 재고해 보려는 시도이다.

이 새로운 책의 출간에 도움을 주었던 '싱가포르 200주년 기념사무소'에 감사를 드린다. 기념사무소의 집행이사 진 탄(Gene Tan)과 그 직원들의 격려와 풍족한 지원이 없었다면, 이 책의 저술 기간은 더 오래 걸렸을 것이다. 특히 4명의 공동 저자의 이질적인 스타일을 짜임새 있고 가독성 있는 이야기로 엮어낸 얍쿤홍(Yap Koon Hong)의 편집 능력을 높이 평가한다. 추가 집필된 박스 스토리는 쿤홍(Koon Hong), 조수아 심(Joshua Sim), 샤피아 자파르(Syafiqah Jaffar)를 비롯한 100주년 기념 사무소의 콘텐츠 팀 직원들이 기여하였다. 또한, 책 제작의 마지막 단계를 조율해 준 창유에시앙(Chang Yueh Siang)의 노고에도 감사드린다. 프로젝트 관리를 주도한 국립도서관위원회의 출판 과정에 대한 지원과 감독에 감사함을 표한다. 최종본이 나오기까지 여러 초고의 작업 과정에서 편집을 도와준 리걱보이(Lee Geok Boi)와 탄리젠(Tan Li Jen)에게 감사의 마음을 전한다. 마지막으로, 글렌 레이(Glenn Wray)는 마샬 캐번디시 출판사의 우리 책 출판 과정에서 효율적이고 너그럽게 조율해 주었으며, 이에 감사드린다.

이 책은 싱가포르의 오랜 역사에 대해 우리가 수집한 증거와 우리의 성찰 그리고 그 자료에 대한 글을 요약한 것이다. 이제 우리는 10년 전보다 싱가포르의 700년 역사를 서술하기 위해 더 명확한 선형적이자 순환적인 시간 프레임과 더 깊이 있는 역사 정보를 제시할 수 있는 위치에 서있다. 이 책이 1800년 이전 싱가포르의 역사적 발전을 1800년 이후의 발전에 연결하려 했던 트레고닝과 텀불의 도전보다 훨씬 설득력 있는 대응이 되길 희망한다.

또한, 싱가포르의 과거를 영국 식민지 역사의 일부로 만드는 유럽의 관점이 아닌 아시아의 관점에서 역사를 서술해야 한다는 트레고닝의 또 다른 도전에 부응하고자 노력했다. 사료를 자세히 검토해 보니, 싱가포르 자율사의 기초적인 줄거리 또는 주제는 정착지나 도시의 발전을 도모한 항만 또는 항구의 변화와 진화에 있을 수 있다는 것이었다. 싱가포르 역사의 기술은 주로 래플스가 건설한 항구의 성장에 따른 서비스 제공을 위해 등장한 도시에 초점을 맞춰 왔다. 그러나 우리의 재구성에 따르면, 싱가포르의 오랜 역사에서 적어도 두 번은 싱가포르섬에 정착지와 함께 항구나 항만이 번창하였다. 이러한 항만 정착지와 항구도시 또는 오늘날 번성하는 글로벌 도시를 연결했던 것은 긴 시간에 걸친 남중국해와 인도양의 해양 역사를 의미한다. 따라서 싱가포르 역사는 바다에서 싱가포르를 바라보는 시도이다.

이 책에 삽입된 이미지의 대부분은 국립아카이브, 국립도서관, 국립유산위원회 박물관의 소장품에서 가져왔다. 이 삽화들은 우리 역사에 대한 국가 컬렉션의 범위와 깊이를 나타낸다. 이미지, 특히 지도는 텍스트를 보완하는 보조 자료나 삽화가 아니라, 싱가포르 역사의 재구성에 꼭 필요한 증거이다. 이 지도와 이미지에 담긴 것이 바로 싱가포르 역사이다.

과총관·데릭 헹·피터 보쉬버그·탄타이용
2019년 4월 27일

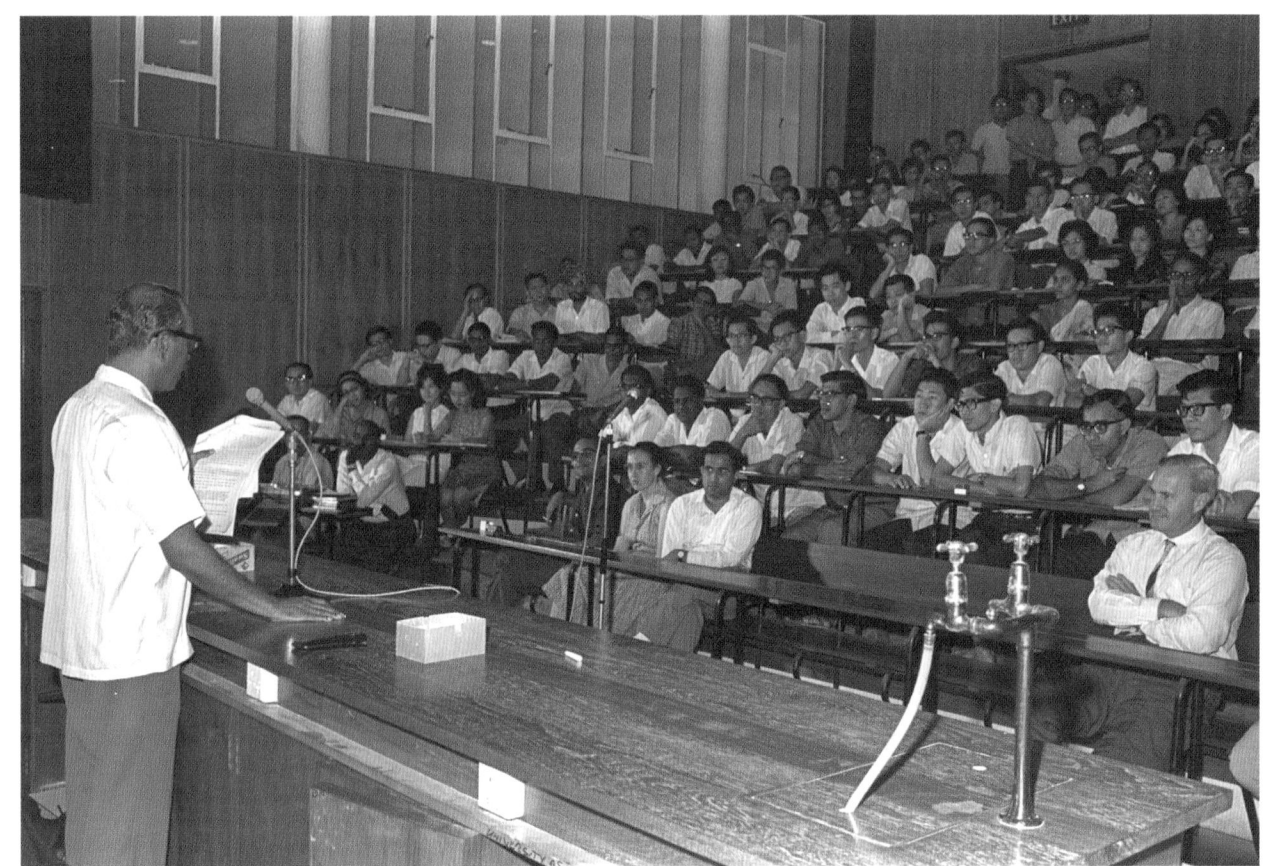

1964년 싱가포르국립대의 싱가포르역사학회에서 연설 중인 라자라트남. 그는 자신이 목격한 대로 싱가포르의 역사를 썼고 건국의 참여자였다. 그의 저서인 《싱가포르 독립을 향한 투쟁에 있어서 국민행동당의 역사》는 오늘날 '싱가포르 이야기'의 시작이었다. 래플스 석좌교수인 트레고닝이 앞줄 맨 오른쪽에 앉아 있다.

서론

싱가포르의 역사 쓰기

현대 싱가포르는 1819년에 시작되었다. 그 이전에 싱가포르에서 일어난 일들은 현대 싱가포르를 이해하는데 특별한 관련이 없으며, 고고학적 관심사에만 해당한다.

싱가포르국립대학교 역사학과 래플스 석좌교수였던 트레고닝(K. G. Tregonning)은 스탬퍼드 래플스 경(Sir Stamford Raffles)의 싱가포르 도착과 영국 무역관 설립 150주년을 기념하여 1969년 발행된 책에 기고한 글에서 위와 같이 표명했다.

트레고닝 교수의 발언은 싱가포르 과거에 대한 50년 전 역사가들의 일반적인 인식을 반영하는 것이었다. 1906년 해협식민지(Straits Settlements) 총독 프랭크 스웨튼햄(Sir Frank Swettenham)이 래플스가 없었다면 싱가포르는 '동쪽 바다'의 보석 같은 항구가 될 수 없었다고 말한 것처럼, 역사가들은 싱가포르 역사에 대한 그런 영국적 시각을 되풀이하였다.

1819년 이전에는 싱가포르가 역사적으로 실체가 없었다는 견해는 식민지 시대의 저명인사들이나 그들보다 더 까다로운 학계 인사들에게만 국한된 것이 아니었다. 사실 싱가포르가 대중적 관심을 얻게 된 것은 독립 후 약 20년 이후라고 확인된다. 1987년 인민행동당(PAP, People's Action Party)의 공동발기인이었던 라자라트남(S. Rajaratnam)은 싱가포르의 시작을 전적으로 래플스의 도착으로 돌렸다. "래플스가 바로 이곳 유망하지 않은 섬에 상륙하기 전에는 싱가포르에 별다른 일이 없었던 것 같다."라고 말했다.

래플스의 싱가포르 도착 200주년을 기념하는 지금, 싱가포르의 역사에 대한 우리의 이해는 여전히 그런 상태일까? 머리글에서는 트레고닝 선언의 배경을 살펴보고, 싱가포르의 역사에 대한 우리의 이해와 저술이 현재 어떤 상태인지 살펴보고자 한다.

식민지의 시작

말레이 역사, 언어, 문학에 관한 당대 최고의 학자이자 식민지 행정가였던 리처드 윈스테트(Richard Winstedt) 경에게 싱가포르는 제2차 세계대전이 끝나고 영국이 복귀하여 말레이 국가들을 입헌적인 말라야연합(Malayan Union)으로 재편하기 전까지는 현지 역사가 존재하지 않았다고 여긴다. 싱가포르는 말라야연방 구상에서 제외되어 별도의 영국 직할식민지(Crown Colony)가 되었다. 바로 그때 서야 비로소 싱가포르는 자체 행정부를 갖게 되었고, 그것과 함께 말라야연방(Federation of Malaya)과는 별개의 역사를 쓸 수 있게 되었다고 윈스테트와 그를 계승한 턴불(C.M. Turnbull)과 같은 식민 관리들은 생각했다.

역사학자이기도 한 윈스테트는 싱가포르에 래플스 이전의 과거가 있었다는 사실을 잘 알고 있었다. 1928년 포트캐닝(Fort Canning)에서 발견된 14세기 금 장신구에 대해 가장 먼저 기술하여 세상에 알렸고, 그것은 이후 국보로 지정되었다. 4년 후, 그가 쓴 획기적인 말레이 역사에서 싱가포르를 조호르(Johor)의 일부로 간주했다. 말라카(Melaka) 왕실의 중요한 실록인《말레이연대기(Sejarah Melayu)》의 영어번역본을 1938년 내놓으면서 싱가포르를 더 이른 시기인 15세기의 말라카 영토로 인식하였다.

윈스테트와 그의 말레이 식민 관리들은 왜《말레이연대기》에서 읽었던 역사와 포트캐닝 언덕에서 발굴한 장신구를 그들이 지배하던 20세기 영국령 말라야와 연결하지 못했을까? 이 문제는 래플스 시대로 거슬러 올라간다. 래플스는 여러 편지에서 싱가포르에 오게 된 동기를 말레이 역사 연구라고 밝혔다. 그는 싱가포르에 도착하기 전 600년 동안 버려

둔 것이 확실한 '말레이인의 고대 해양 수도'가 싱가포르라고 보았다. 싱가포르의 두 번째 상주행정관(Resident)이었던 존 크로퍼드(John Crawfurd)도 이에 동의했다. 그는 1856년에 출간한 《인도 제도 및 인접 국가에 대한 설명 사전》(Descriptive Dictionary of the Indian Islands & Adjacent Countries)에서 다음과 같이 언급했다.

> 싱가포르는 1811년이 되어서야 섬의 명칭이 생겼고, 가난하고 약탈적인 말레이 어부들의 한 마을을 제외하고는 1819년 2월 6일까지는 원시림으로 덮여 있었다.... 약 5세기 반 동안 싱가포르가 점령되었다는 기록은 없으며, 해적들의 일시적인 휴양지였을 뿐이었다.

1819년 2월 6일, 황량하고 인적이 드문 섬에 래플스가 영국 기지를 세우면서 싱가포르 역사의 모형이 만들어졌다. 영국 통치가 '유럽인 인도 시장' 가운데 4위를 차지할 만큼 싱가포르의 급성장을 이끌었다는 크로퍼드의 말은 그런 역사적 주문(mantra)을 생각하게 한다.

싱가포르의 식민지 역사 쓰기

1919년까지 대영제국(British Empire)의 항구도시로 성장하여 영국령 말라야(British Malaya)의 수도로 성장한 싱가포르의 모습은 1949년에 설립된 말라야대학교(University of Malaya)의 역사학과 출신 학생들이 구체화하기 시작했다. 그 학생들은 자신들이 연구하고 집필하는 말라야와 싱가포르의 역사가 EIC와 식민지청에 보관된 기록으로 입증해야 한다는 사실을 배웠다. 그 기록은 영국 통치의 관점을 철저하게 지켰던 윈스테트를 비롯한 식민지 시대의 관리들이 여러 세대에 걸쳐 만들어낸 산물이었다. 필연적으로 이 학생들은 아시아 세계의 일부가 아닌 EIC와 대영제국 내에 통합된 싱가포르를 그려냈다.

트레고닝 및 싱가포르의 저명한 역사학자 턴불을 포함하는 그의 동료들은 제2차 세계대전 이후 저물어가는 제국에서 싱가포르와 말라야의 위치를 명확히 표현했다. 그들의 역사는 말라야와 싱가포르의 독립을 위한 영국의 준비 과정과 임박한 권력 이양에 대한 각 지역의 대응 방안을 살펴보았다. 1975년 턴불은 선구적인 저서인 《싱가포르의 역사:

1819-1975(History of Singapore: 1819-1975)》를 출간하였는데, 말레이 식민지 관리와 이후 대학교수로서 20년 동안 관찰했던 싱가포르 역사를 영국 식민주의의 긍정적 결과물로 간주했다.

실제로 싱가포르 초대 외무장관을 역임한 라자라트남을 비롯한 건국 지도자들은 현대 싱가포르의 탄생에 있어서 영국이 차지하는 지위를 인정했다. 1984년, 그는 이렇게 천명하였다.

1965년 독립을 성취한 후 싱가포르 건국의 아버지를 누구로 선언해야 하는지에 대한 논쟁이 있었다. 이 논쟁은 정부가 스탬퍼드 래플스 경에게 무게를 싣고 그를 싱가포르의 건국자로 공식 선언하면서 바로 종결되었다. ... 래플스를 근대 싱가포르의 창시자로 지목함으로써 우리는 역사적 사실을 인정하였다. 이와 달리 주장하려는 것은 역사를 왜곡하는 일이며, 이는 태양이나 달, 혹은 늑대나 방탕한 그리스 신들에게서 후손이 나왔다고 주장하는 것만큼이나 정직하지 못한 일이다.

다시 말해, 독립 싱가포르는 EIC의 한 관리로 인해 존재할 수 있었다.

식민지에서 국가 역사로, 그리고 그 너머로

라자라트남은 과거에 대한 공감을 가졌던 비전을 지닌 정치인이었다. 그는 싱가포르의 식민지 역사와 그것이 현재에 미치는 영향에 대한 대중의 인식을 형성하고자 노력했다. 1987년 연설에서 그는 이렇게 선언하였다.

우리의 역사가 비록 1819년에 시작되었다 할지라도, 이 짧은 과거가 싱가포르와 싱가포르 국민을 지금의 모습으로 만들었으며, 싱가포르의 과거는 우리의 미래를 만들고, 국가 정체성을 위한 중요한 요소를 제공할 것입니다.

영국령 말라야의 핵심 부분으로 싱가포르를 인식하는 식민지역사를 배웠던 라자라트남과 그의 동료들에게는 1963년 말레이시아 출범을 위한 합병은 1945년 영국이 말라야연합에서 싱가포르를 강제 분리했던 사실을 무효로 하는 일이었다. 이후 1965년 싱가포르가 말레이시아에서 분리된 것은 라자라트남 세대가 극복해야 했던 일종의 비극이었다. 싱가포르의 건국 총리 리콴유(Lee Kuan Yew)가 우려했던 것처럼 분리된 싱가포르가 붕괴하여 '말레이시아로 다시 기어들어 갈 것'이라는 고정관념을 부정하고 분리의 망상을 떨쳐내야만 했다.

이처럼 역경을 딛고 이룩한 싱가포르의 생존은 국가 역사의 토대가 되었다. 1973년 라자라트남은 싱가포르가 '동남아의 무역 도시이자 그 지역의 시장'에서 '새로운 부류의 도시, 글로벌 도시'로 탈바꿈했기에 생존이 가능했다고 말하였다. 또한, 그는 냉전 종식으로 촉발된 새로운 글로벌화 사이클과 여러 글로벌 도시가 연계된 세계 경제가 등장하기까지 20년이 더 걸릴 것이라는 선견지명을 내세워 공언한 것이었다.

리콴유의 1998년 회고록《싱가포르 이야기(The Singapore Story)》에서 싱가포르의 식민지 역사가 국가적 내러티브로 변화하는 과정을 볼 수 있다. 다른 국가의 역사와 마찬가지로《싱가포르 이야기》도 프랑스 혁명 이후 19세기 중반으로 거슬러 올라가는 유럽의 초기 유행을 반영하고 있다. 토마스 매콜리(Thomas Macauly, 1800-59), 쥘 미셸(Jules Michelet, 1798-1874), 조지 뱅크로프트(George Bancroft, 1800-91) 등 당대의 역사가들은 과거의 직접성(immediacy)을 현재에 접목하여 자신의 국가 역사를 집필했다. 그들은 자신이 경험했던 다소 충격적이기도 한 변화와 개혁에 대해 열정적인 주장을 펼쳤다. 매콜리는 영국 역사를 인류 진보의 이야기로 해석하는 휘그당(Whig)의 해석을 일찍이 적극적으로 지지했다. 1819년 이후 경제 발전, 진보, 근대화에 관련된 유사한 정신이《싱가포르 이야기》의 근간이 되었다.

《싱가포르 이야기》는 싱가포르가 제3세계에서 제1세계로 부상하는 과정을 설명하는 데 큰 도움이 되었다. 그러나 그 이야기의 변형적 성공 속에는 국가와 도시국가로서의 싱가포르 역사에 관한 여러 의문이 내재하고 있다. 그중에 한 쟁점은 다음과 같은 질문들이다. 성공적인 경제 발전과 진보를 통해 어떤 종류의 국민국가가 탄생했는가? 자유-자본주의적이며 민주적인 국가인가, 아니면 개인보다 공동체 권리를 강조하는 아시아적 가치를 우선시하는 근대 아시아 국가인가?

또 다른 쟁점은 도시국가로 성공을 거둔 싱가포르의 역사가 글로벌 세계 속에서 전도양양한 세계 도시로 부각하고 있는 싱가포르의 역사와 양립할 수 있는지에 관한 것이다. 한 국가 및 도시국가로서의 싱가포르 역사는 1819년 식민지 건설과 함께 시작된 반식민주의적이고 국민주의적인 독립 투쟁의 산물이며, 그 이전의 역사와는 아무런 관련이 없다. 하지만, 1819년은 싱가포르가 글로벌 도시로 부상한 역사의 시작이기도 할까? 글로벌 도시의 정의 및 그 역사적 정착 과정을 어떻게 보느냐에 따라 다양한 답이 나올 수 있다.

국가이기도 한 도시는 아테네 등의 그리스 도시국가, 베니스 같은 전근대 이탈리아 도시, 북해와 북유럽 지역의 한자 동맹(Hanseatic League), 고대 중국 춘추전국 시대의 도시들을 떠올리게 하는 걸출한 역사가 있다. 그러나 근대 세계에서 그들의 위치와 역할은 무엇인가? 바티칸 시국과 모나코에 이어 오늘날 세 번째 도시국가인 싱가포르의 미래는 무엇인가?

라자라트남의 동료이자 독립 싱가포르의 경제 설계자였던 고켕쉬(Goh Keng Swee) 부총리는 그 쟁점을 걱정했다. 고켕쉬는 1967년 좋은 평가를 받지 못했던 에세이 '근대화된 도시(Cities as Modernisers)'에서 20세기 후반 아시아 수도들은 유럽 제국주의의 교두보로 시작했다고 주장했다. 고켕쉬는 이러한 도시들이 "독립을 성취한 국가 정부 아래서 촌락을 변화시키는 역동적인 근대화 과정의 전초기지로 변모해야 한다."라고 주장했다. 또한, 도시는 배후지의 창조물이 아니라 그 반대인 창조자가 되어야 한다고 했다.

고켕쉬는 싱가포르의 경제 배후지인 말레이반도의 발전은 싱가포르 자본이 재정 지원을 하고 싱가포르의 '경영 능력'으로 성장했으며, 1967년 이후에도 싱가포르가 말레이시아(Malaysia), 수마트라(Sumatra), 칼리만탄(Kalimantan)의 무역 중심지 역할을 당연하게도 계속했다고 회고했다. 싱가포르가 이웃 국가들이 더 큰 비용을 들여 자체 개발하지 않고,

자신의 서비스를 계속 사용하도록 설득하지 못한 것을 아쉬워했다. "우리는 배후지와의 무역 관계를 유지하기 위해 가능한 모든 노력을 다하면서도, 인근 지역 이외의 국가에 서비스와 상품을 제공하여 대외 경제 관계를 확장하려는 시도는 신중해야 한다."라고 고켕쉬는 결론을 맺었다.

항구이자 도시로서의 싱가포르 역사

이 책은 싱가포르국립대학교 역사학과에서 제공하는 학습 모듈에 근거를 두고 있다. 이 모듈은 영국의 항구도시였던 싱가포르가 1990년대에 글로벌 대도시로, 성공적으로 변모한 역사에 초점을 두었다. 이 모듈에서는 식민지 항구도시에서 야심 찬 글로벌 도시로 탈바꿈한 싱가포르 변화의 이야기가 그 과거를 이해하는 데 더 적합한 모델인지를 묻고 있다. 또한, 이 모듈은 항구도시 모델을 1800년대 이전에 적용할 수 있을지 그 여부를 모색했다. 1984년부터 포트캐닝 언덕과 그 주변에서 발굴된 고고학적 데이터와 같은 신선한 역사적 도구와 자료는 싱가포르의 14세기 항구도시에 대한 증거를 제공했다. 본서의 첫 3명의 집필진에 이어 넷째 저자로 참여한 피터 보쉬버그(Peter Borschberg)의 포르투갈, 스페인, 네덜란드의 기록과 지도에 관한 새로운 연구는 16세기 말부터 17세기 말까지 싱가포르에 번성했던 항구 정착지의 존재 및 포르투갈과 네덜란드가 중국을 왕래하는 자국 선박을 보호하기 위해 싱가포르에 요새 건설을 제안했던 사실 등을 입증하였다.

이 책은 싱가포르의 기록에 의한 가장 초기의 정착부터 현재에 이르기까지 싱가포르의 연대기적 역사를 서술한다. 13세기 말부터 21세기까지 700년에 걸친 싱가포르의 서사를 이야기하고, 그 전개 과정을 지방(local), 지역(regional) 및 글로벌 사건의 맥락에서 풀어보고자 한다.

우리가 역사를 인식하고 생각하는 방식은 역사를 연구하고 기록하는 방식에 영향을 받는다. 몇 가지 접근 방식이 떠오른다. 하나는 왕조 통치에 기반한 지속적이고 계승적인 역사로, 예를 들어 중국 역사나 말라카 왕들의 계보, 《술랄라투스-살라틴(Sulala us-Salatin)》 또는 《말레이연대기》에서 볼 수 있는 상세한 서술이다. 다른 하나는 목적론적인데, 싱가포르 이야기와 함께 19세기와 20세기 영국의 정사(canonical history)와 휘그당의 역사처럼 국가와 사회의 성공에 정점을 찍는 서사를 만드는 것이다. 세 번째 방식은 프랑스의 아날학파(Annales school)가 지중해 연안의 역사를 서술한 방식처럼 사회와 개인의 부침이 장기지속(longue durée, 역주-롱뒤레, 페르낭 브로델에 의하면 '인간 사회를 형성하는 구조적 요인들이 오랜 시간에 걸쳐 서서히 변하는 과정'을 의미함)에 걸쳐 발생했던 어떤 지리적 위치를 지닌 고정된 별의 역사에 초점을 두는 것이다.

싱가포르의 경우, 7세기에 걸친 서사를 구성하는 데는 여러 중요한 도전과제가 있다. 첫째, 국민국가라는 과제가 있다. 싱가포르는 지난 60년간의 자치에 근거해서 볼 때 장기간에 걸쳐 독립을 유지할 수 있을까? 싱가포르인은 독립적인 경제와 인구 유지와 밀접하게 관련이 있는 정치적 자주성을 계속 행사할 수 있을까? 궁극적으로 싱가포르의 이야기는 중앙집권의 개념에 기반을 둔 역사 위에 세워질 수 있을까? 이 책의 저자 중 한 명인 데릭 행(Derek Heng)은 식민지 해방 이후 국민국가의 등장에 대한 가장 중요한 이유로 일련의 사회문화적 규범을 통해 자신의 고유성을 확인하고 국경 내에서 주권을 행사하며 대외 문제를 스스로 결정할 수 있는 시민의 능력에 있다고 주장한다.

이러한 측면에서 일부 학자들은 지리적 분석 모델을 싱가포르의 과거, 특히 경제사에 적용했다. 존 믹식(John Miksic)과 웡린켄(Wong Lin Ken)은 칼 폴라니(Karl Polanyi)의 '무역항' 모형을 연상시키는 14세기 및 19~21세기 항구도시로서의 싱가포르를 재구성하여, 전문성을 지닌 행정부 및 무역과 상업을 제어하는 일련의 규칙을 갖춘 독립 국가가 자율적인 공간을 확보한 것으로 언급했다.

전통적인 기록물을 분석하여 19세기와 20세기를 연구하는 역사학자들을 대표하는 챵하이딩(Chiang Hai Ding)과 턴불은 싱가포르의 경제사를 분지적 즉 수상돌기식(dendritic) 모델로 구성했다. 이 모델에 따르면, 말레이반도, 수마트라 동부, 리아우-링가(Riau-Lingga) 군도의 집화 및 공급 거점에 거주하는 사람들은 각자의 주변 지역의 생산물을 핵심 수출 시장이었던 싱가포르로 보냈다. 그러면 그 시장에서는 외국 상품과 인력 등 국제 시장에서만 얻을 수 있는 자원을 그 집화 및 공급 거점에 제공하였다.

　최근에는 과거 싱가포르의 중심성을 주장하는 개념적 모델들이 등
장하였다. 예를 들어, 앤서니 리드(Anthony Reid)는 싱가포르를 국제도
시(cosmopolis)로 여겼다. 그는 지난 2세기 동안의 싱가포르 인구 통계
를 연구한 결과를 바탕으로 싱가포르의 정착지가 지닌 국제적 성격은
700년에 걸친 그곳 인구의 정착 과정에 의해 입증될 수 있다고 제시한
다. 먼저, 14세기 항구도시였던 싱가포르에는 정착민 속에 체류 외국인
이 존재하였다. 그러고 나서 지난 2세기 동안 식민지 항구도시로서 해
양 아시아와 대영제국의 영토에서 유입된 사람들이 거주했다. 그리고
가장 최근에는 주로 남아시아와 중국에서 새로운 이주민들이 몰려들고
있다.

　지리적 모델들은 싱가포르의 전략적 위치와 그 기능과 흔히 연관되
는 싱가포르 정착 역사의 중심성을 주장할 수 있었던 반면에, 인간의 거
주가 불연속적이며 '사건의 역사'(historical events 또는 histoire événemen-
tielle, 역주-롱뒤레에 대조되는 '단기적 사건 중심의 역사'를 의미함)의 진전을 이
루어지지 못했다는 사실, 즉 두 번째 과제에 답하지 못하고 있다.

　그리하여 싱가포르의 과거를 연대기적으로 합리화하는 것이 과제가
되었다. 피터 코클라니스(Peter Coclanis)와 같은 학자들은 싱가포르의
역사적 궤적 및 단절된 정착 역사를 반복적인 일련의 주기로 구성하여
불연속 시기를 연결하도록 지속성과 합리성을 사용하는 방법론을 제시
하였다. 롱뒤레(장기 지속)의 역사적 개념에서 영감을 얻은 이 접근 방식
은 해양 아시아의 자연환경에 있는 싱가포르의 지리적 위치가 지닌 시
간 초월성이라는 전제에 바탕을 두고 있다. 따라서 그 고정된 위치는 연
대기적 깊이와 연속성에 대한 근거를 제공한다. 코클라니스는 지난 700
년에 걸친 경제 글로벌화에 따른 세 가지 주기를 구별하였다.

　(1) 14세기부터 17세기 초까지, 명나라의 부상과 유럽 무역 국가들
　　　의 해양 아시아 진출이 특징임

(2) 19세기 초에서 20세기 초까지, 유럽에 대한 중국 무역의 중요성, 유럽 제국주의와 전 세계 제국주의 경제의 확립 및 거리 단축의 기술적 발전을 포함함

(3) 1950년대부터 현재까지, 미국 주도의 세계 경제 질서와 무역 및 인적 이동의 장벽이 낮아진 시기로 국경을 초월한 상법과 판결 절차가 정비되고, 교통과 정보 기술의 발달로 지리적 경계가 더욱 좁혀지면서 초지역적, 초국가적 정체성을 형성하는 데 큰 도움이 되었음

비슷한 경제적 맥락에서 보쉬버그(Borschberg)는 14세기 테마섹 시대, 16~17세기 조호르 술탄국(Johor Sultanate) 시대에 싱가포르에서 샤반다(Shahbandar, 항만관리인)가 항구를 운영하던 시기, 1819년 이후 대영제국 및 그 이후 독립 싱가포르 시대 등 세 가지의 서로 다른 시대를 구분하고 있다.

반면, 이 책의 네 명의 저자 중 첫 번째로 이름을 올린 과총관(Kwa Chong Guan)은 싱가포르의 정착 역사는 말라카해협(Melaka Straits)의 항구도시에 내재된 사회문화적 사상을 중심으로 이루어진 일련의 순환적 반향으로 구성되었다고 주장한다. 이 연속체는 수마트라 남동부 팔렘방의 스리위자야(7세기 후반)에서 시작하여 테마섹(14세기), 말라카(15세기), 조호르(16-18세기), 그리고 마지막으로 싱가포르(19세기 이후)로 이어진다. 이런 점에서 싱가포르는 광역의 지리적, 문화적 영역의 순환적 역사의 일부로 볼 수 있다.

과총관의 핵심적인 기준은 지역 간 환경에서 중심 지점이 수행하는 역할에 있으며, 싱가포르의 역사는 그 역할이 지역적으로 어떻게 확장 · 투영되었는가와 직접적인 관련이 있다. 경제적 글로벌화의 측면에서 보면, 싱가포르는 상업적 요충지였으며, 말레이계 지역 리더십이라는 일관된 사회문화적 개념의 관점에서 볼 때, 그 지역 주민(락얏, rakyat)에게 자치권 및 영향력을 행사하는 지배자(다울랏, daulat)가 존재하는 항구도시였다.

그러나 롱뒤레를 강조하면 대가(trade-off)가 뒤따른다. 그 광범위한 범위는 싱가포르의 역사에 시간적 깊이를 부여하지만, 동시에 서사의 미묘한 뉘앙스들을 흐릿하게 만든다. 경제적 글로벌화의 관점에서 보면, 13세기 후반부터 17세기 초까지의 싱가포르 역사는 하나의 순환 주기로 설명될 수 있지만, 그 300년 동안 최소 세 차례에 걸친 정착 단계 간의 차이는 불투명해진다. 마찬가지로 싱가포르의 역사를 연속적인 항구 정체(port-polity) 지배의 지역적 순환 패턴 속에서 이해할 수 있다고 하더라도, 이러한 구성적 생각은 모든 항구도시를 동일한 틀로 만들어 버린다.

둘째로 이러한 접근법은 단일 서사로 귀결되는 단일 시간라인을 횡단하는 단일 궤적보다는 다수의 서사가 나타나는 뚜렷하고 반복적인 역사적 궤적을 만든다. 여기서 롱뒤레 개념은 칼 핵(Karl Hack), 장-루이 마골린(Jean-Louis Margolin), 카린 덜라예(Karine Delaye) 등이 제기한 주장(테마섹에서 21세기에 이르는 싱가포르)과 맞닿는다. 즉, 싱가포르의 과거는 연속적이거나 동시에 전개된 여러 개의 분절된 역사로 구성되어야 한다는 것이다.

이러한 서사적 단절을 극복하기 위해, 역사학자들은 싱가포르 과거와 관련된 두 개의 핵심 시나리오를 연결해야 한다. 하나는 자율적 사회와 정착지이고, 다른 하나는 광역적 체계의 일부로 존재했던 사회와 정착지이다.

싱가포르의 자율 사회는 지금까지 테마섹 시대(13세기 말~14세기), EIC의 해협 정착지 시대(1819~58년), 독립 이후 시대(1965년 이후) 등 세 차례에 걸쳐 등장했다. 이 모든 시대 속의 사회는 자치적이었고, 상당한 경제적 독립을 행사했으며, 그들 거주민을 독자적으로 구성하였다.

이와 대조적으로, 다른 모든 시기에 있어서 싱가포르의 거주민과 수로는 말라카 및 조호르 술탄국(15-17세기), 리아우-링가 술탄국(18세기 말에서 19세기 초), 식민 지배기의 영국령 말라야의 수출 관문이자 행정 중심지(1864-1963년) 및 단명한 광역 말레이시아의 연방제 속의 주

(1963-65년) 등 더 큰 정체의 일부분에 속하였다.

이러한 싱가포르 역사에 대해 두 가지의 상반된 관점이 있다. 더 큰 정치적 실체에 포함되어 부분적이나마 지배를 받았던 과거가 존재한다면, 롱뒤레에 걸친 모든 역사적 서사는 때론 부가적일지라도 이런 종속적인 역사를 수용해야 한다. 그러나 마찬가지로 싱가포르도 상당히 정상적인 자치 시대를 경험했다는 인식이 있어서 이는 독립 이전에 국민국가의 역사가 존재했다는 사실을 암시하고 있다.

싱가포르의 과거를 이 두 가지 국면 간의 진동으로 접근함으로써, 싱가포르의 역사를 부침의 반복이나 서로 불협화음적이고 단절된 여러 개의 역사로 보는 대신, 하나의 통합된 역사적 궤적으로 제시할 수 있다. 중요한 점은, 이러한 결합 접근으로 인하여 싱가포르가 더 큰 정치적 실체의 일부였던 시대들도 싱가포르 역사 속에서 정당한 위치를 차지한다는 사실을 인정한다는 것이다. 그런 시대들은 지역사나 국제사의 각주로 처리하지 않고, 싱가포르 역사 서술의 정당한 지위를 부여하고 전면에서 다루어야 한다.

세 번째 과제는 싱가포르의 정착 기록의 결여에 있다. 싱가포르의 역사는 13세기 후반에 시작되었을 가능성이 있지만, 싱가포르 역사의 시작점을 결정짓는 핵심적인 요소는 그 이전의 정착 사실의 부재가 아닌 정착과 관련된 신뢰할 만한 사료가 없다는 사실에 있다. 이와 유사하게, 15세기 이후부터 싱가포르의 거주 관련 역사는 정착 기록이 거의 없는 암흑기에 접어든다. 보쉬버그는 유럽인의 기록과 지도를 망라하는 당대의 기록에는 정착에 대한 언급이 간간이 있지만, 자세한 설명이 없다는 점을 지적한다.

그렇다고 해서 싱가포르의 과거가 결과적으로 지역사 및 세계사 속에서 희미해졌다는 의미는 아니다. 서부 자바해(Java Sea), 말라카해협, 남부 시암만(Gulf of Siam)의 지정학적 변화 및 유럽 열강과 동남아 왕국 간의 전략적 해상 경쟁이 16세기부터 19세기 초까지 발생했다. 동남아 및 동아시아도 유럽과 중동의 지정학적, 경제적 경쟁과 군사적 충돌의 영향도 받았다.

그리고 헹(Heng)이 주장했듯이 서기 첫 천년 후반에서 2천 년 사이에 적어도 7세기 후반부터 동남아와 말라카해협에서 600년 동안 지속된 해상왕국 스리위자야의 등장과 함께 중요한 경제적, 지정학적 발전이 시작되었다. 이러한 발전 양상은 남아시아 촐라(Chola) 왕조(10세기 후반-11세기 초), 중국의 송(10세기 후반) 및 이에 따른 중국 해상 무역 및 해운의 발전(11-13세기)의 부상과 해군력 확대를 포함하는 더 큰 아시아 해상 발전에 더해질 수 있다. 그 이후 시대에서도 끄디리(Kediri), 싱하사리(Singhasari), 마자파힛(Majapahit) 등 동부 자바의 강력한 국가들의 흥망성쇠를 목격하였다. 자바해, 남중국해(South China Sea), 벵골만(Bay of Bengal)이 수렴하는 위치한 싱가포르와 그 주변 해역은 당시에는 두드러진 정착이 없는 것처럼 보였지만, 이러한 발전을 경험했을 것이며, 그 발전의 일부였을 가능성이 크다.

지난 10년 동안 역사가들은 이러한 희박한 정착 시대를 싱가포르의 과거에 통합하려고 노력해 왔다. 16-18세기의 싱가포르에 대하여 지금까지 알려지지 않은 기록 자료와 지도를 참조했던 보쉬버그의 독창적인 연구는 '전략적 위치/경합 공간'(strategic location/contested space) 접근법을 제시하고 있다. 그는 싱가포르의 과거를 섬 자체뿐만 아니라 섬 주변 해역에서 벌어진 일련의 합류와 갈등(confluences and conflicts)으로 구성할 것을 제안한다. 싱가포르의 역사와 주변 해로를 생각할 때 반드시 인간의 개입을 중요한 요소로 여길 필요가 없다고 그는 주장한다.

이러한 점에서 싱가포르의 역사는 싱가포르의 지리적 공간을 둘러싼 문화적 영향, 상품 및 물류 네트워크의 경제적 유통 및 군사 시설과 해상 분쟁과 관련된 전략적 구상 등의 증거에 기반한 설명으로 이해될 수 있다. 따라서 그 결과적 인간의 경험은 근본적 원인(prima causa)보다는 '우연적' 결과로도 비롯될 수 있다. 이러한 접근 방식은 싱가포르의 과거가 다중적 계층과 복잡성 속에서 역사적으로 합리화될 수 있는 방식을 종합적으로 전제하고 있다.

새로운 사료의 발굴

싱가포르 이야기를 만드는 이러한 다양한 방법이 등장한 것은 오늘날 이용할 수 있는 다양한 역사적 정보 자료가 있기 때문에 가능한 일이다. 1970년대에는 기록 보관소가 유일한 사료 제공처였지만, 그 이후로 자료의 범위가 다음 네 가지, 즉 텍스트와 기록물, 고고학적 발굴물과 자료, 지도 자료, 과학 데이터 등으로 확대되었다.

텍스트와 기록물은 주된 정보 관련 사료이다. 전통적으로 영국의 기록보관소는 1819년 이전의 일부 정보가 간혹 등장하긴 했지만, 싱가포르 근대사에 관한 정보의 보고였다. 지난 20년 동안 포르투갈, 스페인, 네덜란드 기록보관소에서 1819년 이전의 싱가포르 역사에 관한 자료가 발견되었다. 이러한 자료는 특히 16세기부터 18세기 후반까지 거의 알려지지 않았던 역사적 사실을 조명하는 데 도움이 되었다. 마지막으로, 지난 10년 동안 특히 미 국무부에 의해 기밀이 해제된 미국 기록물은 2차 세계대전 이후 싱가포르 시대에 대한 새로운 정보를 제공해 주었다.

기록물이 구조적 역사 또는 국가적 관점의 역사를 재구성하는 데 있어 정보적 모태를 제공했다면, 1990년대 이후에는 사회적 관점에서 싱가포르 역사를 조명하기 위해 다른 유형의 서면 자료를 활용하려는 노력이 활발히 이루어지고 있다. 틈새의 역사, 사회문화사, 소외된 집단의 역사는 더 많은 풀뿌리 자료의 활용을 통해 등장했다. 여기에는 개인이나 사회단체가 소유하고 특정한 독자를 대상으로 한 신문들이 포함된다.

다른 출처로는 식민지 싱가포르의 빈곤층과 노동계급의 삶에 대한 세부 정보를 알려주는 검시관 기록 및 싱가포르 퍼라나칸(Peranakan) 커뮤니티의 것도 포함하는 문학 작품이 있다. 마지막으로, 구술 인터뷰는 최근 일반인에 대한 정보 수집에 있어 중요한 역할을 했다. 여기에는 제2차 세계대전의 풀뿌리 경험, 20세기 초의 이주 및 경제 경험, 전후와 독립 후의 사회적 경험 등이 포함된다.

일련의 저술은 사료로서 그 위상을 얻고 있다. 여기에는 19세기 이전의 지역 텍스트, 예를 들어 《세자라 믈라유(Sejarah Melayu)》와 《히카얏 항 투아(Hikayat Hang Tuah)》와 같은 법전과 근대 기록이 포함된다. 이전에는 역사학자들이 사실성의 결여와 환상적 이야기의 혼재로 믿을 수 없는 사료로 간주했다. 오늘날 이러한 텍스트는 특히 문화적 관점에서 싱가포르와 그 주변에서 일어난 역사적 사건에 대한 토착민 또는 현지인의 관점을 살펴볼 수 있는 자료로 사용되고 있다.《히카얏 압둘라 (Hikayat Abdullah)》나《투팟 알-나피스(Tuhfat al-Nafis)》와 같은 19세기의 텍스트조차도 동시대 유럽인의 기록에 대한 토착적인 대립적 관점을 제공한다. 이런 점에서 역사가들은 이러한 문헌 자료를 통해 현지의 관점을 얻고 주요 사건을 둘러싼 토착적 시대정신을 재구성할 수 있었다.

고고학 연구는 두 번째 사료를 구성한다. 19세기와 20세기 초반 사이에 고고학적 발견이 산발적으로 이루어졌지만, 1980년대 이후 고고학은 이제 역사 연구의 확고한 분야로 자리 잡았다. 1980년대와 1990년대에 이루어진 많은 연구는 주로 포트캐닝 언덕(Fort Canning Hill)과 싱가포르강의 북안을 아우르는 지역에서 14세기 싱가포르의 인류사에 초점을 맞추었다. 밀레니엄 시대에 접어든 이후 싱가포르 식민지 시대의 고고학적 연구는 싱가포르 시내, 식민지 시대의 싱가포르 타운 외곽 (아드마(Adma) 공원, 식물원(Botanic Gardens), 티옹 바루(Tiong Bahru) 포함) 및 풀라우 우빈(Pulau Ubin)과 센토사(Sentosa) 등과 같은 근해 섬에서 발굴이 진행되면서 그 중요성이 점점 더 커지고 있다.

발굴된 유물은 도자기, 작은 금속 제품, 동물의 유골, 유리 조각과 구슬 등 작은 유물로 구성되어 있으며, 식민지 시대 유적지 발굴을 통해 건물 형태도 발견되었다. 이 유물들은 역사가들이 싱가포르의 과거를 재구성하는 데 도움이 되는 데이터를 생성하는 데 필요한 사료가 된다. 첫째, 유물은 공간 사용과 다양한 인구 집단의 위치를 포함하는 싱가포르의 도시 정착사를 조명한다. 둘째로 그 유물은 거주민의 경제 활동과 미학을 포함한 물질 문화사의 명확한 이해를 돕는다. 셋째, 유물의 출처가 되는 해외 사료에 기초하여 거주민과 관련된 지역적, 국제적 연계성을 유추할 수 있다.

지난 10년 동안 지도는 특히 기록물이 드물고 물질문화의 증거가 없는 시대에 있어서 세 번째로 중요한 의미를 지닌 사료가 되었다. 지도는 해독하기가 그리 쉽지 않은데, 관찰자(즉, 지도 제작자)가 대상(즉, 장소)을 보고, 이해하고, 해석하고, 그래픽으로 표현했던 시각을 잘 파악할 수 있어야 한다.

지도는 주요한 세 가지 유형의 데이터를 제공한다. 첫째, 상호 연결된 공간의 거시적 수준의 지도에 특정 공간에 대한 지역 및 글로벌 관점 및 사용자가 중요하다고 생각하는 정보, 예를 들어 정박과 교역을 위한 수로와 항구 및 부두의 지식, 내륙을 향한 강가 접근, 특정 지역 생산의 경제 상품 등을 담고 있다.

둘째, 공간 사용과 관련된 미시적 수준의 데이터를 지닌 지도(가령, 도시 중심지의 지도 또는 토지 소유권을 나타내는 지도)는 도시와 정착지의 모습을 엿볼 수 있게 한다. 동일한 공간에 대한 다수의 지도가 존재한다면, 시간의 흐름에 따라 거주민들이 겪었던 변화를 파악할 수 있다. 도시 계획과 건축 청사진도 여기에 속한다.

셋째, 공간애 대한 상상과 관련된 지도를 살펴볼 수 있다. 이 지도에서는 채워 넣어야 할 빈 곳을 포함하여 육지와 섬의 크기와 위치가 지도 제작자의 주관적인 상상력의 근거가 되는 동시에 그가 참고할 수 있는 정보의 원천이 된다. 이는 지도 제작을 의뢰한 사람들의 미래 과제에 대한 인식, 새로운 공간을 편입하려는 의도, 공간의 최적 활용 방안에 대한 구상을 나타내기 때문에 중요하다. 또한, 외부인이 같은 공간을 비어 있거나 사용하지 않는 것으로 여기더라도, 이 지도들은 특별히 지역 거주민의 거주 정도나 공간 활용과 관련된 제작 의뢰자들의 지식이 지닌 한계를 보여준다.

넷째 최근 자료인 과학적 데이터는 기후의 역사적 변화를 보여주는 나이테 기록과 같은 환경 데이터가 포함된다. 또한 해변 동굴의 지층 데이터와 같은 경관 고고학 정보도 포함되는데, 이는 쓰나미나 대형 폭풍의 발생에 대한 통찰력을 제공해준다. 빙하의 얼음핵(ice cores)에서도 화분(pollen) 활동 수준에 대한 정보를 얻을 수 있으며, 이를 통해 세계

기후 시스템의 성격과 글로벌적인 식생 성장을 파악할 수 있다. 이러한 자료는 역사가들이 역사성의 주요 요인으로 여겨왔던 지정학적, 사회문화적 요인을 보완한다는 점에서 중요한 의미가 있다. 환경적 측면이 인간적 요인과 결합하여 과거는 물론 현재에도 인간 경험의 본질에 근본적인 영향을 미친다는 인식이 점증하고 있다.

이 네 가지 사료군은 모두 싱가포르의 정교한 역사를 구성할 수 있는 확고한 지식 기반을 제공한다.

본서의 구성

이 책은 지난 700년 동안의 싱가포르 역사를 연대기적으로 서술하고 있으며, 지난 60년간의 역사학자들의 집단적 연구 성과의 결과물이다. 이 책은 싱가포르의 과거, 즉 싱가포르 및 그 주변 해양 환경에서 일어난 주요 발전에 대한 외부적 영향의 정도, 그리고 싱가포르와 그 사람들이 외부 세계에 미친 영향 간의 상호 관계를 보여주기 위해 가장 최신의 연구 성과를 종합하였다.

이 이야기는 일곱 개의 장으로 구성되어 있으며, 각 장은 약 100년의 역사를 다룬다. 얼핏 보기에는 단순히 연대상의 편의를 위한 구분처럼 보이지만, 사실은 싱가포르 안팎의 주요한 역사적 발전을 반영한다. 이런 점에서 각 장은 싱가포르의 역사적 경험을 지역적으로나 세계적인 맥락 속에 두고, 비록 단절이 있을지라도 일곱 세기에 걸친 싱가포르의 연대적 서사를 하나로 묶는 역사적 맥락이 존재함을 보여주고자 한다.

제1장은 싱가포르에서 알려진 가장 초기의 정착지 및 서기 1천년대와 2천년대 초에 해양 동남아의 하천 환경 속에서 해안 정착지가 어떤 조건 속에서 형성되었는지를 탐구한다. 이 장은 싱가포르 최초로 역사에 기록된 정착지인 테마섹을 복원하고, 해양 아시아의 지정학적, 경제적 상황 속에서 자율적인 항구정체(port-polity)가 어떻게 형성되었는지, 도시 정착지의 성격과 구성 및 정치적, 사회적 특징을 살펴본다. 마지막으로, 14세기 말경 테마섹의 자율성이 종식된 요인, 즉 환경적 긴급 상황, 중국의 지정학적 변화 그리고 타이만 연안과 자바의 지역 강국들의

부상 등을 검토한다.

　제2장은 싱가포르를 15세기에서 16세기 초의 말라카 술탄국에 포함한다. 이 장은 싱가포르가 지역 강국들(시암의 아유타야(Ayutthaya)와 자바의 마자파힛)과 부상하던 명(明) 왕조의 지정학적 움직임 속에서 정치적 자율성을 잃고 말라카 술탄국에 편입되는 것으로 시작한다.

　이 장은 싱가포르 주민들, 특히 오랑라웃(Orang Laut)이 말라카의 정치 공동체 속으로 어떻게 통합되었는지를 살펴보며, 싱가포르가 말라카 시장을 보조하는 하위 항구로 격하된 과정을 보여준다. 이 과정에서 이 장은 말라카 해협에 관해 중요하지만, 모순적으로 보이는 세 종류의 사료와 그 역사학적 수수께끼 속의 싱가포르 지위를 고찰해 보고자 한다.

　제3장은 1511년 포르투갈의 말라카 정복 이후, 조호르 술탄국이 그 뒤를 이은 16세기 초 싱가포르의 역사를 다룬다. 이 시기 싱가포르 역사는 이중적 성격을 지니고 출발한다. 그것은 말라카해협에서 무역과 정치적 위신을 두고 벌어진 조호르와 아체(Aceh)의 경쟁 구도 및 동남아 및 남중국해 연안에 포르투갈-스페인 제국과 네덜란드 동인도회사(VOC)가 불시에 등장하는 맥락이다.

　이 장은 조호르 술탄국의 네트워크 안에서 싱가포르가 샤반다의 징세 기지이자 해상세력 기지로서 직면한 도전을 살펴본다. 동서 무역이 포르투갈, 스페인, 네덜란드의 국가 주도 상업망을 통해 점점 더 통합됨에 따라 싱가포르 주변 해역은 더욱 중요해졌다. 동시에 서구의 지도 제작과 항해 지식의 최전선이 체계적으로 확대되었다. 이러한 발전의 양상은 17세기가 시작될 무렵 싱가포르 주변 해역에서의 치열한 갈등과 경쟁으로 절정을 이룬다.

　제4장은 싱가포르의 지리-전략적 역사를, 유럽의 80년 전쟁(1567 – 1648년)과 30년 전쟁(1618 – 1648년)을 포함한 포르투갈, 스페인, 네덜란드 공화국 등 유럽 해양 강국 간의 해상 충돌의 무대로서, 그리고 유럽과 글로벌 갈등 속에서의 그 역할로 다룬다. 이 장은 싱가포르의 인간

거주 역사가 쇠퇴하는 와중에도 유럽 열강에는 군사적으로 점점 더 매력적인 전략 거점이 되어가는 역설을 기술한다. 17세기 초 싱가포르 남해안 항구의 존재를 보여주는 허술한 지도와 파편적인 고고학적 단서들은 17세기 중반에 들어 기록된 정착 활동의 부재로 바뀌며, 이는 싱가포르 남단의 거버너즈해협(Governor's Strait) 발견과 일치한다. 이 시점부터 싱가포르의 역사는 해상 갈등과 경쟁을 포함하는 한 해양 서사가 중심이 된다.

유럽 세력 및 말라카해협의 아체와 조호르 정체 간의 한 세기에 걸친 충돌은 18세기 초에 이르러 동남아에서 스페인령 필리핀의 후퇴와 포르투갈-스페인 해상 세력의 쇠퇴로 이어진다. 이 시기에는 바타비아(Batavia, 역주-현 자카르타)를 중심으로 한 네덜란드의 패권이 인도네시아 제도에서 확립되었다. 조호르 궁정은 정치적 분열로 인해 수도를 리아우(Riau) 군도로 옮기게 되고, 그 결과 해상 무역로의 중심은 말라카해협 남단에서 순다(Sunda)해협 – 리아우(Riau)-링가(Lingga)제도 네트워크로 이동한다. 이는 아체가 무역 중심지로서 쇠퇴하고, 싱가포르 해역이 국제 해상 교통과 상업에서 전략적 중요성을 잃게 되는 결과를 초래한다.

제5장은 말라카해협 지역의 전반적인 쇠퇴, 리아우 – 링가 제도에 대한 네덜란드의 통제, 그리고 19세기 초 스탬퍼드 래플스의 싱가포르 도착 직전 영국과 네덜란드 간의 지역적 경쟁 구도를 다룬다. 네덜란드의 패권은 말레이 제도 전역에서 확립되며 말레이 정치 세계에 혼란을 가져오고, 한편 영국은 인도양에서 세력을 키우며 1793년 매카트니 경(Lord Macartney)의 청나라 사절단 파견을 통해 중국 무역에 발판을 마련하려 한다. 마지막으로 19세기에는 나폴레옹 전쟁(1803 – 1815년)을 통해 시작된 유럽의 지정학적 경쟁이 전면적으로 열린다.

제6장은 1819년 EIC의 싱가포르 상관(factory) 설립과 함께 시작한다. 이 장은 싱가포르의 성장을 세 가지 측면에서 추적한다: 즉, 인근 지역, 동아시아, 유럽의 무역 세계와 연결된 항구로서의 역할, 영국 제국주의가 촉진한 이주 네트워크를 통한 인구 유입, 그리고 대영제국의 극

동 식민 행정 중심지로서 싱가포르섬의 등장 등이다. 이 장의 결론에서는 싱가포르의 발전은 대영제국과 세계적인 이주 인구의 핵심 거점의 기능에서 발흥하여 범아시아 지성주의의 중심지로 성장한 것에 있다고 여긴다.

마지막으로 제7장은 20세기에 접어들면서 싱가포르가 영국의 극동 행정 중심지 및 말레이반도와 북부 보르네오의 주요 경제의 국제 무역항의 역할을 맡게 된 사실을 다룬다. 이 장은 세계가 지역적이면서 글로벌적인 국민주의 운동을 전개하고 있는 시점에서 경제적 글로벌화, 총력전, 이념적 갈등의 소용돌이를 경험하던 싱가포르가 당면했던 도전과 과제를 분석한다. 20세기 전반에 걸쳐 싱가포르 사회는 제국에 대한 충성 대 국민주의, 서구 민주주의 대 사회주의, 영국 승인의 탈식민화 대 자치주의 등의 이념 논쟁에 휘말린다. 이 장은 싱가포르 자신을 지역에 뿌리를 두고 해양 아시아와 국제 경제에 연결된 국민국가이자 상업 중심지로 재정의하는 것으로 끝을 맺는다.

1926년 포트캐닝 언덕에서 발굴된 금 팔찌와 귀걸이. 언덕의 정상 가까운 곳인 크라맛 이스칸다 샤(Kermat Iskandar Shah)의 서쪽 지점 3m의 깊이에서 발굴되었다. 팔찌의 주조된 얼굴은 악마인 칼라(Kala)로 '파괴자'인 시바(Siva)의 별칭이기도 하고, 죽음의 신인 야마(Yama)로 더 알려져 있다. 장식 스타일은 14세기 마자파힛 공예술을 회상케 한다. 이런 장신구들은 14세기 포트캐닝의 거주지에서 남겨진 것 같으며, 당대의 종교적 신념과 미적 감각이 물씬 풍긴다.

제1장

14세기: "위대한 도시"의 출현

장소의 위치: 롱야먼(Longyamen, 龍牙門)을 지나서 보이는 뒤쪽의 언덕은 나선형 머리 장식(터번)과 같고, 잘려 나간 듯(계단식) 오목하고(두 봉우리) 평평한 봉우리가 솟아 있다. 그래서 사람들은 그 주변에 살고 있다. 들판은 빈약하여, 곡물은 귀하다. 날씨가 일정하지 않다. 여름에는 비가 많이 와서 약간 춥다. (사람들의) 관습과 모습: 그들의 머리는 짧은 산발이다(묶지 않음). 공단과 양단으로 머리를 묶고, 붉은색 천으로 몸을 감쌌다. 바닷물을 끓여 소금을 만든다. 쌀을 발효시켜 '밍쟈(mingja)'라는 술을 제조한다. 족장이 있다. 이곳에서 고급 코뿔새 주둥이(hornbill casque), 중급의 강진향(lakawood, 降眞香)과 면을 생산한다. 교역품으로는 비단, 철근, 현지 염색 천, 순금(chi jin, '赤金'), 자기, 가마솥 등이다.

왕대연, 《도이지략》, 1349년경

도시의 시작: 언덕 위의 왕국

싱가포르의 초기 역사는 싱가포르강 유역의 북쪽 기슭에 정착촌이 생겨난 시기인 13세기 말로 거슬러 올라갈 수 있다. 중국 역사 문헌에서는 단막시(Danmaxi/單馬錫, Temasek/淡馬錫)로, 말레이 원주민 문헌에서는 싱가푸라(Singapura)로 알려진 이 정착지는 항구가 있고, 지역간 및 국제간 교역 활동을 하고, 현지 지배자가 관리했다는 점에서 항구도시(port-polity)였다.

현재까지 13세기 후반 이전 싱가포르에 정착지가 있었다는 증거는 없다. 휘틀리(Paul Wheatley), 브래델(Roland Braddell), 슈윤챠오(Hsu Yun-tsiao)와 같은 학자들은 중국, 중동, 남아시아 및 동남아 문헌에서 24개에 달하는 싱가포르 관련 기록을 발견하였다. 그러나 말레이반도 남단에 자리한 정착지의 가능성과 싱가포르의 후기 정착지와 유사한 지명을 공유하는 장소를 다양하게 언급하고 있지만, 그 어느 것도 확실한 것은 없다.

고고학적으로 볼 때, 싱가포르 인근의 섬들에서 발굴된 소수의 유물은 인간 거주가 매우 이른 시기부터 이루어졌을 가능성을 시사한다. 20세기 초에 풀라우 우빈(Pulau Ubin, 우빈섬)과 케펠해협(Keppel Straits) 부근에서 석기 몇 점을 포함한 석기시대의 유물이 발견되었으나, 그 외의 다른 싱가포르 지역에서는 어떠한 유물도 출토되지 않았다. 싱가포르에 거주지가 있었다 하더라도 그것은 매우 희소했을 가능성이 높다.

거주 흔적의 부재는 도서부 동남아의 지리적 특성과 그로 인해 형성된 사회 구조와 관련이 있을 수 있다. 육지 기반의 농경 사회는 일반적으로 농경지, 수리 시설 및 기념비적, 정치적, 내부적 건축물 등의 물리적 잔재를 통해 쉽게 확인되지만, 바다를 기반으로 한 사회는 훨씬 더 포착하기 어렵다. 싱가포르와 같은 해안 지역에 거주했던 사회들은 계절의 변화에 따라 이동하며 해양 식량 자원을 찾아다니는 높은 이동성을 가진 선박 위의 삶을 영위했을 것이며, 이들은 물질적 흔적을 거의 남기지 않았을 것이다. 자연환경에 남긴 흔적이 매우 미약했기 때문에, 현재의 과학적 방법으로는 이러한 사회를 탐지하기가 불가능하다. 이러한 이동성은 인류학적 기록이나 역사 문헌에서 간헐적으로 언급되는 것 외에는 인간의 흔적이 거의 없는 이유를 뒷받침해 준다.

해안 사회와 내륙 사회가 결합하면서 비로소 보다 '감지할 수 있는' 정착 패턴이 나타났다. 이러한 해안가(riparian) 사회들은 일반적으로 항구 무역, 지역 시장 거래, 소규모 물질 가공, 농업, 건축 활동 등 육상 활동과, 해양 자원 채취나 해상 운송 같은 해양 활동을 병행하였다. 따라서 이러한 정착지는 고고학적으로 식별이 가능하다.

그렇다고 해도 해안가 정착지는 순수한 육지 정착지보다 여전히 탐지하기 어렵다. 이는 자연환경을 대규모로 변형시키지 않았기 때문이며, 대부분의 유적이 도자기 파편, 금속류, 유기물 잔재 등 소규모의 물질 문화층으로 구성되어 있기 때문이다. 그런데도, 해안 정착지는 위치가 훨씬 영속적이며, 동남아 해안선의 전략적 지점에 자리 잡고 있었기 때문에, 이 지역을 항해하던 사람들에게 더 눈에 띄었고 그로 인해 기록으로 남게 되었다.

이러한 해안 사회는 13세기 말 싱가포르 남부 해안, 즉 싱가포르강 유역 인근에서 등장하였다. 당시 말라카해협은 싱가포르 해협, 말레이 반도 남동단 및 리아우 제도 주변 해역과 함께 인도양, 동남아, 중국을 잇는 중요한 해상 교역로를 구성하고 있었다. 이 해상로를 따라 형성된 수많은 해안 사회는 항해자나 상인들에게 익숙한 존재였을 것이다. 그러나 항구 정착지가 싱가포르 해안에 등장하고 나서야 비로소 항해자들과 상인들은 싱가포르를 주목하기 시작하였다.

싱가포르 최초의 육지 정착지 등장

그렇다면 왜 13세기 말에 싱가포르에 항구 정착지가 등장했을까? 싱가포르가 위치한 동남아 지역에서는 중국, 자바, 수마트라, 인도 아대륙 등을 중심으로 한 국제 경제권이 형성되어 있었다.

세 지역 간의 활발한 경제적, 외교적, 사회문화적 교류는 기원후 1천년대에서 2천년대 초반에 걸쳐 이루어졌다. 예를 들어, 자바와 수마트

7세기부터 14세기까지 말라카해협 지역에 존재했던 항구 정착지들의 지도. 이들 항구 정착지는 위치에 따라 서로 다른 주요 경제권과 연계되어 있었다. 해협 북부 지역의 항구들은 주로 인도양 시장과 교류하였고, 해협 남부 지역의 항구들은 남중국해 및 자바해 시장과 교류하였다.

라는 정기적으로 중국에 외교 사절단을 파견하였고, 반대로 중국의 순례자들은 불교 경전을 구하기 위해 동남아와 인도 아대륙으로 여행하였다. 중국, 남아시아, 중동 및 동남아의 역사 문헌에는 이러한 교류의 생생한 기록이 남아 있다. 난파선과 육상 정착지에서 출토된 고고학적 자료들은 관련된 물질문화의 교환과 교통망의 풍성한 양상을 나타낸다.

기원후 1천년대 대부분 기간, 특히 당나라(618–906년)의 말기까지 중국 조정은 국가 관료제도를 통해 교역을 통제하였다. 조공 사절단, 즉 국가 간의 공적 교류가 주요 교역 형태였으며, 광저우는 그러한 활동의 중심 항구였다. 당시 중국인들은 개인 자격으로 동남아나 인도양 지역에 나가 외국 물품을 직접 구매하는 것이 허용되지 않았다.

말레이 지역과 말라카해협의 경우, 7세기 수마트라 남동부(현재의 팔렘방 근처)에 있는 항구 국가 스리위자야가 지역의 해운과 무역 중심지로 부상하였다. 스리위자야 항구의 지배적 위치는 남중국해와 인도양의 해상 무역 구조에서 비롯된 것으로, 이 구조는 해협 지역에서 경제적, 나아가 정치적 패권 질서를 성립할 수 있게 했다.

이와 같은 국제 해상 무역은 중국과 인도양 연안 지역 간의 상품 교환을 원활히 하기 위해 지역 내에 환적 중심지(trans-shipment hub)의 존재를 필연적으로 요구했다. 따라서 말라카해협에 주요한 중계항이 등장하는 것은 자연스러운 일이었다. 이 지역의 다른 항구들은 그 중심 항구의 경제적 필요를 충족시키는 보급항(feeder port)으로 종속되었다.

지역 허브의 형성과 더불어, 이 시기에는 동남아 해운업이 발전하였다. 동남아의 해운망은 중동 등 다른 지역의 해상 네트워크와 함께 중국, 남아시아, 도서부 동남아, 중동 시장 사이에서 수요가 높은 외국산 물품을 환적함으로써 국제 경제 교류를 촉진하는 역할을 하였다.

그러나 10세기가 끝나갈 무렵, 아시아의 해상 경제의 성격은 극적으로 변화하기 시작했다. 중국의 민간 해상 무역에 대한 금지령이 972년부터 점진적으로 완화되었고, 1070년대에 이르러서는 중국으로 수입되

무스캇(Muscat)의 보석호. 이 선박은 오만에서 건조되어 2010년에 싱가포르에 기증된 것이다. 이는 9세기 중동 지역의 다우선(dhow)을 복원한 복제품으로, 자바해의 벨리통섬 근처에서 대량의 당나라 도자기와 기타 물품을 실은 채 침몰한 선박과 유사한 형태이다.

는 외국 상품 무역의 약 3분의 2가 민간의 손으로 넘어갔다. 이제 중국의 수요를 결정한 것은 국가가 아니라 시장이었다. 이전에는 유향(frankincense), 장뇌(camphor), 안식향(benzoin)과 같은 고급스럽고 희귀한 상품의 소량 수입이 주를 이루었으나, 대량소비 시장으로 변모한 중국은 이제 해외에 대규모 소비재 수요를 투사할 수 있게 되었다. 그 결과 상대적으로 품질이 낮고 저렴한 상품들, 예컨대 라카우드(lakawood) 같은 향목이나 가구 재료로 쓰이는 등나무(rattan) 등이 대량으로 소비되었다. 이들 상품의 가장 중요한 공급원은 동남아였다.

또 다른 중대한 정책 변화, 즉 말라카해협 지역의 항구들에 가장 큰 영향을 미친 변화는 중국 선박의 해외 항해를 금지했던 오랜 해금령의 해제였다. 990년에 이 해금령은 부분적으로 해제되어, 해외 항해를 원하는 선박은 광저우(Guangzhou), 항저우(Hangzhou), 밍저우(Mingzhou, 현재의 닝보 Ningbo) 세 항구 중 한 곳에서 등록해야 했다. 초기에는 중국의 해상 활동이 크게 확장되지 않았고, 여전히 외국의 해상 네트워크가 대부분의 국제 무역을 담당했다.

그러나 1090년에 송 조정은 중국 연안의 모든 주에서, 지방 행정기관의 공식 등록과 항해 허가만 받는다면 선박이 해외로 출항할 수 있도록 허용했다. 이후 중국의 국제 해상 무역은 폭발적으로 성장했다. 다음 두 세기에 걸쳐 중국 선박들은 남중국해, 도서부 동남아, 그리고 14세기

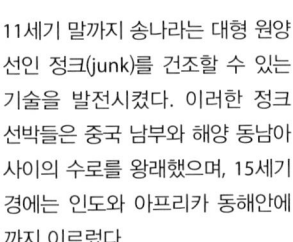

11세기 말까지 송나라는 대형 원양 선인 정크(junk)를 건조할 수 있는 기술을 발전시켰다. 이러한 정크 선박들은 중국 남부와 해양 동남아 사이의 수로를 왕래했으며, 15세기 경에는 인도와 아프리카 동해안에 까지 이르렀다.

에는 벵골만까지 국제 해운을 장악하게 되었다.

동시에 남인도의 촐라(Chola) 왕국은 벵골만을 넘어 말라카해협에 적극적으로 진출하기 시작했다. 10세기부터 타밀 상인 조합들은 수마트라, 말레이반도, 자바 등에 거점을 세웠다. 11세기 초에는 해협 지역에서의 영향력을 강화하기 위해 촐라 왕국이 여러 차례 해상 원정을 벌였다. 과거에는 말라카해협의 항구국가들이 인도 아대륙으로 선박을 파견해 무역을 유지했으나, 이제는 인도 세력들이 동남아로 직접 진출하여 무역을 행하고, 해협 지역의 항구들을 자신들의 영향권으로 끌어들이려 했다.

이 모든 변화의 결과, 13세기 무렵에는 인도양과 남중국해 시장을 잇는 환적 허브의 필요성이 사라졌다. 이러한 환경 속에서 스리위자야의 중심 항구는 쇠퇴하기 시작했다. 동시에 말라카해협의 항구들은 스리위자야의 위계적 구조에서 이탈하여 독자적인 경제적, 정치적 진로를 추구하기 시작했다. 각 항구는 자신들의 배후지에서 생산되는 물품을 국제 상인들에게 직접 판매하여 특정 상품으로 개별적 명성을 얻게 되었다. 스리위자야의 수도가 1275년에 함락되고 새로운 경제 기회가 열리자, 13세기 말과 14세기에 걸쳐 아루(Aru), 순게이부장(Sungei Bujang), 클란탄(Kelantan), 파항(Pahang), 트렝가누(Terengganu), 브루나이

(Brunei), 사라왁(Sarawak), 사바(Sabah), 티오만섬(Pulau Tioman) 등지에서 새로운 항구 정착지가 속속 등장했다. 이 시점에 싱가포르의 첫 항구 정착지 또한 출현했다.

풍부한 역사 자료들

오늘날 우리는 싱가포르의 전근대사에 관한 사료가 희소하고 드물다고 흔히 생각한다. 그러나 영국 식민주의자들이 처음 도착했을 때 이미 상당한 도시 유적의 존재를 기록했다는 점은 놀라운 일이다. EIC의 대리인으로서 1819년 1월 29일 싱가포르에 상륙한 스탬퍼드 래플스는, 같은 해 2월 12일 이렇게 적었다.

우리 상관(지사)을 세운 곳은 싱가푸르(Singapour)로, 이곳은 말레이 왕들의 고대 수도이자 수마트라의 위대한 국가 미낭카바우(Minangka-bau)의 경쟁자였다.

이는 래플스가 단순히 현존 유적만이 아니라,《말레이연대기》등 중요한 말레이 역사 문헌들에 찬양된 옛 항구의 유산을 인정한 것이었다. 19세기 초 식민지 시기의 가장 상세한 기록은 싱가포르의 제2대 상주행정관(Resident, 1823-26년)으로 부임했던 존 크로퍼드의 여행기이다. 그의 기록에는 싱가포르강 북안의 19세기 이전 도시 유적, 포트캐닝 언덕의 건축 잔해와 소형 유물, 담수 하천, 마른 해자, 토벽(earth rampart) 등이 언급되어 있다. 또한, 하천의 남안 동쪽 끝의 약 3미터 높이 사암 바위(흔히 싱가포르 스톤(Singapore Stone)이라 불림)에 긴 비문이 새겨져 있으나 해독할 수 없는 언어로 적혀 있었다고 한다.

그러나 안타깝게도 이러한 유적 대부분은 영국의 도시 계획 과정에서 파괴되었다. 포트캐닝 언덕의 벽돌은 철거되어 1822년 첫 총독 관저 건축에 사용되었고, 토벽은 EIC가 자리 잡은 지 첫 10년 안에 도시의 북쪽 공간 확장 과정에서 해체되었다. 1848년에는 전근대 유적 중 가장 치명적인 손실로는 요새 건설을 위해 공사를 하던 영국 기술자들이 비문이 새겨진 바위를 폭파한 일이었다. 비문 바위의 세 파편은 당시 영국인들이 복구했다고 하나, 그중 하나만 현존하고 있다.

한때 싱가포르강 어귀에 서 있었던 거대한 바위의 일부 조각. 이 바위는 높이 약 3미터, 두께 60~150센티미터, 길이 약 2.7미터로 추정된다. 그 표면에는 약 50행의 비문이 새겨져 있었으며, 그 문자는 동부 자바 문자로 확인되었다.

식민지 시대의 기록 외에도, 싱가포르 초기 정착지에 관한 정보를 제공하는 두 가지의 다른 자료 범주가 있다. 첫째는 역사 문헌이다. 베트남 연대기에는 1330년경 '샷마틱'(Sach-ma-tich, 즉 테마섹)이라는 왕국이 베트남 왕궁에 사절을 파견했다는 기록이 있으며, 이들을 접대한 왕자가 말레이어를 구사했다고 한다. 원사(元史, 약 1370년경)에는 1320년대 몽골 왕실이 길들인 코끼리를 구하기 위해 롱야먼(Longyamen)으로 사절을 보냈다는 기록이 있다. 자바의 왕실 서사시《나가라크레타가마(Nagarakretagama)》(1365년)에는 테마섹이 14세기 자바 지역의 패권을 쥔 왕국이었던 마자파힛의 속국으로 언급하고 있다. 또 다른 자바의 서사시로 싱하사리와 마차파힛의 왕실 내에서 발생했던 사건을 다루었던《파라라톤(Pararaton)》(16세기)에서는 14세기 마자파힛의 재상 가자마다(Gajah Mada)가 정복을 맹세한 여러 작은 왕국 중 하나로 테마섹을 묘사한다.

특히 두 문헌이 주목된다. 하나는 1349년경 왕대연(Wang Dayuan, 汪大)이 저술한《도이지략》(Daoyi Zhilue, 島夷志略)으로, 그는 14세기 동안 동남아를 여행하며 말레이 지역 각 항구의 정착지, 주민, 교역품을 기술했다. 그의 기록에 따르면, 싱가포르에는 두 개의 교역 거점이 있는데, 하나는 포트캐닝 언덕 주변의 반주(Banzu), 다른 하나는 (역사학자들이 현 케펠해협에 위치한 것으로 여기는) 롱야먼으로, 이 두 곳은 서로 연결되어 있었다고 한다. 그의 기록은 정착지의 정치 상황과 포트캐닝 언덕 경사면의 거주 양상을 보여준다.

다른 하나는 말레이연대기로, 17세기 말레이어 문헌이며, 말라카왕실과 그 계승자 조호르 왕실의 가벼운 일화와 비사를 엮은 이야기들로 구성되어 있다. 첫 여섯 장은 테마섹을 말라카 술탄국의 전신으로 설명한다. 이 연대기는 팔렘방 출신의 말레이 왕자 스리 트리 부아나(Sri Tri Buana, 혹은 상 닐라 우타마 Sang Nila Utama)가 섬에 도착한 이야기로 시작하는데, 그는 그 섬에서 신비로운 존재와 조우한 후 항구도시를 세우고 싱가푸라(Singapura)라고 명명한다. 그 후, 그를 계승한 네 명의 군주의 통치, 즉 싱가푸르의 국제관계와 벵골만, 말라카해협, 서부 자바해의 여러 왕국과의 경쟁 및 싱가포르강 하구의 기념석 건립 등 일화적 서사를 전한다.

역사학자들이 관심을 가지는 두 번째 자료 범주는 고고학적 증거이다. 싱가포르의 초기 고고학적 유물은 20세기 초에 발견되었다. 1926년 금 보석류가 정상 부근의 포트캐닝 언덕 북쪽 경사면에서 정화조 구덩이를 파던 중 발견되었다. 말레이 역사와 문학 연구로 유명한 리처드 윈스테드(Richard Winstedt)가 이를 마자파힛 양식으로 식별했다. 그러나 아쉽게도 당시에는 그 유물이 지닌 고고학적 맥락이나 발굴지의 정보에 관한 조사가 이루어지지 않았다.

싱가포르 초기의 역사에 관한 본격적인 고고학 조사는 1984년 고고학자 존 믹식(John N. Miksic) 교수가 국립박물관의 초청을 받아《말레이연대기》와《도이지략》등의 사료의 역사성을 검증하기 위한 발굴 조사를 시행하면서 개시되었다. 크라맛 이스칸다 샤 근처 포트캐닝 언덕 동쪽 경사면에서 출토된 유물들은 13세기 말에서 14세기 사이의 정착지를 시사했다. 이후 싱가포르강 북안, 포트캐닝 언덕, 스탬퍼드로를 잇는 지역에서 10회 이상의 발굴이 이어졌으며, 모두 소형 유물이지만 활기찬 항구도시의 존재를 증명한다. 이 정착지는 13세기 말부터 14세기, 그리고 16세기까지 이어진 것으로 보인다.

이렇게 식민지 시대 기록, 전근대 역사적 문헌 및 지난 40년간의 고고학 연구를 종합하면, 14세기 싱가포르강 북안 유역의 항구 정착지를 설득력 있도록 정교하게 복원할 수 있다.

싱가포르 도심에서는 지금까지 최
소 10차례의 대규모 발굴 조사(지
도 내의 ●은 고고학적 발굴 조사
지)가 이루어졌으며, 그 결과 13세
기 후반으로 거슬러 올라가는 유물
들이 출토되었다.

말라카해협 지역의 전통시대 역사는 지역 정체로서의 스리위자야
출현부터 1511년 말라카 술탄국의 멸망까지 놀랍도록 연속성을 보인다.
말레이 상업거점으로서의 팔렘방에 수도를 둔 스리위자야는 이후 수 세
기 동안 이 지역의 정치적, 사회적, 경제적 문화의 기준점으로 작용했다.
신흥 세력들은 더 크고 영향력 있는 말레이 중심지의 전례를 따르는 경
향이 있었다.

따라서 14세기 싱가포르 항구 정착지의 물리적 구조, 사회, 문화도
전통적인 말레이 항구도시의 양식으로 형성되었을 것이다. 이러한 정착
지를 선택하는 데에 있어서 또 다른 주요한 유사성은 언덕, 구릉 평지,
하천 유역 등 세 가지 필수 요소를 갖추어야 한다는 것이다. 이것은 말
레이 항구도시가 지닌 두 종류의 공간, 즉 의례-정치 중심 구역과 주 거
주지 구역을 제공하였다.

언덕 위의 왕궁

말레이 항구도시의 핵심부에는 의례-정치 중심지가 있었으며, 이곳은 동시에 왕국의 우주론적 중심이기도 했다. 이슬람 도래 이전 이러한 공간의 실체 모습은 힌두-불교 우주론의 중심인 메루산(Mount Meru)을 재현하는 것이었다. 동남아 문화권에서는 이 우주적 중심을 구현하기 위해 일반적으로 인공적 사원 피라미드나 계단식 단상을 축조하는 방식으로 이루어졌는데, 캄보디아의 앙코르와 자바의 프람바난(Prambanan) 사원군이 그 대표적 예이다. 그러나 말라카해협 지역에서는 인력 부족으로 인해 그러한 대규모 건축이 어려웠다. 그 대신, 언덕 같은 자연 지형을 활용하여 메루산을 상징하고, 그 위에 왕국의 의례 중심지와 왕궁을 두는 경우가 많았다. 대표적인 예로는 팔렘방의 부킷 세군탕(Bukit Seguntang)과 말라카의 세인트 존스 힐(St. John's Hill)이 있다.

고고학적 자료와 존 크로퍼드의 기록을 종합하면, 포트캐닝 언덕 전체가 테마섹의 의례 중심이자 왕궁터이었음을 시사한다. 언덕의 공간들은 다양한 용도로 사용되었다. 우선, 장인 구역이 있었던 것으로 보인다. 1984년과 1988년 포트캐닝 언덕의 동쪽 하단부, 현재 크라맛 이스칸다샤(Keramat Iskandar Shah) 근처에서 이루어진 발굴에서는 다량의 유리 파편, 구슬, 도자 주형 등이 발견되었다. 이는 유리 팔찌 제작에 사용된 것으로 보이며, 불을 피우는 데 쓰인 송진(resin)도 함께 출토되었다. 이러한 유물들은 이 지역에서 유리 제작과 함께, 아마도 보석 가공 등 다른 수공업 활동도 이루어졌음을 암시한다.

유리 조각들(왼쪽)은 녹아져 있는데, 유리구슬(오른쪽)과 팔찌 제작에 사용된 것처럼 보인다. 포트캐닝 언덕의 동쪽 경사면에서 발굴되었다.

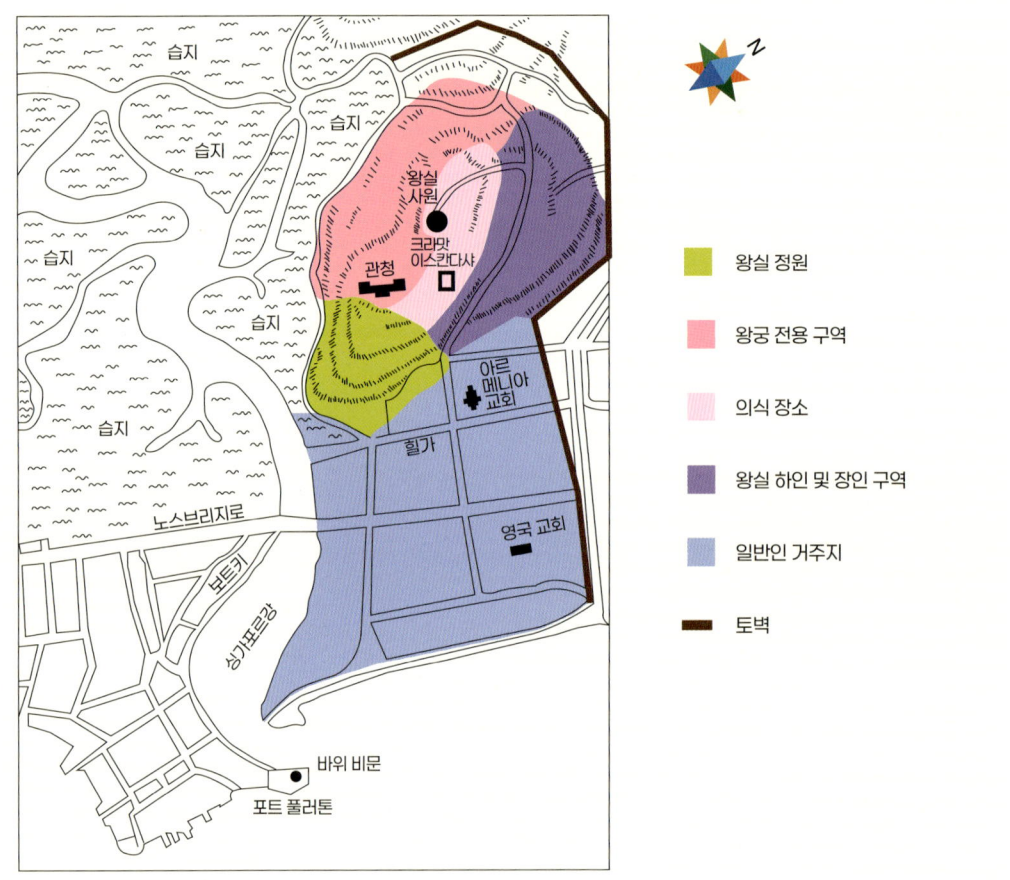

🟩	왕실 정원
🟥	왕궁 전용 구역
⬜	의식 장소
🟪	왕실 하인 및 장인 구역
🟦	일반인 거주지
▬	토벽

13세기 말에서 14세기경 테마섹 정착지의 공간 배치와 활용 형태를 가정한 복원도. 이 복원도는 말레이 및 중국의 고전 문헌, 19세기 초 식민지 시대 기록과 지도, 그리고 1984년 이후 진행된 고고학 연구 결과를 종합하여 제작한 것이다. 이 복원도는 1830년대에 제작된 싱가포르 지도 위에 중첩되어 있다.

장인 구역의 위치가 지형적으로도 타당한 것으로 보는 것은 언덕의 동쪽 경사면은 싱가포르강 북안의 거주민들이 언덕에 오르기 가장 쉬운 접근로가 되었기 때문이다. 이러한 접근성은 주민들이 장인 구역에서 쉽게 일할 수 있게 했을 것이다.

또한 이 경로를 따라 거주민들이 의례 공간에도 쉽게 접근할 수 있었을 것이다. 크로퍼드의 기록에 따르면, 언덕의 북쪽과 동쪽 경사면 대부분에는 상당수의 벽돌 건물의 기초 흔적이 남아 있었다. 벽돌 같은 비가소성 건축 재료는 일반적으로 사원, 성소, 무덤 등의 건축물에만 사용되었기 때문에, 그런 기초의 유적은 종교적 성격의 건물들이었을 가능성이 높다. 건물 배치가 불규칙하게 흩어져 있었던 점은, 이들이 계획된 사회정치적 사업으로 세워진 것이 아니라, 공동체의 공덕 행위로 시간의 흐름에 따라 점진적으로 만들어졌기 때문일 것이다.

크로퍼드에 따르면, 이러한 종교 건물 지역을 따라 올라가면 언덕 정상 부근 북쪽 경사면의 단상(terrace)에 도달하게 된다. 그는 1822년 방문 당시, 이 단상 위에 가장 인상적인 건축 기반이 남아 있었다고 기록했다. 이 단상은 한 변이 약 12미터인 사암으로 만들어졌으며, 상부 구조물을 지탱하기 위한 것으로 보이는 여러 개의 기둥 구멍이 있었다. 이곳에는 아마도 초가지붕을 얹은 메루산 형상을 한 다층 형식의 구조물이 세워져 있었을 가능성이 높다. 이러한 형식의 구조물은 도서부 동남아 전역에서 흔히 발견되며, 동부 자바의 자고 사원(Candi Jago), 자위(Jawi), 수라와나(Surawana) 및 파나타란(Panataran) 사원의 벽면 부조에 묘사된 것과도 유사하다.

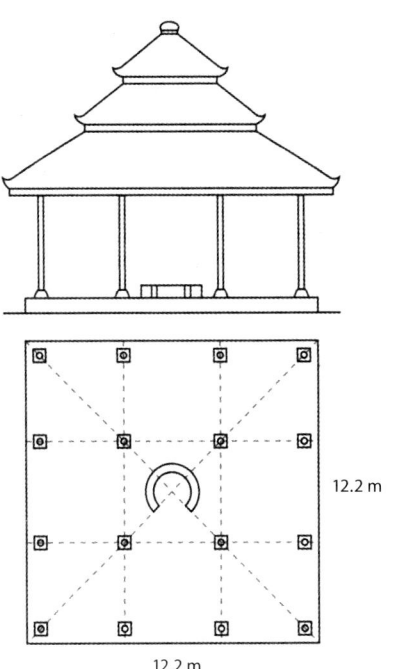

이 건물이 지닌 독특한 양식, 언덕 정상의 두드러진 위치, 중심부의 밀폐된 공간 등은 이곳이 정치-종교적 의미를 지닌 건물이었음을 나타낸다. 어쩌면 이곳에 테마섹 지배자의 신상이 안치되었던 것은 아닐까?

《말레이연대기》에 따르면, 테마섹의 건국자 스리 트리 부아나(Sri Tri Buana)는 이름 자체가 불교적 칭호로서 '삼계의 군주(Lord of the Three Worlds)'를 의미하며, 전륜성왕(cakravartin, 우주의 지배자)의 속성을 지니고, 흰 코끼리를 타고 보석으로 장식된 왕관을 썼다고 한다. 그는 우주 지배의 보살인 관세음보살(Avalokitesvara)의 지상적 화신으로 여겨져 싱가푸라에 새로 정착한 후 새로운 우주의 메루산을 세워 자신의 통치를 정당화하는 것이 급선무였다. 포트캐닝 언덕의 높은 지형은 자연스럽게 메루산의 역할을 했을 것이며, 정상에서 왕실의 신상을 봉헌함으로써 우주적 중심을 성립하고자 했을 것이다. 항구 정착지의 거주민들은 '메루산'에 올라가 지배자의 신성한 형상에 경배드렸을 것이다.

이러한 접근 가능한 공간 외에도, 언덕에는 제한된 구역이 존재했을 것이다. 그중 두 가지 중요한 구역, 즉 왕실 정원과 궁전은 언덕의 남쪽과 서쪽 경사면에 자리했을 가능성이 높다. 정원은 말레이 왕궁의 필수적인 요소였다. 1820년대 초, 포트캐닝 언덕 남쪽 경사면 하단부에는

12.2 m

12.2 m

1822년 존 크로퍼드가 포트캐닝 언덕을 답사하며 남긴 기록을 바탕으로 한 주요 사원 기단과 상부 구조의 가상 복원도. 크로퍼드의 설명에 따르면, 기단부는 수마트라의 파당 라와스(Padang Lawas) 유적지나 말레이 반도 남부 끄다(Kedah)의 팽칼란 부장(Pengkalan Bujang) 및 순게이 마스(Sungei Mas)에서 발견된 구조물들과 유사한 것으로 여겨진다. 상부 구조의 건축 양식은 14세기 자바 건축 양식의 영향을 받았을 가능성이 있다.

두쿠(duku, 학명 Lansium domesticum), 윌리엄 파커(William Farquhar)의 《자연사 도록(Collection of Natural History Drawings)》 중의 한 그림. 크로퍼드와 문시 압둘라 두 사람 모두 포트캐닝 언덕 남쪽 비탈면에서 두쿠 나무를 비롯한 여러 과일나무들을 관찰했다고 기록했다. 이는 과거 그 지역에 왕실 정원이 존재했을 가능성을 뒷받침해 준다.

다수의 과수가 자라고 있었다고 기록되어 있다. 1820-30년대 EIC의 말레이인 서기이자 통역가였던 문시 압둘라 빈 압둘 카디르(Munshi Abdullah bin Abdul Kadir)는 남사면의 과수들로 두리안(durian), 두쿠(duku), 라임(lime), 랑삿(langsat), 프타이(petai), 제링(jering), 자몽(pomelo) 등이 있었다고 기록했다. 크로퍼드도 그곳이 거대한 과수들로 덮여 있었으나, 그 나무들이 노쇠하여 쇠퇴했다고 적었다.

왕실 정원이 남사면 하단부에 자리했을 가능성이 높다면, 궁전은 포트캐닝 언덕의 남쪽 및 서쪽 상단부에 자리했을 것이다. 포트캐닝 언덕의 두 개의 고지대 중 높은 쪽이 남쪽에 있었기 때문에, 테마섹의 통치자와 궁정은 남쪽의 항구 정착지를 한눈에 내려다볼 수 있었고, 다른 방향으로는 섬 전체의 조망이 가능했을 것이다. 왕의 대신들과 하인들의 거처도 이 지역에 있었을 것으로 보이며, 말레이 왕실의 정치적 예법에 따라, 그들의 거처는 통치자와의 위계적 관계를 반영했을 것이다.

궁전 구역은 말라카, 아체(Aceh), 족자카르타(Jogjakarta)의 왕궁과 마찬가지로 방어용 외곽 구조물로 둘러싸여 있었을 가능성이 높다. 이러한 구조물은 정치-사회적 엘리트가 점유한 공간을 구획할 뿐만 아니라, 그들에게 물리적 보호도 제공했다. 《도이지략》에는 테마섹이 타이족(아마도 수코타이 Sukothai)의 공격을 받을 때, 거주민들이 방책으로 둘러싸인 정착지 내부에 머물며 방어했다는 기록이 있다. 비슷한 방어 전략은 《말레이연대기》에서도 등장하는 것으로, 마자파힛의 공격에 대응하여 거주민들이 도시의 문을 닫고, 정착지 내부의 방어벽 안에 머물러 함락을 피했다고 한다.

평지의 사람들

포트캐닝 언덕 아래의 평지, 즉 싱가포르강 북안 지역은 주 정착지가 있던 곳이었다. 오늘날 이곳에서는 도시 구조의 흔적이 남아 있지 않지만, 《말레이연대기》에서 당시 도시 공간의 많은 특성을 엿볼 수 있다. 그 기록에 따르면, 정착지에는 양쪽에 집이 늘어선 거리가 있었고, 상업 시장이 존재했으며, 방벽과 성문으로 둘러싸여 외부의 위협에서 보호되었다. 이와 더불어, 해상 교역이 이루어지는 항구가 있었고, 그 입구는

강 하구를 가로질러 쇠사슬 방책을 설치하여 외부의 침입을 막았다.

초기 영국 식민 시기의 기록에 따르면, 당시 싱가포르 정착지에서 눈에 띄는 인공 구조물은 토벽과 해자 등 두 가지뿐이었다. 이 구조물들은 강 북안의 상당한 지역을 둘러싸고 있었으며, '올드 말레이 라인(Old Malay Lines)' 또는 '올드 라인 오브 싱가포르(Old Lines of Singapore)'라 불렸다. 토벽은 기저부의 폭이 약 5미터, 높이는 약 3미터 정도였으며, 해안가 근처에서 시작되어 현재의 스탬퍼드로(Stamford Road)를 따라 이어졌다. 언덕 기슭에 이르러서는 포트캐닝 언덕을 둘러서 북서쪽의 염습지에서 끝을 맺었다. 토벽 옆에는 개울이 흐르고 있었는데, 언덕을 우회하며 더 높은 지형을 따라 이어지는 구간에서는 그 개울이 말라버린 마른 해자 형태로 토벽을 따라갔다.

토벽과 해자가 정착지의 경계를 표시한 것으로 본다면, 전체 정착지의 면적은 약 74헥타르에 달하며, 그중 평지 지역은 약 54헥타르를 차지한다. 고고학적 연구 결과, 테마섹 시기의 유물들이 이 구역 내부에서

1825년의 지도에는 싱가포르 역사에서 테마섹 시대로 추정되는 여러 유적들이 기록되어 있다. 그중에는 'Old Lines of Singapore'라고 표시된 성벽과 그 옆을 따라 흐르는 'Fresh Water River'(담수 하천), 즉 해자를 나타내는 표기가 포함되어 있다.

만 발견되고 외부에서는 발견되지 않았다는 점은 이 가설을 뒷받침한다.

문헌 자료가 부족한 평지 지역의 경우, 고고학적 정보가 정착지 내 활동을 이해하는 데 가장 중요한 단서를 제공한다. 지난 30여 년간의 발굴을 통해 약 10톤에 달하는 유물이 출토되었다. 대부분의 유물은 아직 분석 중이지만, 일부 주요 발굴지, 예컨대 성앤드류성당(St Andrew's Cathedral, 2004), 엠프레스플레이스(Empress Place, 1998), 구 국회의사당(Old Parliament House, 2002), 싱가포르크리켓클럽(Singapore Cricket Club, 2003)에서의 소규모 표본은 이미 분류와 정량 분석이 끝난 상태이다.

출토된 유물 가운데 가장 큰 비중을 차지하는 것은 도자기 파편으로, 크게 세 가지 유형으로 나눌 수 있다. 즉, 토기, 저급 도기, 고급 도기와 자기 등이다. 토기는 주로 테마섹 거주민들이 현지에서 제작한 것으로 보이며, 일부는 수마트라나 자바 등 도서부 동남아 지역에서 수입되었다. 이러한 수입품에는 물 항아리나 조리용 냄비 등 도서부 동남아 전역에서 공통으로 생산되던 일상 용기가 포함되었을 것이다.

그 반면에 저급 도기는 모두 수입품이었다. 그것은 정착지 내의 조리 활동 관련 정보를 제공해준다. 중국 푸젠(Fujian) 가마에서 생산된 작은입항아리(small-mouthed jars) 또는 장쑤(Jiangsu) 가마의 병 등은 고도로 유약이 녹아내려 자기화되어 액체가 스며들지 않아 술이나 소스 같은 액체 저장용으로 사용되었을 것이다. 또한 광둥 지역의 가마에서 생산된 버프도자기(buff ceramics, 담황색 점토를 사용함)는 불순물이 거의 없는 진흙으로 두껍게 제작되어, 젖은 식품이나 절임류와 같이 밀도가 높은 저장식품을 담는 데 적합했다. 이 도기에는 절구와 대야도 포함되어 있는데, 이는 음식 준비용 도구로 사용된 것으로 보인다.

남부 푸젠의 가마에서 만들어진 크고 얇은 저장 항아리는 탈수된 식물성 식품처럼 밀도가 낮은 물품 운반용이었다. 또한 15세기경 태국의 수코타이 가마에서 제작된 항아리도 소량 발견되었다. 이러한 항아리들은 동남아 지역의 난파선, 즉 벨리퉁호(Belitung, 9세기 초), 풀라우부아야호(Pulau Buaya, 12세기 초), 투리앙호(Turiang, 14세기 말) 등에서도 발견

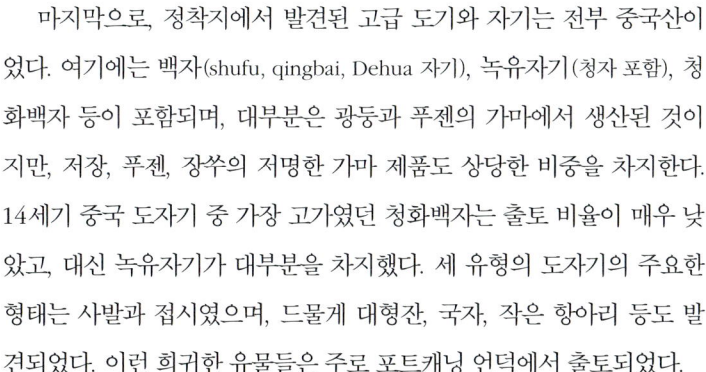

(왼쪽) 중국 저장성 룽취안(Longq-uan) 가마에서 제작된 청자 접시 파편. 이와 같은 물품들은 당시 동남아와 서아시아에서 매우 높은 수요를 보였다.

(오른쪽) 머리가 없는 청백자 보살 조각상. 2015년 엠프레스플레이스(Empress Place) 발굴에서 여러 점이 출토되었으며, 이를 통해 테마섹의 거주인과 그 교역 상대인들이 불교도였을 가능성이 제기된다.

되었으며, 식품이나 작은 고급 자기류 같은 깨지기 쉬운 물품을 운반하는 데 사용되었다.

마지막으로, 정착지에서 발견된 고급 도기와 자기는 전부 중국산이었다. 여기에는 백자(shufu, qingbai, Dehua 자기), 녹유자기(청자 포함), 청화백자 등이 포함되며, 대부분은 광둥과 푸젠의 가마에서 생산된 것이지만, 저장, 푸젠, 장쑤의 저명한 가마 제품도 상당한 비중을 차지한다. 14세기 중국 도자기 중 가장 고가였던 청화백자는 출토 비율이 매우 낮았고, 대신 녹유자기가 대부분을 차지했다. 세 유형의 도자기의 주요한 형태는 사발과 접시였으며, 드물게 대형잔, 국자, 작은 항아리 등도 발견되었다. 이런 희귀한 유물들은 주로 포트캐닝 언덕에서 출토되었다.

고급 도자기들은 테마섹 거주민의 물질 소비 양식과 미적 취향을 보여준다. 특히 눈에 띄는 유물로는 서아시아로 수출된 대형 청자 접시, 청백유로 제작된 보살상, 그리고 작은 도자 상자 안에 교합 자세의 남녀상이 백유로 표현된 작품 등이 있다.

도자기 외에도 많은 금속 유물이 발견되었는데, 국회의사당 발굴지에서는 구리 제련 부산물인 구리 방울과 갈고리, 철 제련 찌꺼기, 금 조

(왼쪽) 포트캐닝 언덕에서 발굴된 청화백자 줄기형 잔의 파편.

(가운데와 오른쪽) 원대 경덕진에서 제작된 완전한 줄기형 잔 예시. 이러한 유물은 테마섹과 원나라 간의 광범위한 교역 관계를 보여줄 뿐 아니라, 포트캐닝 거주민들이 당시 중국에서 생산된 고급 도자기를 수입할 만큼의 경제적 여유를 지니고 있었음을 시사한다.

각, 은으로 된 사제의 방울 등이 출토되었다. 엠프레스플레이스 발굴지에서는 청동 창촉과 기마 인물의 납상이 발견되었는데, 자바의 것으로 보인다.

이러한 유물의 양적 분포 차이는 테마섹 평지의 토지 이용 방식에 대해 여러 가지 사실을 알려준다. 첫째, 서로 다른 활동이 특정 구역에 집중되어 있었을 가능성이 높다. 예를 들어, 전체 출토 유물 중 저급 도기의 비율이 엠프레스플레이스에서 가장 높게 나타났는데, 이는 수입품이 이곳에서 주로 하역되거나 거래되었음을 시사한다. 한편, 구리 유물과 철 제련 찌꺼기가 국회의사당 부지에서만 발견된 점은 이곳이 금속 가공 활동이 집중된 지역이었음을 의미한다.

마지막으로, 중국 동전의 출토 밀도는 엠프레스플레이스에서 가장 높았으며, 그다음이 국회의사당, 국립미술관, 싱가포르크리켓클럽 부지 순이었다. 이는 중국 동전 및 스리랑카 또는 자바의 동전 사용과 관련된 활동이 이 정착지에서 주로 이루어졌으며, 그 일대에 시장이 있었을 가능성을 보여준다.

이러한 유물의 차이는 정착지 각 구역에 거주한 사람들의 문화적 또는 인구학적 차이를 반영할 수도 있다. 예를 들어, 전체 저급 도기 유물 중 작은입항아리 파편의 비율은 엠프레스플레이스에서 유난히 낮게 나타났지만, 국회의사당과 성앤드류성당 부지에서는 더 높고, 두 곳은 서로 유사한 수준을 보였다. 반면, 포트캐닝 언덕에서의 비율은 이들보다 두 배나 높았다.

이러한 사실에서 싱가포르강 하구 인근 수변에 거주한 주민들이 이러한 항아리에 담긴 액체, 특히 술 같은 음료를 상류 지역이나 성앤드류성당 부지의 거주민들보다 훨씬 적게 소비했음을 나타낸다. 이와 다르게, 언덕 위의 거주자들은 다른 어느 지역 사람들보다 이러한 액체를 훨씬 많이 소비했을 가능성이 있다.

또한, 세척, 절구질, 다지기, 젖은 식재 사용 등 음식 준비 과정에서 사용되는 버프도자기의 비율은 성앤드류성당 부지에서 가장 높고, 포트캐닝 언덕에서 가장 낮았으며, 하천 연안 지역은 그 중간 수준이었다.

목이 좁은 항아리의 한 예. 2002년 옛 의사당 부지에서 다수 출토되었으며, 이를 통해 해당 지역이 테마섹 정착지의 상업 구역으로 사용되었음을 시사한다.

이는 성앤드류성당 부지 같은 평지의 주민들이 조리 활동에 깊이 관여했으며, 아마도 포트캐닝 언덕 거주자들의 식사 준비를 담당했을 가능성을 보여준다. 따라서 성앤드류성당 주변 주민들과 포트캐닝 언덕 거주자들은 경제적 상호의존 관계로 연결되어 있었던 반면, 하천 연안의 거주민들은 테마섹 정착지의 일부이긴 하지만 비교적 별개의 집단이었을 것이다. 또한, 포트캐닝 언덕의 거주자들은 조리 활동 같은 일상적 흔적이 상대적으로 적고 유물 밀도가 낮았던 점을 볼 때, 더 높은 사회적 지위를 가진 엘리트 계층이었을 가능성이 높다. 전반적으로 포트캐닝 언덕에는 평지나 하천 수변 지역보다 거주 인구가 훨씬 적었던 것으로 보인다.

농업과 식생활
고고학적 유물들은 테마섹 주민들이 물질적으로 풍요로운 생활을 영위했음을 보여준다. 출토된 대부분의 유물은 수입품이며, 현지 생산품은 극히 일부에 불과하다. 이러한 경향은 정착지의 식량 공급에도 똑같이 적용되었을 가능성이 높다.

말라카 술탄국(그 후계자인 조호르 술탄국 포함)은 일반적으로 이 지역에서 식량 지속 가능성 모델로 여겨져 왔다. 말라카의 배후지는 과일이나 일부 곡물 작물 등을 생산했지만, 약 1만에서 3만 명에 달하는 도시 인구를 부양하기에는 불충분했다. 말라카는 항구 연결망을 이용해 태국과 자바 등 지역에서 쌀을 수입하여 공급했다. 테마섹의 정착지 면적이 약 74헥타르였다는 점을 고려하면, 인구는 대략 500명에서 2,000명 정도였을 것으로 추정되고, 이는 1405년 건국 초기의 말라카 인구 규모와 유사하다. 테마섹은 전통적으로 말레이 항구도시의 틀 안에서 연구되어 왔기 때문에, 식량의 대부분을 수입에 의존했을 것이라고 항상 여겨왔다. 그러나 식량 공급의 안정성은 거주민의 생존과 번영에 필수적이라는 사실을 인식했다면, 테마섹은 일부 토지를 농경지로 사용했을 가능성도 있다.

정착지의 주요 인공 구조물 중 하나는 약 1km 길이의 해자로, 해안선에서 시작하여 오늘날 파당(Padang)의 동쪽 경계를 따라 남동 - 북서 방향으로 이어지다가, 북서쪽으로 더 뻗어 소피아산(Mount Sophia), 셀리지 힐(Selegie Hill), 현재의 이스타나(Istana) 광장과 포트캐닝 언덕 사이를 지나갔다.

1820년대 초 싱가포르 지도와 1819년 다니엘 로스(Daniel Ross) 선장의 해안선 도면에 따르면, 이 해자는 담수 하천(freshwater stream) 형태로 표시되어 있다. 주변 언덕에서 흘러드는 물을 모으는 담수 역할을 했던 것으로 보인다. 이러한 구조는 시암만(Gulf of Siam)과 중부 태국, 즉 사팅프라(Satingpra), 나콘씨탐마랏(Nakhon Si Thammarat), 우통(U Thong), 나콘파톰(Nakhon Pathom) 등지에서 첫 천년과 2천 년 초기에 만들어졌던 해자형 관개 시스템과 유사할 수도 있다. 이처럼 물이 풍부했기 때문에, 테마섹 주민들은 단순한 과일, 채소 정원 수준을 넘어, 보다 계획적이고 체계적인 농경 기반을 구축할 수 있었을 것이다.

스탬퍼드로와 브라스바사로 사이의 지역은 쌀 재배에 이상적인 토양을 지녔다. 고생지질학적 연구에 따르면, 이 지역의 토양층은 과거 맹그로브(mangrove) 습지에서 유래한 유기물질이 풍부한 점토로 형성되어 있어서, 벼농사가 이루어졌던 클란탄, 뜨렝가누, 나콘 시 탐마랏과

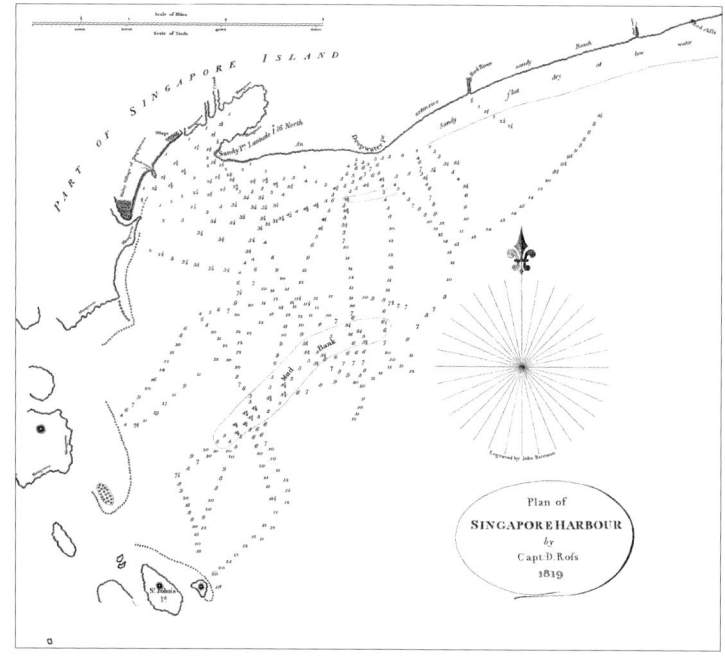

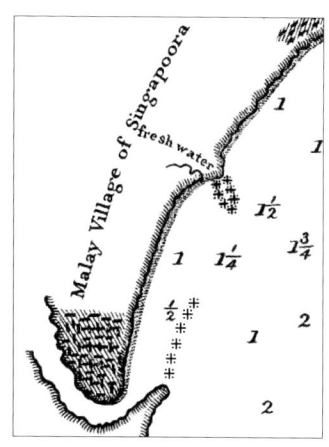

다니엘 로스(Daniel Ross) 선장이 1819년에 작성한 싱가포르 항만도(왼쪽). 세부 지도(오른쪽)를 보면, 당시 해자가 담수 하천(fresh water) 형태로 존재했음을 보여준다.

사팅프라 등의 해안 지역과 유사했다. 실제로 테마섹의 농지를 방문했던 왕대연(도이지략의 저자)은 테마섹의 들판이 비옥하지는 않지만, 곡물 생산이 랑카수카(현 태국의 파타니), 클란탄, 트렝가누 지역과 비슷한 생산성을 보인다고 언급했다.

또한 다른 건축 구조물들도 테마섹 거주민들이 경작지를 개발하고 유지하려 했음을 보여준다. 토벽은 방어용 구조물로 해석되기도 하지만, 토공(earth work)이라는 점에서 포트캐닝 언덕 북동쪽 완만한 경사를 따라 이어지는 구간은 토양 침식 방지와 함께 지면의 수분 유지에도 효과가 있었을 것이다. 이것은 카오삼케오(Khao Sam Kheo, 끄라(Kra)지협의 동쪽, 첫 1천 년 초) 또는 씨파무퉁(Si Pamutung, 북부 수마트라, 14-19세기) 등지의 정착지에서 사용된 토양 유지 기법과 비슷하다. 이런 토공은 건축 부지의 확보 외에도 농업에도 도움이 되었을 것이다.

개방성과 연결성: 세계도시성과 문화적 영향

고고학적 유물들은 테마섹이 세계주의적(cosmopolitan) 성격을 지닌 사회였음을 보여준다. 테마섹의 수입품 의존의 물질문화는 이슬람 이전 시기 말레이 지역의 다른 항구도시들과 공통된 특징을 지녔다. 가령, 순

싱가포르 엠프레스플레이스 유적지에서 출토된 토기 조각. 이러한 유물의 존재는 테마섹 정착지가 수마트라, 자바, 보르네오 등 해양 동남아의 다른 주요 거주지들과 사회적, 경제적, 문화적으로 연결되어 있었음을 보여준다.

게이 마스, 펭칼란 부장, 카타 치나 등의 정착지에서는 대부분의 토기가 현지에서 제작되었고, 일부는 인근 생산지에서 수입되었다. 테마섹의 경우에는 북부 수마트라, 북부 보르네오, 시암만 연안 지역에서 공급된 것으로 보인다.

한편, 테마섹 거주민들이 사용한 도기는 거의가 중국산이었다. 말레이 지역 내에서 생산되지 않던 물품들은 더 넓은 경제권에서 조달되었는데, 말라카해협의 정착지들도 대개 그렇게 의존하였다. 비슷한 소비 패턴은 카타 치나와 남부 *끄다*(Kedah) 지역에서도 관찰되는데, 이들 지역에서 유사하게 발굴된 수입 도자기의 대부분은 벵골만 연안에서 제작된 것이다. 이와 달리 테마섹은 남중국해 연안 경제권에 속해 있었으며, 여기에는 대륙부 동남아 국가들과 남중국이 포함되었다. 테마섹과 교역 관계를 유지했던 대표적 남중국 항구로는 광저우, 취안저우, 작게는 항저우가 있었다.

수입 식재료의 사용은 테마섹 주민들의 음식 소비 패턴이 어느 정도 외국 문화의 영향을 받았음을 알려준다. 이것은 다양한 조리 전통을 탄생시키고 자연스럽게 혼종적인 식문화가 형성되게 했다. 도자기 유물로 미루어 볼 때, 테마섹에서 사용된 주요 식재료의 출처는 남중국이었을 것이다.

공간 배치와 건축 양식 측면에서도, 테마섹은 전통적 말레이 시대의 전형적인 도시 특성을 보였지만, 다른 지역의 영향도 엿보인다. 예를 들어, 포트캐닝 언덕 북쪽의 벽돌 건축 기초는 훨씬 먼 곳의 건축 전통으로 볼 수도 있다. 크로퍼드는 이러한 벽돌 기반들이 체계적인 배열 없이 존재한다고 기록했는데, 이것은 그 지역에서 구할 수 있는 재료를 이용해 오랜 세월에 걸쳐 점진적으로 건축이 이루어졌음을 의미한다. 외부 영향의 측면에서 말하자면, 상부 건축물이 없는 벽돌 기초의 지리적 분포는 주로 시파무퉁, 남부 끄다, 타쿠아파(Takuapa, 태국 남서부) 및 끄라지협의 동해안 등지가 해당한다.

하지만, 공동체의 공덕 행위를 포함하여 오랜 세월에 걸쳐 개별 종교 건축물을 세우는 전통은, 정치적 목적에서 우주론적 질서를 상징하는 단일 건축물을 설립하는 방식과는 구별된다. 전자는 상좌부 불교(Theravāda Buddhism) 문화 전통과 관련이 있으며, 서기 2천년대 전반기에 걸쳐 미얀마의 버강(Bagan), 태국 남부와 중부의 드와라와티(Dvaravati) 유적 그리고 끄라지협의 여러 유적에서도 드러난다. 즉, 테마섹 주민들의 종교 건축 활동은 단일 영향권이 아니라, 두 지역 전통으로부터 영향을 받았을 가능성이 있다.

토벽과 해자도 대륙부 동남아의 영향 아래 있었을 가능성이 있다. 말레이 지역에서는 15세기 후반 이후 토벽이 방어 시설로 사용되기 시작했는데, 그 이전에는 가령 7세기의 코타 카푸르(Kota Kapur, 인도네시아 방카(Bangka)섬) 유적처럼 종교 시설의 일부로 건설되었고 대칭적 형태가 그 특징이기도 하였다.

싱가포르의 것과 유사한 14세기 이전의 비대칭적 토벽은 주로 시암만 연안 지역에서 발견되며, 이는 토양 유지와 수자원 확보 용도로 사용된 것으로 보인다. 예를 들어, 카오삼케오(1천년대 초기), 드와라와티의 도시 중심지인 우통과 나콘파톰(1천년대 중·후반) 그리고 2천년대에는 끄라지협의 탐브랄링가(Tambralinga, 나콘씨탐마랏), 랑카수카(파타니) 등의 유적들이 여기에 속한다.

말라카해협 지역에서 14세기 후반이긴 하지만, 홍수 방지용으로 토벽을 건설한 것은 씨파무퉁이 유일하다. 따라서 테마섹의 토벽과 해자 건설은 시암만 연안의 농경지 관리 기술의 영향을 받았을 수 있다.

테마섹 사회가 시암만과 북부 말라카해협 지역의 영향력을 흡수하던 시기에, 자바 특성을 띤 고급문화가 의도적으로 육성된 것으로 보인다. 이는 테마섹이 이웃 지역 강국인 마자파힛의 문화적 또한 아마도 정치적 영향권 속에서 자신의 위치 선정 시도의 일환이었을 것이다.

이러한 문화적 연계는 언어를 통해서도 나타났다. 현재까지 테마섹에서 발견된 유일한 문자 자료는 싱가포르 스톤(Singapore Stone)의 비문이다. 이 비문은 싱가포르강 입구에 자리 잡고 있어서 해상 교통로를 오가는 모든 이들이 볼 수 있었다. 그 문자는 고대 자바 문자의 변형으로 보이며, 대략 10-12세기경으로 추정된다. 또는 12세기까지 수마트라에서 사용된 산스크리트어(Sanskrit)일 가능성도 제기된다. 금석학자들은 이 비문이 초기 카위(Kawi, 약 925-1250년)와 마자파힛 카위(약 14세기) 간의 시기에 해당하는 자바 영향을 받은 언어를 나타낸다고 추정한다. 테마섹의 다른 지역에서는 그 어떠한 기록도 발견되지 않았다는 점에서 그 문자 언어는 자바 문화권의 소속을 나타내기 위한 것일 수도 있다.

테마섹에서 출토된 금속 장식 유물 역시 자바 문화권 소속의 가능성을 뒷받침한다. 포트캐닝 언덕에서 발견된 금 장신구는 칼라(Kala) 머리와 거위의 문양이 나타나는데, 이는 15세기까지 이어진 자바 장식 예술을 연상케 한다. 고고학자 판 스타인 칼렌펠스(P.V. van Stein Callenfels)는 이 장식들이 14세기 자바 금세공의 최고 기술을 반영한다고 추정한다. 이런 유물들은 현지 생산이 아니라 수입품으로 보이며, 현지 제작의 증거는 아직 발견되지 않았다.

특히 이러한 문양과 장식 요소들은 테마섹에서 출토된 다른 유물들에서는 전혀 나타나지 않는데, 그것은 현지 장인들의 양식으로 채택되

1998년 엠프레스플레이스 발굴에서 출토된 납으로 만든 기마상(말과 기수의 상)으로 기수의 머리는 결실된 상태이다. 이 조각상은 힌두교의 태양신 수리야(Surya)가 날개 달린 승용동물을 타고 있는 모습을 묘사한 것으로 보인다. 조각상의 양식은 14세기 동부 자바 소재의 사원 부조에서 엿볼 수 있다.

지 않았음을 의미한다. 대신에 그 요소들은 매우 한정적으로 사용되었으며, 그것이 발견되는 지역의 거주민 집단의 사회적 기능과 연관되었을 것으로 보인다. 금 장신구의 경우, 이는 자바 문화에 대한 문화적 연대와 테마섹 내의 다른 거주민에 대한 사회적 우위를 과시하기 위한 것일 수도 있다.

테마섹의 세계도시적 성격을 보여주는 또 다른 측면은 종족 다양성에서 비롯된 문화적 다양성의 문제이다. 《도이지략》에 따르면, 테마섹에는 세 집단이 있었다. 즉, 오랑라웃, 내륙 거주 원주민, 케펠해협 부근에 거주한 남중국 출신 중국인이다. 중국인의 존재는 흔히 종족 다양성의 증거로 언급되지만, 단순히 외국인의 존재만으로 현지 문화가 영향을 받거나 근본적으로 변했다고 단정할 수는 없다.

테마섹의 경제권

경제사학자 켄네스 홀(Kenneth R. Hall)에 따르면, 11세기까지 동남아에는 세 개의 원주민 무역권(indigenous zones of trade)이 존재했으며, 그중 하나가 테마섹이 속한 수마트라 – 하부 말레이반도 지역이었다. 이 교역권들은 아시아 전역의 교역망과 연계되어 있었으며, 각자 독립적이거나 간접적인 지역경제 교환체계를 형성하고 있었다.

말라카해협 지역의 주요 특징은 배후지인 구릉과 산지의 거주민과 해안 정착민 간의 상호 작용이었다. 내륙 거주민은 임산물과 농산물을 공급하고, 해안 거주민은 외래 물품과 운송 같은 서비스를 제공했다. 따라서 해안 교역 왕국의 번영은 다음 두 가지, 즉 국제 해상 교역에서 수요가 높은 배후지 생산물 공급 및 왕국의 핵심 항구가 중심이 되는 기존의 지역 내 교역망 존재에 달려 있었다.

테마섹은 리아우 제도 및 남부 조호르의 해양 및 산림 자원을 수집하여 수출하는 교역 거점으로 기능했다. 이러한 자원들은 테마섹에 기항한 중국 및 지역 상인들에게 활발히 거래되었으며, 수입품, 식품, 기타 물산의 유입과 유출은 항구 정착지 내에 활발한 시장을 형성시켰다.

《도이지략》에 따르면, 테마섹은 말라카해협의 다른 항구들과 구별되는 주요 상품 세 가지를 수출했다. 즉, 최상급 코뿔새 부리(hornbill casques), 중간 품질의 라카우드 및 면(cotton)이다. 면은 자바나 인도 아대륙에서 재수출된 상품으로 보인다. 반면, 코뿔새 부리는 말라야 반도,

중국인 여행가 왕대완(汪大淵, Wang Dayuan)의 기록에 따르면, 테마섹에서는 매우 품질이 뛰어난 코뿔새(hornbill)의 볏(casque)이 거래되었다고 한다. 이러한 볏은 큰코뿔새(Rhinoceros Hornbill, Buceros rhinoceros)에서만 볼 수 있는데, 이는 인간의 머리카락, 손톱, 코뿔소 뿔 등에 존재하는 섬유 단백질인 케라틴으로 이루어진 단단한 골질 구조이다. 이 재질은 벨트 버클, 조각상, 팔찌 및 다양한 장신구로 조각될 수 있을 만큼 단단하면서도 세공도 가능하다.

싱가포르섬, 리아우 제도, 보르네오에서만 발견되었으며, 상아 대체품으로 중국 상류층에게 인기가 높았다. 팔렘방을 제외하면, 테마섹은 최고 품질의 코뿔새 부리를 제공한 유일한 항구였다. 라카우드는 향목으로 향이 좋고 도서부 동남아 전역에서 쉽게 구할 수 있었기 때문에 중국에서 향료로 인기가 높았다. 《도이지략》에서는 수마트라, 말레이반도, 보르네오 등지의 19개 항구에서 라카우드가 거래되었다고 기록했다. 그중 고품질 라카우드를 제공한 항구는 다섯 곳뿐이었으며, 말라카해협 지역에서는 람브리와 테마섹 두 곳이 속하였다.

리아우제도 거주민들에게 테마섹은 아시아 해상 경제권에서 가장 가까운 교역항이었을 것이다. 1990년대 초 리아우제도의 여러 섬에서 실시된 고고학적 표면조사(surface survey)에서는 14세기 중국 도자기와 유리 제품이 대량으로 발견되어, 테마섹과의 경제적 연계 가능성을 보여준다. 이러한 도자기들은 테마섹에서 수입된 것들과 유사한 장식 양식과 제작 기법을 지녔으며, 유리 제품들은 포트캐닝 언덕에서 발굴된 것들과 형태는 유사하지만, 장식은 더 단순한 편이다. 또한 리아우제도와 테마섹 양쪽에서 발견된 유리 구슬은 화학적 조성이 동일하여 동일한 공급처에서 생산된 것임을 시사한다. 이는 리아우제도의 해안 정착지들과 테마섹이 현지 산물과 외래 상품의 교환을 통해 긴밀히 연결되

리아우–링가 제도 및 나투나 제도의 지도. 이 지역에서는 싱가포르에서 출토된 것과 유사한 도자기와 유리 재질의 유물들이 발견되었다. 이를 통해 이 군도 지역이 테마섹의 경제권에 포함되었을 가능성이 높다고 본다.

어 있었음을 보여준다.

비록 하부 조호르 해안과 테마섹 간의 직접적인 교역 증거는 아직 고고학적으로 확인되지 않았지만, 두 지역의 지리적 근접성을 고려하면 경제적 연계가 있었을 가능성이 매우 높다. 원사(元史)에는 몽골 사절단이 테마섹에 코끼리를 구하러 파견되었다는 기록이 있다. 그 요구가 실제로 이행되었는지는 명확하지 않지만, 만약 테마섹이 코끼리를 제공했다면 그것은 아마도 말레이반도에서 획득했을 수도 있다.

테마섹의 쇠퇴: 두 가지 역사 이야기

건국 이후 불과 약 50년 남짓한 기간 동안, 테마섹은 14세기 중엽까지 번영한 항구 정착지로 성장했다. 하지만, 그 번영은 인근 강국들의 시선을 끌었고, 수코타이, 아유타야, 마자파힛 등은 테마섹을 자신들의 영향권에 두려 했다. 유럽과 동남아의 전근대 문헌에 따르면, 이들 두 세력도 모두 테마섹을 정치적 영향권으로 편입하려 했다. 포르투갈의 탐험가 톰 피레스(Tome Pires)가 약 1513년에 집필한 《수마 오리엔탈(Suma Oriental)》에 따르면, 15세기 초 무렵 테마섹은 이미 아유타야의 영향 아래 놓였으며, 그 해상 무역에서 발생한 수입은 아유타야 왕실로 보냈다고 한다.

14세기 말이 되자, 테마섹이 성장하고 번영할 수 있었던 아시아 해상 경제의 구조 또한 변화하기 시작했다. 송과 원 왕조 동안 동남아 해상 무역에 적극적으로 참여했던 중국은 1368년 명 왕조가 성립된 이후 지난 4세기 동안 유지된 해상 정책을 근본적으로 뒤집었다. 중국은 동남아 및 인도양 연안 국가들과 경제적, 정치적으로 직접적인 교류를 시작했으며, 민간의 해외 교역은 금지하였다. 이러한 변화는 15세기 초 명나라의 대규모 해양 원정으로 절정을 이루었다.

이러한 동아시아의 지정학적 변화는 우연히 일어난 일이 아니었다. 테마섹 무역의 주요 상대였던 중국 원나라는 연속적인 자연재해로 인해 점차 경제적 기반이 약화되었다. 중국 사서에는 '용'이 불러온 것으로 여겨진 대홍수가 잇따랐고, 그 뒤를 이어 가뭄과 혹독한 혹한의 겨울이 이어져 기근이 발생했다고 기록되어 있다. 마침내 지정(至正, 1341-1370년) 시기 황제 혜종(惠宗, 토곤 테무르 Toghon Temur)은 역병의 창궐로 인해 수도 베이징을 버리고 몽골 초원으로 돌아갔다.

이 시기는 전 세계적으로 소빙기(Little Ice Age)가 시작된 때로, 약 300년간 이어진 온난하고 안정된 기후 덕분에 번영했던 세계 경제가 급격히 위축되기 시작했다. 아시아에서는 이 기후 변화가 라니냐(La Niña)와 유사한 현상을 일으켜 몬순 기후를 강화했고, 그 결과 촐라 왕조 남인도, 동남아시아, 송나라 중국의 농업 및 경제 성장을 촉진해 10세기에서 13세기에 걸친 아시아 해상 교역의 호황을 이끌었었다. 그러나 14세기 들어 시작된 급격한 냉각기는 전 지구적 규모의 경제적, 인구적, 정치적 위기를 초래하면서, 원의 붕괴와 매우 다른 정치·경제적 질서를 추구하는 명의 등장을 불러왔다.

이에 따라, 그동안 광범위하고 적극적인 중국의 경제 활동에 의존해 왔던 동남아의 여러 항구는 경제적, 정치적 생존 전략을 급격히 전환해야 했다. 1405년, 팔렘방 출신의 한 반역 왕자가 말레이반도 서해안의 말라카강 입구에 새로운 항구 정착지를 세우고, 주도적인 명의 해상 정책에 기회를 엿보아 명 조정에 충성을 선언했다. 그 즉시 말라카는 중국 해군의 말라카해협의 핵심 기항지가 되었으며, 이후 100년 동안 명나라의 동남아와 인도양 연안과의 교역에 있어서 핵심 통로 역할을 맡게 되었다.

이러한 광역적 아시아 해상 세계의 변화 속에서, 테마섹의 쇠퇴에 관한 역사적 전승 두 가지가 전해진다. 우선, 《말레이연대기》에 따르면, 테마섹의 마지막 통치자 이스칸다 샤는 어느 날 자신의 한 대신의 딸을 공개적으로 능욕했다. 이에 분노한 대신 상 란주나 타파(Sang Ranjuna Tapa)는 복수를 결심하고 마자파힛의 국왕에게 테마섹 침공을 권유했다. 그 후 마자파힛 군이 침공하여 포위를 하자, 그 대신은 백성들에게 나누어야 할 쌀 저장고를 열지 않고, 성문을 열어 도시가 함락되게 했다. 이스칸다 샤는 호위병들과 함께 싱가포르 내륙을 거쳐 북쪽 무아(Muar)로 도주했으며, 이후 말라카강 하구에 새로운 항구 도시를 세웠다.

테마섹 쇠퇴에 관한 또 다른 전승은《수마 오리엔탈》에 기록되어 있
다. 톰 피레스의 기록에는, 말라카 주민들의 구전에 따르면 15세기 초
말라카가 중국의 주요 기항항이자 교역 중계항으로 부상하면서 테마섹
에 기반을 두고 있던 상인들이 대거 말라카로 이주하였고 그 결과 테마
섹의 해상 경제는 급속히 공동화되었다고 전한다. 테마섹의 교역 감소
로 세수 손실을 걱정하던 시암(아마도 아유타야) 국왕은, 재정 문제를 해
결하기 위해 말라카 지배자와 협약을 체결했다. 결국 테마섹은 연간 금
조공의 대가로 말라카에 양도되었고, 이로써 테마섹은 독립 항구 정착
지로서의 존재감을 상실하였다.

불어라 바람이여, 그리고 뺨을 쳐라!

셰익스피어의 리어왕(King Lear)에서 분노에 찬 왕
의 독백은 싱가포르와 그 인근 지역을 뒤흔들던 몬순
계절풍과 갑작스러운 돌풍의 기후 양상을 묘사하는 데
에도 잘 어울린다.

기후 패턴과 기후 변화는 종종 간과되지만, 역사적
변동의 주요한 동력 중 하나이다. 세대에 걸쳐 인도양
을 항해하던 아랍 선원들이 규칙적이라 여겼던 몬순풍
은 최근 홀로세(Holocene) 시대의 장기적 시간척도에
서 보면 훨씬 더 복잡하고 불규칙적이었다. 이러한 변
화무쌍한 몬순은 장기 가뭄과 비정상적 습윤기를 만들
어내며, 아시아 역사 전개의 방향을 심오하게 바꾸어
놓았다.

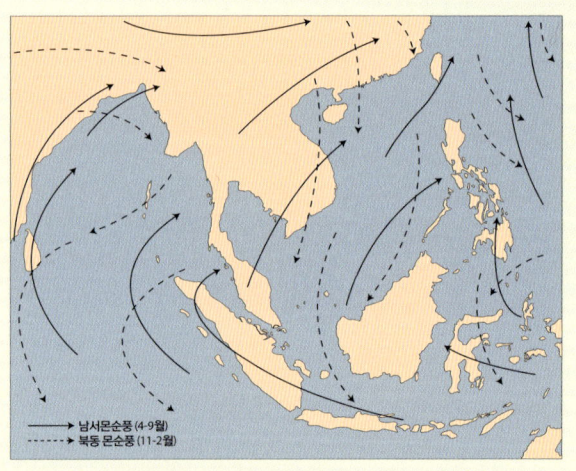

→ 남서몬순풍(4-9월)
┄┄► 북동 몬순풍(11-2월)

고기후학(paleoclimatology)의 최근 연구 성과들은
지난 천 년 동안의 몬순 변동성을 여러 자료를 통해 밝
혀내고 있다. 여기에는 심해 퇴적층, 산호 성장, 히말
라야의 빙핵, 이탄층(peat bogs)과 특히 인도 단닥(Dan-
dak) 동굴의 석순 및 동굴 생성물 및 최근에는 나이테

기록 등이 포함된다.

현재 아시아 몬순 체계는 적어도 세 가지 구성 요소
로 이루어진 것으로 이해되고 있으며, 이 세 가지는 서
로 명확하게 연결되어 있지 않다. 첫째 인도 아대륙과
벵골만에 걸친 인도 여름 몬순, 둘째 중국 본토, 동중국
해, 일본을 아우르는 동아시아 여름 몬순, 셋째 남중국

해, 필리핀, 서태평양 지역에 걸쳐 나타나는 서북부 태평양 여름 몬순이다. 동남아 대부분은 이 세 몬순 체계의 경계에 걸쳐 있는 지역이어서 강수량 분포가 매우 불규칙하고 혼란스러우며, 몬순 실패와 가뭄이 반복되는 주기가 발생한다.

콜롬비아대 라몬트-도허티 지구관측소(Tree-Ring Laboratory, Lamont-Doherty Earth Observatory)의 에드워드 쿡(Edward Cook)과 연구팀은 아시아 몬순 가뭄 지도집을 제작하여, 아시아 몬순의 계절적·세기적 변동 및 장기적인 건기와 우기의 극단 현상의 재발 주기를 지도화하였다. 그들은 지난 천 년 동안 발생한 4차례의 대가뭄 주기를 식별하였다. 명나라 가뭄(1638 - 1641), '스트레인지 패러럴즈(Strange Parallels)' 가뭄(1756 - 1768), 인도 대가뭄(1792 - 1796), 대가뭄(1876 - 1878) 및 벵골 대기근(1769 - 1773)도 있었다. 특히 18세기 중엽의 '스트레인지 패러렐즈 가뭄'은 역사가 빅터 리버만(Victor Lieberman)이 명명한 것으로, 이 시기 인도 및 동남아 전역에서 발생한 지속적인 초대형 가뭄이 여러 왕국의 붕괴와 병행하였음을 가리킨다. 이러한 대가뭄들은 싱가포르 주변 세계의 인구, 농업, 무역 구조에 막대한 영향을 미쳤으며, 당시 교역 중심지로서의 테마섹(싱가포르)의 번영 역시 이 기후 재앙으로 인해 크게 쇠퇴했을 가능성이 높다.

좀 더 구체적으로 말하면, 이러한 아시아 몬순의 변동성은 싱가포르 주변 해역의 바람 방향과 해류 흐름을 급격하게 변화시켜, 선박의 항해와 정박을 어렵거나 위험하게 만들었다. 포르투갈인들은 싱가포르 주변 해역에서 갑작스레 불어닥쳐 배를 파괴하곤 했던 강풍에 대해 불평을 늘어놓았고, 네덜란드 제독 코르넬리스 마텔리프 더 용어(Cornelis Matelieff de Jonge)도 자신의 항해 일지와 서한에서 말라카 해협 남단과 싱가포르 인근의 해류와 바람 때문에 그 지역을 통과할 수 있는 시기가 매우 제한적이었다고 기록했다. 그는 이러한 이유로, 네덜란드 동인도회사(VOC)의 거점으로는 말라카나 조호르강보다 자야카르타(오늘날 자카르타)와 반텐(Banten)이 더 적합하다고 권고하였다.

제1장 요약

제1장은 13세기 말에서 15세기 초에 걸쳐 싱가포르 정착지로서 최초로 기록된 테마섹(또는 싱가푸라)의 형성과 발전 과정을 다루고 있다. 이 항구도시는 스리위자야와 마자파힛 제국 등 인근 지역 세력은 물론, 중국과 인도 같은 먼 지역과도 경제적 관계를 맺고 있었다. 이러한 경제적 연결망은 문화적 영향을 동반했으며, 테마섹 사람들은 이를 물질문화, 농업, 종교적 실천을 통해 수용하고 동화시켰다. 테마섹의 생활상은 다음 네 가지의 핵심 사료들을 통해 재구성되었다. 즉, 고고학적 유물, 말레이 세계의 사회적 기억의 핵심 토대 중 하나인 《말레이 연대기》를 포함하는 당시의 문헌 기록, 초기 식민지 시대 기록, 지도 등이다.

요약하자면, 싱가푸라는 리아우제도와 남부 조호르 배후지의 산물을 집산하던 작은 규모에도 번영한 교역 중심지로 이들 물산 중 다수가 중국 시장으로 수출되었으며, 중국 및 기타 국제 물산의 재분배 항구 역할도 담당했다. 그러나 15세기 초에 이르러 이러한 역할은 말라카가 대신하게 되었고, 싱가푸라는 보조 항구로 전락하였다.

제2장에서는 15세기에서 16세기 초 사이, 전통 말레이 정치체제의 정치 관계 및 이념적 맥락 속에서 싱가푸라의 역할과 위상의 변화를 일으킨 역사적 배경을 살펴본다.

15세기 이전 말라카해협의 항구도시
에서 발견되거나 출토된 조각상 대부
분은 불교 유물이다. 그중에서도 호
랑이 가죽을 입고 있는 아모가파사
(Amoghapasa) 형태의 관세음보살이
인기가 있었다. 아모가파사는 마자파
힛 왕국의 자고 사원(Candi Jago)의
주신이기도 했다. 여기 은으로 도금된
아모가파사상은 팔렘방 출토품으로
알려져 있으며, 이를 통해 스리위자야
의 종교적 신앙이 《말레이연대기》의
전편에 걸친 신화에 영향을 미쳤음을
알 수 있다.

언덕 위의 왕국

1300년대와 같이 매우 이른 시기부터 포트캐닝 언덕에 있었던 싱가포르의 최초 정착지에 관한 여러 기록이 존재한다. 그러나 그 가운데 가장 상세한 기록은 1828년에 출판된 존 크로퍼드(John Crawfurd)의 여행기《인도 총독부 특사의 시암과 코친차이나 왕실 방문기》(Journal of an Embassy from the Governor-General of India to the Courts of Siam and Cochin-China)에서 찾아볼 수 있다. 이후 싱가포르의 두 번째 상주행정관으로 부임하게 되는 크로퍼드는, 1822년 시암으로 향하는 외교 임무 수행 도중 싱가포르에 며칠간 머물게 되었다. 그는 신설된 영국 동인도회사의 지사를 둘러보고, 자신이 그곳에서 본 모든 것을 기록하였다. 크로퍼드가 관찰한 내용은 이후 싱가포르를 대상으로 한 모든 역사적, 고고학적 연구의 가장 핵심적인 1차 사료를 이루게 되었다. (주: 포트캐닝 언덕의 유구들이 위치한 지점을 현재의 지도를 기준으로 확인해 보면, 크로퍼드가 몇 군데 방위를 혼동한 것 같다. 아래 번역에서는 필요한 경우 올바른 방향을 함께 제시하였다.)

1822년 2월 3일

오늘 아침 나는 고대 싱가포르 도시의 토벽과 경계를 따라 걸어보았는데, 사실 이곳은 오늘날 우리의 정착지가 세워진 자리이기도 하다. 동쪽은 바다, 북쪽은 토벽, 서쪽은 바닷물이 드나드는 염수의 작은 만으로 둘러싸여 있었다. 그렇게 둘러싸인 공간은 평지이며, 그 끝에는 제법 넓고 높이 약 150피트(약 46m)에 달하는 언덕이 자리하고 있다. 전체 구역은 일종의 삼각형 형태를 이루는데, 그 밑변은 약 1마일 길이의 해안선을 따라 놓여 있다. 토벽은 기단부의 너비가 약 16피트(약 5m), 현재 높이는 8-9피트(약 2.5m) 정도이며, 해안에서 언덕 기슭까지 거의 1마일(약 1.6km) 정도 이어지다가 염습지에 닿는다. 토벽이 평지를 지나가는 구간에는 그것을 따라 작은 개울이 흐르며 일종의 해자를 이루고 있다. 토벽이 언덕의 경사면에 도달하는 지점에서는 마른 해자의 흔적이 보인다. 서쪽 측면은 토벽이 끝나는 지점에서 바다까지 연결되는데, 그 길이는 북쪽 구간과 마찬가지로 거의 1마일에 가깝다. 이 서쪽 구간은 만조 시 물이 넘치는 염습지와 깊고 넓은 만이 자연적인 방어선을 형성한다. 토벽에는 총안(embrasures)이나 사혈(loop-holes)의 흔적이 전혀 없고, 바다 쪽이나 만 및 습지 쪽에서도 어떤 인공 방어 시설의 흔적도 발견되지 않는다. 이러한 점을 고려하면, 싱가포르의 이러한 방어 구조물은 화기(총기)를 상정해 지어진 것이 아니었거

나, 혹은 바다로부터의 공격에 대비한 것이라 하더라도 거주민들은 자신들의 해상 전력이 충분하다고 여겨 추가적인 방어 시설은 불필요하다고 판단했을 것이다.

1822년 2월 4일

근대 싱가포르 시가지가 건설되고 있는 그 해수만 입구의 서쪽 바위 지점에서, 2년 전 비교적 단단한 사암 덩어리가 발견되었는데, 그 위에는 어떤 명문이 새겨져 있었다. 오늘 이른 아침 나는 그 돌을 직접 살펴보았다. 그 돌은 모양이 매우 거칠고, 커다란 괴석 하나를 인위적으로 둘로 조갠 뒤 거의 같은 크기의 두 조각을 마주 보도록 세워놓은 듯하다. 두 돌은 아래쪽에서 대략 2.5피트(약 80cm) 정도 떨어져 있으며, 서로 약 40도 각도로 기대어 있다. 명문은 이 돌의 안쪽 면에 새겨져 있다. 그 조각 솜씨는 내가 자바나 인도에서 본 어떤 유적의 명문보다도 훨씬 거칠었고, 글자는 아마도 세월의 흐름 탓도 있겠지만, 돌 자체가 자연적으로 풍화된 탓에 대부분 마모되어 문장으로서 읽을 수 없을 정도였다. 하지만 여기저기에서 몇몇 글자는 비교적 분명하게 보였다. 문자는 네모꼴이라기보다 둥근 형태에 가깝다. 아마도 불교 신도들이 사용하던 종교적 문자, 즉 빨리어(Pali)인 것 같다. 자바와 수마트라에는 이러한 문자로 된 예가 매우 풍부하지만, 각 지역의 고유 문자로 된 고대 기념물은 존재하지 않

는다. 싱가포르에서 발견되는 고대 유적은 이 돌과 앞서 언급한 토벽과 해자 외에는, 모두 앞서 말한 그 언덕(포트캐닝 언덕)에 존재한다. 본래 울창한 숲으로 덮여 있었으나, 우리가 모두 제거한 뒤 지금은 잘 정돈된 잔디가 덮여 있어 새로운 정착지의 가장 큰 미관적 아름다움을 이루고 있다. 언덕의 서쪽과 북쪽 [정정: 북쪽과 동쪽] 경사면 대부분에는 건물의 기초 흔적이 남아 있으며, 일부는 양질의 구운 벽돌 구조이다.

그중에서도 가장 주목할 만한 것은 언덕 정상 가까이에 있는 한 변이 약 40피트(약 12m)의 정방형 단상(terrace) 위에 자리한 유적이다. 이 단상의 가장자리에는 커다란 사암 블록 14개가 놓여 있는데, 각각의 돌에 뚫린 구멍으로 보아, 이들은 건물을 지탱했던 여러 개의 목주(木柱)의 받침대였을 것이다. 이는 곧바로 건물의 상부 구조가 썩기 쉬운 재료로 되어 있었음을 보여주며, 아마 이 건물뿐 아니라 언덕의 다른 건축물에도 마찬가지로 적용되는 사실일 것이다. 정방형 단상 내부에는 거친 사암으로 이루어진 원형 구

역이 있으며, 그 중앙에는 우물처럼 보이는 구덩이가 있다. 이 구덩이에는 과거에 어떤 조각상이 놓여 있었을 것이다. 나는 이 건축물이 의례 장소였다고 생각하며, 외형으로 보아 붓다 사원이었을 가능성이 높다고 본다. 더 나아가 언덕에 남아 있는 다른 고대 유적들은 이 종교의 승려들이 거주하던 수도원 터의 잔해일 것으로 추정해 본다. 언덕의 북쪽 [정정: 동쪽] 경사면에 있는 또 다른 단상은 거의 비슷한 크기인데, 이곳은 싱가포르의 왕 이스칸다 샤의 묘지였다고 전해진다. 전승에 따르면, 이 왕은 서기 1252년 자바인에 의해 왕좌에서 축출된 뒤 말라카에서 1274년에 죽었는데, 그때까지 이슬람교로 개종하지 않았다고 한다. 그래서 이 이야기는 전설적 요소가 많아 사실성이 낮을 수 있다. 새 정착지가 건설된 이후, 이스칸다의 묘소로 추정되는 곳에 허술한 구조물이 세워졌고, 그곳에는 무슬림, 힌두교도, 중국인들이 고루 찾아와 예를 올리고 있다. 흥미로운 점은, 싱가포르 고대 거주민들이 재배하던 과일나무들이 약 600년가량 시간이 흘렀다고 추정됨에도 불구하고, 언덕의 동쪽 [정정: 남쪽] 경사면에 여전히 남아 있다는 사실이다. 이곳에는 두리안, 람부탄, 두쿠, 샤독(shaddock) 및 다른 큰 과일나무들이 있으며, 이 가운데 앞의 두 가지를 제외한 과일들은 너무 변질되어 거의 알아보기 어려울 정도이다.

유적들 가운데서는 여러 종류의 토기 조각이 발견되는데, 그중에는 중국산도 있고 현지 생산품도 있다. 이러한 파편들은 매우 풍부하게 출토되고 있다. 같은 지역에서 10세기와 11세기 중국의 동전들도 발견되었다. 그중 가장 이른 시기의 동전은 송나라의 칭충(Ching-chung) 황제의 것으로, 그는 967년에 죽었다. 또 다른 하나는 같은 왕조의 진충(Jin-chung) 황제 재위 시기의 것으로, 그는 1067년에 사망했다. 세 번째는 그의 후계자인 신충(Shin-chung) 황제 시대의 것으로, 그는 1085년에 죽었다. 이러한 동전들의 출토는 말레이인들이 12세기에 싱가포르에 정착했다는 기록을 뒷받침하는 확실한 근거가 된다.

이와 관련하여 주목해야 할 점은, 중국 화폐는 인도네시아 제도(Indian islands)의 여러 민족이 이슬람교를 채택하기 이전, 즉 유럽인들과 교류하기 훨씬 전부터 이미 유통되고 있었다는 사실이다. 이러한 중국 동전은 자바에서도 많이 발굴되었으며, 지금도 발리에서 이슬람으로 개종하지 않은 원주민들이 사용하는 유일한 화폐로 남아 있다.

제2장

15세기: 말라카 해상 세력의 보급 항구와 본거지

사냥하던 왕이 나무 아래 서 있는데, 사냥개 한 마리가 사슴에게 발길질당했다. 그러자 술탄 이스칸다 샤가 말하기를, "사슴조차도 전투력으로 가득 찬 여기는 좋은 곳이로다. 이곳에 도시를 건설하는 것이 좋겠다." 족장들이 "전하의 말씀이 참으로 옳습니다."라고 답했다. 술탄은 도시를 만들라고 명하며 "내가 서 있는 이곳의 나무 이름이 무엇이냐?"라고 물었다. 신하들 모두가 "말라카라고 합니다, 전하!"라고 대답하니 이에 술탄은 다시 말하기를 "그럼 말라카는 이 도시의 이름이로다."

《말레이연대기》

말라카의 전초기지

말라카왕조 연대기인 《국왕의 계보》(술라랏우스-살라틴, Sulalat'us-Sala-tin)에 따르면, 말라카는 14세기 싱가푸라의 마지막 통치자 이스칸다 샤(Iskandar Shah)가 마자파힛의 침공으로 싱가푸르를 포기한 직후 건국되었다. 그는 셀러타(Seletar)를 거쳐 말레이반도 서해안의 무아로 피신한 뒤, 다시 버탐(Bertam)강으로 옮겨갔다. 이 연대기는 이후 말라카왕실과 그 후계자인 조호르 왕실의 역사에 관한 일련의 느슨하게 연결된 사건들과 일화들로 이어진다. 싱가푸라는 말라카의 기원에 해당하는 첫 여섯 가지 이야기 속에서 언급된다.

《Sulalat'us-Salatin》, 즉 《Sejarah Melayu》 또는 《말레이연대기》로 더 잘 알려진 이 기록은 현재 약 30가지의 이본(variant texts)을 통해 전해진다. 가장 오래된 판본에는 이슬람력 1021년(서기 1612년)의 연대가 표기되어 있으며, 이는 1816년 워터마크가 찍힌 종이 위에 스탬퍼드 래플스를 위해 필사된 것이다. 이 모든 판본의 중심에는 한 가지 공통된 주장, 즉 싱가푸라가 팔렘방의 왕자인 상 닐라 우타마(또는 스리 트리 부아나)에 의해 건국되었다는 내용이 있다. 그는 두 형제와 함께 하늘에서 내려와, 7세기에서 11세기 사이 말라카해협의 지배적 교역 세력이었던 스리위자야의 정신적 중심지이자 성스러운 언덕인 부킷 세군탕 마하메루(Bukit Seguntang Mahameru)에 강림했다고 한다.

《말레이연대기》의 첫 여섯 장을 해석하는 일은 오랫동안 난제로 여겨져 왔다. 대부분의 역사학자는 이 연대기를 역사적 기술로 읽으며, 다른 증거로 교차 검증할 수 있는 '사실적' 정보를 찾으려 했지만, 그러한 자료가 부족하다는 이유로 이 텍스트 전체를 민속 혹은 신화로 치부해 버렸다.

그러나 좀 더 유용한 접근은 《말레이연대기》를 문학의 관점에서 살펴보는 것이다. 즉, 문학 비평의 대상으로 삼아, 이 작품이 어떻게 말라카와 조호르의 세계를 상상적으로 재현했는지를 살펴보는 것이다. 이 장에서는 《말레이연대기》의 문학적 읽기를 시도하며, 말레이 사회의 현재와 미래의 인식을 형성했던 《말레이연대기》에 집약된 기원 서사의 읽기가 말레이 사회의 과거에 대한 사회적 기억에 어떻게 깊이 영향을 미쳤는지 살펴보고자 한다. 이를 통해 15세기 동남아의 대표적 국제 교역 중심지로 부상한 말라카의 성장 과정과 그 속에서 싱가푸라의 역할을 재구성한다.

《말레이연대기》 속의 싱가푸라: 스리 트리 부아나와 성스러운 계약

《말레이연대기》는 상 닐라 우타마와 그의 두 형제가 흰 코끼리를 타고 부킷 세군탕의 논밭을 금과 은으로 바꾸며 내려오는 장면으로 이야기를 시작한다. 그들은 자신들이 알렉산더 대왕의 후손임을 주장했다. 세 형제 중 맏형은 수마트라 서부의 미낭카바우의 지배자로, 둘째는 보르네오 서부의 탄종 푸라(Tanjong Pura)의 지배자로 추대받았다. 막내인 상 닐라 우타마는 팔렘방의 통치자 데망 르바 다운(Demang Lebar Daun)으로부터 왕위를 물려받았다. 데망 르바 다운이 스리 트리 부아나로 명명한 젊은 왕자에게 통치권의 양도를 보장한 것은 성스러운 사회적 계약이었다. 《말레이연대기》는 이를 다음과 같이 기록하고 있다.

그들은 서로에게 엄숙한 맹세를 하였다. 만약 그 약속을 어기는 자가 있다면, 전능하신 신께서 그 집을 뒤집어 지붕이 땅에 닿고 기둥이 거꾸로 서게 하시리라. 그러므로 전능하신 신은 말레이 군주들에게 은총을 내려, 그들이 백성을 수치스럽게 하지 않게 하셨다. 백성이 아무리 큰 죄를 지었다 하더라도, 결박되거나, 교수형을 당하거나, 모욕적인 말을 듣는 일은 없을 것이다. 만약 군주가 백성 한 사람이라도 수치스럽게 한다면, 그것은 그 왕국이 곧 전능하신 신의 손에 의해 멸망하리라는 징표이다. 또한 전능하신 신은 백성들에게도 은총을 베푸시어, 군주가 아무리 악하거나 불의하더라도 결코 반역하거나 배신하지 않도록 하셨다.

그 후, 스리 트리 부아나는 자신을 받아준 도시를 떠나 새로운 운명을 찾기로 결심했다. 그는 먼저 리아우제도의 빈탄(Bentan, 오늘날 빈탄 섬)으로 항해했고, 그곳의 여왕 완 스리 베니안(Wan Sri Benian)이 아들로 받아주었다. 그러나 그는 다시 떠날 결심을 했다.

스리 트리 부아나가 매우 크고 높은 바위에 이르렀다. 그는 그 바위 위로

아래의 문장은 압둘라 빈 압둘 까디르(Abdullah bin Abdul Kadir)가 약 1840년에 출판한 《술라라투스 살라틴》의 일부이다. 그는 스탬퍼드 래플즈의 말레이어 서기관(Malay-language scribe) 중 한 명이었으며, 래플즈의 친구 존 레이든(John Leyden)이 이 작품을 "Genealogy of Kings(왕들의 계보)"로 번역해 "Malay Annals"라는 제목으로 부른다는 것을 알고 있었다. 압둘라는 그를 따라 《술라라투스 살라틴》을 《세자라 멜라유(Sejarah Melayu/Malay Annals)》라는 이름으로 널리 보급시켰다.

올라가 물 건너편을 바라보았다. 그곳의 모래가 너무나 희어서 마치 흰 천처럼 보였다. 그는 인드라 보팔(Indra Bopal)에게 물었다. "저 멀리 보이는 저 하얀 모래는 무엇이냐? 저 땅은 어디냐?" 인드라 보팔이 대답하였다. "전하, 저곳은 테마섹이라 불리는 땅이옵니다." 스리 트리 부아나가 말했다. "그렇다면 그곳으로 가자." 인드라 보팔이 대답했다. "전하의 뜻대로 하겠습니다." 그래서 스리 트리 부아나는 배에 올라 항해를 시작하였다. 해안에 도착하자 배는 가까이 접근했고, 그는 수행원 전부와 함께 상륙하여 조개를 잡으며 즐겁게 시간을 보냈다. 그 후 왕은 사냥을 하러 쿠알라 테마섹(Kuala Temasek)의 평야 지대로 들어갔다.

그때 그들은 이상한 동물을 목격했다. 그 동물은 매우 빠르게 움직였고, 붉은 몸통에 검은 머리, 하얀 가슴, 그리고 힘차고 날렵한 체구를 가지고 있었으며, 크기는 숫염소보다 약간 더 컸다. 일행이 그것을 보자, 그 짐승은 달아나더니 순식간에 사라졌다. 스리 트리 부아나는 수행원들에게 물었다. "저 짐승은 무엇이냐?" 그러나 아무도 알지 못했다. 그러자 데망 르바 다운(Demang Lebar Daun)이 말했다. "전하, 옛날에는 그런 모양의 짐승을 사자(lion)라고 불렀다고 전해집니다." 이에 스리 트리 부아나는 인드라 보팔에게 명령했다. "빈탄으로 돌아가 여왕에게 전하라. 우리는 이제 돌아가지 않을 것이다. 만약 여왕이 우리를 아낀다면, 사람과 코끼리, 그리고 말들을 보내 달라. 우리는 이곳 테마섹에 도시를 세울 것이다." 인드라 보팔은 즉시 빈탄으로 돌아가 여왕 완 스리 베니안을 찾아가 왕의 말을 전했다. 여왕은 말했다. "좋다. 우리는 결코 우리 아들의 뜻을 거스르지 않으리라." 그녀는 셀 수 없이 많은 사람, 코끼리, 말을 보냈다. 그리하여 스리 트리 부아나는 테마섹에 도시를 세우고, 그 이름을 싱가푸라라고 지었다.

《말레이연대기》의 첫 여섯 장에서 그려지는 싱가푸라의 모습은 이렇다. '외국인들이 대거 찾아와 그 명성과 위대함이 온 세상에 퍼진 위대한 도시.' 두 번째 통치자 스리 피크라마 위라(Sri Pikrama Wira), 즉 스리 트리 부아나의 아들 치세에는 싱가푸라가 정치외교적으로 충분히 강성해져, 군도의 강국 자바의 마자파힛과 맞설 정도가 되었다. 이것은 마자파힛의 대규모 침공을 초래했으나, 싱가푸라는 이를 성공적으로 격퇴하였다.

이후 스리 피크라마 위라가 인도 타밀 지역 칼링가(Kalinga)의 지배자의 딸과 결혼한 이야기는, 싱가푸라가 인도 왕국들 사이에서도 부유하고 위신 높은 나라였음을 보여주는 상징적 서사로 해석된다. 또한 칼링가의 왕이 자신의 장사를 싱가푸라의 영웅 바당(Badang)과 겨루게 한 이야기도 양국 간의 권력 경쟁을 은연중에 드러낸 것으로 볼 수 있다. 바당이 죽자, 칼링가 왕이 그의 묘비를 보냈다는 이야기는 스리 피크라마 위라에 대한 존경 혹은 복종의 표시로 해석되기도 한다. 비슷하게, 페락(Perlak) 왕이 자신의 장사를 바당과 싸우게 한 이야기 역시, 싱가푸라의 우위를 강조하는 정치적 상징으로 볼 수 있다.

싱가푸라는 아마도 한 관리의 배신이 없었다면 더 큰 번영을 이룩했을 것이다. 《말레이연대기》에 따르면, 스리 트리 부아나의 4대손, 즉 이슬람식 이름을 가진 술탄 이스칸다 샤는 부당한 누명을 쓴 후궁, 즉 대신인 상 란주나 타파의 딸을 처형한 사건으로 인해 그 대신의 분노를 샀다. 상 란주나 타파는 복수를 결심하고, '성문의 빗장을 열어' 자바의 군대를 들었다. 그 반역의 죄로 상 란주나 타파와 그의 아내는 바위로 변했다. 《말레이연대기》의 저자는 그 두 바위가 자신이 살던 17세기에도 여전히 볼 수 있었다고 기록했다.

스리 트리 부아나가 꿈꾸던 '위대한 도시'는 훗날 말라카와 조호르 술탄들의 미래 비전에 깊은 영향을 주었다. 스리 트리 부아나의 도착에서 이스칸다 샤의 도주에 이르는 싱가푸라의 이야기는 훗날 섬의 운명과 미래를 상징적으로 예견한 것이었다. 이 역사 시대의 신화는 싱가푸라가 스리위자야의 영광을 되찾기 위해 성장하던 위대한 도시로 묘사되지만, 그 운명은 이스칸다 샤의 부당한 처형과 상 란주나 타파의 배신으로 인해 무너졌다. 이 사건은 결국 팔렘방에서 맺은 군주와 백성 간의 신성한 계약이 깨진 결과였다. 말라카가 포르투갈에 의해 함락되어 버린 사실도 바로 사건의 연속적인 꿈 아니 악몽이었다.

말레이인의 술탄에 대한 충성과 자신의 백성에 대한 술탄의 정의에 대한 우려는 말라카와 조호르의 술탄들에게 불안감을 주었다. 실제로 《말레이연대기》에 기록된 일곱 명의 술탄 중 여섯 명의 임종 유언은 재산 분배나 후계자 지정에 대한 지시가 아니라, 왕위 계승자는 백성에게 정의로워야 하며, 백성은 군주에게 충성해야 한다는 윤리적 훈계이다.

이러한 상호 의무의 주제는 말라카와 조호르의 역사에서 토대가 되는 기본 틀로 자리한다. 1511년 말라카의 멸망은 술탄 마흐무드(Sultan Mahmud)가 자신의 재상인 벤다하라(Bendahara)를 부당하게 처형한 사건 이후에 일어났다. 그는 참회하며 왕위를 아들 술탄 아흐마드(Sultan Ahmad)에게 넘겼으나, 《말레이연대기》에 따르면 술탄 아흐마드는 '대신들을 그리 좋아하지 않았으며' 오히려 선호하는 청년 집단과 어울리기를 즐겼다고 한다. 말라카의 상실 그리고 그 이전 싱가푸라의 상실을 '도상적 해석(figural interpretation)'으로 이해하는 이러한 사회적 기억은 조호르 술탄들에게 큰 부담으로 작용했을 것이며, 특히 1699년 당시 재위 중이던 술탄이 피살되면서 스리 트리 부아나까지 혈통을 소급할 수 있었던 조호르 술탄 계보가 단절된 이후에는 더욱 그랬을 것이다.

신화와 역사성

《말레이연대기》의 싱가푸라 이야기를 해석하는 일은 쉽지 않다. 말레이 역사와 문학의 대표적 학자인 리처드 윈스테드는 《말레이연대기》의 싱가푸라 건국 이야기를 '촐라와 팔렘방 전승이 뒤섞인 잡탕(hotch-potch)으로, 역사적 가치가 거의 없다."라고 폄하했다. 그러나 스리 트리 부아나가 본 신비한 생물에 대한 신화화는 오늘날까지 이어져 '머라이언(Merlion)'의 형태로 재탄생하여 싱가포르의 관광 아이콘으로 활용되고 있다.

역사학자들 대부분이 윈스테드의 해석에 동의한다. 은퇴한 말레이 식민지 행정관에서 이후 코넬대학에서 초기 동남아 역사의 학자로 탁월한 성과를 거두었던 올리버 월터스(Oliver W. Wolters)는 《말레이연대기》가 스리위자야의 몰락과 말라카의 건국을 연결하는 문헌적 고리로 보았다. 월터스도 다른 사학자들과 같이 말라카 건국과 관련해서 포르투갈 사료를 《말레이연대기》보다 더 합리적인 기록으로 선호하였다. 나아가 월터스는 포르투갈 기록은 명나라 사서와 교차 검증이 가능하다는 사실을 보여주었다. 그는 포르투갈 보고서에 보존된 역사적 사실을 《말레이연대기》가 어떻게 표현하고 있는지에 집중하였다.

포르투갈 자료는 말라카 함락 이후 도시를 통치하기 위해 파견된 관리들과 서기관들이 작성한 것으로, 그들이 접한 말라카의 건국 이야기는 《말레이연대기》와 매우 달랐다. 이러한 차이는 정보 출처가 달랐기 때문이다. 술탄과 궁정에 접근할 수 없었던 포르투갈인들은 대신 시장에 남아 있던 술탄의 이전 백성들에게 접근하였다. 포르투갈 자료는 한세기 이전 말라카의 건국 이야기는 도시 거주민들의 사회적 기억 속에 여전히 생생하게 살아있었다는 사실을 암시한다.

포르투갈의 조사에 따르면, 말라카의 건국자는 반역을 획책하고 마자파힛 군대의 공격을 피해 도망친 팔렘방 왕자였다. 파라메스와라(Parameswara, 자바 왕실에서 왕족과 혼인한 남성 혹은 왕비의 남편에게 주어지는 칭호)라는 이름을 지닌 반역 왕자는 테마섹에 도착해 그곳의 지배자로부터 환대를 받았다. 곧 그 지배자를 암살하고 왕위를 찬탈하였으나, 가신의 살해자를 보복하기 위해 도착한 타이 원정군에 쫓겨 도망쳤다. 조호르의 밀림을 지나 말레이반도 서해안 무아에 도착한 후 북쪽으로 올라가 새로운 정착지인 말라카를 세웠다고 한다.

월터스는 《말레이연대기》와 포르투갈 사료와 함께 명의 사서를 대조 분석하여, 싱가푸라의 마지막 왕이자 말라카의 건국인 이스칸다 샤와 포르투갈 기록의 파라메스와라는 동일 인물이라고 결론을 내렸다. 그가 재구성한 이스칸다 샤의 재위 연도는 다음과 같다.

1389/1390 – 1391/1392: 팔렘방에서 3년
1392/1393 – 1397/1398: 테마섹/싱가푸라에서 6년
1398/1399 – 1399/1400: 테마섹/싱가푸라에서 피신
1400/1401 – 1413/1414: 말라카에서 14년간 통치

이스칸다의 통치에 관한 월터스 연구의 핵심은 《말레이연대기》가 이

16세기 초 포르투갈령 마카오에서 발행된 토메 피레스 기념우표이다. 그의 저서 《수마 오리엔탈》은 포르투갈의 동방 세계에 대한 가장 오래되고 방대한 기록으로 평가된다. 피레스는 이 저서에서 말라카뿐만 아니라, 그가 직접 방문한 인도, 중국, 동인도 제도의 여러 국가와 항구도시들의 역사, 지리, 민족지 및 특히 상업과 무역에 대한 귀중한 정보를 상세히 담았다.

자이 쿠닝(Zai Kuning)의 2017년 베니스 비엔날레 출품작 〈Dapunta Hyang: Transmission of Knowledge〉은 전설적인 7세기 스리위자야 왕 자야나사(Jayanasa)의 배를 형상화한 길이 17미터에 달하는 거대한 선박의 골격을 설치한 작품이다. 바다로부터 떠오르는 이 배에는 밀랍으로 봉인된 책들이 실려 있으며, 이는 말레이 세계의 잊힌 역사와 사라져가는 전통들을 상징한다. 쿠닝은 이 작업을 통해 사라진 지식의 회복을 시도하였고, 동시에 그 잃어버린 지식의 유동적 연장체로서 자신을 작품 속에 투영하였다.

스칸다/파라메스와라에게 신성한 계보를 부여하고, 그 계보가 네 세대를 거쳐 그에게 전승되었다고 서술하고 있다는 점이다. 월터스는 《말레이연대기》를 저자의 관점에서 읽어야 한다고 주장한다. 즉, 이 연대기는 우리가 말라카의 과거를 구성했던 실제 사건들을 재구성하기 위한 사실 그대로의 과거 기록이라기보다, 과거가 어떠해야 했는지를 보여주는 서사, 다시 말해 말라카 술탄들의 도덕적 권위와 정통성을 입증하는 데 목적을 둔 이야기라는 것이다. 파라메스와라의 폭력적이고 반역적이었던 과거는 1436년경 말라카왕실의 한 계보학자에 의해 신화화되어, 스리 트리 부아나와 그의 후계자들의 이야기로 재구성되었다. 이는 그의 술탄에게 우주적 기원을 부여하고, 스리위자야 지배자의 신성한 후예로서 통치할 도덕적 정당성을 확립하기 위한 것이었다.

그렇다 하더라도, 말라카왕실의 계보학자가 술탄의 혈통을 정당화하기 위해 동원한 신화, 은유, 수사들을 시적으로 재구성해 보는 작업은 《말레이연대기》에 대한 더 깊은 이해를 제공한다. 그러나 싱가푸라의 건국을 둘러싼 《말레이연대기》와 포르투갈 기록의 차이가 윈스테드와 월터스가 주장하듯 그렇게 확정적이지 않을 수도 있다. 두 전승 모두 사회적 기억에서 비롯되었기 때문이다. 《말레이연대기》는 말라카왕실의 사회적 기억을 기록하고, 포르투갈 기록은 새로이 그들의 지배를 받게 된 말라카 거주민들의 사회적 기억에 의존한다.

이런 관점에서 보면, 두 이야기는 서로 유사한 기저적 서사 구조를 드러낸다. 둘 다 팔렘방에서 출발로 시작한다. 스리 트리 부아나에게 그 것은 새로운 미래를 향한 여정이었고, 파라메스와라에게는 위험에서 도 피였다. 둘 다 테마섹에 극적인 도착에 이어서, 스리 트리 부아나는 신 비한 사자를 목격하고, 파라메스와라는 그곳 통치자를 살해한다. 스리 트리 부아나/파라메스와라 치세의 싱가푸라는 주요 물산 시장으로 부상 하고 있었다. 하지만, 《말레이연대기》와 포르투갈 이야기는 둘 다 싱가 포르에서 비극적 출발로 끝난다. 스리 트리 부아나의 후손들은 충성치 못한 신하의 배신 탓에 싱가푸라를 잃고, 파라메스와라는 가신의 암살 을 응징하기 위해 원정 온 시암의 군주에게 쫓겨 싱가푸라를 포기해야 만 했다.

문제의 핵심은 어느 이야기를 더 '역사적'이라고 선택하는 데 있지 않고, 왜 그 이야기들이 각기 그런 방식으로 해석되고 서술되었는지를 이해하려는 데 있다.

말레이 세계관의 사실주의

윈스테드에게 《말레이연대기》는 민속과 신화를 재서술한 텍스트였 다. 그러나 17세기 초 이 텍스트를 편찬한 조호르의 툰 밤방(Tun Bam-bang)과 이후의 툰 스리 라낭(Tun Sri Lanang)은 달리 생각했다. 그들의 인식에서는 현실을 기록한 것이었다. 툰 밤방은 자신이 전하는 사회적 기억이 진실임을 확신했는데, 《말레이연대기》가 묘사한 장소와 사물들 이 그의 시대에도 눈으로 확인할 수 있기 때문이었다. 그는 라자 출란 (Raja Chulan)이 점령했던 겔랑구이(Gelanggui)의 흑석 성채가 "지금까지 존재한다."라고 적었고, 그 이름이 '링귀우(Linggiu)'로 와전되었다고 덧 붙였다. 2005년에는 말레이 문학의 연구자인 레이미 체로스(Raimy Che-Ross)가 이 성채를 찾는 대대적인 탐사를 이끌었고, 조호르 링귀우 저수 지의 상류에 위치한다고 주장했다.

툰 밤방은 또한 장사 바당의 이야기가 사실이라고 확신했는데, 그가 싱가포르강을 가로질러 던졌다고 전해지는 바위가 "오늘날까지 싱가푸 라 탄종(Tanjong, 곶의 끝 부분)에 있다."라고 주장했다. 오늘날 남아 있는 싱가포르 스톤의 파편이 바로 그 바위의 잔해일까? 이와 유사하게, 바당이 강 어귀에 걸어놓았다는 쇠사슬 방책도 "여전히 싱가푸라에 존재하며," 칼링가 왕이 바당의 무덤을 표시하려고 보냈다는 묘석 역시 부루(Buru)에 있었다고 한다.

《말레이연대기》의 부킷 메라(Bukit Merah, '붉은 언덕')는 싱가푸라를 칼치(swordfish) 떼의 공격에서 구해낸 소년의 총명함에 위협을 느낀 담라자(Dam Raja)가 그를 처형한 장소로 오늘날까지 기억되고 있다. 언덕의 붉고 주황빛을 띠는 라테라이트 토양은 '싱가포르에 뿌려진 소년의 피에 대한 죄책감'으로 여겨졌다. 마찬가지로, 툰 자나 카티브(Tun Jana Khatib)가 마술과 같은 신비한 능력을 보였다는 이유로 억울하게 처형되었을 때 그의 피 응괴에서 솟아난 돌 역시 지금도 서 있다. 툰 밤방은 그가 편찬하는 《말레이연대기》는 사실이고 검증할 수 있는 과거 이야기였다.

툰 밤방에게는 역사적 인물인 것은 술탄 이스칸다 샤만이 아니라 그의 선대 군주들 또한 역사적 인물이었다. 칼링가로부터 존중받고, 마자파힛 같은 역내 강국에 도전할 수 있을 만큼 싱가푸라를 위대한 도시로 만든 공로는 스리 트리 부아나와 그 후계자들에게 돌아갔다. 그들의 업적은 대개 그들의 신성한 능력에서 이루어진 것이었다.

이스칸다/스리 트리 부아나 인물상에는 마케도니아의 세계 정복자 알렉산더(Raja Iskandar Zulqarnain 라자 이스칸다 줄카르나인)까지 거슬러 올라가는 계보가 부여되었는데, 또 다른 문헌인 《히카얏 이스칸다 줄카르나인(Hikayat Iskandar Zulkarnain)》에 따르면, 알렉산더는 인도 최외곽 지대까지 이브라힘(Ibrahim)의 신앙을 전파했다고 한다. 툰 밤방이 속한 16-17세기 조호르의 세계에서 이런 혈통 주장은 지극히 합리적이었는데, 이것은 15세기에서 18세기 사이의 인도양과 인도 아대륙의 페르시아화된 교역 세계에서 자신의 자격을 강화해주었기 때문이다. 이 시기는 페르시아 엘리트들이 지역에서 중요한 역할을 했던 시대로, 그들은 현지 군주들이 왕국을 통치하기 위한 행정 구조를 구축하도록 돕고, 인도양 전역의 교역을 촉진하는 역할을 수행하였다.

지배자의 불안정한 권력

《말레이연대기》의 문제는 이 알렉산더 기원 신화가 말레이 역사 초기의 여러 서사와 신화들과 어딘가 조화롭지 않게 놓여 있다는 점인데, 《말레이연대기》보다 이전 시대의 것인 《말레이 왕들의 계보(Ceritera asal Raja-raja Melayu/체리테라 아살 라자라자 믈라유)》에는 그때는 '말레이인들이 아직 이슬람을 받아들이기 전'이라고 언급하고 있다. 북부 수마트라의 파사이(Pasai) 왕들의 영웅담과 그들의 이슬람 개종, 이어지는 이슬람 선교자이자 신비한 툰 자나 카티브와 그의 처형으로 이어지는 서사는, 14세기 싱가푸라에서 이슬람이 낯설고 이질적인 세력이었음을 보여준다. 도서부 동남아 대부분에서 지배적이던 정치-종교적 문화는 7세기 이후 이 지역에 자리 잡은 심오한 밀교 색채의 바즈라야나(Vajrayana, 금강승) 불교의 한 흐름이었다. 파라메스와라/이스칸다가 스리 트리 부아나라는 이름으로 테마섹에, 이후에 말라카까지 이어 간 스리위자야의 유산은 그 핵심에는 바즈라야나 불교가 있었다.

이와 같은 불교적 전통이 둘러싼 정치 세계에서, 지배자의 정통성은 왕 계보의 무결점과 영적·신비적 능력에 의해 평가되었다. 예를 들어, 14세기 마자파힛의 왕 하얌 우룩(Hayam Wuruk)은 자바의 고전인 《데사와르나나(Desawarnana)》에서 그의 치세는 마자파힛의 황금기를 열었다고 칭송받았고, 그 서두에서는 시바(Shiva)와 붓다(Buddha)의 화신으로 묘사되었다.

마자파힛이나 그 이전의 싱하사리의 왕들도 힌두교와 불교 신들의 화신을 자처했다. 서부 수마트라의 파당 로코(Padang Roco, 현재의 성게이 랑삿/Sungai Langsat)에서 출토된 기념비적인 비라와(Bhirawa) 상은 그 제작 후원자인 아디티야와르만(Adityawarman)이 14세기 중엽 서부 수마트라 고원지대를 지배하는 악신의 화신이었다는 사실을 보여준다. 그 이전에 아디티야와르만은 아모가파사(Amoghapasa)의 형상으로 모든 것을 지켜보는 불교의 '자비로운 주'인 관세음보살(Bodhisattva Avalokitesvara)의 화신이 되었다고 한다. 대승불교에서는 아모가파사를 포함하여 108가지 관세음보살의 화신을 인정하는데, 그중에서 아모가파사는 중생을 올가미(pasa)로 구원하는 존재로 묘사된다.

동부 자바의 자고 사원에서 자바를 재통합한 것으로 알려진 싱하사리의 비슈누와르다나(Wisnuward-hana) 왕은 13세기 말경 아모가파사로 봉헌되었다. 아디티야와르만(Adityawarman)이 만든 아모가파사상은 이 자고 사원의 조각을 그대로 본뜬 것이었다. 스리 트리 부아나(Sri Tri Buana)/파라메스와라(Parameswara) 역시 이러한 신격화 의례와 숭배 방식에 익숙했을 것이며, 아마도 그 또한 실패하지 않는 파사(pasa, 역주─자비의 올가미)를 지닌 아모가파사 보살의 화신으로 봉해졌을 것이다.

이러한 환경 속에서, 야망을 지닌 지배자로서 스리 트리 부아나/파라메스와라는 그에 상응하는 영적 능력을 보여주어야 했다. 그래서 《말레이연대기》는 그를 옛 스리위자야 세계의 중심으로 관세음보살의 거처를 상징하는 성스러운 언덕인 부킷 세군탕(Bukit Seguntang)에서 강림하는 존재로 묘사한다. 그는 단순한 군주가 아니라 더 중요한 것은 성스러운 존재의 모든 상징성을 발산한다. 바로 그때 팔렘방의 통치자 데망 르바 다운(Demang Lebar Daun)은 그의 초월적 능력을 인정하고 스스로 왕위를 내어주었다. 그는 백성을 대표하여 스리 트리 부아나와 신성한 사회적 계약을 맺었는데, 그 내용은 백성의 절대적 충성에 대하여 스리 트리 부아나와 그의 후손들은 정의롭고 공정하게 통치한다는 것이다.

신성한 서약이 이루어지고, 스리 트리 부아나가 데망 르바 다운의

싱가포르가 '사자의 도시'라는 별칭을 얻게 된 것은, 14세기 동남아에서 불교가 성행하던 당시 사자가 길상의 상징으로 여겨졌기 때문이었다. 《말레이연대기》에 묘사된 스리 트리 부아나의 모습은 그가 보살의 화신으로 아마도 관세음보살의 한 형태인 아모가파사로 성화되었음을 암시한다. 이를 통해 그는 아직 이슬람으로 개종하지 않은 말레이인들에 대한 통치의 정당성을 주장할 수 있었다. 이러한 아모가파사 보살의 화신으로 그는 사자좌에 앉았을 것이며, 이는 13-14세기 중국에서 제작된 금도금 청동에 은상감으로 장식된 관음보살상에서 볼 수 있다.

딸과 혼인하자, 데망 르바 다운은 왕의 성수 의식(말레이어로 memand-ikan)을 주관하였다. 이 의식은 동남아 전역에 널리 전해진 밀교의 중심 경전인 《헤바즈라 탄트라(Hevajra Tantra)》에 기술된 아비세카(abhiseka) 의식과 일치한다. 즉, 무지를 씻어내고 지혜(prajna)의 심오한 깨달음으로 입문시키기 위한 정화의 물 뿌리기 의식이다. 스리 트리 부아나가 수행한 40일간의 봉헌 의식은 그가 불교 우주론에서 삼계를 주관하는 관세음보살의 화신이 되었음을 기념하기 위한 것이었다.

포르투갈인 약제사이자 말라카의 향신료 교역 감독(1512-15년)이었던 토메 피레스(Tomé Pires)는 현지 주민들로부터, 파라메스와라/이스칸다 샤가 팔렘방에서 마자파힛의 종주권에 도전하고 말라카해협의 교역항들에 대한 스리위자야의 지배를 회복하기 위해 스스로 불교적 신성성을 띠게 되었음을 전해 들었다. 이에 위협을 감지한 마자파힛 군주는 원정군을 보내 그를 제압하려 했고, 파라메스와라는 1392년경 테마섹으로 도주했다.

《말레이연대기》의 신화, 은유, 수사는 저자와 의도된 독자의 관점에서 이해해야 한다. 이런 시각에서 보면, 스리 트리 부아나가 상륙한 섬의 이름을 싱가푸라('사자의 도시')로 바꾼 것은 실제 사자(Panthera leo)를 보았다는 뜻이 아니라, 자신이 '사자좌(lion throne)', 즉 관세음보살의 좌이자 팔렘방에서 봉헌 의식 때 자신과 왕비가 앉았던 그 지상의 변형을 싱가푸라에 다시 세우겠다는 굳건한 행동에 가까웠다.

19세기 말레이인들이 오늘날의 포트캐닝(Fort Canning)을 부키 라랑안(Bukit Larangan, 금지된 언덕)은 스리 트리 부아나가 자신의 '사자의 옥좌'를 옮기기에 이상적인 관세음보살의 포탈라산(Mount Potala)의 상징적 재현이 되었을 것이다. 따라서 싱가푸라는 팔렘방에서 말라카로 이후 조호르로 이어지는 이 신성한 계보와 역사적 조상의 기원 신화를 전달하는 데 핵심적인 역할을 하였다.

결국 싱가푸라가 16-17세기 말레이인들의 사회적 기억 속에서 큰 비중을 차지한 이유는, 바로 이곳에서 왕의 신성한 기원과 말레이인을

사자 위에 앉은 관세음보살(관음)의 상징성은 17세기까지도 지속되었다. 그것은 흑색, 녹색, 갈색, 적색으로 채색된 더화(Dehua) 가마의 도자상에서 볼 수 있다.

지배할 권리가 비롯된 것으로 여겨졌기 때문이다. 말라카와 조호르의 왕위 계승자는 싱가푸라의 스리 트리 부아나의 후손임을 입증해야 그 정당성을 얻는다. 18세기에 라자 케칙(Raja Kecik)은 자신의 말레이 지배를 정당화하기 위해 정교한 신화를 꾸몄다. 부기스인(Bugis)은 자신들이 스리 트리 부아나의 합법적 후계자임을 주장하기 위해 말레이 역사를 재구성했다. 텡구 후사인(Tengku Husain, 역주-당시 조호르 술탄 마흐무드 샤 3세의 장남이지만 정식 후계자로 즉위하지 못한 왕자로 래플스에 의해 합법적인 조호르 술탄으로 즉위함)이 오랑라웃 지도자인 바틴 사피(Batin Sapi, 역주-오랑라웃을 대표하여 텡구 후사인을 조호르 술탄의 진정한 후계자로 여김)와 함께 래플스를 만나러 싱가푸라로 갔을 때, 그의 마음을 스쳐 지나가고 있었던 것은 아마 이러한 사회적 기억들이었을 것이다.

말라카: '상품을 위해 만들어진 도시'

이스칸다 샤/파라메스와라는 이러한 신성한 혈통과 역사적 기원을 그가 세운 새 항구 도시로 옮겼다. 말라카는 급속히 성장해 남중국해와 벵골만 교역의 최고 시장이자, 류큐(Ryukyu, 현 오키나와)와 함께 명나라 조공무역의 핵심 허브로 부상했다. 서아시아 쪽 말라카 교역망의 종착지는 14세기 대역병 흑사병의 참화를 회복 중이었고, 카이로의 맘루크(Mamluk) 통치자는 유럽과 인도양을 잇는 교역의 중심지로 위상을 공고히 했다. 동남아는 앤서니 리드가 1460-1680년의 전례 없는 번영기로 규정한 '상업의 시대'로 진입했다.

명나라는 원나라보다, 어쩌면 송나라보다도 남해(현 남중국해) 교역에 깊이 연계되어 있었다. 명 조정은 신분적 지위의 상징이 되는 이국적 물품에 대한 수요를 충족시키기 위해 이 교역에 점점 더 의존하게 되었다. 중국의 위신과 우주론적 중심성을 재확립하기 위해, 영락제(재위 1403-24년)는 환관 정화 제독이 이끄는 일곱 차례의 해양 원정을 '서양,' 즉 동남아, 남아시아, 서아시아, 동아프리카를 아우르는 지역으로 파견하여 '오랑캐 왕들'이 다시 중화에 조공을 바치도록 독려하였다. 이러한 점에서 정화의 항해는 매우 성공적이었다.

남해의 지배자들 가운데 파라메스와라/이스칸다 샤도 여기에 호응

중국 난징에 있는 옛 조선소 터에는 정화(鄭和)의 보선(寶船, '보물선') 복제품이 세워져 있다. 고대 중국의 도량형 단위를 어떻게 해석하느냐에 따라, 정화의 보선은 약 130미터(이 복제품과 같은 크기)였다고도 하고, 실상은 60~75미터 정도였다고 한다. 길이 130미터에 달하는 목조선을 건조하고 항해하는 일은 오늘날의 해양 기술로도 한계에 도전하는 일이다.

해 1405년과 1407년 조공 사절을 파견했고, 1411년에는 직접 명의 왕도인 남경을 방문했고, 그의 후계자들도 조공을 보내는 관행을 계속 이어갔다. 7세기의 스리위자야 선조들과 마찬가지로, 파라메스와라/이스칸다 샤는 말라카해협의 경쟁 시장들, 특히 북부 수마트라의 사무데라-파사이(Samudera-Pasai)와 아루(Aru) 및 테마섹의 봉신을 그가 암살했던 일을 기억하고 있던 타이 세력으로부터 그의 새로운 너가라(negara, 왕국)가 직면한 도전과 위협에 대응해야 했다. 명나라의 후원은 파라메스와라와 그의 후계자들이 이러한 위협을 격퇴할 수 있게 해준 것으로 보인다.

몽골계 원나라와 달리 명나라는 유교적 중화 중심 세계관과 국가의 교역 독점을 다시 강조하면서, 교역을 조공 형태로 수행하도록 하였다. 그 결과 조공무역은 새로운 정점에 이르렀다. 아유타야는 1371년부터 1420년 사이에 약 50차례나 조공 사절을 명 조정에 보내 동남아 제국들 가운데 가장 앞섰다. 그러나 남해 무역의 매력은 명 황제들이 사무역을 금지하고 1433년에 국가 주도의 교역을 완전히 중단한 이후에도 중국 상인들이 관료적 교역 제한을 우회하여, 더 많은 수가 해외로 진출하도록 만들었다. 푸젠(복건성)과 류큐의 상인들은 말라카, 아유타야, 파사이와 연결되어 16세기까지 끝없는 중국 수요를 충족시키는 공급망을 형성하였다. 말라카는 스리위자야보다도 더 서아시아 및 근대 초기 유럽 시장에 의존하여 번영을 누렸다.

말라카는 중국, 유럽 및 인도-이슬람 세계의 번영이 확대되는 흐름 속에서 그 혜택을 누렸다. 이어서 파라메스와라의 후계자는 이슬람으로 개종하는 중대한 결정을 내렸는데, 이는 새로 형성된 교역 국가(nagara)를 페르시아계 디아스포라에 의해 네트워크화된 인도-이슬람 세계의 도덕적 우주 속에 확고히 위치시키는 것이었다. 말라카의 공식적인 이슬람 수용은 특히 더 이른 시기에 이슬람으로 개종한 사무데라-파사이와 같은 경쟁 세력에 비해 비교우위를 유지하려는 조치였을 가능성이 크다. 이슬람으로의 개종은 무역 협상의 진행, 분쟁의 조정, 외교 동맹의 형성을 이슬람적 틀 안에서 이루어지게 하였으며, 이는 말라카를 무슬림 상인들에게 더욱 매력적인 기항지로 만드는 데 기여한 것으로 보인다.

말라카에 관한 포르투갈 기록 가운데 특히 중요한 것으로는 토메 피레스의 것이 있다. 그는 현지 전통을 기록하고 말라카와 그 주변 지역에 관한 말레이인들의 역사·사회경제적 정보를 수집하는데 많은 시간

요한 니유호프(Johan Nieuhof)의 《동인도 여행기》에 실린 판화로, 말라카에서 아시아 상인들과 활발히 물물교환을 하는 여성들의 모습을 묘사하고 있다. 다른 유럽 여행가들 또한 여성들이 교역에 적극적으로 참여하는 모습을 보고 이례적이라고 언급하였다.

을 들었으며, 이를 《토메 피레스의 수마 오리엔탈: 1512-15년 사이 말라카와 인도에서 집필한 홍해에서 일본까지의 동방 이야기》(The Suma Oriental of Tomé Pires: An Account of the East from the Red Sea to Japan, written in Malacca and India in 1512-1515)라는 보고서에 요약하였다. 포르투갈은 이 기록을 매우 귀중한 것으로 간주하여 당대의 공식 정책에 따라 그 열람을 엄격히 제한하였고, 20세기 중반이 되어서야 전본이 필사되어 출판되었다.

피레스에 따르면 말라카는 '상품 교역을 위해 만들어진 도시'였으며, 약 4,000명에 달하는 외국 상인들 사이에서 무려 84가지의 서로 다른 언어가 거리에서 들렸다고 한다. 실제로 피레스는 "말라카의 지배자는 베니스의 목줄을 움켜쥔 것과 같다."라고 주장하기도 했다. 외국 상인의 4분의 1을 차지한 구자라트(Gujarat) 상인들 외에도, 코로만델(Coromandel) 해안과 벵골 출신의 다른 인도 상인들이 있었다. 이들은 카이로와 페르시아만에서 온 서아시아 상인들과 함께 남서 몬순의 도움을 받아 매년 3월 말라카로 항해했으며, 이들이 가져온 상품의 대부분은 직물이었다.

말라카에서는 수마트라, 버고(Pegu/Bago), 자바, 칼리만탄(Kalimantan), 말루쿠(Maluku), 민다나오(Mindanao)에서 온 상인들을 만날 수 있었다. 이 상인들은 남서 몬순을 타고 항해하여 자신들의 상품들, 주로 서아시아와 유럽 시장에서 높은 가치를 지닌 향신료 등을 가져와 서방과 중국에서 들어온 직물 및 기타 물품들과 교환하였다. 참(Cham) 항구와 중국에서 온 상품은 북동 몬순을 타고 도착했다. 《수마 오리엔탈》은 말라카에 독립된 중국 상인 공동체를 명시적으로 언급하지는 않지만, 비단, 금직물, 도자기 등 중국 상품들은 북동 몬순을 배경으로 말라카의 종(jong, 역주-말라카와 말레이 해역에서 사용된 중소형 선박)이나 기타 동남아 선박을 통해 항구로 유입되었다.

피레스는 중국을 '중요하고, 훌륭하며, 매우 부유한 나라'라고 묘사했으며, 말라카에서 항해로 20일이면 도달할 수 있다고 보고했다. 그의 기록에 따르면, 후추는 "말라카의 주요 수출품으로, 해마다 무려 열 척

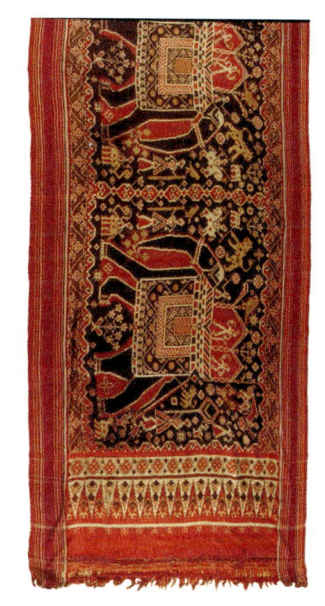

인도산 직물은 아라비아해, 서아시아, 벵골만, 동남아 전역에서 주요 교역 상품이었다. 포르투갈인과 네덜란드인은 인도 직물의 주요 무역상으로서, 유럽과 동남아의 수요를 충족하기 위해 위탁 제작 방식으로 원하는 디자인을 구체적으로 주문했다. 이 구자라트(Gujarat)산 이중 이캇(ikat, patola) 직물은 인도네시아 시장의 의례용으로 특별히 제작된 것이다. 근세 초기에 인도 직물은 '전 세계를 입혔다.'

분량의 정크선 적재량을 중국에 판매할 수 있었다.” 대중국 다른 수출품에는 “대량의 향료, 코끼리 상아, 주석, 약재용 침향(lignaloes), … 다량의 보르네오 장뇌(camphor), 붉은 구슬, 백단향(sandalwood), 브라질목(brazil), 그리고 싱가푸르에서 자라는 무한한 양의 흑목(black wood)’ 등이 있었다. 후추를 제외하면 중국인들은 나머지 물품은 거의 중요하게 여기지 않는다.”라고 기록했다.”

(왼쪽) 1669년에 인쇄된 요한 니유호프(Johan Nieuhof)의 《동인도회사 사절단》에 실린 자바 상인의 인쇄 판화.

(오른쪽) 마누엘 고디뉴 더 에레디아(Manuel Godinho de Eredia)의 《말라카 길라잡이》에 등장하는 말레이 란차란(lancaran)과 중국 정크(junk)의 스케치.

싱가푸르가 특정한 흑목의 산지로 언급된 것은, 《말레이연대기》와 포르투갈 기록이 모두 암시하듯이, 14세기 말에 이 섬이 완전히 버려진 것이 아니라, 다양한 산림 자원을 말라카로 공급하는 보급 항구(feeder port)로 계속 기능했음을 시사한다. 문제의 목재는 흑단(ebony) 또는 일종의 라카우드(lakawood, 1820년 크로퍼드의 보고에 따르면, 아마도 말레이반도와 수마트라가 주요 생산지였던 Dalbergia parviflora 자단을 말하는 것)였을 가능성이 높다.

LANCHARA: DE: MALAYOS.

IVNCO: OV: SOMA: DA: CHINA

14세기 여행가 왕대연은 싱가푸르의 수출품 가운데 하나가 강진(ji-angzhen, 降眞)이라고 기록했는데, 이는 검은색 목재로 중국인들에게 라카우드 향을 떠올리게 하는 향취를 지닌 것이었다. 15세기 동안 싱가푸르는 조호르와 리아우 내륙에서 생산되는 이 '흑목'과 기타 밀림 산물을 말라카로 공급하는 보급 항구의 기능을 담당했다. 약 2세기 뒤, 무역업자였던 알렉산더 해밀턴(Alexander Hamilton)은《동인도제도의 새로운 이야기(New Account of the East Indies)》에서 싱가푸라를 언급하면서 "토양은 검고 비옥하며, 숲에는 선박용 우수한 돛대와 건축용 목재가 풍부하다."라고 기록했는데, 이는 아마도 이 흑목 혹은 강진을 가리킨 것일 수 있다.

말라카가 명성을 얻은 이유는 남중국해 연안, 남아시아–서아시아 및 '바람 아래의 땅들(Lands Below the Winds)'(역주-올리버 월터스의 용어로 도서부 동남아를 의미함)에서 온 세 가지 상인 네트워크가 모두 이곳에서 만나 교역했기 때문이다. 이 상인들은 인도양에서 남서 몬순을 타고 항해해 오는 집단과 군도에서 동일한 남서 몬순 또는 북동 몬순을 타고 오는 상인들이 만날 수 있는 항구가 필요했다.

하지만, 말라카의 부는 단지 서로 다른 무역 네트워크의 상인들이 모여 거래하는 거대한 교역항의 기능에서만 비롯된 것이 아니었다. 말라카는 말레이반도 밀림 속의 원주민, 즉 오랑아슬리(orang asli) 공동체가 채집한 다양한 산림 자원을 확보할 수 있는 항구이기도 했다. 여기에는 고가의 향목(특히 가하루(gaharu), 라카우드, '적단향(red sandal-wood)'), 각종 수지(장뇌, 안식향(benzoin), 다마르(dammar)), 고무 및 기름 등이 포함되었다.

약 7세기 전, 말라카의 선조라 할 수 있는 말레이 족장들은 수마트라의 무시(Musi)강과 오간(Ogan)강의 합류 지점 인근에 거주하며, 상류 지역에서 산출되는 산림 자원의 가치를 이미 인식하고 있었다. 이 장에서《말레이연대기》논의로 언급한 바 있는 올리버 월터스는 초기 인도네시아 상업에 관한 그의 기념비적 연구에서 이러한 말레이 족장들은 당나라의 황제에 의해 중국 시장이 열리고 있음을 감지했다고 주장했

카리마타(Karimata) 해협의 바카우(Bakau)섬 근처에서 난파된 15세기 중국 선박의 축소 모형. 이와 유사한 중국 선박들이 말라카항에도 기항했을 것이다. (모형 제작: 버닝엄(Nick Bumingham))

1602년 에레디아(Eredia)가 제작한 이 말라카와 그 주변 지역의 지도는 포르투갈이 '영유' 또는 '통제'했다고 표시한 지역을 나타내고 있다. 이 지도는 말라카를 내륙과 연결하는 하천망과 육상 교통로, 특히 무아강(Muar, 말라카의 북쪽에 위치)과 파항강(Pahang, 반도의 동쪽 해안에서 남중국해로 흐름)을 잇는 육상수송(배를 들고 육지를 가로지르는 운송로, penarikan) 경로를 묘사하고 있다는 점에서 중요하다. 또한 말라카왕조의 건국 연도를 1411년으로 표기하고, 파라메시와라(Parameswara)로부터 시작하여 1511년까지 여섯 명의 통치자를 목록으로 제시하고 있다.

다. 그들은 중국에서 불교도의 증가로 의례 및 약재에 사용할 향목, 수지, 고무, 기름 등의 수요가 증가하고 있다는 사실을 간파하였다. 월터스는 중국 기록에 보이는 이러한 귀중한 수지류가 반드시 진짜 페르시아산이 아니라, 사실은 수마트라산 수지가 유통된 것일 수 있다고 추론했다. 송대에 이르면, 이러한 상품들은 장식용 희귀 조류의 부리(hornbill casques), 거북갑, 가구용 경목 등과 함께 중국과 이루어지는 말라카 해협 교역의 주요 품목이 되었다.

이와 관련하여, 포르투갈-말레이 출신의 모험가이자 지도 제작가이며 수학자인 마누엘 고딩유 드에레디아(Manuel Godinho de Eredia, 1563 – 1623년)가 말라카 주변 지역을 묘사한 여러 지도는 중요한 의미를 지닌다. 그중 하나는 말라카 배후지의 하천 상세도가 있으며, 더 흥미로운 것은 말라카 영토의 경계를 넘어 말레이반도의 언덕과 정글로 뻗어 있는 여러 산지 도로가 그려져 있다는 점이다. 밀림의 원주민 공동체가

채집한 산림 자원은 바로 이러한 산길과 강을 따라 말라카로 운반되어 수출되었을 것이다. 반면에 해양 자원, 특히 거북껍질과 해삼은 해양 토착민인 오랑라웃이 채집한 것이었다.

오랑라웃: 술탄의 전사들

말라카는 그 이전의 스리위자야, 테마섹, 그 이후의 조호르-리아우와 마찬가지로 농업에 부적합한 정글로 둘러싸인 하구-수변 사회이었기에 식량과 생필품을 외부에 의존해야만 했다. 또한 항구 도시를 유지할 만큼의 인력자원도 충분하지 않았다. 말라카의《말레이연대기》서사에서 중심적인 역할을 하는 집단은 오랑라웃(Orang Laut)이다. 포르투갈 기록들도 이 해상 거주민이 술탄 시대 말라카의 성립과 운영에 핵심적인 역할을 했음을 확인해 준다. 토메 피레스는 이에 대해 다음과 같이 분명히 밝히고 있다.

이들 셀러타(Celates) [또는 바자우 Bajau]는 싱가포르와 팔렘방 근처에 살던 사람들이었는데, 파라메스와라가 팔렘방에서 도망쳤을 때 그의 무리를 따라가 그의 생명을 지키기 위해 서른 명이 함께 동행하였다. 파라메스와라가 팔렘방에 있을 때 그들은 어부로 일했으며, 싱가포르로 온 뒤에는 해협 근처의 섬인 카리문(Karimun)에 살았다. 그리고 파라메스와라가 무아(Muar)에 왔을 때 이 서른 명은 지금의 말라카라 불리는 곳에 와서 살게 되었는데, 무아에서 말라카까지는 약 다섯 리그(league) 거리라고 한다. 이들 어부들은 파라메스와라에 의해 관리(mandarin)로 임명되었고, 항상 그 왕을 수행했다. 왕이 그들을 승진시킴에 따라 그들도 자신들에게 주어진 은혜를 인정하였다. 그들은 왕을 열성적으로 따랐고 큰 신의와 충성심으로 섬겼으며, 그들의 우정은 진심에서 우러난 것이었다. 마찬가지로 왕의 사랑도 이 새로운 관리들이 보여준 진정한 봉사와 열정에 걸맞게 항상 그들에게 향해 있었다. 그들은 왕을 기쁘게 하려고 힘썼고 그들의 명예는 디오구 로페스 더 세케이라(Diogo Lopes de Sequeira)가 말라카에 도착할 때까지 계속 이어졌는데, 그때 그들의 5대손이 라사마나(Lasamana, 장군)와 벰다라(Bemdara, 재상)의 지위에 있었다.

파라메스와라가 팔렘방과 싱가푸라에서 탈출할 때 모두 오랑라웃이 관여하였으며, 그들은 또한 파라메스와라에게 새로운 항구를 말라카에 세우라고 조언하였다. 이 오랑라웃은 술탄의 개인 수행원으로서 왕의 서신과 각종 메시지를 전달하고, 술탄과 수행원들을 운송하며, 왕실 부엌을 운영하기도 했다. 그러나 무엇보다 중요한 것은, 피레스와 다른 포르투갈 연대기 작가들이 기록했듯이, 오랑라웃이 술탄의 해군 세력이었다는 점이다. 그들은 술탄을 위해 전쟁에 나아가 바다를 순찰하며 그의 의지를 관철했으며, 여기에는 조세 징수도 포함되었다.

현대의 인류학적 현지조사 결과는 이러한 해양 유목민(sea nomads)에 대한 포르투갈 및 네덜란드의 종족사적 기록을 뒷받침해 준다. 그들은 리아우제도와 수마트라 남동해안의 맹그로브 늪지대에 펼쳐진 미로 같은 조수로(tidal channels)와 수로를 삶의 터전으로 삼았던 다양한 공동체들로 이루어져 있었다. 또 다른 해양 거주집단인 모켄(Moken)은 미얀마와 태국 반도 연안의 섬들을 거점으로 삼았으며, 세 번째 집단인 사마-바자우(Sama-Bajau)는 술루(Sulu) 해역과 술라웨시(Sulawesi) 주변 바다에 거주했다.

포르투갈 탐험가 페드루 테세이라(Pedro Teixeira)는 다음과 같이 관찰하였다.

이 셀레트(seletes) 사람들은 딸을 시집보낼 때 지참금으로 작은 배 하나를 주는데, 그 배에는 두 개의 노와 작은 돛대가 달려 있다. 신부와 신랑이 그 배에 탑승하면, 그들은 조수의 흐름에 몸을 맡겨 떠나보낸다. 이들은 조류가 육지에 데려다 줄 때까지 그대로 떠가게 두며, 배가 닿는 그곳이 이들이 육지에 머무를 때 살게 되는 장소가 된다. 다만, 다른 이들이 이미 점유하고 있지 않아야 한다. 만약 그곳에 다른 사람이 살고 있다면, 이들은 계속해서 파도를 따라가며 빈자리를 찾을 때까지 이동한다.

유목적 포획·채집민이었던 그들은 통나무를 파 만든 카누(이 배는 동시에 그들의 거주 공간이기도 했다)를 타고 리아우제도와 수마트라 남동부 해역을 누볐고, 자신들이 사는 해양 세계의 해류, 조석, 해상 지형에 정통했다. 이들은 무시강의 수많은 수로를 통과해 스리위자야 항구도시로

A Melaya Captain.

1669년에 인쇄된 요한 니유호프 (Johan Nieuhof)의 《동인도회사 사절단》에 실린 판화로, 무장한 오랑라웃 집단을 이끄는 '말레이 족장'의 모습을 묘사하고 있다.

나아가던 항해자와 상인들에게 없어서는 안 될 도선사가 되었다. 후대에는 포르투갈과 네덜란드 역시 이들을 고용해 싱가포르 주변의 위험한 해역과 통로를 안내하게 했다.

7세기에 이르러, 바로 이들 해양 유목민 공동체의 여러 다투(datu, 오랑라웃의 지도자)이 스스로 바다 세계의 지배자로 자리매김하였고, 무시강 유역의 그들의 근거지를 중심으로 이루어져 있던 지역 교역망을 새롭게 부상하던 중국 교역을 위한 하나의 대규모 중계항으로 변모시켰다. 스리위자야는 그 비문들이 알려주듯 7세기부터 적어도 11세기까지 주요 중계항으로 성장하였으며, 아랍, 페르시아, 인도 상인들이 중국 시장에서 수요가 높았던 지역 산물을 거래하기 위해 이 해양 유목민들과 만나는 장소가 되었다.

이처럼 흩어지고 분산되어 있던 해양 유목 집단들이 하나로 모이게 된 것은, 그들 족장이 대승불교 또는 좀 더 구체적인 것으로 영적 스승에 대한 헌신과 충성을 중심으로 한 밀교적 불교를 받아들이고, 자신들을 영적 능력을 지닌 존재로 부각시켜 주변의 사람들을 결집하려 했기 때문일 것이다. 팔렘방의 사부킹킹(Sabukingking) 또는 텔라가 바투(Telaga Batu) 비문, 방카(Bangka)의 코타 카푸르 비문, 잠비(Jambi)의 카랑 버라히(Karang Berahi) 비문 등 일련의 비문들은 스리위자야의 다투에게 지역 족장들이 맹세해야 했던 충성서약 및 불충에 따른 혹독한 처벌을 전하고 있다.

7세기가 지난 뒤,《말레이연대기》와 포르투갈 기록은 자신의 추종자들을 대표하는 데망 레바 다운과 파라메스와라/스리 트리 부아나가 서로에게 충성의 맹세를 했다고 전한다. 포르투갈 기록에 따르면, 오랑라웃 전사들의 절대적 충성심은 그들의 조상이 파라메스와라/스리 트리 부아나와 맺은 신성한 언약에 대한 깊은 사회적 기억에서 비롯된 것이라고 한다. 이러한 사회적 기억 때문에 바자우 해양 유목민 일부는 파라메스와라가 팔렘방에서 테마섹으로 도피할 때 그와 함께했고, 이후 그를 무아까지 데려가 말라카 건립을 도왔다. 그리고 《말레이연대기》에 따르면, 바로 이 오랑라웃이 말라카 술탄들의 부름에 응하여 외부의 위협으로부터 왕국을 방어했으며, 1511년에는 불타는 도시에서 마지막 말라카 술탄을 안전하게 탈출시키는 역할도 수행했다.

테마섹–싱가푸라: 술탄 전사들의 고향

앞서 언급한 포르투갈과 네덜란드의 기록들은 16세기에서 17세기에 걸쳐 칼랑강, 싱가포르강, 셀러타(Seletar)강 하구와 풀라우 브라니(Pulau Brani) 주변에 거주하던 서로 다른 오랑라웃 집단들과 부족들을 언급하고 있다. 20세기 초까지도 오랑라웃 집단은 싱가포르강 하구에 계속 거주하고 있었다. 칼랑강 하구에는 오랑칼랑(Orang Kallang) 집단이 거주했으며, 그들 가운데 일부의 사회적 기억에는 19세기 초 테멩공(Temenggong)을 따라 싱가포르로 왔던 오랑비두안다칼랑(Orang Biduanda Kallang)의 후손이라는 인식이 담겨 있었다. 싱가포르 북쪽 해안, 퐁골(Punggol)과 셀러타강 주변에는 오랑조호르(Orang Johor)와 오랑설랏(Orang Selat)의 작은 집단들이 있었다. 더 큰 오랑라웃 공동체들은 리아우제도의 해안가 곳곳에 거주했는데, 바로 이들 공동체가 앞선 세기들에 술탄의 소집에 응했던 집단들이다.

오늘날에도 일부 해상 유목 공동체들은 자율적인 유목 생활 방식을 유지하고 있다. 그러나 싱가포르 – 조호르 – 리아우의 '성장 삼각지대'가 개발되면서 그들의 세계는 점점 축소되고, 미래는 불확실한 상황에 놓여 있다.

리아우제도의 수로와 바다에 익숙했던 해양 유목민으로서, 이 오랑라웃 전사들은 술탄이 말라카에 있든, 조호르 술탄국 시기 조호르강 상류에 있든 간에, 술탄의 신속 대응군이었다. 그들은 더 우세한 적군과 대치했을 경우 마찬가지로 재빨리 철수할 수 있었다. 포르투갈과 아체 세력이 알아차린 것이지만, 조호르 라마(Johor Lama)나 조호르강 유역의 항구–수도를 파괴한다고 해서 술탄국이 무너지는 것은 아니었다. 술탄과 그의 수행원들은 침공 세력에 맞서기 위해 매우 빠르게 새로운 장소에서 다시 자리를 잡을 수 있었다. 이것이 바로 싱가푸라가 말라카와 조호르 술탄들에게 지닌 의미였다. 싱가푸라는 그들의 전사들인 오랑라웃의 근거지였기 때문이다.

《말레이연대기》는 싱가푸라를 스리 비자 디라자(Sri Bija Diraja)의 봉토(fiefdom)로 언급하는데, 그는 첫 네 명의 술탄 재위기에 말라카왕실의 네 명의 대재상(Great Lords) 가운데 한 사람이었다. 술탄과 함께 이 네 대재상은 왕국의 실제 통치자들이었다. 네 명의 대재상 중 최고 지위는 벤다하라였으며, 현대의 총리와 유사한 기능을 수행했다.

말라카의 첫 벤다하라는 술탄의 동생이었으며, 《말레이연대기》의 후대 판본들에서는 그의 딸이 술탄의 배우자가 되었다고 전한다. 두 명의 벤다하라가 싱가푸라 출신이었다고 기록되어 있다. 그 아래에는 펭훌루 벤다하리(Penghulu Bendahari)가 있었는데, 이는 재무장관에 해당하며 다른 벤다하리와 교역을 감독하는 항만 관리인인 샤반다(Shahbandar)를 관리했다. 다음은 테멩공(Temenggong)으로 법과 질서를 담당했다.

넷째 대재상이 바로 스리 비자 디라자로, 그는 훌루발랑 베사르(Hulubalang Besar), 즉 군총사령관이었다. 그는 락사마나(Laksamana)와 함께 오랑라웃 세력을 지휘했으나, 의전상 락사마나는 8명의 재상 중 하나로 네 대재상 바로 아래 지위에 속했다. 제4대 술탄 만수르 샤(Mansur Shah) 시대에, 위대한 전사 항 투아(Hang Tuah)가 락사마나로 승진하며 스리 비자 디라자와 동급인 대재상의 반열에 올랐다.

《말레이연대기》와 포르투갈 기록 모두 스리 비자 디라자와 락사마나가 싱가푸라에 거주했다고 전한다. 《말레이연대기》에서 상술하는 한 사건은 싱가푸라가 스리 비자 디라자의 영지로서 지녔던 중요한 위상을 잘 보여준다.

그리고 벤다하라 푸테(Bendahara Puteh)가 (막 싱가푸라에서 도착한) 스리 비자 디라자에게 말하기를, "지금 우리가 모시고 있는 군주가 보위에 오르도록 하는 것이 술탄 알라우딘(Sultan Ala'u'din)의 임종 전 유언이었습니다." 그러자 스리 비자 디라자가 대답하였다. "나는 그 임종의 뜻을 듣지 못했습니다." 이 말이 술탄 마흐무드 샤(Mahmud Shah)의 귀에 들어가자, 그는 아무 말도 하지 않았으나 마음속으로는 스리 비자 디라자에게 앙심을 품었다....

어느 날, 스리 비자 디라자가 (축제 전날) 말라카에 나타나지 않은 일이 있었다. 그는 축제 당일에야 도착했다. 술탄 마흐무드 샤는 스리 비자 디라자를 꾸짖으며 말하였다. "왜 제때 오지 않았느냐, 스리 비자 디라자여? 관례를 모르느냐?" 그러자 스리 비자 디라자가 대답하였다. "출발이 늦어졌습니다. 어젯밤 초승달이 보였으리라고는 생각지 못했습니다. 그러나 제가 태만했던 것은 사실이며, 전하께 용서를 구할 뿐입니다." 그러자 술탄 마흐무드 샤는 말하였다. "아니, 나는 네 마음을 알고 있다, 스리 비자 디라자여. 너는 내가 왕이 된 것을 달갑게 여기지 않는다." 그리고 그는 스리 비자 디라자를 사형에 처하라는 명령을 내렸다. 그를 죽이러 온 사람들이 도착하자, 스리 비자 디라자는 그들에게 말하였다. "내가 군주께 무슨 죄를 지었단 말이오? 내가 저지른 이 하찮은 잘못 때문에 내가 사형을 당해야 한단 말이오?" 스리 비자 디라자가 한 말을 술탄 마흐무드 샤에게 전하자, 그는 이렇게 대답하였다. "스리 비자 디라자가 자신의 죄를 모른다면, 이 글을 보여주어라." 그 글에는 스리 비자 디라자의 죄목 네 가지 혹은 다섯 가지가 적혀 있었고, 그는 그것을 읽어 본 뒤 침묵하였다. 그리고 그는 처형되었다. 싱가푸라의 영지는 그의 아들 상 스티아 벤타얀(Sang Stia Bentayan)에게 물려주었다.

이 일화는 술탄에게 절대적 충성을 바치는 문제가 말라카의 통치에 얼마나 섬세하면서도 핵심적인 사안이었는지를 보여준다는 점에서 중요하다. 관료제가 거의 존재하지 않았던 상황에서 말라카와 조호르의 술탄들은 7세기 스리위자야의 다투 조상들이 그러했듯이 통치자들이 그들에게 요구한 충성의 맹세를 통해 표현되는 자신의 도덕적 위신과 설득력에 의존해야 했다.

말라카와 조호르의 술탄들은 얼마나 많은 전사들이 스리 비자 디라자에게 충성하고 있으며, 위협이 닥쳤을 때 왕국을 방어해 줄 수 있는지를 결코 확신할 수 없었다. 17세기 조호르 – 네덜란드 동맹에서, 네덜란드 제독인 코르넬리스 마텔리프 더 용어(Cornelis Matelieff de Jonge, 이 인물에 대해서 4장에서 자세히 다룸)는 포르투갈령 말라카를 공동으로 공격하기 위해 조호르 술탄이 동원할 수 있는 군사력을 추산하는 데 많은 시간을 들였다. 1714년 말라카의 네덜란드 총독은 술탄이 최대 6,500명의 병력을 모을 수 있다고 평가했는데, 이 가운데 2,000명은 리아우제도의 오랑라웃, 500명은 링가(Lingga)의 오랑라웃, 400명은 벵칼리스(Bengkalis)와 시악(Siak)강 지역의 오랑라웃, 700명은 파항 연안의 여러 섬 출신이었다. 이 숫자가 보여주는 바는, 리아우제도와 말라카해협 출신의 오랑라웃이 술탄의 예상 군사력의 절반가량을 구성한다는 사실이다.

오랑라웃의 술탄에 대한 충성 문제는 주로 이 공동체들의 유목적 성격 그리고 말라카와 싱가포르 해협의 맹그로브 습지와 수로에서의 생활양식에서 비롯되었다. 그들의 환경과 사회 구조는 경쟁하는 술탄들과 권력 중심지들 사이에서 여러 관계를 형성할 수 있는 이동성을 부여했다. 《말레이연대기》가 암시하는 주된 주제 중 하나는, 술탄들이 자신들의 해양 유목민의 충성과 지원을 결코 당연시할 수 없었다는 점이다. 오랑라웃은 더 많은 보상과 더 나은 해산물 가격을 제시하는 경쟁 항구의 통치자에게 손쉽게 충성을 옮길 수 있었기 때문이다. 말라카와 조호르의 술탄들은 자신의 해양 유목민 전사들의 충성을 유지하기 위해 부단한 노력을 기울여야 했다.

이 오랑라웃 공동체가 술탄의 전사일 뿐 아니라 메신저와 조세 징수자의 임무를 수행했던 전통은 1699년 술탄 마흐무드가 살해되어 왕조 위기가 발생할 때까지 계속되었다. 이 사건으로 인해 술탄의 전사 역할을 하던 오랑라웃은 부기스(Bugis) 용병들로 대체되었다. 부기스 세력이 주도권을 장악하자, 오랑라웃은 점차 변방으로 밀려나 외부인으로 전락하였다.

19세기 전반기에, 스탬퍼드 래플스의 말레이어 서기이자 교사였던

수세기 동안 여러 해상 유목 공동체와 부족들이 경쟁하는 말레이 왕국들과 맺어온 복잡한 관계들은 19세기에 들어 점점 강력해진 식민 국가들에 의해 약화되었다. 그들은 어업을 기반으로 한 생계에 의존하게 되었고, 외부와의 교역을 위해 맹그로브나 해산물을 채집하는 것으로 생계를 보충했다. 존 톰슨(John Thomson)의 1848년 수채화는 식민 통치하에서 이러한 해상 유목민들이 주변화된 상태로 전락한 모습을 포착하고 있다.

문시 압둘라(Munshi Abdullah)는 다음과 같이 기록하였다.

> 그들은 짐승처럼 행동하였다. 사람들이 떼 지어 오는 것을 보면, 시간이
> 있으면 재빨리 배를 타고 달아났고, 시간이 없으면 바다로 뛰어들어 물
> 고기처럼 물속을 헤엄쳐 갔다.... 남녀 모두가 이렇게 행동하였다.

그렇게 소심한 사람들이 한때 술탄의 전사였다는 사실은 리드(W.H. Read)에게는 도저히 믿기 어려운 것이었다. 그는 1883년에 "말레이인들이나 그들의 관습과 풍속을 아는 사람들은, [텡쿠 후사인(Tengku Husain)을 스탬퍼드 래플스에게 데려오라는] 그러한 사명을 한 바틴(Batin, 족장)에게 맡긴다는 생각만으로도 웃음을 터뜨릴 것"이라고 평하였다. 그런데도, 바로 오랑라웃 출신의 바틴사피라는 인물이 1819년 1월 빈탄으로 가서 텡쿠 후사인을 싱가푸라로 데려와 그가 술탄임을 인정받게 한 것이었다.

제2장 요약

테마섹 혹은 싱가푸라의 이야기에서 이어지는 제2장은, 15세기 싱가푸라의 몰락과 말라카의 부상 사이의 관계를 《말레이연대기》에 등장하는 서사와 상징적 표현을 통해 살펴본다. 이 두 항구 정체(port-polity) 간의 연속성에서 중심인물은 단연 싱가푸라의 마지막 통치자 파라메스와라/이스칸다 샤이다. 그는 싱가푸라를 떠나 더 성공적인 교역 중심지인 말라카를 건국하였다.

비록 말라카의 번영이 싱가푸라의 위상을 압도했지만, 싱가푸라는 여전히 왕국의 중요한 항구로 기능했다. 조호르와 리아우제도의 삼림 자원을 수집하여 말라카를 통해 수출하는 역할을 담당했다. 더욱 중요한 것은, 싱가포르 주변 해역이 말라카 술탄의 전사로 복무한 해상 유목민(오랑라웃)의 근거지였다는 점이다. 이 섬은 전략적으로 중요한 해군 기지였으며, 그들의 지휘관인 스리 비자 디라자는 싱가푸라에 거주하며 말라카왕실의 4대 대재상 중 한 명이었다.

제3장에서는 1511년 말라카의 함락 이후 조호르 왕국이 등장한 다음 시기에서도, 싱가푸라를 거점으로 한 말레이 술탄과 오랑라웃의 동맹 관계가 여전히 중요하게 작용했음을 살펴보게 될 것이다. 싱가푸라는 조호르강 상류 왕국으로 들어가는 관문 항구로 기능했으며, 술탄국의 해군 기지로서 전략적 역할을 계속 수행했다.

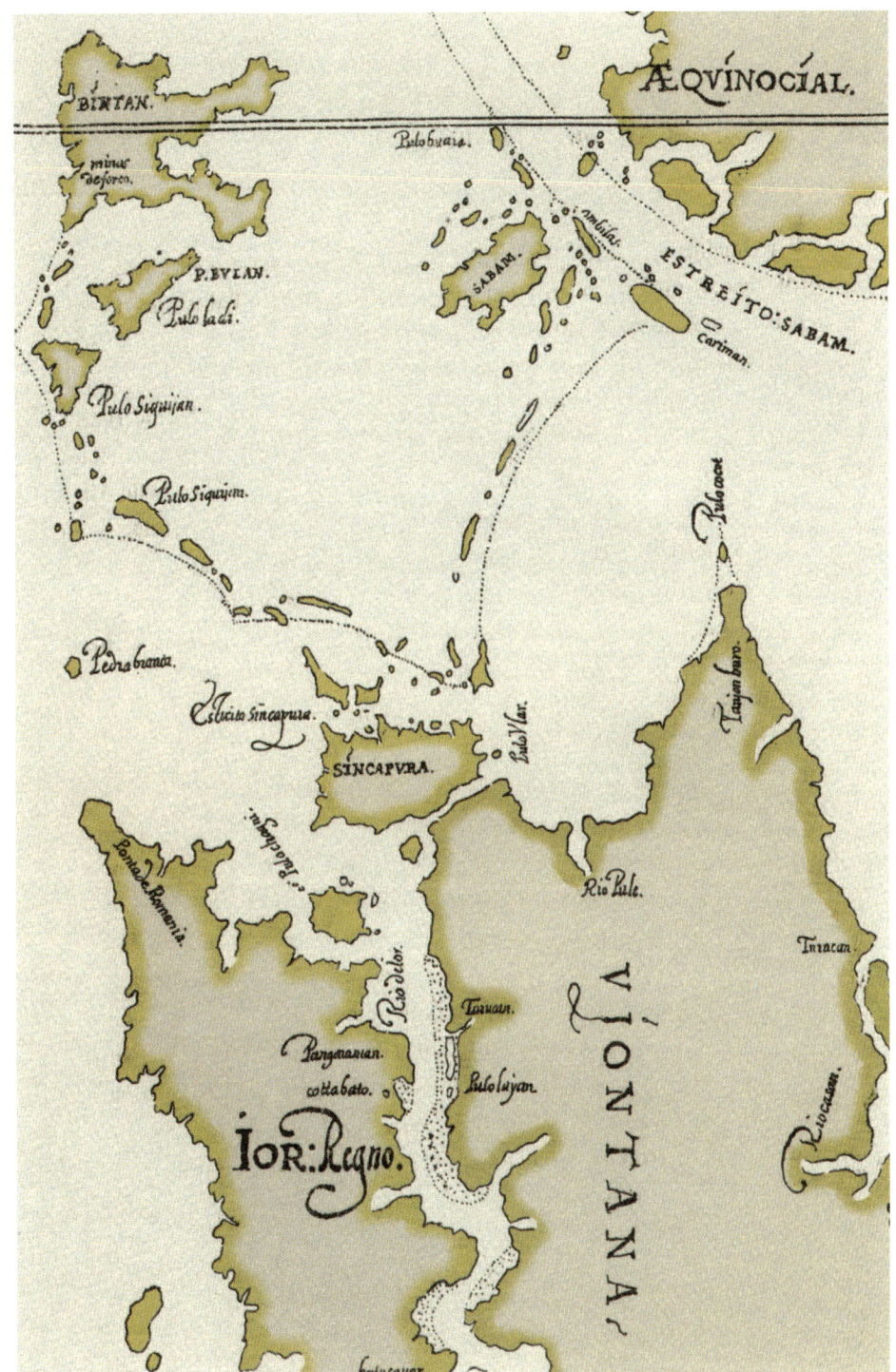

마누엘 고디뉴 데 에레디아(Manuel Godinho de Erédia)에 의해 1613년경에 제작된 싱가포르와 조호르강에서 바투 사와까지 나타난 지도. 싱가포르는 조호르 해안선에 비해 크기가 비례에 맞지 않게 작게 표현되었지만, 지도에 에레디아가 '조르 레그노'(Jor Regno)라고 표시하여, 그가 싱가포르를 조호르 왕국으로 가는 관문으로서 인식하고 있었다는 사실을 알려준다.

제3장

16세기: 조호르 술탄국의 샤반다리아

그리고 포르투갈인들은 말라카인들과 교전했고, 배에서 발포하여 대포알이 빗발처럼 날아왔다. 대포 소음은 하늘의 천둥소리와 같았고, 포격의 섬광은 하늘에서 번쩍이는 번개와 같았다. 화승총의 소음은 프라이팬에서 땅콩이 터지는 소리와 같았다. 포화가 너무 심해서 말라카인들은 더이상 해안에서 그들의 진지를 유지할 수 없었다. 포르투갈인들은 갤리선과 가볍고 빠른 범선으로 다리에 돌진했다. 그러자 곧 술탄 아흐마드(Sultan Ahmad)가 코끼리 지투지(Jituji)에 올라타고 나타났다. 스리 아와다나(Sri Awadana)는 코끼리의 머리 위에 있었고, 짐을 나르는 안장에서 그와 균형을 맞추기 위해서, 술탄 아흐마드는 마흐둠 사다르 자한(Makhdum Sadar Jahan)을 함께 태웠다. 왜냐하면, 그와 함께 신의 합일(the Unity of God) 교리를 공부하고 있었기 때문이다. 코끼리의 엉덩이에는 툰 알리 하티(Tun Ali Hati)가 있었다. 왕은 다리로 나아가서 총알이 빗발치는 가운데 서 있었다.... 왕은 포르투갈들과 창대창으로 싸웠고, 손바닥에 상처를 입었다. ... (그러나) 말라카는 무너졌다. 포르투갈인들은 왕의 알현실로 진격했고, 말라카인들은 도망쳤다. 술탄 아흐마드는 후투 무아(Hutu Muar)로 물러난 뒤, 파고(Pagoh)로 갔다. 술탄 마흐무드 샤(Sultan Mahmud Shah)는 바투 함파르(Batu Hampar)에 거처를 마련했다. ... 포르투갈인들은 말라카를 점령하여, 왕궁을 요새로 만들었다. 이 요새는 오늘날까지 존재한다. [1621년, 이 버전의 말레이연대기가 쓰여졌을 때] 1511년 포르투갈에 함락된 말라카에 대한 《말레이연대기》 기록

항구도시 싱가포르의 재부상

술탄 마흐무드를 말라카에서 몰아낸 군사작전은 포르투갈이 힘겹게 얻은 승리였다. 포르투갈 연대기들은 그 승리의 영광과 영웅적 용기를 기리고 있지만, 말라카 정복자 알폰소 데 알부케르케(Alfonso de Albuquer-que)의 수행원들과 함께 일했던 이탈리아인 엠폴리의 존(John of Empoli)은 오히려 비판적인 견해를 제시했다. 이는 군사작전을 직접 경험하고 그 후 즉각적으로 나온 것이므로 논쟁의 여지 없이 더 정확한 의견이다.

알폰소 데 알부케르케(Alfonso de Albuquerque), 포르투갈령 인도 (고아)의 총독이자 1511년 말라카 정복자.

엠폴리는 그의 아버지에게 보낸 편지에서, 술탄 마흐무드가 "그들에게 사람이 거의 남아 있지 않았기 때문에, 우리 배들을 공격하는 데에 도움을 청하기 위해 이웃 마을로" 도망쳤다고 설명했다. 절박한 상황에 몰린 포르투갈인들은 개인 주택과 공공건물에서 빼낸 목재와 석재를 이용하여, 그 '유명한 요새(A Famosa)'의 방어 시설을 짓기 위해 "낮에는 급히 서두르고, 밤에는 횃불을 사용"하며 시간을 다투어 일했다. "우리는 돌을 등에 지어가며 매우 고생하여 그것을 세웠다. 우리 모두 각기 일용 인부이자 석공, 석수였다."

요새는 술탄과 그의 군대가 끊임없이 그들을 괴롭혔기에, "우리 주변 도처의 무기들"로 지어졌다. "그리고 이 일을 하는 동안 우리는 적들로부터 굉음을 들었습니다. 그들은 이쪽저쪽에서, 바다에서 혹은 육지에서 할 것 없이 거의 매일 공격을 해왔습니다." 가을 이후에는 식량이 부족했고, "쌀 외에는 먹을 것이 없었기 때문에. 우리 모두 병에 걸리기 시작했다"라고 엠폴리는 기록했다. 식량은 엄격하게 배급되었고, 한 달 안에 포르투갈인과 포로 합해서 700여 명이 영양실조와 기아로 사망했다. 시신은 매장할 수 있는 정도보다 빨리 쌓여갔고, "악마의 열병에 걸리지 않은 사람이 없었으므로, 시신을 매장할 사람을 찾을 수가 없었기에, 시신은 이삼일 동안 선장 구역에 쌓여 있었다. 엠폴리 자신도 거의 두 달 동안 병을 앓은 후 "반쯤 죽었다가" 간신히 살아남았다.

말라카 함락 이후에 이어지는 《말레이연대기》의 여섯 장은, 아들을 폐위시키고 자신의 뒤를 이은 술탄 아흐마드를 폐한 뒤 다시 왕위를 되찾기 위해 고군분투한 마흐무드 샤의 온갖 시련과 역경을 기록하고 있다. 이 장들은 포르투갈 세력이 마흐무드를 끊임없이 괴롭혀, 그가 근거지로 삼았던 빈탄에서 결국 그를 몰아내었으며, 그가 스리 나라 디라자에 의해 끌려가 다른 곳에 술탄국을 재건하게 된 과정을 서술한다. 그러나 궁극적으로 술탄 마흐무드에게는 말라카의 영광을 되찾을 기회가 허락되지 않았다. 그 기회는 그의 후계자이자 아들인 알라우딘 샤(Alauddin Shah)에게 돌아갔고, 그는 1528년 조호르강 상류에 새로운 느가라(왕국)를 세웠다.

포르투갈인들은 거대한 항구인 말라카의 빈 껍데기만 점령했다. 말라카의 번영을 뒷받침하는 충성, 동맹, 무역 네트워크는 포르투갈로 넘어가지 않았고, 술탄 마흐무드가 가는 곳마다 옮겨 다녔다. 싱가포르 해역에 근거지를 둔 오랑라웃 전사들의 충심은 마흐무드와 알라우딘 샤, 그리고 그 후계자들이 조호르강 유역에 정착하게 되면서 특히 중요하게 되었다. 싱가포르는 술탄들이 있는 조호르강 영역의 관문의 추가적인 중요성을 거의 확실히 획득했다. 오랑라웃 전사들은 강 입구를 지키는 보초 역할을 했을 것이며, 적대적인 포르투갈이나 아체 군대가 접근해 온다면 조기에 경고를 보내주었을 것이다.

1511년 말라카가 포르투갈에 함락된 후, 오랑라웃 군대의 대장이자 지휘관인 락사마나(Laksamana)는 싱가포르섬에 있는 그의 기지로 돌아왔다. 포르투갈 기록들에서는 당시 그를 80세 정도 된 남성으로 묘사하고 있다. 그의 싱가포르 복귀는 싱가포르에 새로운 의미를 부여했다. 싱가포르는 락사마나가 도주한 술탄 마흐무드와 잠시 합류한 곳이기도 했다. 포르투갈의 약재상이자 연대기 작가인 토메 피레스(Tomé Pires, 1465?-1524년 또는 1540년)가 1513-15년경에 《수마 오리엔탈》을 썼을 때, 그는 싱가포르와 주변 마을의 상업적 중요성을 일축했다. 그러나 1511년 이후, 특히 1528년 이후 싱가포르는 부흥했다. 16세기 말 말라카에 본거지를 둔 상인 자크 더 쿠트르(Jacques de Coutre)는 싱가포르가 동인도 제도에서 "가장 좋은 항구" 중 하나라고 기록했다.

목격담과 서면 증언

유럽과 서아시아의 여러 기록에서 16세기 싱가포르의 항구에 대한 언급이 보인다. 엠폴리의 존은 중국으로 향해 가는 길에 그의 배가 싱가포르에 정박해 있는 동안 그의 마지막 유언장을 기록했다. 그 문서의 법적 성격을 고려한다면 이해할 수 있듯이, 그 유언장에는 싱가포르에 대한 어떠한 설명도 없다. 1546년에서 1552년 사이에 일본을 오갔던 예수회 선교사 프란시스 자비에르(Francis Xavier)는 또 다른 증언을 했다. 그의 편지 중 다섯 통은 '심콰푸라해협(Strait of Symquapura)' 또는 '신카푸라(Cincapura)'에서 발송되었다. 그가 싱가포르에서 쓴 첫 번째 편지에는 장소와 날짜는 기록되어 있지 않지만, 합리적인 단서를 제공한다.

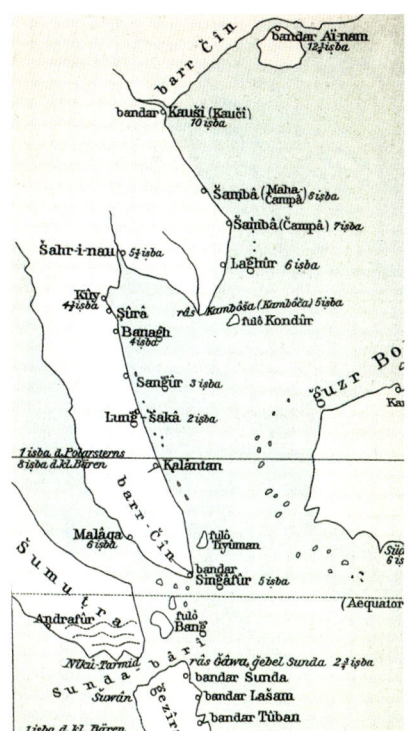

16세기 오스만-투르크 항해 지침서 《무힛》에 포함된 정보를 바탕으로 재구성된 말레이반도의 지도. 이 지도는 1897년판 《Die Topographischen Capitel des Indischen Seespiegels Mohit》에서 발췌한 것이다. 말레이반도의 남중국해 연안과 현재의 베트남 연안을 따라 있는 해안 지역은 '바르-신(Barr-Čin)', 즉 '중국의 해안'으로 표시되어 있다.

나는 39일 전에 우리 주 예수 그리스도에 대한 신앙이 매우 크게 신장한 일본에서 출항했습니다. … (말라카에서 고아로) 항해할 배가 있으면 선임 선장에게 말해서 하루만 더 기다려 달라고 부탁해 주시게. 아마도 내가 일요일쯤 말라카에 도착할 것 같습니다.

이 편지는 당시 싱가포르와 말라카 사이에 우편 또는 속달 서비스가 존재했음을 암시한다. 이 편지가 싱가포르 항구 시설에 대한 증거도 될 수 있을까? 몇 년 후, 오스만 제국의 제독이자 항해사였던 인물, 일명 시디 알리 벤 후세인(Sidi Ali ben Hossein)이라 불렸던 세이디 알리 레이스(Seydi Ali Reis)는 인도양 연안과 서태평양의 항구에 대한 항해 지침서 또는 뱃사람들을 위한 안내서《무힛》을 썼는데, 여기서 그는 '반다르 싱가푸르(Bandar Singafûr)'의 위도를 제공했다. 이 글에서도 더 이상의 다른 세부 사항은 없다.

문맥상 중요한 점은 여러 자료가 싱가포르에 정착지와 항구가 있었다는 것을 증명하고 있다는 것이다. 비록 이 자료들이 싱가포르의 정착지가 얼마나 큰지, 이 항구가 얼마나 붐볐는지를 구체적으로 밝히지 않았지만 말이다. 그러나 조호르를 포함한 이웃 국가들과의 전쟁이 계속된 가운데, 싱가포르는 포르투갈인들의 관심을 끌 만했을 것이다. 말라카에, 후에는 조호르에 주둔했던 해군 부대 또한 위협적인 존재로 여겨졌을 것이다. 따라서 포르투갈이 16세기 전반에 항구와 오랑라웃 함대를 차지하기 위해 싱가포르에 원정군을 파견한 것은 놀랄만한 일이 아니다.

이 군사작전에 대한 포르투갈의 정보는 기껏해야 단편적이다. 단지 포르투갈의 공격과 싱가포르 정착지 파괴에 대한 피상적인 정보만이 전해진다. 이 사실은 16세기 초 리스본의 존(John of Lisbon)이 쓴 것으로 추정되는 항해 지침서와 안드레 피레스(André Pires)가 쓴 매우 유사한 또 다른 기록(약 1500년대 중반)을 통해 확인된다. 이 일화는 루이스 더 마투스(Luís de Matos)가 쓴 2015년 논문에서도 언급되어 있는데, 다만 싱가포르를 몰락하게 한 상황은 확실하지 않다고 보았다. 그는 싱가포르 정착지가 큰 타격을 입은 것은 페로 더 마스카렌하스(Pero de

Mascarenhas)의 빈탄 원정(1526년) 또는 프란시스코 다 가마(Francisco da Gama)가 1535년 조호르를 공격했을 때였을 것이라고 제안한다. 싱가포르는 포르투갈-말라카/조호르 분쟁이 계속되는 상황에서 '전략적 요충지'가 되었음이 틀림없다.

조호르 술탄국과 하천 연안 경제

술탄 마흐무드가 사망하자 말라카의 영광을 되찾으려는 과제와 도전은 그의 두 아들에게로 넘어갔다. 장남인 술탄 알라우딘(Sultan Alauddin)은 1528년 사용피낭(Sayong Pinang)에 새로운 이스타나(istana, 왕궁)을 세웠다. 이후 200년 동안 적어도 다섯 개의 조호르 수도가 있었는데, 사용피낭은 그 중 첫 번째 수도였다. 시간이 흐르면서 아체와 포르투갈의 공격으로 인해 조호르 술탄들은 조호르강을 따라 다른 위치로 왕궁을 옮겼다.

포르투갈의 수학자이자 탐험가인 마누엘 고디뉴 더 에레디아(Manuel Godinho de Erédia)의 초상화. 원본은 그의 1613년 《말라카에 대한 묘사(Description of Melaka)》 필사본에서 찾을 수 있다.

사용 피낭을 선택했다고 하더라도, 알라우딘이 싱가포르와 말라카 해협의 번성한 교역으로부터 동떨어진 외진 지역으로 물러난 것을 의미하지는 않았다. 포르투갈의 탐험가이자 지도 제작자인 마누엘 고디뉴 더 에레디아(Manuel Godinho de Erédia)가 1616-22년경에 제작한 지도 《아틀라스 미셀라네아(Atlas Miscelânea)》에는 말레이반도 동쪽 해안을 따라 광범위하게 이어지는 일련의 길들이 묘사되어 있다. 그 길들은 태국 남부의 끄라지협에서 조호르까지 이어진다.

여러 교차로에서 그 길들은 반도의 산악지대로 뻗어나가거나 하천 연안 네트워크 및 다른 길들과 연결된다. 이들 교차로 주변에 대한 부가설명은 이 지역에서 금, 구리, 주석, 수지 및 향목 등의 원자재가 많이 생산되었음을 암시한다. 이들 내륙로와 교역로의 남쪽 종착지를 통제하는데 있어서, 조호르 술탄들은 그들의 스리위자야 선조들과 다르지 않았을지도 모른다. 스리위자야인은 수마트라 산악지대에서 지역 시장까지 향료 및 다른 가치 있는 임산물의 구매 및 수출을 통제하기 위해 무시강 상류에 자리 잡았다.

고고학적 증거에 따르면 조호르강은 조호르 술탄들이 그 지역에 수

에레디아가 제작한 《아틀라스 미셀라네아(Atlas Miscelânea)》1616–22년경, 현재 분실)에서 에레디아 제작으로 전칭 되는 말레이반도 지도의 사본. 반도 전 지역을 가로지르는 일련의 육로 흔적을 보여준다. 에레디아의 지도는 이 오버레이(도면수치 등의 위에 대고 수정할 때 쓰는 투명 용지)에서 알 수 있듯이 현대 지형도와 대체로 일치한다. 파타니(Patani), 클란탄(Kelantan), 조호르 은 이 육로 네트워크의 주요 연결 지점이었다.

도를 세우기 훨씬 이전부터 싱가포르와 말라카해협을 잇는 교역의 교차점이었다. 1950년대와 1960년대에 래플스박물관(Raffles Museum) 큐레이터들과 고고학자들은 과거 조호르 왕도가 위치했던 유적지들에서 고고학적 지표조사를 실시했다. 그들은 이 여러 사이트가 토기 및 중국 청화백자 조각들로 지저분하게 어질러져 있는 것을 발견했다. 이는 다른 동남아 해상 상업 중심지들의 상황과 유사했다. 토기 파편은 도자기, 곡물, 향신료, 보존식품과 같은 교역 상품을 저장하고 운송하는 데에 사용되는 큰 항아리에서 나온 것일 듯하다.

수집된 파편들을 넣은 박스 몇 개는 래플스박물관(현 싱가포르국립박물관)으로 옮겨졌고, 현재 싱가포르 국립유산위원회(the National Heritage Board)의 문화유산보존센터(Heritage Conservation Centre)에 보관되어 있다. 청화백자는 일부 자기편에 찍힌 인장에서 보이는 재위 기간 표시로 볼 때, 중국 명나라(1368년~1644년) 헌종(憲宗, 재위 1464년~1487년) 시대인 15세기 중엽 경에 제작된 것으로 보인다. 이것이 정확하다면, 이

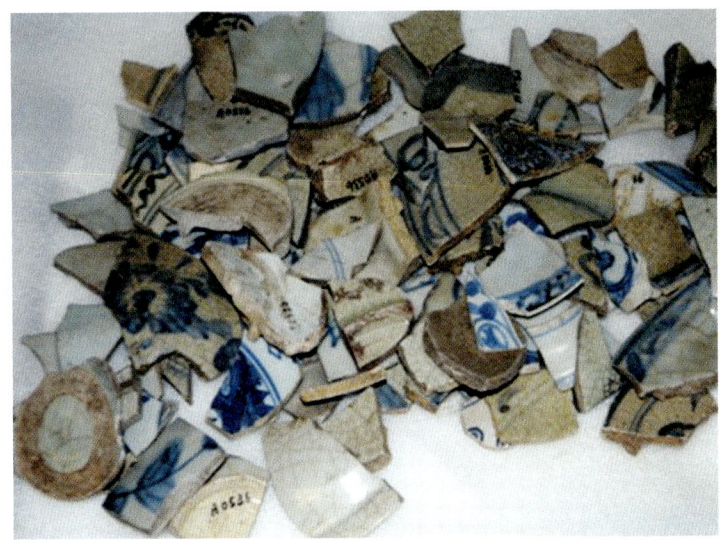

조호르 라마와 조호르 강변의 다른 유적지에서 발굴된 16~17세기 청화백자 파편들. 현재 싱가포르 국립유산위원회(the National Heritage Board)의 문화유산보존센터(Heritage Conservation Centre)에 보관되어 있다.

도자기 파편을 통해 쫓겨난 말라카 술탄국이 이곳을 점령하기 이전에도 조호르 라마 및 조호르강 유역의 다른 곳에서도 상업이 활발했음을 알 수 있다.

로마 시대부터 근대 유럽 초기까지 약 2,000년에 걸친 비석과 교역된 매우 다양한 구슬들을 포함한 다른 범주의 고고학적 증거들은 전체적으로 조호르강이 15세기 중반부터 이 지역의 무역 네트워크의 일부였음을 시사한다.

16세기말 교역을 위해 이후 수도였던 바투 사와(Batu Sawar)를 여러 차례 방문했던 자크 쿠트르(Jacques de Coutre)는 조호르의 하천 연안 경제가 번창했던 것을 목격했다. 그는 1587년 포르투갈이 조호르 라마를 몰락시킴에 따라 상류로 이동하여 바투 사와에 자리 잡은 것을 잘 알고 있었다. 그는 다음과 같이 기록했다.

조호르 라마 도시의 왕은 도주하여 빈탄섬에 가서 살다가, 이후 돌아와서 상류로 14 레구아(leguas) 정도 올라간 위치에 또 다른 도시를 건설했다. 이 도시는 '바투 사와'라고 불리는데, 포르투갈들은 '새로운 조호르(New Johor)'라고 부른다. … 그곳은 다양한 나라의 선적이 많이 드나드는 항구이다. … 그곳에는 아름다운 강과 크고 작은 배들이 많이 다니는 항구가 있고, 상인들이 방대한 양의 교역을 하는 곳이며, 식량이 풍부하다.

다른 기록에서 그는 다음과 같이 상세히 설명했다. "앞서 언급한 도시(바투 사와)에는 오직 상업 및 육지 간 항해로만 생계를 유지하는 사람들이 많다." 조호르는 상인들의 거점 혹은 지역적인 만남의 장소였을 뿐 아니라, 상업을 통해 충분한 부를 창출했고, 그 물질적인 풍요로움은 주민들의 옷차림에도 반영되었다. 직물 교역가였던 쿠트르는 조호르 사람들을 다음과 같이 묘사했다.

원주민들은 파항(Pahang) 왕국 주민들의 복식과 같은 방식으로 옷을 입는다. 그들은 혈통상 말레이인이고 매우 영리하게 옷을 입는다.

이러한 묘사는 파항 사람들의 패션 감각은 어떠했을까 하는 의문을 일으킨다. 쿠트르의 자서전은 다음과 같은 귀한 정보를 제공한다.

원주민들은 이슬람교도들이지만, 그들의 거래 및 옷차림 방식은 매우 재치가 있다. [남성들은] 다양한 색깔로 염색된 카사(cassa) 또는 비아틸라(beatilha)[모슬린, 속이 거의 다 비치는 고운 면직물]로 만든 셔츠를 입고 – 그들은 이것을 바주(baju)라고 부른다– 반바지로 인도 동남부 코로만델 해안(Coromandel Coast)을 따라 이러한 목적을 위해 만들어진 염색된 반 비아틸라(dyed half-beatilha)를 입는다. 실은 다리 사이를 그것으로 감싼 것인데, 마치 반바지를 입은 것처럼 보인다. 흰색 또는 색깔이 있는 스카프를 숄처럼 꼬아서 터번으로 두르고, 허리띠에 단검 끄리스(keris)를 지니고 다닌다. 어떤 이들은 황금 자루가 달린 케리스를 가지고 있고, 각 개인의 경제적 여유에 따라 나무 자루 케리스를 지니기도 한다.
여성들도 또한 속살이 희미하게 보이는 길고 좁은 블라우스를 입는다. 어떤 직물은 색이 있고, 어떤 직물은 파란색이며, 모든 색상의 직물이 다 있다. 종종 정교한 디자인과 색상의 매우 얇은 직물로 재단된 짧고 꽉 끼는 재킷[을 입는다]. 그들은 또한 매우 신기한 방식으로 머리카락을 뒤에서 다양한 색깔의 리본을 사용해서 묶는다. 그들은 맨발로 걷는데, 손가락과 발가락에 모두 반지를 낀다. 전체적인 모습이 매우 아름답다.

쿠트르에 따르면, 바투 사와에 온 이들은 인도네시아제도, 인도, 중국의 교역업자뿐만 아니라, 아이러니하게도 말라카에서 온 포르투갈인도 있었다.

자바인들이 말라카에 그들을 괴롭히는 선장이 있다는 것을 알게 되었을 때 –실제로 때때로 그러했듯이– 그들이 쿤두르해협(Strait of Kundur)을 통해 말라카로 가는 길임에도 불구하고, 빈탄섬을 찾아 섬들 사이와 주변을 돌아다니다가, 조호르로 간다. 이들 선박에는 육두구, 말린 육두구 껍질, 정향 및 기타 상품들이 실려 있다. 포르투갈인들은 팔 옷감을 가지고 말라카에서 조호르로 가서, 향신료와 다른 상품들을 사서 말라카로 돌아온다.

이러한 아이러니에 더해서 포르투갈인들은 심지어 조호르가 번영하도록 도왔다. 드 쿠트르는 활발한 무역을 통해 획득한 조호르의 부에 대해 극찬했는데, 이는 17세기 페드로 바레토 더 레센데(Pedro Barreto de Resende)의 기록에서도 반복된다.

조호르 항구는 루마니아 포인트(Romania Point)[말레이 반도의 남동쪽 끝] 안쪽에 위치해 있으며, 이곳에서 선박이 많이 건조된다. 이곳에는 식량, 침향과 역청이 풍부하다. 빈탄시는 해안의 반대쪽 해안에 위치해있고, 아체에 비해 요새화가 잘 되어 있다. … [바투 사와에서는] 많은 거래가 이루어진다.

다른 여러 기록에는 주로 16세기와 17세기 초의 조호르 하천 연안 도시들의 중요성과 번영에 대해 언급되어 있다. 네덜란드인 스탈파르트 판데르 빌레(Stallpaert van der Wiele)가 작성한 간략한 보고서《동인도제도의 다양한 육지와 섬에 관한 정보 (Information Concerning Diverse Lands and Islands Situated in the East Indies)》에는 조호르에 대한 상세한 정보와 그곳에서 거래되는 물품들이 기록되어 있다.

조호르는 유명한 무역 도시로 말라카 본토[말레이 반도]의 최남단, 적도에서 북쪽으로 2도 떨어진 곳에 위치한다. 후추가 많이 생산된다. 포르

인도 총독에서 시암과 코친차이나(Cochin–China, 베트남 최남부 지방) 궁전에 이르기까지 존 크로퍼드가 기록한 대사관 일기에 실린 말레이 여성의 스케치, 1828년.

19세기 초의 정향 그림. 정향은 말루쿠제도(Maluku Islands)가 원산지인 정향나무의 향기로운 꽃봉오리이다.

투갈과의 전쟁에서 자신들의 권리를 주장하지만, 포르투갈은 이곳에 요새가 없다. 내 생각에 사람들이 이곳에서 다양한 면직물을 구할 수 있을 것같다. 이곳은 말레이어의 본고장이다. 말라카는 당연히 조호르 왕의 소유이다. 조호르 왕은 매우 너그럽고, 외국인들에게 큰 존경을 받고 있다. [판 데르 빌레는 1597년에 사망한 술탄 알리 잘라 빈 압둘 잘일 샤(Ali Jalla bin Abdul Jalil Shah)에 대해 언급하고 있다.]

다른 유럽인들은 이후 무역의 맥락에서 조호르와 조호르 강 마을의 중요성에 대해 유사한 관찰을 하곤 했는데, 특히 포르투갈인들에게 가장 강력한 유럽 경쟁자로 떠오른 네덜란드인들이 특히 그러했다. 네덜란드 역사가이자 변호사인 피터르 반담(Pieter van Dam)은 VOC에 대해 언급하며, 17세기 말에 다음과 기록했다.

처음부터 동인도회사는 말라카 땅에 접해 있는 조호르에 지사를 유지했다. [조호르는] 많은 것을 소유하거나 산출할 수 있는 땅은 아니지만, 교역에 매우 적합한 위치에 있고, 여기서 항상 많은 해상 교통이 이루어진다.

요약하자면, 조호르 하천 연안 도시들과 16세기와 17세기에 그곳에 세워진 왕도들은 잘 알려진 상업 중심지였음은 분명하며, 싱가포르는 이러한 구도의 일부가 되었다.

조호르의 상업적 성공과 번영은 포르투갈인들의 질투를 불러일으켰고, 포르투갈인들이 조호르의 성공을 저지하거나 심지어 꺾어버리도록 자극했다. 이러한 상황은 왜 포르투갈과 조호르가 결국 1580년대에 충돌할 수밖에 없었는지 설명해 준다. 그러나 조호르는 그 지역의 강대국 아체에게도 압박을 받고 있었다. 수마트라의 북쪽 끝에 기반을 둔 아체는 세력이 16세기 전반부터 빠르게, 호전적으로 성장하였고, 몇십 년 안에 교역, 번영 및 결정적으로 말레이 세계의 문화적 우위를 놓고 조호르와 경쟁하게 되었다. 아체는 싱가포르의 내부와 주변 및 조호르강 입구에서 벌어진 일련의 전투 중 1564년에 조호르와 처음 싸웠고, 1613년에는 조호르강 입구에서 벌어진 일련의 전투 중 첫 번째 전투에서 조호르와 싸웠고, 1613년 아체가 파괴적인 공격을 가하면서 절정에 달했다.

싱가포르는 조호르의 왕도 및 상류 마을의 관문 역할을 담당했을 뿐만 아니라, 조호르 해군 기지로서 매우 중요했다. 싱가포르는 해상 및 하천 교역의 교차점에서 전략적인 요충지였고, 말라카해협과 벵골만으

바다에서 바라본 아체의 조감도. 빙분스 아틀라스(Vingboons Atlas)에서 발췌. 1665년경.

로부터 항해하는 이들에게 남중국해로 들어가는 관문이기도 했다. 그 항구는 '항만 감독관(harbour master)' 또는 '항구 감독관(port master)'로 번역되는 말레이 고위 관리인 샤반다(Shahbandar)의 존재를 정당화할 수 있을 만큼 중요하고 분주했다. 그러나, 사실 그는 상당한 권력을 휘두르며 중요한 책임을 다했다.

'천상의 지배자, 외국 상인들의 부모'

'샤반다'라는 칭호는 페르시아어에서 유래한 것으로, '천상의 지배자'라는 뜻이며, 이는 좀 더 평범한 번역인 '항만 감독관'보다 그의 범위와 권한을 더 완벽하게 반영하고 있다. 페르시아어의 의미는 스리위자야와 말라카해협에 있는 상업 중심지에서 항구에서 교역을 관리하는 담당자를 지정하기 위한 직책으로 도입되었다. 이 직위는 말라카해협에서 여러 제도를 가로질러 퍼져나갔다. 샤반다는 근대 초기까지 통치자를 대신하여 교역을 관리하고 세금을 부과할 뿐만 아니라, 여러 행정 기능을 수행하는 관리가 되었다. 그 책임의 범위는《운당운당 말라카(Undang-undang Melaka)》, 즉 15세기 후반경에 제정된 것으로 보이는《말라카 법률(Laws of Melaka)》에 요약적으로 나타나 있다. 1511년 말라카가 몰락한 후, 이 법률은 말레이 정치체제를 조직하는 데에 중요한 틀이 되었다.

《말라카 법률》은 샤반다를 "외국 상인들의 부모"로 묘사하고 있는데, 이는 외국 상인들과 왕족 사이에서 중재자로서 역할이 그의 주된 임무였음을 입증하는 비유이다. 말라카의 전통에서 샤반다는 폐선, 화물선, 기타 선박에 관한 규정뿐만 아니라, 외국 상인, 고아, 그 외 불의로 고통받고 있는 사람들에 관한 모든 문제에 대한 관할권을 부여받았다. 토메 피레스는 샤반다가 "경비 책임"을 맡고 있으며 "그의 담당하에 많은 사람들을" 두었다고 덧붙였다. 또한, "모든 교도소 사건은 그에게 제일 먼저 보고되고, 그를 통해 [벤다하라]에게 넘어가며, 이 직위는 크게 존경받는 사람에게 부여된다."

이 밖에도 샤반다는 통치자, 상인 관리, 그리고 그들의 가족들을 위한 투자 매니저였다. 그는 외국 상인 소유의 것이었든, 왕실 소속의 무역선에 실려 있던 것이든 간에 각종 수입품을 감독하고, 수출입품에 부과되는 수수료를 징수했다. 그는 왕실 창고의 감독자로서, 외국 상인들이 이 창고에서 주요 수출품만 조달할 수 있었기 때문에, 필수 수출품에 대한 사실상 독점을 감독했다. 이러한 이유로 유럽인들은 종종 통치자들을 그들 자신의 영역에서 가장 세력이 큰 상인으로 묘사했다. 통치자들은 신속하게 대금을 지급했는데, 보통 물물교환 상품이나 때로는 현금 또는 정화(specie)도 사용되었다.

따라서 싱가포르가 16세기 교역의 중심지로서 중요하게 부상하게 된 데에는 샤반다가 동시에 여러 가지 일을 하면서 중요한 역할과 책임을 맡았던 것이 큰 배경이 되었다. 싱가포르의 항구는 매우 중요해서 샤반다의 존재가 필요하고, 항구에서 저장 시설에 이르는 기반 시설도 충분히 갖추고 있었다. 더욱이 샤반다는 말레이반도 내륙에서 금속, 후추, 수지, 향료와 같은 물산의 교역과 물물교환 네트워크를 관리하는 역할을 했을 것이다.

이러한 상업적 기반시설과 샤반다의 존재를 밝혀주는 증언들이 있다. 가장 중요한 독립적인 유럽의 증언은 네덜란드 해군 제독이자 VOC 함대 사령관인 코르넬리스 마텔리에프 더 용어(그는 젊은 코르넬리스 마텔리에프 또는 코르넬리스 코르넬리준(Corneliszoon) 마텔리에프로도 알려져 있음)의 것이다. 1606년 4월 후반에 그의 선박들이 말레이반도의 서쪽 해안에 도착했을 때, 그 지역 통치자는 싱가포르의 샤반다를 파견하여 함대의 병력을 확인하고 바투 사와의 왕실에 보고하도록 했다. 마텔리에프의 기록은 다음과 같은 내용을 담고 있다.

> [1606년 4월 30일] 저녁 무렵, 조호르에서 온 프라후(perahu, 역주-말레이 영역에서 사용되던 소규모의 돛단배) 두 척이 함대에 합류하였다. … 그 지휘관은 스리 라자 느가라(Sri Raja Negara)라 불리는 싱가포르의 샤반다였다. [마텔리프] 제독은 그들이 우리의 동맹국인 조호르 국왕으로부터 온 것이기에 환영하였으며, 그들이 함대 사이를 지나 배들을 살펴보도록 허락하였다. 그들은 국왕이 그들을 보낸 이유가 네덜란드에서 온 배가 있는지 확인하기 위해서라고 말했는데, 이는 페락 지역에서 몇 척의

금화는 15세기부터 18세기까지 말레이의 조호르, 클란탄, 트렝가누, 끄다에서 주조되어 사용되었다. 그보다 이른 시기에 말라카 술탄들은 악어, 수탉, 물고기와 같은 동물 문양 및 '주석 모자(tin hat)'로 알려진, 윗부분이 절단된 피라미드 모양의 블록과 같은 형태의 주석 화폐(tin currencies)를 발행했다. 금화가 14세기에 처음으로 유통되었던 수마트라 북부에서처럼, 아마도 말레이 술탄들이 그들의 종교적 제휴와 통치권을 선언하기 위해 이슬람 명문이 새겨진 금화를 사용했다.

배가 말라카로 향했으며 그것이 네덜란드 배로 여겨진다는 전갈을 국왕
이 받았기 때문이었다.

　이 기록은 적어도 두 가지 의미에서 중요하다. 첫째, 이는 싱가포르
의 샤반다가 존재했다는 사실이다. 마텔리에프는 분명히 그를 만났다.
둘째, 제독은 샤반다가 동시에 스리 라자 느가라(마텔리에프의 기록에 따르
면 누가라(Nugara)라고도 함)라는 또 다른 칭호를 가졌다고 설명한다. 그
렇다면 다음과 같은 의문이 떠오른다. 이 칭호와 관련된 책무에 대해서
우리가 알고 있는 것은 무엇인가? 스리 라자 느가라라는 칭호는 통치자
의 대리인을 의미하지만, 중요한 직위인 군사령관을 의미하기도 한다.
따라서, 마텔리에프에 따르면 싱가포르의 샤반다는 앞에서 설명한 바와
같은 샤반다의 책임을 맡았을 뿐만 아니라 국방장관과 같은 직위의 기
능도 수행했다. 이는 그가 적어도 말라카의 락사마나 시대로 거슬러 올
라가는 일련의 계승 서열에 있다는 사실을 고려하고, 또한 말라카와 조
호르 술탄국의 해군 기지로서 싱가포르의 기능을 고려한다면 그리 놀라
운 사실은 아니다. 조호르의 해상 방어에 대한 이러한 책무는 1606년 4
월 조호르의 통치자가 네덜란드 함대를 시찰하기 위해 그를 파견한 이
유를 설명해 준다.

　중요한 내용은 더 있다. 말레이-부기스(Malay-Bugis) 연대기인 《투
파트 알나피스(Tuhfat al-Nafis, 귀중한 선물)》에는 라자 느가라(Raja Neg-
ara)는 라자 느가라 설랏(Raja Negara Selat) 또는 케투아 오랑라웃(Ketua
Orang Laut)라고도 알려져 있었다고 기록되어 있다. 이 기록은 싱가포르
의 샤반다가 라자 느가라라는 다른 칭호로도 불렸음을 통해, 싱가포르
의 샤반드라의 직책을 해협과 그 주변에 거주하던 오랑라웃 공동체의
케투아(ketua, 지도자)와 연관됨을 알려주기 때문에 중요하다. 이것은 또
다른 칭호인 술탄의 해군 사령관인 라자 설랏(Raja Selat, 해협의 왕자)과도
연결된다. 16세기와 17세기 유럽인들이 싱가포르 및 인근 수로에서 오
랑라웃 공동체를 식별하고 이름을 붙이려고 애썼던 이유였던 것 같다.
이 바다 부족들은 1700년대 초까지 말라카와 조호르 술탄들을 위한 해
군 선박(그중 일부는 싱가포르에 주둔함)에 승선해서 노를 저었던 사람들이
었다.

　세 번째 칭호인 라자 설랏을 설명하기 위해 다시 마텔리에프 제독으로 돌아가 보자. 네덜란드 동남아시아 및 카리브해 연구소(KITLV, Royal Netherlands Institute of Southeast Asian and Caribbean Studies)의 소장인 게리츠 피터 루퍼(Gerritz Pieter Rouffaer)는 1921년 발간된 논문에서 1597년경에 사망한 조호르의 술탄 알리 잘라 빈 압둘 잘릴 샤(Ali Jalla bin Abdul Jalil Shah)의 아들 네 명의 신원을 밝히고 간략히 설명한 마텔리에프의 기록에 주목했다. 네 아들은 각각 조호르의 양 디 페르투안 아공 알라우딘 리아얏 샤 3세(Yang di Pertuan Agong Ala'uddin Ri'ayat Shah Ⅲ), 그의 이복동생 라자 시악(Raja Siak), 또 다른 이복동생 라자 봉수(Raja Bongsu), 그리고 라자 라웃(Raja Laut)이다. 라자 라웃이라는 칭호는 투파트 알 나피스에 언급된 라자 설랏을 상기시킨다. 이 둘은 동일인일까? 만약 그렇다면, 그것은 16세기와 17세기의 전환기에 싱가포르의 샤반다, 스리 라자 느가라, 라자 라웃은 한 명을 지칭하며, 또 동일인이었다는 것을 의미하는 것일까?

　그렇다면, 이는 더 나아가 싱가포르 샤반다가 왕자이며, 고(故) 알리 잘라 빈 압둘 잘릴의 아들이자, 조호르의 다음 두 술탄의 이복형제이자, 해상 방어의 핵심 인물이자, 해협에 있는 오랑라웃 공동체의 수장이자, 싱가포르의 명목상 샤반다라는 것이다. 이 혈통과 16세기 초 말라카 락사마나의 가계로 볼 때, 1511년에 포르투갈이 말라카를 점령한 이후로 싱가포르는 잊히고 방치된 곳이 아니었던 것 같다. 이는 반드시 기억해야 할 중요한 사항이며, 16세기 싱가포르의 이해에 큰 영향을 미친다.

　당시 유럽 문헌과 지도에서 이 중요한 결론을 강조할 수 있는 증거가 있다. 자크 쿠트르는 그의 자서전에서 서쪽에서 옛 싱가포르 해협을 빠져나가려고 할 때, 샤반다리아(Sabandaria)로 알려진 정착지가 있었는데, 이곳에는 조호르 통치자에게 충성하는 말레이인들이 살고 있었다고 기록했다. 그는 다음과 같이 썼다. "우리는 샤반다리아라는 곳 앞에 정박했는데, 이곳에는 조호르 왕의 지배를 받는 말레이인들이 거주하며, 조호르 왕에게 이 해협을 항해하는 설라트(saletes, selates 혹은 오랑라웃)인들이 조공을 바친다." 그는 정착지의 규모에 대해서는 언급하지 않았지만, "[동]인도 제도에 서비스하는 최고[의 항구] 중 하나"라고 묘사했다. 따라서 이곳에 훌륭히 제 기능을 하는 항구와 정착지가 있었음을 알 수 있고, 이 정착지를 샤반다리아('샤반다의 마을')라고 부른 것은 샤반다와 그가 관리하는 창고 그리고 관련 거주민들이 있었기 때문이었을 것이다.

'사반드리아(Xabandaria)'는 포르투갈 식으로 표기한 것인데 앞서 언급한 포르투갈 지도 제작자 에레디아(Erédia)가 제작한 싱가포르 해협 지도에 잘 나타난다. 지도 한 점은 17세기 초 그가 이 지역을 여행했던 것을 기록한 《말라카, 남부 인도, 캐세이에 대한 설명(Declaçam de Malaca e India Meridional com o Cathay, 또는 Description of Melaka, Meridional India and Cathay)》이라는 그의 보고서에 실려 있다. 에레디아가 싱가포르를 방문했었는지는 불분명하다. 아마도 그는 그곳을 지나 항해했을 것이고, 그의 지도는 1604년 해군 원정 중 수집한 정보에 따라 그려졌다.

《1604년 신카푸라와 삽밤 해협을 그린 지도적 묘사(Chorographic Description of the Straits of Sincapura and Sabbam in the year 1604)》라는 제목의 이 지도에는 조호르가 아래쪽에, 수마트라가 위쪽에 그려졌다. 이 지도는 신카푸라의 동쪽 해안의 많은 지형들을 나타내었고, 가장 북쪽은 탄종 루싸(Tanjong Rusa)이며, 그 남쪽에는 타나 메라(Tanah Merah), 순게이 베독(Sungei Bedok), 탄종 루(Tanjong Rhu) 그리고 '사반다리아'가 있다. 탄종 루싸는 오늘날 창이 포인트(Changi Point)를 가리키며, 에레디아가 그의 지도에 표시한 것처럼, 베팅 쿠사(Beting Kusah) 또는 타니온 루싸(Tanion Ruça)로 알려진 해안의 모래톱에서 이름을 따왔을지도 모른다.

타나 메라는 19세기까지 항해사와 조종사들에게 눈에 띄는 랜드마크였던 해안가의 불그스름한 오렌지빛의 풍화된 라테라이트 절벽을 가리킨다. 제임스 호스버그(James Horsburgh)가 1806년에 제작한 싱가포르와 말라카 해도(chart)에 '붉은 절벽(Red Cliffs)'으로 표시되어 있다. 이후의 해도들은 타나 메라의 '붉은 절벽'과 베독(Bedok)을 구분하고 있다. 다른 싱가포르 초기 지도들에는 이 오래된 말레이어 지명을 '바독

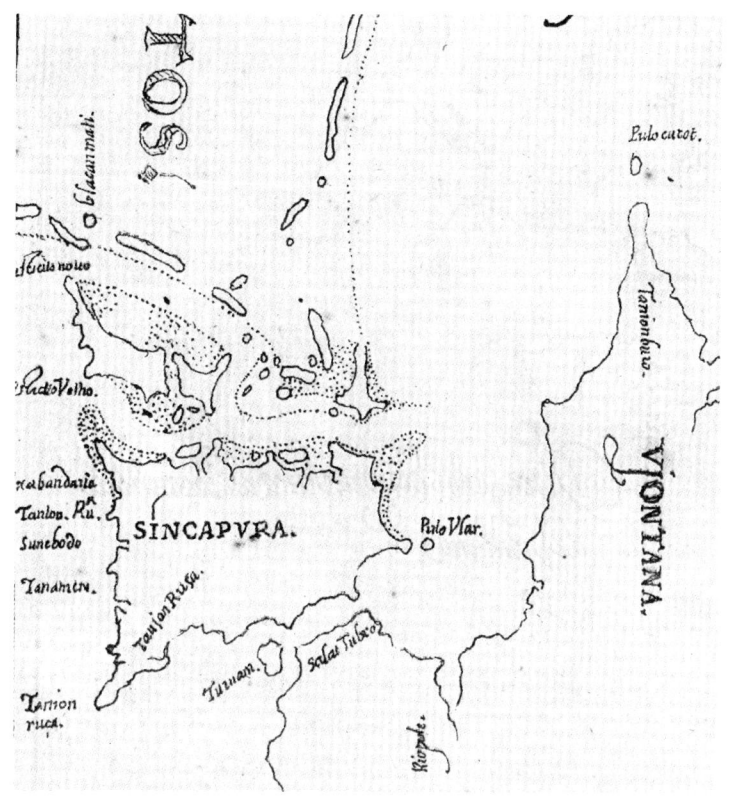

에레디아의 《신카푸라와 삽밤 해협을 그린 지도적 묘사》(1604년) 세부. 이 지도는 조호르를 맨 아래에 두고 있다. 싱가포르섬의 동해안에는 많은 특징들이 표시되어 있다. 가장 북쪽에 위치한 곳은 탄종 루싸(아마도 창이 포인트)이고, 그 남쪽에는 타나메라, 순게이 베독, 탄종 루, 자반다리아(항만 관리소장의 도시)가 있다. 이는 칼랑강 하구에 항만 관리소장이 관리해야 하는 상당히 발전된 항구가 있었음을 나타낸다.

(Badok)'으로, '작은 붉은 절벽(small red cliff)' 근처에 표시하고 있다. 반면 탄종 루라는 지명은 말레이어 루(ru, 또는 eru/aru)에서 유래했는데, 이는 모래 해변에서 번성했던 카수아리나 나무(카수아리나 등나무)에서 유래했다. 이 지역은 19세기 초 영국 정착민들에게 샌디 포인트(Sandy Point)로 알려져 있었다.

　무엇보다도 에레디아 지도의 중요성은 탄종루 근처의 '사반다리아(Xabandaria)' 위치에 있다. 이 해협 정착지의 전 배석 판사이자 학자였던 밀스(J.V. Mills)는 1930년에 에레디아의 보고서를 일부 번역하고 편집했다. 그러나 그는 광범한 논평에서 자반다리아에 대한 언급에 주목하지 않았다. 래플스박물관의 마지막 영국인 관장인 박식가 깁슨힐 박사(Dr Carl Alexander Gibson-Hill)는 싱가포르 주변 해역의 해도와 지도들에 관한 그의 1955년 상세하지만, 과소평가되었던 연구에서 에레디아가 적어 놓은 섬의 동쪽 해안의 네 개의 지명을 확인했지만, 사반다리아에 대한 언급이나 중요성에 대해서는 설명하지 않았다.

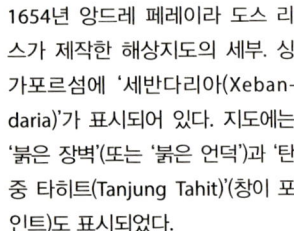

1654년 앙드레 페레이라 도스 리스가 제작한 해상지도의 세부. 싱가포르섬에 '세반다리아(Xeban-daria)'가 표시되어 있다. 지도에는 '붉은 장벽'(또는 '붉은 언덕')과 '탄중 타히트(Tanjung Tahit)'(창이 포인트)도 표시되었다.

두 번째 중요한 증거는 1654년 앙드레 도스리스(Andre Pereira dos Reis)가 싱가포르와 말라카 해협을 그린 해상지도에서 찾아 볼 수 있다. 여기에는 수작업으로 제작된 지도 두 점이 있다. 그중 한 점은 포르투갈 빌라 비코사(Vila Vicosa)에 있는 브라간자 공작(Dukes of Braganza)의 왕궁 도서관에서 발견되었고, 다른 한 점은 네덜란드 로테르담(Rotterdam) 해양박물관의 엥겔브레히트 소장품(W.A. Engelbrecht collection) 지도 중에서 발견되었다. 이 중 후자에만 싱가포르의 섬에 "세반다리아(Xeban-daria)"라는 지명이 표시되어 있다. 그런데도, 이러한 문헌과 지도들의 문제는 이 샤반다의 정착지가 어디에 있었는지 정확한 정보를 충분히 제시하지 못한다는 점이다. 그리고 이는 더 많은 의문을 불러일으킨다.

샤반다리아와 칼랑의 도자기 파편

싱가포르의 샤반다리아 또는 샤반다의 마을이 있는 정착지는 어디에 있었을까? 에레디아와 페레이라 도스 레이스의 지도에서는 정확한 위치를 추론해낼 수 없다. 그러나 1960년대 후반 벤자민시어스교(Ben-jamin Sheares Bridge)라는 다리 건설을 위해 칼랑강 하구 밑바닥을 파내면서 이 지역에서의 17세기 교역 활동의 증거가 전적으로 우연히 발견되었다. 영국의 준설 작업자인 제프리 오벤스(Geoffrey Ovens)는 강바닥에서 전혀 예상치 못했던 물건들이 올라오고 있다는 것을 알아챘다. 그는 작업을 중단하고 진흙 속에서 청화백자 조각들을 한 자루 주워서, 이 발견품들에 대한 조사를 요청하기 위해 싱가포르국립박물관에 연락했

다. 그러나 아쉽게도 박물관 큐레이터들은 그의 제안을 거절했다. 이 조각들은 오벤스의 싱가포르 친구들이 나누어 가졌고, 그들이 가져가지 않은 것은 버려졌다. 그 조각 중에서 아홉 점만이 한 친구에 의해 보관되었다. 오벤스는 싱가포르를 떠날 때 비교적 온전한 형태의 서양 배 모양 화병과 큰 접시를 가지고 갔다. 그는 나중에 그 자기를 싱가포르국립박물관에 기증했고, 오늘날까지 소장되어 있다.

이 도자기 파편들, 접시, 화병은 중국 명(1368-1644년)의 만력제(재위 1573-1620년) 치세기까지 거슬러 올라간다. 이 도자기들에는 산수화나 《서상기(Xixiangji, 西廂記)》 및 《삼국연의(Sanguo Yanyi, 三國演義)》와 같은 중국 고전 소설의 장면이 묘사되어 있으며, 도교적인 분위기의 더 이른 시기 산수화도 있다. 도자기에 그려진 이러한 목판화 양식의 산수화는 15세기 초에 처음 등장했다. 중국 장시성(江西省) 경덕진 (Jingdezhen, 景德鎭)에서 문인들의 생활방식을 모방하여 향유하기를 원했던 부유한 상인들의 수요를 위해서 제작되었다.

하지만, 명나라 말기 마지막 두 황제의 재위 연간에 황제의 후원이 감소하게 되면서, 경덕진의 도자기 가마들은 해외 시장을 개척해야만 했다. 남해의 기존 시장과 더 멀리 서아시아의 시장을 찾았다. 페르시아의 샤압바스(Shah Abbas)는 대규모의 수집품들을 모았고, 1611년에 아

1960년대 후반과 1970년대 초반 칼랑강 하구의 준설 작업 중 우연히 발견된 유약을 바르지 않은 청화백자 파편. 명나라 만력 연간(1573-1620년)까지 거슬러 올라갈 수 있다. 이 청화백자 파편들은 16세기 후반과 17세기 초 칼랑강 하구에서 무역 활동이 있었음을 밝혀주는 증거이다.

르데빌(Ardebil)에 위치한 왕조의 사원에 기증했다. 아르다빌 사원이 소장한 도자기들에 대한 도록을 편찬하면서, 포프(J.A. Pope)는 칼랑 도자기 파편들과 유사한 산수가 그려져 있는 접시들을 나열했다. 칼랑 청화백자 파편과 마찬가지로, 아르다빌 접시들도 물레 성형 자국과 유약을 바르지 않은 바닥면에 방사형으로 다듬은 흔적이 있었고, 굽의 테두리에는 모래가 달라붙어 있었다. 포프는 아르데빌 자기들의 연도를 16세기 후반으로 추정했다. 칼랑 파편들도 비슷한 시기에 제작된 것으로 보이는데, 이는 샤반다의 마을이 칼랑강 하구 어딘가에 있었음을 암시한다.

칼랑의 파편들은 조호르 라마나 다른 조호르 왕궁의 수도 주변에서 다량으로 발견된 도자기 파편들과도 유사하다. 따라서 칼랑 파편들은 더 광범한 조호르강 맥락에서 동떨어진 발견이 아니라, 조호르 술탄들이 지배하던 조호르강 교역의 일부였다. 중국에서 만력 연간에 제작된 수출품 도자기들이 어떻게 칼랑 강 하구에서 발견되게 된 것인지는 현재로서는 추정만 가능하다. 이 파편들은 중국에서부터 이동하는 도중에 깨져버린 접시의 조각이어서, 선박이 신선한 물과 다른 보급품을 보충하기 위해 강 하구에 정박했을 때 밖으로 버려진 것이었을까?

지난 15년 동안 말레이반도 동해안을 따라 난파선 다섯 척이 발굴되면서 동남아와 서아시아 시장으로 향했던 많은 양의 명나라 도자기 화

칼랑강 하구에 있는 16세기 샤반다리아는 아마도 물가에 건물을 수면 위로 떠받치는 기둥 위에 세워진 일련의 건물이었을 것이며, 아마도 이 지역을 묘사한 19세기 스케치와 크게 다르지 않을 것이다.

물이 회수되었다. 어부들은 2001년에 난파선 빈투안(Binh Thuan)호를 발견했는데, 1608년으로 거슬러 올라가는 고전적인 중국 선박이었다. 이 선박은 1년 후 해양고고학자인 마이클 플레커(Michael Flecker)가 정식으로 발굴했다. 사고 선박은 베트남 빈투안(Binh Thuan)성의 판티엣(Phan Thiet) 어항(漁港)에서 동쪽으로 40해리 떨어진 곳에, 수심 39m에 있었다. 이 배의 화물에는 주철 냄비가 가득 실려 있었다. 위층에는 약 10만 점에 달하는 장저우(州) 도자기가 적재되어 있었는데, 이는 지금까지 발견된 것 가운데 최초의 전용 선적품(dedicated shipment)이었다. 역사 기록에 따르면, 이 난파선은 비단과 기타 중국 상품을 싣고 조호르로 향하던 중국 상인 이신호(I Sin Ho)의 정크였던 것으로 보인다.

빈투안 정크와 다른 중국 선박들이 남해로 항해할 때 이용한 항로는 15세기 말 명나라 항해 지침서《순풍상송(Shunfeng Xiangsong/順風相送)》에 기록된 경로 중 하나였을 것이다. 이 항해 지침서는 100개의 항로를 안내하는데, 이 중 7개는 중국에서 동남아로 가는 항로였고, 19개는 동남아시아 내에서 이동하는 경로였다. 우상적인 마오쿤(Mao Kun/茅坤, 1512－1601년) 지도에 기록된 정화(Zheng He/鄭和, 1371-1433/1435년)의 항해 중에서 말레이반도에 대한 언급을 1932년 처음으로 조사했던 밀스(J.V. Mills)는 그 항해도의 일부를 번역했다. 여기 언급된 항구와 항로들은 2008년 재발견된 17세기 초 중국 항해도에 표시된 내용과 일치한다. 이 지도는 17세기 영국의 법학자이자 동양학자였던 존 셸던(John Selden)이 수집한 것이었고, 그는 1659년에 이 지도를 포함한 그의 장서를 옥스퍼드대학교의 보들리안 도서관(Bodleian Library)에 기증했다.

조호르의 중요성은 이 지도에서 분명하게 드러난다. 가로 1.5m, 세로 0.96m 크기의 셸던 지도는 남중국해를 중심으로 그려졌다. 초기 유럽의 지도 표준 규격에 따라 제작되었으나, 중국의 산수화 기법을 사용하여 산맥, 강, 해양의 파도를 묘사하여 지도를 일종의 산수화로 만들었다.

이 지도의 주요 특징은 지도에 표시된 60개의 항구이며, 이 항구들이 푸젠성(福建省) 취안저우시(泉州市)까지 항로를 연결한다는 점이다. 주요 항로로 취안저우에서 나가사키에 이르는 북동쪽 항로가 있고, 베

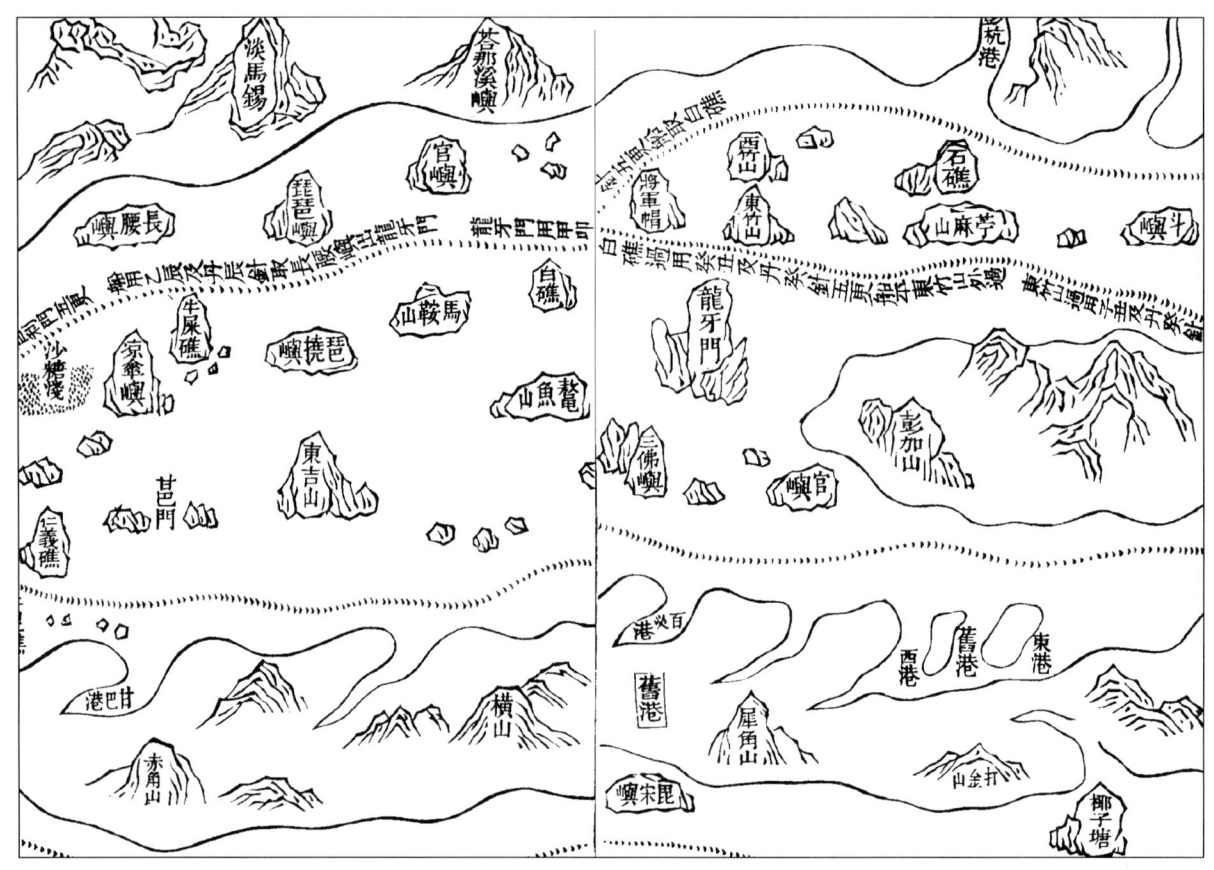

마오쿤 지도의 한 부분은 정화의 함대가 용아문(龍牙門)을 통과하는 것을 그린 것이다. 담마석(淡馬錫, Temasek)은 지도의 왼쪽 상단에 보인다. 이 항해 지침서는 올드해협을 지나는 항로를 보여주며, 또 다른 대안으로 오늘날의 더 넓은 싱가포르 해협의 항로를 보여주는 것으로 읽을 수 있다. 용아문은 케펠 항구(Keppel Harbour)의 서쪽 입구에 있는 쌍둥이 바위가 아니라, 빈탄섬의 쌍둥이 봉우리를 가리킨다. 정화가 과연 서양 여행자들과 선원들이 생생하게 기록한 케펠 항구의 좁은 서쪽 입구를 통해 그의 대형 함대를 항해했을지 의심스럽다.

트남 호이안 항구로 향하는 남서쪽 항로는 말레이반도로 이어진다. 중요한 것은 조호르로 이어지는 경로인데, 조호르에서 하위 경로로 분기하며, 그중 하나는 말라카해협을 가로질러 수마트라 해안을 따라 남쪽으로 향하여 순다 해협(Sunda Straits)에 이르고, 계속하여 자바 해안을 따라 동쪽으로 이어진다. 또 다른 하위 항로는 북동쪽으로 보르네오와 마닐라까지 이어지며, 또 다른 항로는 인도네시아 동부까지 이어진다. 역사학자들은 명나라 말기 푸젠성의 해상 교역 세계를 묘사한 이 지도의 이해에 있어 여전히 초기 단계 연구에 머물러 있다.

지도 제작자인 목리잉(Mok Ly Yng)은 셀던 지도를 동시대에 제작된 에레디아 지도에 나타난 말레이 반도와 수마트라의 내륙 길 및 교역로와 연결시켜 흥미로운 결과를 도출했다. 말레이 동부 해안의 내륙로의 종착점은 셀던 지도에 표시된 항해 경로상 나타나는 육지와 일치한

셀던 지도의 남중국해. 해상 항로는 잘 표시되어 있었지만, 거의 보이지 않는다. 다음 페이지 지도에서 이 항로들을 강조하여 표시한다.

교역로

▬▬ 셀던 지도
▬▬ 에레디아: 말레이반도
▬▬ 에레디아: 수마트라

현대 지도에 투영된 두 가지 노선 체계: 17세기 초 에레디아 지도에 나오는 수마트라와 말레이 반도의 육로와 동시대의 셀던 지도에 표시된 해상 항로.

다. 에레디아 지도의 육로들은 조호르강을 따라 조호르 남부에서 끝나며, 셀던 지도는 싱가포르 해협을 특히 붐비는 교차점으로 표시한다. 싱가포르의 샤반다리아는 이 해상 항로가 하천과 육로가 만나는 지점 부근에 자리했을 것이다.

역사적 의미의 바위와 싱가포르 항해의 위험

샤반다리아의 정확한 위치에 대한 정보는 드물지만, 싱가포르의 주요 랜드마크, 특징 및 주변 환경에 대한 정보는 16세기 유럽에서 발간된 여행관련 문헌들에서 찾아볼 수 있다. 이들 해상지도(chart), 항해 지침서(rutter), 싱가포르를 지나는 항해의 안내문들은 이 섬 주변 바다에 관한 관심이 높아졌음을 나타낸다.

이 시기 그리고 일반적인 항해의 시대(Age of Sail)에, 싱가포르에서 가장 눈에 띄는 랜드마크는 오늘날 래브라도 공원(Labrador Park)에 서 있는 암반층이었다. 이 기둥 모양의 암반은 오늘날 센토사섬 북서쪽 끝의 맞은편에 위치하는데, 싱가포르의 올드해협과 뉴해협으로 들어가는 서쪽 입구를 표시했다. 이 암반은 다양한 언어로 이루어진 다양한 이름으로 알려져 있다. 어떤 이들은 그것이 중국 문헌에 언급된 14세기 룽야먼(Longyamen/龍牙門)이라고 믿으며, 말레이어로는 바투 벌라야르(Batu Berlayar 또는 Sail Rock, 영어로 바투 블레어/Batu Blair로도 표기함) 또는 바투 시나(Batu Cina/Chinese Rock)로 알려져 있다. 포르투갈어와 이탈리아어로는 각각 바레라(Varela) 또는 바렐라(Varella)로 알려지지만, 영국 선원들은 그것을 롯의 아내(Lot's Wife) 또는 세일록(Sail Rock)이라고 불렀다. 원래 있던 암반은 1848년 신항구(New Harbour)의 접근로를 넓히기 위해 영국이 파괴하였다. 다행히 그 형태와 상대적인 크기는 싱가포르국립대학교 박물관의 찰스 다이스 컬렉션(Charles Dyce Collection)에 있는 수채화와 스케치에 상세하게 표현되어 전해진다.

16세기 중반 이전에 싱가포르 주변의 바다를 항해하던 선원들은 두 항로 중 하나를 따라갔다. 가장 많이 사용된 항로는 구 싱가포르 해협(the Old Strait of Singapore)으로, 풀라우 피상(Pulau Pisang) 또는 카리문(Karimun) 북쪽 해안으로부터, 싱가포르섬의 서쪽 끝에 위치한 풀라우 메람봉(Pulau Merambong, 이전의 풀라우 울라르/Pulau Ular 또는 포르투갈어

바투 벌라야르, 돛 바위, 롯의 아내 등을 그린 스케치. 잭슨 중위(Lt. Jackson), 1823년 작. 이 암층은 식민지 이전 시기에 싱가포르의 가장 상징적인 랜드마크였으며 싱가포르의 올드 · 뉴 해협으로 들어가는 서쪽 입구를 표시했다. 오늘날 센토사의 실로소 요새(Fort Siloso) 주변 지역의 일부가 이 스케치의 배경으로 나타난다.

찰스 다이스 컬렉션에 실린 한 수채화로, 케펠 해협과 바투 벌라야르를 묘사하고 있다. 학자들은 이 바위 지형이 중국 선원들에 의해 '룽야먼(龍牙門, 용의 이빨 해협)'이라고 불렸을 가능성이 높다고 본다. 그 이유는 이 바위가 중국 정크선의 선수(船首)에 있는 앞쪽 말뚝들과 시각적으로 일직선으로 보였기 때문인데, 이 말뚝들 사이로 닻줄이 지나갔다. 이 두 개의 말뚝은 룽야(龍牙, 용의 이빨)라고 불렸다.

로 일하 다스 코브라스/Ilha das Cobras)으로 이동하여, 싱가포르섬 서쪽 끝까지 배를 이동했다. 이 해로는 지금의 주롱섬(Jurong Island)과 싱가포르 본토 사이의 통로로 이어지고, 파시르 판장(Pasir Panjang) 해안을 따라 래브라도 공원의 암석 돌출부로 이어졌다. 선박들은 적당한 조수와 바람의 상태를 기다렸다가 현재의 하버프론트(Harbourfront)와 센토사(Sentosa) 사이의 해협을 통과하여, 풀라우 브라니(Pulau Brani)로 나왔을 것이다. 항해는 싱가포르 동부 해안과 조호르 본토를 감싸며 이어졌고, 탄중 라무니아(Tanjung Ramunia)와 페드라 브랑카(Pedra Branca) 사이의 남중국해로 빠져나갔다.

두 번째이자 사용 빈도가 적었던 항로는 싱가포르섬의 북쪽 해안을 따르는 것으로, 선박들은 풀라우 메람봉(Pulau Merambong)에서 테브라우(Tebrau) 또는 조호르해협을 거쳐 풀라우 우빈(Pulau Ubin)과 조호르강에 이르렀다. 이 해로는 좁고 시간이 많이 소요되었다. 조수가 바뀔 때 물의 흐름이 강하기 때문에, 일반적으로 테브라우 해협은 조호르강의 제2의 수로로 여겨졌다. 이런 식으로 이해하면, 싱가포르섬은 싱가포르의 북부와 동부 해안을 따라 흐르는 강의 두 지류로 둘러싸인 조호르강 하구에 자리잡고 있었다. 에레디아가 제작한 몇 점의 지도에서는 싱가포르가 매우 큰 조호르강 하구에 자리했다는 당시의 인식을 여실히 보여준다.

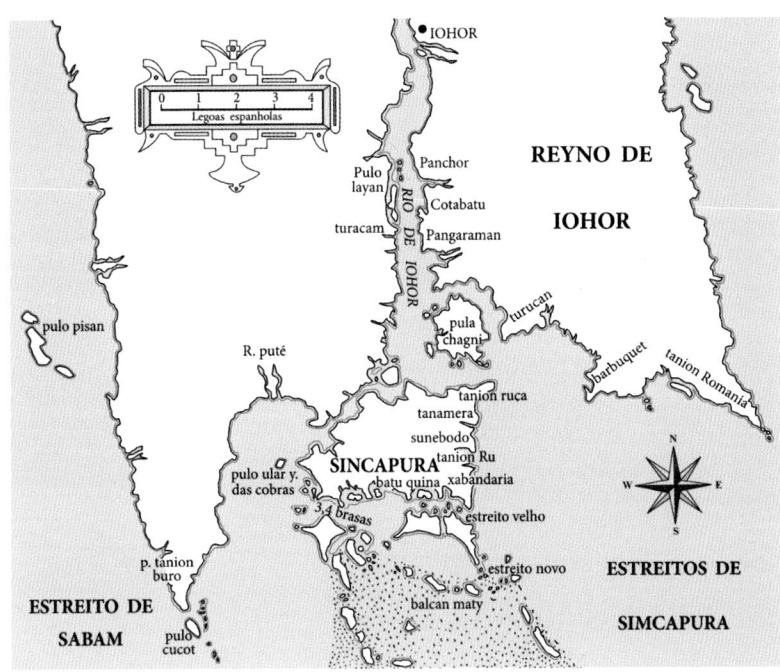

마누엘 고디뉴 데 에레디아 (Manuel Godinho de Erédia)가 1616-22년경에 제작한 원본을 바탕으로 다시 제작한 싱가포르와 조호르 강의 지도. 여기서 싱가포르는 더 넓은 조하르강 하구에 있는 섬으로 묘사된다.

테브라우해협을 구 싱가포르 해협으로 혼동하는 일도 생겼다. 17세기 후반에 발생한 이 오류는 네덜란드 지도 제작에서 비롯되었다. 수작업으로 제작된 해상지도에는 지명을 적어넣을 공간이 충분하지 않은 경우가 많았다. 지도 제작자들은 싱가포르섬의 이름을 적는 대신 그 섬을 가로질러 'Old Strait of Singapore(구 싱가포르 해협)'라고 썼다. 그러나 1620년대 이후 올드해협이 폐기되면서 그 위치는 잊히고, 이후 지도 제작자들은 그러한 해도들을 참고하면서 테브라우 해협을 올드해협으로 오인했다.

그렇다면 왜 선장들은 오늘날 배들처럼 남쪽으로 더 멀리 떨어진 안전한 바다에서 주요 해협을 따라 항해하지 않고, 선박들을 싱가포르 해안선에 바짝 붙여서 이동시키며 위험에 노출했던 것일까? 그 이유는 조수의 변화 및 연중 다른 시기에 싱가포르 해협에서 발생하는 물의 유속 때문이었다. 유속은 강물과 같이 해협 한가운데가 가장 빠르고, 가장자리로 향할수록 점점 느려진다. 항해 시대에 안전한 운송은 바람과 해류에 달려 있었다. 해협의 가장자리를 따라 흐르는 조수의 속도는 통제가 가능했던 반면, 해협 중앙을 흐르는 조수는 매우 빠르고 수심이 깊었다.

선박은 금방 통제력을 잃고 바위나 절벽에 부딪힐 수 있었다. 더구나 배가 해협 중간 깊은 곳에서 빠르게 움직이는 조류와 조수에 갑자기 둘러싸이게 되면 닻을 내리기도 힘들었다.

그러나 해안선을 따라 인접하여 항해하는 것은 위험한 일이었다. 만조 때는 바위, 모래톱, 산호초들이 안 보여서 경험이 풍부한 도선사들만 그 위치를 알 수 있었다. 이 시기 유럽인들의 보고서에 따르면 싱가포르 해안에는 윗부분에 거대한 나무들의 가지가 어지럽게 뻗쳐 있어서, 지나가는 배의 돛이 찢어지고 밧줄이 엉키고 선박의 선체가 긁혀나갔다. 해협을 횡단한 유럽인들은 배의 갑판에서 바라본 혼란스러운 풍경과 물과 수면 아래에 도사리고 있는 많은 위험에 대해 묘사했다. 이탈리아 상인 프란체스코 카를레티(Francesco Carletti)는 1599년에 올드해협을 통과했던 항해를 다음과 같이 묘사했다.

> [마카우와 말라카 사이] 항해에서는 아무 일도 일어나지 않았다. … 신카푸라(Sincapura) 해협을 통과하고 난 뒤를 제외하고 … 본토와 여러 섬 사이에 … 배에서 해안가로 뛰어내릴 수 있고 양쪽에 있는 나뭇가지를 만질 수 있을 정도로 좁은 해협이어서, 우리 배는 모래톱에 부딪혔다.

카를레티는 화물은 다행히 손상되지 않았다고 덧붙였다. 올드해협을 항해하는 드라마는 네덜란드 상인이자 역사가인 판 린쇼텐(Jan Huyghen van Linschoten, 1563-1611년)의 글, 특히 암스테르담에서 1595년에서 1596년 사이에 출판된 《이티네라리오(Itinerario)》와 《레이스기스리프트(Reysgeschrift)》로 알려진 항해 관련 지침서에서 더욱 빛을 발한다. 그는 말레이반도나 싱가포르 해협까지 동쪽 멀리 탐험한 적은 없지만, 고아와 아조레스(Azores)제도에서 살 때 인도제도(Indies)의 항로와 시장에 관한 기밀 자료를 접할 수 있었다. 싱가포르 해협 항해에 대한 그의 상세한 설명은 포르투갈 자료에 기원한 것이 거의 틀림없다.

린쇼텐의 설명을 여기서 다시 살펴볼 가치가 있다. 선박은 풀라우 메람봉을 지나 싱가포르 서부 해안을 따라 항해한 뒤, 바투 베를라야르의 암반층에 도착했다. 그의 글에는 다음과 같이 설명하고 있다.

이 해협의 입구는 두 개의 높은 산 사이에 나 있으며, 한쪽에서 돌을 던지면 다른 편에 닿을 정도의 너비이며, 12 파운더(pounder) 짜리 포 한 발 정도의 거리로 동쪽을 향해 뻗어 있다. 이 해협은 썰물 때 깊이가 약 4.5 배덤(vadem, 약 7.7m)이다. 입구 옆 북쪽 산기슭에는 기둥 모양의 암벽이 있습니다. 이 항로는 일반적으로 중국의 바렐라(Varella of the Chinese) 항로를 항해하는 모든 국가가 각기 이름을 붙였으며, 해협의 입구에서 약간 안쪽으로 들어와 남쪽 편에 [수로는] 작은 만을 형성한다. 이 만의 중앙에는 물에 잠긴 절벽이 있고, 그 절벽에는 해로 중앙을 향해 둑이 있다. 같은 편에 조금 [약] 파이프 샷(pipe shot)의 길이만큼 더 앞쪽에 바다를 통해 지나갈 수 있는 통로가 있고, 반대쪽으로 이어져서 섬을 형성한다. 이 통로의 입구는 얕은 물로 가득 차 있고, 좁고 가볍고 빠른 범선만 들어갈 수 있다. 이것이 서 있는 만 한가운데에는 2 배덤(약 3.4m)의 물밑에 잡긴 바위나 석판이 있다. 이 석판은 육지가 물속까지 뻗어 있는 만큼 만으로까지 뻗어나가 있으며, 더 나아가 해로의 중앙에까지 이른다. 이 만을 지나면 육지는 가파르고 끊어진 언덕인 곳을 형성하며, 여기서 해로도 끝이 난다. 이 주변을 항해한 후에는 붉은 언덕에 도달하게 되는데, 그곳에서 깊고 깨끗한 땅이 보인다. 그리고 그곳을 지나면, 육지는 남동쪽으로 더 확장된다.

이 해협 북쪽 해안에는 처음부터 끝까지 세 개의 만(inlet)이 있다. 앞쪽의 두 개는 작고 세 번째는 크다. [세 번째 만]은 오른쪽에 위치해 있으며, 앞서 언급한 곳 또는 해협이 끝나는 붉은 언덕의 맞은편에 있다. 이 세 번째 만에는 돌둑이 있는데, 이 둑은 대조(大潮)에 썰물 때 드러나며, 한쪽에서 다른 지점 방향으로 확장되어 있다. 거기에 부딪히지 않도록 조심해야 한다. 이 모든 것이 북쪽에 위치해 있고, 둑은 만 바깥쪽에 위치하며, 한 지점에서 다른 지점으로 이어지는 수로 전체가 깨끗하고 좋다.

해협 출구를 향해, 이 [만]을 지나면, 두 개의 암초가 있다. 첫번째는 해협 출구 바로 맞은편에 위치해 있고, 동쪽으로 레펠(lepel) 한 발이 가는 정도의 거리(one shot of a lepel to the east)이다. 이 [첫 번째 암초]는 북쪽[면]의 육지에서 남쪽으로 뻗어 있다. 다른 [암초]는 남쪽[면]에 위

안 아이겐 판 린쇼텐(Jan Huyghen van Linschoten, 1563–1611년)의 손으로 채색한 초상화 에칭. 1595년 암스테르담에서 출판된 그의 《이티네라리오(Itinerario)》 초판에서 가져옴. 린쇼텐은 포르투갈과 스페인의 자료들에서 언급된 정보들을 모아 기록한 항해 지침서를 출판하면서, 해상 무역 항로에 대한 비밀을 해제하여 북유럽의 경쟁자들이 사용할 수 있도록 개방했다.

치하며 해안에서 약 12 파운드 포 한 발 정도의 거리에 있다. 해협으로부터 동쪽을 향해 [뻗어 있다]. 두 암초는 십자가와 같은 형태로 서로 통과한다. 두 개의 암초 사이에는 수로가 있고, 두 개의 암초는 대조 썰물때 물 위로 노출된다. 두 [암초] 사이를 흐르는 이 수로는 깊이가 4 배덤(약 6.8 미터)에 불과하며, 수로 내의 지반은 진흙이고, 해협 밖은 모래이다. 나는 이 모든 것을 [해협을] 통과하기를 원하는 사람들의 편의를 위해 자세히 설명하고 싶었다. 왜냐하면 이 항로에 대한 이전의 설명 또는 그 항로의 항해법은 너무 간단하여 [이전에] 통과해 본 적이 없는 이들은 쉽게 이해할 수 없기 때문이다. 이러한 이유로 많은 선박들이 좌초되거나 선체가 긁혀서 큰 위험을 겪었으며, 실제로 [선박과 화물 모두] 손실을 보았다.

몇 년 후, 포르투갈의 탐험가 페드로 테이세이라(Pedro Teixeira, 1570/1585-1641년)가 올드해협의 항해에 관련된 여러 얘기를 철저하게 조사했다. 그는 이 해협을 로마 숫자 5와 유사한 V자형으로 묘사한 다

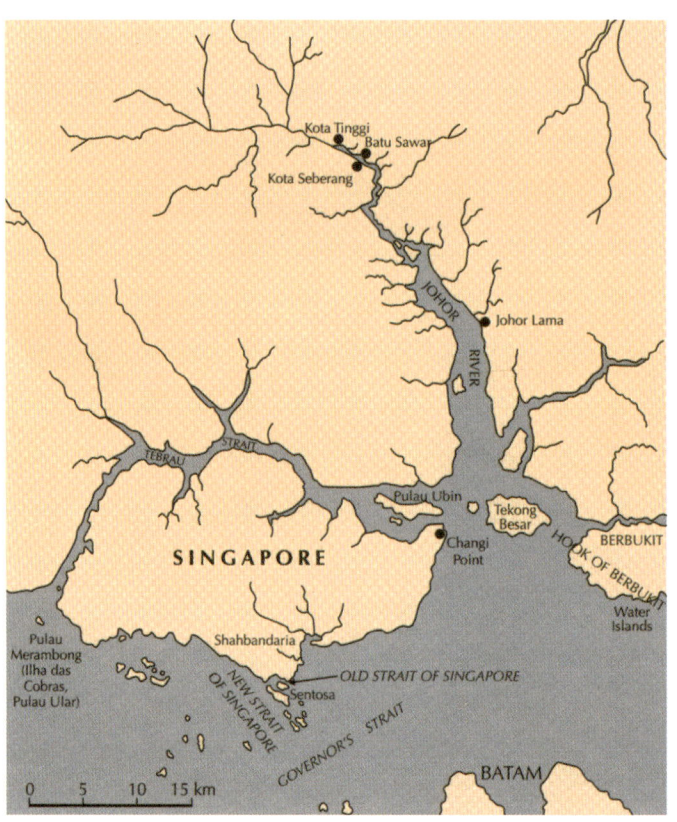

싱가포르 주변의 다양한 해협과 조호르강 지역의 유서 깊은 상류 도시를 보여주는 말레이반도 남부의 지도.

음, "반 리그(league) 정도 가는 동안 너무 좁아서, 인도행이든 중국행이든 거기에 선박을 정박할 수가 없다. 그래서 보통 입구 어느 쪽이든 정박하여 좋은 조수가 오기를 기다린다. 좋은 조수와 배의 키를 잡는 데 도움이 되도록 미리 보내진 보트 한 척과 함께 해협을 통과한다." 테이셰이라가 언급한 대기 지점은 해협 서쪽 끝인 바투 베를라야르 앞바다와 동쪽 끝인 풀라우 브라니 앞바다이다.

선박들이 그곳에 정박해 있는 동안 선원들은 센토사섬에서 물을 길어왔을 것이다. 문제의 담수 공급원은 오늘날에도 여전히 남아 있는 실로소샘(Siloso Spring)이었을 것이다. 그러나 센토사섬에서 담수에 접근하는 일이 위험하지 않은 것은 아니었으며, 자크 쿠트르가 개인적 경험에서 관찰한 바와 같이, 선원들은 해협의 강한 조류와 조수로 인해 그들의 선박이 다른 곳으로 완전히 떠내려가지 않도록 주의해야 하고, 그들의 무기를 계속 관리해야 했다.

우리는 싱가포르 해협에 도달했고, 그들은 보트를 물속으로 던졌다. 조르헤 수사(Friar Jorge)가 나에게 세 명의 동료와 함께 보트를 타고 이슬라 데아레나(Isla de Arena, 현재의 센토사)라고 불리는 섬에 가서 식수를 길러오라고 했다. 우리는 그곳에 가서 물을 구했다. 우리가 돌아올 때는 밤이 되어 있었다. 나는 배를 볼 수가 없었다. 내가 신호를 많이 보냈는데도 그들은 램프도 켜지 않았고, 총도 쏘지 않았다.

영국 상인 피터 먼디(Peter Mundy)는 1637년 6월 1일 자 일기에서 강한 해류에 대해 다음과 같이 묘사했다.

풀로 카리마온(Pulo Carimaon)에서 피에드라 브랑카(Piedra Branca)에 이르기까지, 바다 전체가 온갖 작은 섬들과 암초, 여울들로 뒤덮여 있어 기이할 정도로 변화무쌍하고 강한 해류가 생겨난다. 해류는 때로는 6시간 간격으로 썰물과 밀물이 제 방향을 유지하며 흐르기도 하고, 때로는 바람의 지배를 받아 이삼일 동안 한 방향으로만 계속 흐르기도 한다.

1595년 코르넬리스 클라스(Cornelis Claesz)가 제작한 동남아시아 지도. 얀 아이겐 판 린쇼텐의 《이티네라리오》와 《레이스기스리프트(Reysgeschrift)》 초판에 실림. 이 지도는 특히 16세기와 17세기 전환기에 귀한 향신료 및 수지의 원천인 동남아의 지리에 대한 북유럽인들의 생각을 형성하는 데 특히 영향을 미쳤다.

NOVA GVINEA
de buen ace

Exacta &accurata delineacio cum orarum maritimarum cum etiam
locorum terrestrium quæ in regionibus China, Cauchinchina, Camboja
sive Champa, Syao, Malacca, Arracan & Pegu, una cum omnium vici-
narum insularum descriptione ut sunt: Samatra, Java uerus, Timora, Moluc-
cæ, Philippina, Luconia & de Lopes electæ: nec non insulæ Japon & Co-
rea, rulisque omnes adiacentes, ubi etiam adiacentibus scopulos, brevia,
omniaq, vadosa loca, & super alia a quibus periculum navigantibus Que-
madmodum sinaula hoc avo a Lusitanis navium gubernatoribus comper-
ta, indicecara, & in tabulas relia fuere,E. quorum recentibus ac emen-
dacis tabulis perquam studiose hac describi exprimi, curavimus, in
eorum hominum comodum quibus ista usui volupracij, esse consueverit.

W'aarachtige uytworpinghe ofte afbeeldinge van alle die cus ten zen
landen van China, Cauchinchina, Camboja, Syao, Malacca Arracan ende
Pegu: miesaders alle die biligoende Eylanden groote ende cleinen.
Mit noch die Clippen, Riffen, Sanden, Droochten ende Ondiepten:
alles we de alder correctste Pas ende Leef-caarten getrecken die
de Portugaloyssche Shyrriuiden biyuldendaechs gebruycken

Hie hibernauit
Georgius de Menezes

Os Papuas

aqui in vernon
Martin Aßonso de melo

Guaon

Aru

I.d'agoada

I.dor Graos

I.das Palmeiras

Patine
Gufiguli

Patane
Caylao

I.Cenao

Pulo Garr
Banda

Cham
Batochina

Sinomo

Pulo ay
Pula Rim

Ambuyno

Bilato

Lucopinho

Bachian
Meaos

Ternati

Xulla
Burro

Terra alta

Barombor
S.Mathias

Gufiam
Timor

MOLUCCA
Carangao

Teroli
CELEBES

Solor

Baixos

Tagima
Solor

Praeel

I.de S.
Maria

Boqueiram

Batotara

Batolaia

Ranata
Bianacao

Nusalira

IAVA MENOR

M.arulo
Monte de S.Pedro

BORNEO

Caburo
Pt.acor

Nusalira
Calamba
Agraciosa

Ganape

Arim d'Auara

Galle

Ane
Ane

Borneo
Laue donde foy Don Manoel
de lima

Taiao
pura

Gicaliam
Nusalira

Fidelda
Panarea
Pajaruca
Pacarnam
Grece
Cilao
Tubon
Cituad
Mandatique
Iapara
R.Dema

Crimara

I.de Madura

Monte Pracem

Tamiam
baram
B.Borublo

Siruco

Pangoom

Cirima Iaoa

IAVA

Naruma

Ariabo

Pulo condor

Chinabara

MAYOR

BEACH
prouincia aurifera.

Pulo hube

Pulo Timao

Agoa de S.Egidi
Hoilayo
Simda calapa
Bantam

Palimbam

MALACCA

SVMATRA

I.Daru

Apolutoreira

Pulo Sambilaom

Pacem
Achem
Daia

Bayas

J.do trisseca

J.de Engano

Nintaon

Brata

Mifuria Germanica, quorum 15 uni gradui respondent.
10 20 30 40 50 60 70 80 90 100
Hispanica leucæ 17½ uni gradui competentia.
10 20 30 40 50 60 70 80 90 100 110 120

Henricus F. ab Lan-
ren Scripsit. 1595.

Arnoldus F. à Langren delineauit.

Matalotes

I.do Arrecifes

NSVLÆ
ILIPPINÆ

MINDANAO

5   10   15   20

올드해협의 오랑라웃

센토사를 탈출했던 얘기를 하고서 쿠트르는 오랑라웃 선박들이 그와 그의 두 동료를 어떻게 공격하고 나포하려 했는지에 대한 이야기를 계속한다. 이 시기의 초기 근대 유럽 자료들은 설라트 또는 오랑라웃(Orang Laut)에 대한 이야기로 가득 차 있다. 오랑라웃은 설랏(selat) 또는 해협 주변에 살며 활동하던 다양한 부족들에 대한 총칭이다. 이 시기 오랑라웃에 대한 기록들 대부분은 대부분 그들의 폭력적인 성향을 강조하고 있지만, 그게 다는 아니다. 쿠트르는 확실히 항상 그들을 경계했다. 그들을 "천성적으로 … 신뢰할 수 없다."라고 묘사하면서, 그는 다음과 같이 상세히 설명하였다.

이 때문에 우리는 그들과 접촉할 때 매우 조심하며 무장을 한 채로 대한다. 왜냐하면, 겉으로는 신선한 생선을 팔기 위해서라고 하면서도, 한꺼번에 너무 많은 수가 우리 배에 오르는 것을 허용했다가 그들이 눈 깜짝할 사이에 공격하여 배에 있던 모든 사람을 죽여버린 일이 실제로 있었기 때문이다. 그들은 끄리스라고 부르는 독 묻은 단검과 쇠붙이가 아닌 야자나무 종류로 만든 창을 가지고 있다. 이 창은 셀리기스(seligis)라 부르는데, [오랑라웃은] 이를 너무나 강하게 던져서 쇠로 만든 흉갑이나 아무리 튼튼한 방패라도 뚫을 수 있다고 한다.

오랑라웃은 톤다노(Tondano, 술라웨시)의 해상유목민과 유사한 가이드 및 도선사의 역할을 수행했을 것이다. 네덜란드 테르나테(Ternate) 총독인 로버트 패트브루게(Robert Padtbrugge)가 1677년에 그린 이 스케치에 포착됨.

그러나 쿠트르를 비롯한, 도밍고 드 나바레테(Domingo de Navarrete), 프란체스코 카레리(Francesco Careri), 윌리엄 댐피어(William Dampier) 등의 저자들은 오랑라웃을 옹졸하기는 하지만 정직한 상인으로 묘사했다. 어떤 언급에 따르면 오랑라웃은 그들이 타고 있는 작은 배를 지나가는 선박 옆에 세우고, 생선, 가금류, 싱가포르 언덕에서 딴 과일 그리고 간단한 수공예품(야자잎으로 만든 양산 등)을 판매하는 바다의 행상인(pushcart vendors)이었다. 쿠트르는 보통 이런 물건들을 담요, 쌀, 심지어 녹슨 못과 교환했다고 했다. 철은 어쨌든 어떤 형태로든 말레이반도 지역에서 희소한 금속이었기 때문에 매우 귀했다.

오랑라웃은 해협을 통과하는 배들의 안내자이자 도선사 역할도 했으며, 야간에 조류 조건이 맞을 때는 지나가는 선박에게 위험 지점을 알리기 위해 작은 불빛을 밝혀 두었다. 또한, 그들은 포르투갈인 그리고 이어서 네덜란드인에게 정보의 원천이 되었다. 쿠트르는 "만약 누군가 동행해서 그들에게 비용을 지급한다면, 그들은 그를 잘 섬길 것이다"라고 강조했다. 그는 또한 (당시 유럽인들과 비교했을 때) 오랑라웃인을 장수하게 해 주는 건강한 생활방식에 감탄했다. 그들의 작은 배는 곧 그들의 집이었고, 그 안에서 개, 고양이, 암탉, 병아리를 기르기도 했다. 쿠트르는 그들이 어떻게 그렇게 작은 공간에서 많은 이들이 생활하는지 크게 놀라기도 했다. 그들의 낚시 기술에 대해, 그는 "그들이 낚시를 갈 때, 남성은 작살을 들고 프라후에 앉아있고, 아내와 아이들은 매우 빠르고 능숙하게 노를 젓는다."라고 기록했다.

오랑라웃에 대해 쿠트르가 직접 경험하고 적은 기록은 17세기 초 페드로 바레토 데 레센데(Pedro Barreto de Resende)가 쓴 약간 후대의 기록에서 입증하고 있다. 그의 기록은 잘 알려지지 않았지만, 다음과 같다.

싱가포르 해협은 ... 수로가 너무 좁아서 해안가에 있는 나뭇가지가 배에 닿는 곳이 많고 해류가 매우 강하다. 깊기는 하지만 물이 너무 맑아서 물고기가 헤엄치는 것을 볼 수 있다. 물고기는 설라트에서 온 배의 상인들이나 가족들과 함께 매우 빠른 보트에 사는 해협 거주민들이 가져온다. 그들은 물고기를 물속에서 창으로 찔러 잡아서 판다.

몇십 년 후 증기선 플랜터호(the Planter)를 타고 올드해협을 항해한 에드워드 홀(Edward Hall)은 오랑라웃이 그들이 지나가는 배에 신선한 농산물을 판매하는 것과 관련하여 유사한 상황을 목격했다. 그의 1637년 6월 1일 자 일기에는 다음과 같은 내용이 기록되어 있다.

> 이번 달 1일에 우리는 올드해협을 지나갔다. 그 길이는 약 1리그이며, 배들이 들어오고 나가는 해협의 폭은 1/4마일을 넘지 않는다. 그러나 더 넓은 범위에 작은 내포(內浦), 만(灣), 섬 등이 많다. 그곳에서 우리는 잡다한 물건들로 뒤덮인 작은 배들을 보았다. 이 배들은 이 땅에 사는 사람들의 일반적인 거주지이며, 그 안에는 그들의 아내, 자식들 그리고 생활용품들로 차 있다. … 그들[오랑라웃]은 우리에게 신선하거나 말린 생선을 가져온다. 내가 생각하기에 이것이 그들의 주요 생계 수단인 것 같다. 물고기를 작살이나 창으로 잡는데, 그들은 이러한 도구를 매우 잘 다룬다. 그들이 작은 배로 물고기를 쫓는 것을 보는 것은 꽤 흥미로운 일이다. 마치 강풍을 맞으며 돌고래들이 뱃머리 앞에 부딪힐 때까지 질주하듯이, 그들은 물고기 앞을 질주한다. 그들은 그물, 갈고리, 밧줄도 사용한다.

1669년, 스페인 수사 도밍고 드 나바레테는 싱가포르 해협을 통과하여, 도선사로 일하는 오랑라웃 한 사람을 만났다. "셀라트라고 불리는 어부들이 많이 있었는데, 그들은 항상 물 위에서 생활하며 그들의 배 안에는 아내, 아이들, 고양이, 개, 암탉 등이 있었다. … 우리에게 만들어진 배 중 하나에, 그 도선사가 승선하여 우리를 매우 안전하게 이동시켜주었다 …." 그러나 그 도선사는 그 후 배를 좌초시켰다. 통찰력을 지녔던 나바레테는 선박을 포기할 것에 대비해, 오랑라웃은 배에 실려 있는 물건들을 약탈할 준비가 되어 있다고 기록했다. "우리의 고집스러운 도선사는 기어코 해안 가까이 항로를 잡으려 했고, 결국 수로를 놓쳐 배가 모래톱에 걸리고 말았다. 다행히 물이 새지 않아 크게 걱정할 일은 아니었다. 이 일이 일어나자마자, 수많은 셀라트가 우리가 난파라도 당하면 그 틈을 노리려는 듯 자기 위치들을 잡고 우리를 지켜보고 있었다."

쿠트르 이후 한 세기 뒤 이탈리아의 여행가이자 모험가인 프란체스코 게멜리 카레리 박사(Dr. Francesco Gemelli Careri)의 증언에 따르면, 오랑라웃의 생활방식은 크게 변하지 않았고, 선장과 선원들 사이에서 그들의 해적질 및 폭력성에 대한 두려움도 줄어들지 않았다.

설라트라고 알려진 말레이인들은 이 수로를 따라 떠다니는 수많은 이동식 주택에 살고 있다. 그들은 물 위에서 생활하며, 배의 가운데를 고리버들과 엮은 나무줄기로 덮고, 그곳에서 잠을 잔다. 배 안에서 그들은 가혹한 조건, 잔인한 고독, 나쁜 공기와 근처 숲의 공포를 견뎌낸다. 그들은 재치 있게 대나무로 만든 갈고리와 창을 이용해 어업에 종사한다(그들의 유일한 생계 수단 역할을 함). 이 갈고리와 창으로 그들은 능숙하게 어떤 작은 물고기라도 찔러 잡을 수 있다. 그들 중에는, 떠다니는 집에 자기 아내와 자식들과 함께 타고 우리 배를 따라와서, 그들의 물고기를 우리가 가진 항아리, 철, 칼, 담배, 그 밖의 자질구레한 것들과 물물교환하려고 하였다. 그들은 돈에 익숙하지 않기 때문이다. 반면에, 그들은 [물고기와] 맞바꾸어 8화짜리 100개(one hundred pieces of eight)를 받아도 만족하지 않는다. 그들은 매우 의심스럽고, 신뢰할 수 없고, 교활하다. 그들은 크리스라고 알려진 작은 단검을 그들 옆에 차고 다니는데 이 작은 칼이나 창으로 아주 사소한 이유로도 사람을 잘 찌른다. 그들은 조호르 왕의 신하들이며, 이러한 이유로 그들은 해협 한가운데에 물고기를 위한 세관을 유지하고 있다. 우리는 고요한 날씨 때문에 그 지역에 닻을 내렸다.

싱가포르 해협, 조호르 그리고 포르투갈인

요컨대 포르투갈은 1511년에 말라카를 점령했고, 도시를 보호하기 위해 요새를 건설하고, 이웃 통치자들과 교역 및 식량 공급을 위한 협정을 맺음으로써 체류를 안정시키는 데 성공했다. 포르투갈과 말레이의 통치자들은 서로를 경계했고, 마찰이나 군사적 약화의 징후를 이용하는 데 열심이었다. 1528년 페락과 조호르가 세워질 때까지 포르투갈은 수마트라와 말레이반도의 이웃 나라들과 다음과 같은 일련의 해전을 벌이며 다투었다. 즉, 무아(Muar, 1512년, 1523년), 시악과 캄파르((Siak, Kampar, 1515년), 페구(Pegu, 1520년), 파사이(Pasai, 1520년, 1522년), 파항(Pahang, 1523년), 빈탄(Bintan, 1524-1526년), 링가(Lingga, 1525년), 아체(Aceh, 1527년). 다른 소규모 교전들도 1513년, 1519년, 1521년, 1523년, 1525

년에 말라카 해안에서 일어났다. 1513년 포르투갈은 제파라(Jepara)의 공격을 막아냈다.

단연코 가장 골치 아픈 두 세력은 말라카 락사마나와 빈탄의 통치자였고, 이곳에서 1520년대와 1530년대에 교전이 절정에 달했다. 조호르 하천 연안, 싱가포르 동부 해안 주변의 하류, 더 멀리 상류에서 여러 차례 해상 작전도 수행되었다. 이 군사 작전 동안 수집된 정보는 이 시기 지도에서 찾아볼 수 있다. 1530년 가스파르 비에가스(Gaspar Viegas)가 기술한 최초의 포르투갈 해상지도에는 싱가포르는 이름은 없지만 식별할 수 있는 섬으로 표시하였다.

이 시기 포르투갈과 조호르의 관계는, 특히 16세기경 그리고 16세기 중반 이후, 교역 상대국 또는 적대적인 이웃 국가 사이를 오갔다. 관계가 우호적일 때는 말라카 상인들은 분명히 조호르의 해외 교역과 부의 성장에 보탬이 되었지만, 사이가 악화될 때는 군사적 대치가 계속되었다. 이 군사 작전 중에는 포르투갈의 조호르강에 대한 봉쇄 시도 및 조호르 왕도에 대한 강 상류의 기습 공격이 포함되어 있었다. 그중 가장

1511년 정복 직후 말라카에 대한 화가의 인상. 원본은 1550년 경의 가스파르 코레이아(Gaspar Correia)가 쓴 《인도의 전설(Lendas da India)》에서 볼 수 있음.

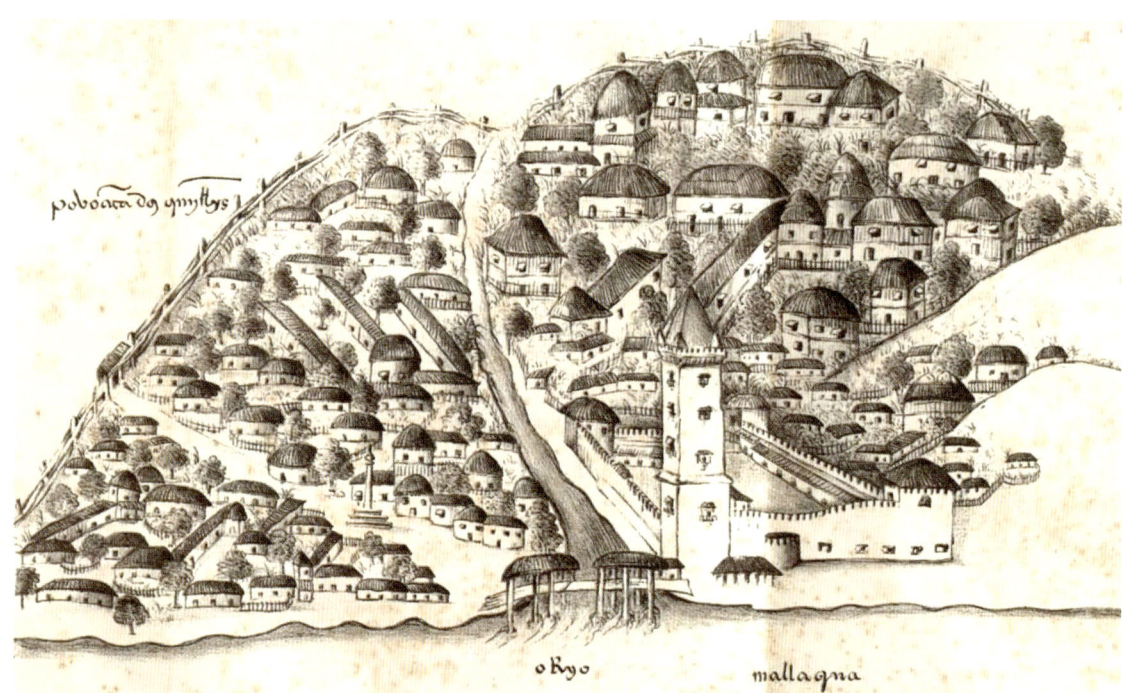

상징적인 것은 1587년 조호르 라마의 파괴였다. 조호르인 또한 봉쇄를 감행했는데, 침몰한 배, 통나무, 잔해들로 올드해협을 봉쇄했던 일은 유명하다.

올드해협이 갑자기 항로로 사용될 수 없게 되자, 선박들은 싱가포르 근해의 섬들을 통과하는 대체 통로를 찾아야 했다. 이에 따라 뉴해협(New Strait)을 찾았고, 포르투갈의 연대기 편찬자 조아오 드 바로스(João de Barros)는 산타 바바라(Santa Barbara) 해협이라고 이름 붙였다. 올드해협에서 통나무와 잔해는 한동안 남아 있었을 것이 틀림없다. 왜냐하면 1590년대 중반 이곳을 지나온 쿠트르는 강한 조류와 조수가 이 잔해를 자연스럽게 제거했다고 안도의 감정으로 기록했다.

역사적으로, 남쪽 말라카해협에서 남중국해를 가로지르는 해양 동맥(일반적으로 싱가포르 해협으로 알려져 있음)은 넓게 뻗은 조호르-리아우 제국의 심장부를 관통하고, 말레이반도의 남쪽 끝과 리아우제도의 양쪽에 걸쳐 있었다. 항해자들은 이 해역을 위험한 바다로 여겼는데, 화물을 실은 배들이 조호르 술탄의 갤리선(galleys)은 물론 약탈적인 해양 부족들과 마주칠 위험에 노출되어 있었기 때문이다. 말라카의 포르투갈 교역은 동쪽을 향한 해상 교역에 의존하고 있었다. 조호르를 비롯한 주변 지역의 적대 세력들과의 주기적인 충돌로 인해, 포르투갈은 해협에서 자국 상선의 안전을 더욱 강력하게 보호할 필요를 느끼게 되었다."

포르투갈의 공식 문서들은 치안 문제를 제기했으며, 더 중요하게는 이를 해결하기 위한 방안들을 논의하였다. 여러 선택지 가운데 하나는 해협 주변의 요충지를 선정하여 고정식 요새를 건설하는 것이었다. 그러나 이러한 요새의 건설과 유지에는 막대한 비용이 들었고, 또한 현지 통치자들과의 협약 체결 등 복잡한 절차가 요구되었다. 더구나 몬순 계절풍의 특성과 그에 따른 상선의 항해 시기를 고려할 때, 극소수의 선박만이 통과하는 비수기에도 요새에 수비대와 장비를 상주시켜야 한다는 전망은 지나치게 비용이 많이 드는 선택지였다.

이에 포르투갈은 연중 서로 다른 시기에 해협의 주요 지점에 해군

분견대를 배치하기로 하였다. 10월부터 2월까지의 동북 몬순기에는 중국과 일본에서 말라카로 향하는 교역선을 호송하기 위해 조호르강 하구 일대에 분견대를 주둔시켰다. 베트남 남부 해안 앞 푸라우 콘도르(Pulau Condor)에서 출발하거나 그곳으로 향하는 선박들이 거쳐 가는 휴양·보급지인 티오만(Tioman)섬에는 포르투갈 관리가 배치되어, 말라카로 향하는 입항 선박에게 항로상의 잠재적 위험, 특히 싱가포르 해협 일대의 위험을 경고하는 임무를 맡았다. 해협에 문제가 발생했을 경우, 포르투갈 상선들은 파항 항구로 우회한 뒤, 그 화물을 내륙의 하천 항로를 통해 무아로 운송할 수 있었다. 4월부터 8월까지의 남서 몬순기에는 분견대를 말라카해협 북쪽 입구로 재배치하여 아체와 끄다의 공격을 억제하였다.

포르투갈 해군 분견대의 구성은 정찰과 순찰 과정에서 항해해야 할 다양한 수역의 특성을 반영하였으며, 돛을 달거나 노로 움직일 수 있는 여러 종류의 소형 선박들로 구성되었다. 현지에서 건조된 소형 선박들은 토착 적대 세력(말레이 군주들의 갤리선과 오랑라웃의 빠른 프라후)을 신속히 추격해 격퇴하기에 적합했으며, 이러한 선박들의 얕은 흘수는 맹그로브 늪에 숨은 적들을 강가로 추적하는 데 유리했다. 이에 따라 이들 선박은 경무장 화기로 무장되어 있었고, 충분한 병사 또는 용병들이 승선해 있었다. 16세기 후반에 이르러 포르투갈은 말레이인들의 전투 방식(에레디아가《말라카 안내서》에서 설명하듯 육지와 해상의 양면적 기습전)에 대응하기 위해 자국의 해상 순찰 체계와 전투 양식을 개편하였다.

그러나 이처럼 잘 훈련된 소형 선박들로 구성된 포르투갈 분견대가 토착 적대 세력에게는 효과적이었을지 모르나, 16세기 말 북유럽의 포르투갈 경쟁자이자 적대 세력이 동남아 해역에 진입하면서 상황은 달라졌다. 특히, 네덜란드의 대양 교역선은 중화기로 견고하게 무장되어 있었으며, 아시아의 포르투갈 세력은 전혀 다른 유형의 적과 마주하게 되었다. 네덜란드는 스페인과 포르투갈이라는 동군연합 제국에 맞서 유럽에서 진행 중이던 전쟁을 전 세계로, 그리고 동남아로까지 확장하려 하고 있었다.

손으로 채색한 선박 그림 에칭. 린 쇼텐의 《이티네라리오》 초판본에 실림. 말아 올린 돛은 갈대로 만든 것으로 보이는데, 이 시기의 흔한 광경이었다.

싱가포르를 통한 왕권의 정당화: 《말레이연대기》

《말레이연대기》의 가장 오래된 사본은 스탬퍼드 래플스 덕분에 알려졌다. 래플스는 피낭에서 시인이자 뛰어난 언어학자인 존 레이든(John Leyden)과 함께 《말레이연대기》를 연구했으며, 레이든의 《말레이연대기》 번역을 1821년에 출간했다. 《말레이연대기》가 기술된 배경은 브라운(C.C. Brown)에 의해 번역된 서문에 상당히 명확하게 기술되어 있다.

제3장 요약

제2장에서 말라카 술탄국의 등장에 대해 살펴보았다면, 제3장에서는 포르투갈이 1511년 말라카를 정복하면서, 술탄국이 장악한 말레이반도의 다른 지역들이 어떻게 부흥되었는지를 살펴보았다. 페락과 조호르는 새로운 권좌가 되었고, 싱가푸라는 조호르의 샤반다리아가 되었다.

15세기 명나라 청화백자 파편과 같은 고고학적인 증거는 충분하지는 않지만 조호르강을 따라 무역이 이루어지고 있었음을 알려준다. 한편 싱가포르는 16세기의 유럽의 지도 관련 문서와 개인 서한에 꾸준히 등장한다. 술탄국이 왕궁을 이전하여 조호르강 지역에 건설했지만,

싱가포르는 계속해서 번영하고 있는 신흥 하천 연안 경제로 가는 술탄국의 관문 역할을 수행했고, 락사마나가 이끄는 술탄국의 해군 전초기지 역할도 다시 수행했다. 싱가포르의 전략적 중요성은 포르투갈의 안내문에서 강하게 암시되었다. 이 글들은 16세기 일사분기 동안 싱가포르 해협 및 조호르강 주변의 정착지들이 포르투갈인들의 공격을 면하지 못했다고 기록한다.

전략적 샤반다리아로서 싱가포르의 중요성은 17세기까지 지속되었고, 그 운명은 조호르 술탄국의 운명과 함께 흥망성쇠를 거듭한다. 이 이야기는 다음 제4장에서 구체적으로 서술될 것이다.

1603년 10월 조호르강과 싱가포르 해협에서 포르투갈군과 전투를 벌인 후, 조호르의 라자 봉수가 그의 갤리선을 타고 야콥 피에르츠 판 엔후이센(Jacob Pietersz van Enkhuysen)의 기함에 도착하는 모습을 묘사한 에칭. 이 스케치는 1607년 프랑크푸르트 암 마인(Frankfurt am Main)에서 요한 테오도르(Johann Theodor)와 요한 이스라엘 드 브리(Johann Israel de Bry)에 의해 출판된 제8차 네덜란드의 동인도 제도 항해일지를 뒷받침하는 삽화에서 가져온 것이다.

1603년 10월 조호르강과 싱가포르 해협에서 포르투갈군과 전투를 벌인 후, 조호르의 라자 봉수가 그의 갤리선을 타고 야콥 피에르츠 판엔후이센(Jacob Pietersz van Enkhuysen)의 기함에 도착하는 모습을 묘사한 에칭. 이 스케치는 1607년 프랑크푸르트 암 마인(Frankfurt am Main)에서 요한 테오도르(Johann Theodor)와 요한 이스라엘 드 브리(Johann Israel de Bry)에 의해 출판된 제8차 네덜란드의 동인도 제도 항해일지를 뒷받침하는 삽화에서 가져온 것이다.

제4장
17세기: 경합하는 수로

조호르 왕은 그의 두 번째 아내 옆에 라자 봉수(Raja Bongsu)를 두었다. 라자 봉수는 지금 "다른 쪽의 왕"을 의미하는 라자 세베랑(Raja Seberang)이라고 불리는데, 그가 요새와 가신들을 갖추고 바투 사와에서 [조호르] 강 건너편에서 지냈기 때문이다. 그러나 그는 양 디페르투안(Yang di Pertuan)의 신하이기도 하다. 35세 정도의 나이이고, 거의 백인에 키는 그리 크지 않지만, 현명하고 너그럽고 화를 잘 내지 않으며 매우 신중하다. 포르투갈인들에게 적대적이며 사업에 근면하여 그가 권력을 잡는다면 매우 부지런히 임할 것이다. 요컨대, 조호르와 말라카의 왕이 될 만한 인물이다. – 네덜란드 제독 코르넬리스 마텔리프가 조호르의 가장 전도유망한 왕자에 대해 평가한 기록

싱가포르를 통한 왕권의 정당화:《말레이연대기》

《말레이연대기》의 가장 오래된 사본은 스탬퍼드 래플스 덕분에 알려졌다. 래플스는 피낭에서 시인이자 뛰어난 언어학자인 존 레이든(John Leyden)과 함께 《말레이연대기》를 연구했으며, 레이든의 《말레이연대기》 번역을 1821년에 출간했다. 《말레이연대기》가 기술된 배경은 브라운(C.C. Brown)에 의해 번역된 서문에 상당히 명확하게 기술되어 있다.

자비롭고 자애로우신 하느님의 이름으로, 두 세계의 주인이신 알라를 찬양하며, 알라의 사도와 그의 네 동료에게 평화가 있기를 기원합니다. 알라께서 그들을 가여이 여기소서. 이슬람력 1021년, 달 아왈 년(a dal awal year), 라비-알-아왈(Rabi al-awwal) 달의 12번째 날[1612년 5월 13일], 일요일 아침 기도 시간에 알라의 그림자인 술탄 알라우딘 리야트 샤(Sultan Alauddin Riyat Shah)의 재위 기간 중 파시르 라자(Pasir Raja)에 머무르고 있을 때, 스리 나라왕사(Sri Narawangsa)가 찾아왔습니다. 그의 이름은 툰 밤방(Tun Bambang)으로 파타니 라자(Patani raja)인 스리 아카르(Sri Akar)의

아들로, 하류 전하(Highness Downstream)의 명령을 받고 있었다. 그 전령의 지시는 다음과 같습니다. "나는 모든 말레이 라자 족과 그들의 풍습에 관한 역사를 수집하도록 하여, 내 뒤를 이을 후손들에게 제공하고자 한다. 후손들이 역사에 정통하고 그로부터 이익을 얻을 수 있을 것이다."

'하류 전하(Downstream Highness)'로부터 이 지시를 받은 사람은 조호르 술탄국의 벤다하라(Bendahara, 총리)였던 툰 스리 라낭(Tun Sri La-nang)이었다. 그는 자신의 나약함과 무지를 잘 알고 있었기 때문에 이 명령의 무게에 눌려 머리와 사지가 구부러졌다고 썼다. 벤다하라에게 말레이 라자들의 계보에 대한 자료를 수집하라는 지시를 내릴 수 있는 권력과 권한을 가졌던 이 '하류 전하'는 누구였을까? 라자 세베랑(Raja Seberang, '다른 쪽의 왕자')으로도 알려져 있는 라자 디일리르(Raja di Ilir, 즉 '하류에서 온 왕자')는 '라자 봉수'(Raja Bongsu, '막내 왕자')로 더 잘 알려져 있다.

라자 봉수는 포르투갈인들을 말라카에서 몰아내기 위해 매우 일찍부터 네덜란드인들의 존재를 이용하려 했던 역동적이고 적극적인 통치자였다. 그는 상황 판단이 빠른 외교관으로서 유럽인들에게 큰 존경을 받았다. 네덜란드의 용어 제독은 그를 "지혜롭고 너그럽고 화를 잘 내지 않으며 매우 신중한 포르투갈인들의 적"으로 인식했다. 라자 봉수는 오랜 통치자의 후손으로서 자신의 지위를 잘 알고 있었고, 말라카 술탄국을 부흥시켜야 한다는 사명감이 있었다. 그는 네덜란드와 교신하면서 자신을 말라카의 명성과 '영토'에 대한 정당한 후계자라고 설명했다.

조호르의 고위 신하들 사이에서 라자 봉수의 운명이 바뀌고, 그의 형제들과 그들의 추종자들 사이에서 분열이 심화한 상태를 고려할 때, 그가 《말레이연대기》 개정을 의뢰한 동기는 더욱 명확하다. 개정된 《말레이연대기》는 싱가포르를 말레이 신화와 사회적 기억의 중심에 위치시켰을 뿐만 아니라, 말라카-조호르 유산에 있어서 싱가포르의 중요성을 확실히 하고 네덜란드인의 도래로 인해 점점 더 불확실해지는 세계에서 (싱가포르에 대한) 말레이 통치가 계속되어야 한다는 주장을 정당화하는 텍스트였다.

새로운 말레이 세계의 르네상스 라자

독일 태생의 네덜란드 동인도 회사 함대 소속 요하네스 베르켄(Johannes Verken)이 관찰한 바에 따르면, 그는 흠잡을 데 없이 옷차림을 잘 갖추었고, 잘생기고 말쑥했다. 그의 보석 장식품에는 보석이 박힌 금사슬 목걸이가 포함되어 있었고, 그는 약 5만 네덜란드 길더(오늘날로 환산하면 100만 싱가포르 달러) 상당의 맞춤 제작 크리스, 즉 말레이 단검을 옆에 차고 있었다. 이 문제의 인물은 그 당시 지역의 최고 권력의 핵심인 조호르 술탄국의 왕자 라자 봉수였다.

라자 봉수는 권력과 부를 위한 치열한 국제 경쟁의 새로운 동남아시아 시대에, 17세기의 세계적인 말레이 귀족-통치자-정치인을 전형적으로 보여준다. 정치적으로 기민한 그는 네덜란드인들을 그들의 첫 번째 지역 동맹으로 유인함으로써 조호르와 자신의 위치를 발전시키기 위해, 지역과 유럽의 이익들로 이루어진 복잡한 그물망을 민첩하게 항해했다. 그는 장자승계에 입각한 왕위 계승에서 왕족들 사이에서 파벌이 가득한 궁정에서, 사소한 위업이 아닌, 술탄(재위 1615-23년)으로 즉위함으로써 경력의 절정을 맞이했다. 르네상스 시대의 정치가처럼 그는 공적인 홍보와 문학적 전략가였다. 1612년 그의 지도하에 가장 중요한 말레이 연구인《술랄라투스-살라틴》(Sulalat'us-Salatin, 왕의 계보)이 의뢰되었다.《세자라 믈라유(Sejarah Melayu)》또는《말레이연대기》로 더 잘 알려진 이 책의 첫 여섯 장은 스리위자야 왕자인 상 닐라 우타마, 스리 트리 부아나에 의해 싱가포르 왕실이 건국되었음을 기록하고 있는 유일한 자료이다.

그 책은 오늘날 말레이인들의 집단적인 사회적 기억으로 반향을 일으키고 있다. 그 책의 문학적 면모는 실제 사건들을 우화와 환상적인 이야기들로 상상력 있게 감싼 것으로 높이 평가받는다. 그러나 라자 봉수와 그의 '편집자' 벤다하라 툰 스리 라낭이 의도한 대로, 그 핵심은 정치적이었고, 정치적으로 두 가지 의미가 있다. 첫째 상 닐라 우타마의 싱가포르를 통해 조호르가 그 왕실의 전신인 말라카와 스리위자야와 연결되어 있는 사실을 확인하고, 둘째 공정하게 통치하기 위한 지침서이기도 하다. 라자봉수의 국가 운영 기술의 지속적인 영향은 정의로운 통치권과 그에 대한 신하들의 절대적인 충성 사이의 신성한 계약에 대한 연구의 반복을 통해 오늘날에도 여전히 관련이 있다. 아마도 라자 봉수가 말레이 왕족과 충성심을 재부각시킨 것에 대해 보낼 수 있는 가장 분명한 찬사는 그 두 가지 이상이 좋든 나쁘든 오늘날 말레이의 전통적인 정치적, 문화적 기준점으로 받아들여졌다는 것이다.

네덜란드인의 도래와 싱가포르에 미친 영향

네덜란드인들은 1596년에 동남아에 도착했다. 그들의 첫 교역 탐험대는 향신료를 구매하기 위해 자바 북서부의 반텐(Banten)에 이르렀다. 수입 향신료에서 발생하는 막대한 이익은 유럽에서 동인도 무역에 초점을 맞춘 고수익 무역 사업의 시작을 촉진했다. 그러나 몇 년 이내에 네덜란드 무역사업은 쇠퇴하기 시작했고, 1602년 3월 네덜란드 정부의 명령에 따라 네덜란드 동인도회사(네덜란드어로 Verenigde Oostindische Compagnie), 즉 VOC (연합네덜란드동인도회사/United Netherlands East India Company)로 합병되었다.

(위) 네덜란드 동인도 회사 VOC의 로고.

(아래) 1600년에 공인된 영국 동인 도회사의 문장. 한 쌍의 '바다사자' 가 특징이다.

VOC는 처음부터 네덜란드 국경 너머의 국제 주주들을 포함하는 주식회사로서 설계되었다. VOC는 납입 자본 측면에서 1600년에 설립된 당시 '동인도 제도와 무역하는 런던 상인 회사'로 알려진 영국 동인도회사(EIC, East India Company)를 압도했다. EIC는 1612년에 임시 주식회사가 되었고, 1657년에 상설 주식회사가 되었다.

두 회사는 모두 통합된 무역 기업을 표방했지만, 둘 사이에는 중대한 차이가 존재했다. VOC의 헌장은 회사에 국제 협정과 조약을 체결할 권리, 관리 임명 및 면직 권한, 병력 징집, 전쟁 수행, 평화 체결, 화폐 주조, 식민지 획득, 범죄 재판권 등 상당한 준(準)국가적 권한을 부여했다. 중요한 점은 두 회사 모두 입법권은 허용되지 않았다는 것이다. 또한 제4장에서 다루는 시기 동안 VOC는 스페인과의 전쟁에서 '사기업 형태의 군사·해상 조직'으로 기능했는데, 당시 스페인의 국왕은 포르투갈의 군주이기도 했다.

두 회사 모두 아시아와의 무역에 주력했지만, 주요 대상 지역에 차이가 있었다. VOC는 아프리카 끝의 희망봉과 남아메리카 최남단의 케이프 혼(Cape Horn) 사이의 인도양과 태평양에서 활동으로 제한되었다. 반면 EIC는 식민지 생산물과 상품의 핵심 시장으로 아메리카 대륙, 특히 북미에 있는 영국 식민지들을 발전시킬 수 있었다. 보스턴 차 사건으로 잘 알려진 영국과 EIC에 대한 반란은 미국의 독립과 1776년 아메리카합중국의 탄생을 촉발했다.

유럽에서의 이익과 시장점유율 추구는 멀리 떨어진 육지와 바다에서 포르투갈인, 네덜란드인, 영국인 간에 치열한 경쟁을 일으켰으며, 동남아에 대한 유럽의 경쟁도 부추겼다. 때때로 분쟁의 세기로 묘사되는 17세기에는 유럽 국가들이 규모와 상관없이 유럽뿐만 아니라 유럽 외세계에서도, 정치적 및 종교적 우위와 영토를 두고 다투었다. 이 경쟁은 점점 더 유럽화되고 여러 언어가 사용되는 세계에서 식민지의 패치워크를 만들어냈다. 오래 지속된 분쟁 중 하나는 네덜란드와 포르투갈 간의 분쟁인 루소-네덜란드(Luso-Dutch) 분쟁이었다('루소'는 고대 로마의 루시타니아(Lusitania) 속주를 의미하며, 대략 오늘날의 포르투갈의 영역과 비

1596년 반텐의 시장을 묘사한 판화. 코르넬리스 더 하우트만(Cornelis de Houtman)의 동인도 여행기에서 채택.

숫하다).

16세기 말까지 싱가포르는 말라카 제국의 공급 항구에서 조호르강의 관문으로 변모하였다. 왕궁이 조호르강 상류에 자리해서, 싱가포르는 술탄국의 하천 경제로 진입하는 자연스러운 관문 역할을 했다. 지도 자료에 따르면, 최소한 17세기 전반부 동안 싱가포르는 조호르 해군의 근거지이자 상류 마을들의 문지기로서 이 하천 교역에서 일정한 역할을 수행한 것으로 보인다. 이전과 마찬가지로 싱가포르는 조호르 술탄이 임명한 샤반다에 의해 계속 관리되었다. 이러한 하천 경제의 일부였기 때문에, 싱가포르 주변 해역이 경쟁의 장이 되는 것은 자연스러운 일이었다. 아체와 파타니를 포함한 역내 강국들은 더 큰 상업적 몫을 차지하기 위해 기회를 노리고 있었다. 이에 맞선 조호르는 이러한 역내 경쟁자들과의 전쟁에서 유럽 세력과 전략적 동맹을 맺는 등 만만치 않은 힘을 보여주었다.

산타카타리나호의 피습

포르투갈인들은 그들의 동서 무역에 대한 유럽 독점을 유지하려고 노력했지만, 네덜란드인들은 포르투갈-스페인의 세계적인 식민지 무역 독점을 종식할 수 있기를 원했다. 그들은 말라카해협과 싱가포르 주변 해역에서 자신들의 목적을 이루기 위해 폭력을 포함한 모든 수단을 동원할 각오가 되어 있었다. 그래서 그들은 1603년 오늘날 창이포인트 근처인 싱가포르 동쪽 해안에서 포르투갈 상선 산타카타리나(Santa Catari-na)호를 급습하였고, 이 사건은 상당한 후유증을 남겼다.

네덜란드의 동남아 활동은 무역에만 국한되지 않았다. 해적질과 사략(私掠) 행위(privateering)도 있었다. 사략 행위는 국왕이나 국가가 발급한 사략허가장(letter of marque)이라는 위임장과 면허가 필요하다는 점에서 말하자면 합법화된 형태의 해적질이었다. 사략선들은 전쟁법을 준수해야 했고, 나포한 화물을 본국 항구로 가져와야 하며, 그 가치에 대해 세금을 납부해야 했다. 사략 행위는 16세기에 전쟁 수행을 돕기 위해 민간 행위자들을 끌어들이는 수단으로 시작되었다. 그러나 피해자들에게 그것은 여전히 해적 행위나 다름없었다. 엘리자베스 1세 치세 동안 스페인을 약탈한 월터 롤리(Walter Raleigh)와 프랜시스 드레이크(Francis Drake)는 기술적으로는 사략 선장이었지만, 스페인 기록에서는 당시에도 지금도 해적이라고 비난받고 있다. 동남아, 카리브해, 북대서양의 아조레스(Azores)제도는 사략선, 약탈선(corsairs, 역주-주로 지중해에서 활동), 버커니어(buccaneers, 역주-17세기 카리브해에서 활동한 해적) 그리고 해적들이 활개 치던 악명 높은 사냥터였고, 이들의 전성기는 1700년대 중반까지 계속되었다.

1603년 2월, 일본과 중국산 물품으로 만선 적재한 1,400톤급 무장상선 산타카타리나호가 싱가포르 해역으로 들어섰을 때, 네덜란드는 이 말라카행 선박을 나포했다. 동인도 지역으로 향하던 네덜란드 상업 함대의 최고사령관 야콥 판 헴스케르크(Jacob van Heemskerk) 제독이 이 포르투갈 선박을 약탈했지만, (전해지는 바에 따르면) 그 배후 조종자는 라자 봉수였다. 그는 파타니에서 네덜란드인들에게 접근해, 중국과 일본에서 돌아오는 포르투갈의 가득 실은 선박을 습격하기에 이상적인 지점을 알려주었다.

약탈된 화물의 판매는 획기적이었다. 이는 북유럽의 상인들에게 포르투갈이 아시아에서 향신료뿐 아니라 다양한 상품을 거래하고 있음을 보여주며, 중-일 무역에 잠재된 막대한 부를 확신시켰다. 산타카타리나호 약탈 사건은 또한 싱가포르 해역과 말라카해협 연안에서 루소-네딜

1603년 산타카타리나 호를 점령한 야콥 판 헴스케르크(Jacob van Heemskerk)는 이후 1607년 지브롤터(Gibraltar) 해안에서 있었던 전투에서 전사했다. 이 에칭은 엠메누엘 반메테렌(Emmanuel van Meteren)의 《네덜란드 국가, 무역 및 전쟁에 관한 해설 또는 기억(Commentarien ofte Memorien van den Nederlandschen Staet, Handel en Oorlogen)》 1637년 판에서 볼 수 있다.

란드 갈등의 시작을 알렸다. 이 갈등은 이후 40년 동안 지역의 역사를 좌우하게 되었는데, 동방 항구들에서 말라카와 인도로 향하는 포르투갈 선박을 노리고 매복하려는 네덜란드 함장들에게 싱가포르 해협을 가장 선호되는 사냥터로 만들었다.

산타카타리나호를 나포한 것은 세 가지 면에서 중요하다. 첫째, 피랍으로 인한 라자 봉수와 헴스케르크 제독 사이의 긴밀한 유대는 조호르와 네덜란드 사이의 공식적인 외교 관계 시작을 알리는 역사적 증표였다. 1603-5년, 조호르는 네덜란드 공화국에 성공적으로 사절단을 파견한 동남아의 3대 강대국(첫째 1601년 아체, 셋째는 1608-9년 시암) 중 두 번째가 되었다.

네덜란드 사료에서 메갓 만수르(Megat Mansur)로 알려진 왕실 관리가 이끈 사절단은 1603년 헴스케르크의 함대와 함께 네덜란드로 출발하였다. 비록 사절단의 정사는 항해 도중 사망했지만, 살아남은 외교관들은 유럽에서 VOC의 비용으로 접대를 받았으며, 이후 1606년 5월 말레이반도 서해안 앞바다에 정박한 코르넬리스 마텔리프 제독의 함대와 함께 조호르로 돌아왔다.

둘째, 산타카타리나호의 전리품은 아시아권 무역에서 발생하는 부

1601년 네덜란드에 도착한 아체 특사를 접견하는 오렌지왕가의 왕자이자 네덜란드와 젤란드 주지사였던 나소의 모리스(Maurice of Nassau). 이 작품은 19세기 화가의 인상이다.

1603년 2월 산타카타리나호를 탈취했다는 내용을 발표한 팜플렛. 제목은 《짧고 정확한 설명(Corte ende sekere Beschrijvinge)》이다. 인쇄된 에칭은 야콥 판 헴스케르크(Jacob van Heemskerk) 제독의 세 척의 배가 산타 카타리나호에 대포를 발사하는 모습을 묘사한다. 군대와 조호르 통치자의 노가 달린 배들이 작전 현장에 도착한다. 이 그림을 장식하고 있는 풍경, 도시, 배경은 싱가포르를 나타내지 않고 있다.

에 대한 포르투갈의 비밀을 폭로했다. 상대적으로 예측할 수 있는 수익원으로서 상선 나포로 얻는 환상적인 수익성에 대해 여전히 존재했던 의혹을 지웠다. 이 새로 발견된 확신은 네덜란드가 그들의 해군과 포병대의 병력을 증강하도록 자극하여, 거의 200년 동안 네덜란드를 세계 최고 강국으로 끌어올릴 것이었다. 포르투갈인들에게 VOC의 해군력은 특히 1641년 1월 VOC-조호르 연합군이 말라카를 함락하기까지 수십 년 동안 동남아 해역을 통한 안전한 항해를 심각한 근심거리로 바꾸어 놓았다. 포르투갈인 페드로 바헤토 드 헤젠디(Pedro Barreto de Resende)는 포르투갈의 막대한 피해가 네덜란드와 결탁하여 스파이와 정보원 역할을 한 오랑라웃 때문이라고 비난하며 다음과 같이 한탄하였다.

> 이 설라트들은 사악한 자들이며, 특히 포르투갈인에게 더욱 그렇다. 그들은 악한 마음을 가졌고 배신적이며, 네덜란드가 가진 최고의 스파이들이다. 이 주변의 수많은 장소 어디에 우리 배들이 있든, 그들은 즉시 네덜란드에 알리고 그곳으로 이끌어간다. 그래서 우리의 손실 대부분이 그들 때문인 것이다. 이는 네덜란드가 이렇게 나포한 모든 것의 상당 부분을 그들에게 넘기기 때문이다. 그러므로 우리가 이 해협으로 가서 그 함대들을 기다리는 잘레아스(jaleas, 무장 갤리선)와 선박으로 이루어진 우리 함대가 가능한 한 이 설라트들을 공격하여, 이 지역에서 그들을 몰아내는 것이 정말 필요하다.

셋째, 산타카타리나호 사건에 대한 설명은 그것이 해양법에 미친 영향을 설명해야 완전해진다. 약탈은 합법적이었을까? 헴스케르크는 승인을 받지 않고 배를 공격했기 때문에 그의 행위가 해적 활동에 해당하는지 하는 문제를 제기했다. 17인 이사회(Gentlemen Seventeen)로 불리는 VOC 중앙위원회는 산타카타리나호 약탈을 정당화하기 위해, 오늘날에는 라틴어 이름인 휴고 그로티우스(Hugo Grotius)로 더 잘 알려진 젊고 재능 있는 휘그 드 그루트(Huig de Groot)에게 산타카타리나호 나포 행위를 정당화하는 작업을 맡겼다. 일반적으로 이사들이 염두에 두고 있었던 것은, 이베리아 세력의 아시아에서의 봉쇄 정책을 비판하고, 이를 통해 헴스케르크의 행동이 도덕적으로 정당하며 법적으로도 허용될 수 있음을 주장하는 짧은 팸플릿 정도였던 것으로 여겨진다.

대신에 그로티우스는 라틴어로 방대한 논문을 작성했는데, 그 논문에서 정의로운 전쟁과 자연법에 대한 생각을 제시하고 체계화했다. 이 것은 그로티우스가 전쟁과 평화의 법에 대해 처음으로 중요하게 관여한 것이었고, 1625년 출간된 그의 기념비적인 저서《전쟁과 평화의 법칙에 관한 세 권의 책(Three Books on the Laws of War and Peace)》의 토대를 마련했다. 이 책은 많은 출판과 번역이 이루어진 법률 서적으로 그것을 통해 그로티우스는 오늘날 근대 국제법의 선구자 중 한 사람으로 기억된다.

휴고 그로티우스(Hugo Grotius, 또는 네덜란드어로 휘그 드 그루트 [Huig de Groot])의 초상화. 1658년 라틴어판《저지대 국가들의 연보와 역사(Annales et Historiae de Rebus Belgicis 또는 Annals and Histories of the Low Countries)》에서 발췌함.

산타카타리나호를 약탈당했던 포르투갈은 조호르에 대해 신속한 복수를 감행했다. 포르투갈인 말라카 총독 안드레 푸르타도 드 멘돈샤(Andre Furtado de Mendonça)는 조호르강에 몇 척의 소형 선박과 함께 대형 범선 갤리온 한 척을 보냈다. 조호르강에서 포르투갈 군인들은 해안 정착지를 습격하고 강을 봉쇄하여 상류 정착지로의 공급과 무역을 차단했다. 그들은 술탄국의 이전 수도인 조호르 라마를 점령했다.

이에 맞서 네덜란드 부제독 야콥 피테르시 판 엔쿠이센(Jacob Pietersz van Enkhuysen)은 네 척의 배로 싱가포르 앞바다로 항해했다. 센토사와 오늘날 하버프론트 사이에 있는 싱가포르 올드해협 입구를 수색하던 중, 그는 조호르 어부들로부터 포르투갈의 봉쇄에 대해 들었다. 그는 조호르가 봉쇄에서 벗어날 수 있도록 돕기로 결정했고, 10월 6일에서 11일 사이에 조호르강과 싱가포르 해협에서 포르투갈 선박들과 세 차례에 걸쳐 교전하였다.

주요 전투는 1603년 10월 10일 창이포인트 근해에서 일어났다. 조호르 라마에서 포르투갈 함대는 40여 척으로 구성되어 있었다. 대부분 소형 선박이었으며, 갤리온 토도스 오스 산토스호(Todos os Santos, 모든 성인을 의미함)가 기함 역할을 했다. 소형 선박은 현지에서 제작된 프라후 또는 갤리선으로, 포르투갈인들이 얕은 물에 들어가 해적을 쫓기 위해 사용했다. 이런 상황에서는 유용했지만, 이 작은 배들은 가벼운 무기를 휴대할 수 있을 뿐이었고 중포로 무장한 청수함(blue-water ships)과의 전투에는 적합하지 않았다.

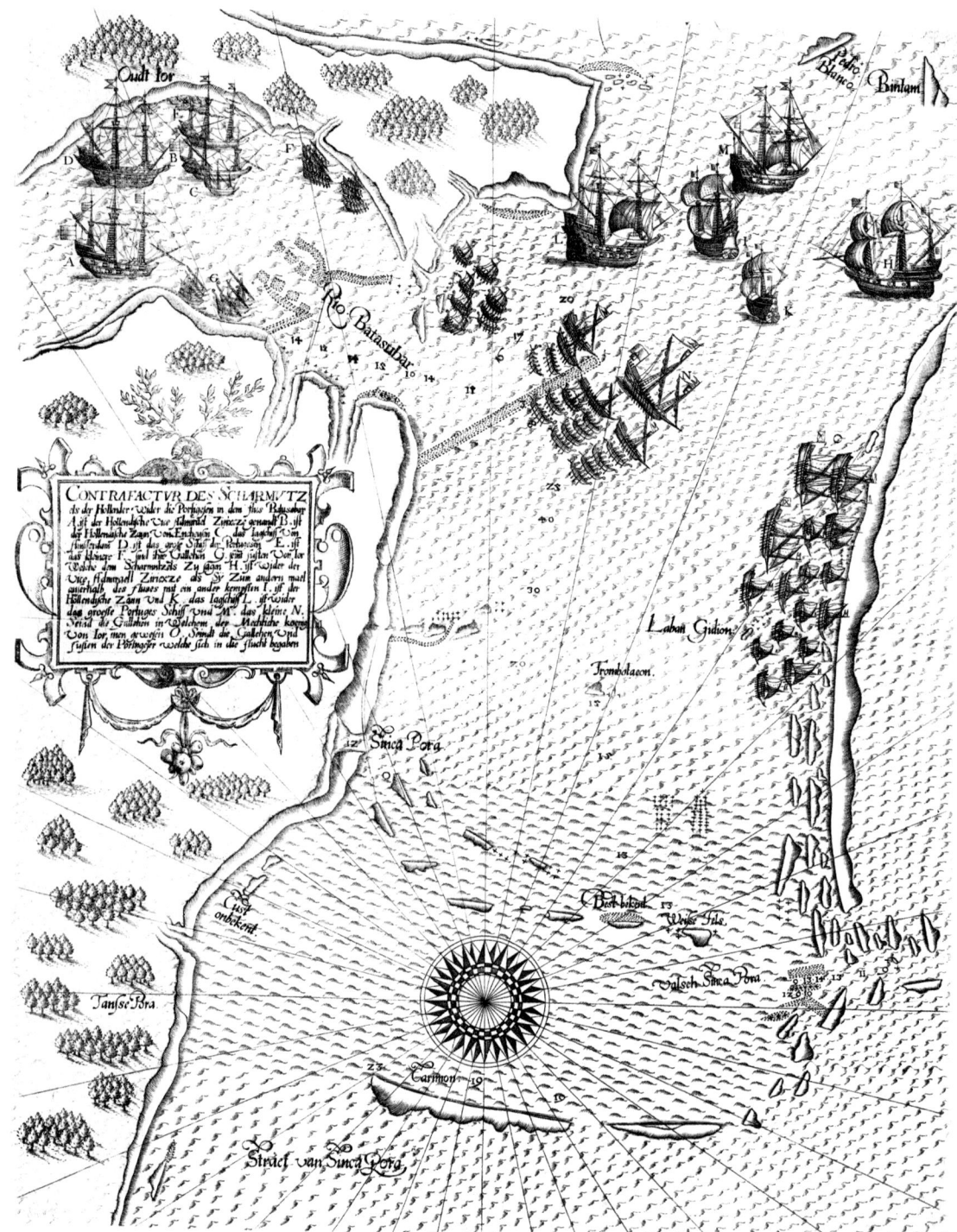

1603년 조호르강, 싱가포르 동부 해안, 페드라 브랑카 주변 해역과 바탐 북부 해안에서 벌어진 야콥 피테르시 판 엔쿠이센(Jacob Pietersz van Enkhuysen)과 에스테바오 테이세이라 더 마투스(Estevao Teixeira de Matos) 사이의 해전을 도식화한 지도. 조호르강은 '리오 데 바투사바르(Rio de Batusavar)'라고 표기되어 있는데, '탄세 포라(Tanse Pora)'가 말레이 지명인 탄종 파가(Tanjong Pagar)를 의미하는지 분명하지 않다.

10월 10일 네덜란드 선박은 강을 거슬러 조호르 라마까지 항해했고, 그곳에 포르투갈 선박들이 정박해 있는 것을 발견했다. 네덜란드군은 포르투갈 기함의 돛을 공격하여 기동성을 저지했다. 네덜란드군이 포탄을 퍼붓자, 포르투갈 기함은 물에 잠겼고, 선원들은 주변의 작은 선박으로 옮겨 갔다. 포르투갈 해군 함대의 잔존 병력은 페드라 브랑카(Pedra Branca)와 남중국해의 탁 트인 바다를 향해 도주했다. 그들은 나중에 바탐 북동쪽 해안의 얕은 바다에서 다시 모였는데, 아마도 오늘날의 농사 섬(Nongsa islets)과 그 주변인 테링만(Tering Bay) 부근이었을 것이다.

포르투갈 봉쇄를 성공적으로 해제시킴으로 인해 조호르와 네덜란드 사이의 관계는 더욱 좋아졌다. 조호르 왕실의 일원들은 현재의 타나 메라(Tanah Merah) 주변에 주둔하고 있는 갤리선이나 부제독 엔쿠이센의 배인 지릭지(Zierikzee)호에서 이 해상 전투를 목격했다. 그 당시 기록들은 17세기 초에 조호르와 네덜란드인 사이의 협력이 강화된 것이 바로 이 해전에서 기인한 것으로 보고 있다.

조호르 왕실과 유럽 경쟁자

몇 년 후 이 지역을 통과한 또 다른 네덜란드 함대 사령관은 마텔리에프 제독이었다. 그는 유럽에서 동인도제도로 항해한 두 번째 VOC 함대의 최고사령관으로 임명되었다. 동양으로 항해한 마텔리에프의 배는 아프리카의 희망봉 주변과 인도양을 건너 조호르, 말라카, 반텐, 말루쿠 제도(Maluku Islands), 민다나오(Mindanao), 중국의 푸지엔 해안, 오늘날 베트남 해안의 참파(Champa)을 지나 자바로 돌아갔다.

마텔리에프의 항해는 1606년 5월에서 8월 사이에 조호르 군대의 도움을 받으며 말라카에 해상 포위공격을 감행한 것으로 가장 유명하다. 또한 그는 말라카해협에서 포르투갈 총독의 함대와 교전하여 그 함대를 상당히 많이 파괴했다. 네덜란드의 말라카에 대한 공격에 조호르가 지원한 것은 1606년 5월 마텔리에프가 라자 봉수와 맺은 조약의 결과였다.

싱가포르 역사의 관점에서 보면, 마텔리에프가 싱가포르의 샤반다를 직접 만났다는 점에서 그의 역할은 중요하다. 마텔리에프의 기록에 따르면 샤반다는 해협 주변의 오랑라웃 공동체의 수장이라는 의미인 스리 라자 느가라의 말레이 칭호도 가지고 있었다. 싱가포르는 항구 이상의 의미가 있었으며, 조호르의 전쟁 함대의 핵심 근거지는 아니더라도 그 기지 중 하나였다. 이후 스페인의 자료에 의하면 싱가포르 해협에 기반을 둔 조호르 함대는 구경이 작고 화력이 세지 않은 경포를 지닌 18척의 갤리선으로 구성되어 있었다.

마텔리에프가 라자 봉수와 말라카를 점령하기 위한 연합 작전에서 얻게 될 전리품의 분배를 놓고 벌인 협상의 과정을 기록한 내용은, 조호르 왕자가 매우 강경하고 노련한 협상가였음을 보여준다. 그의 조상들이 포르투갈에게 빼앗긴 말라카를 되찾고자 하는 라자 봉수의 열망은, 그 정복에 조호르가 협력한 대가로 말라카 정착지를 전리품으로서 네덜란드가 취하겠다는 제독의 요구와 충돌하였다. 라자 봉수는 왜 자신이

1606년 VOC 함대가 말라카에 상륙하는 모습을 인쇄한 에칭. 코르넬리스 마텔리에프 제독의 지휘 아래 네덜란드는 조호르와 함께 말라카에 대한 연합 공격을 개시했지만, 포르투갈의 지배로부터 식민지를 빼앗지는 못했다. 이 스케치는 1611년에 처음 출판된 요한 아이자크 폰타누스(Johan Isaksz Pontanus)의 《암스테르담 도시의 역사와 사건(Historia urbis et rerum Amstelodamensium 또는 History of the City and Affairs of Amsterdam)》에서 채택한 것이다.

네덜란드가 그 도시와 주변 지역에서 포르투갈을 단순히 대체하는 상황에 동의해야 하느냐고 공개적으로 의문을 제기했다. 마텔리에프는 주변 토지는 조호르에 넘기겠다고 약속했지만, 라자 봉수는 자신이 관심 있는 것은 영토가 아니라 사람, 무역 및 도시라고 분명히 밝혔다. 그는 지금 사람들을 채워 넣을 수 있는 땅보다 거의 20배나 많은 영토가 있다고 말했다.

유럽으로 돌아온 마텔리에프는 네덜란드의 정치적, 상업적 영향력을 동인도제도 전역으로 확장하기 위해, 아시아에서 VOC가 사업을 운영한 방식에 근본적인 변화를 모색하는 일련의 건의서를 작성했다. 그가 제안한 주요 내용에는 동인도제도에 상설 VOC 기지의 설립, 상주하는 아시아 총독의 임명, 정향, 육두구, 육두구 가루의 원천 독점이 포함되었다. 또한, VOC의 독점 중 일부를 위탁 관리할 것을 권고했지만, 이 안은 채택되지 않았다. 이는 민간인들이 네덜란드 회사에 정기적이며 상당한 이윤을 가져다줄 가능성이 없는 상품들을 자신들의 위험을 감수하고 자유롭게 거래할 수 있게 해주는 것이었다.

비록 VOC 선박들이 1602년부터 1609년까지 주기적으로 조호르에 기항했지만, 선박들의 도착 사이에는 상당한 간격이 있었다. 이 틈은 포르투갈인들이 이용했고, 포르투갈인들은 당시 조호르 통치자들에게 외교적 제안을 했다. 네덜란드인들이 그들의 수역에 도착하기 전에 조호르와 포르투갈인들의 관계는 유동적이었다 ─진자운동처럼 왔다갔다 하는 관계. 이러한 관계는 17세기 전반 동안 유동적인 상태를 유지했다. 조호르 궁정에서 라자 시악(Raja Siak)과 오랑카야(orang kaya, 현지 엘리트들), 그리고 아마도 라자 라웃도 포르투갈인들에게 호의적인 태도를 보였다. 그들의 우호적인 관계를 통해 무역 기회를 얻을 수 있을 거라고 기대했기 때문이다. 포르투갈인들은 또한 왕실 관리들에게 선물을 후하게 주었는데, 그들의 전략은 바투 사와에 있는 분열된 왕실을 이용하여, 네덜란드에 대한 조호르의 지원을 끊는 것이었다.

바투 사와는 아마도 네덜란드 자료들이 인정하는 것보다 포르투갈령 멜라카와 더 활발하고 깊은 상업적 연계를 유지하고 있었던 것으로

코르넬리스 마텔리에프는 VOC 로테르담(Rotterdam) 회의소의 이사였고, VOC 중앙이사회 소속 17명의 이사 중 한 명으로 활동했다. 1605년–1608년에 VOC 함대의 지휘관으로 임명된 그는 조호르의 도움으로 포르투갈령 말라카를 공격했고, 말루쿠 제도의 테르나테(Ternate)에 요새를 건립했고, 네덜란드와 직접 무역하기 위해 중국을 개방하려는 시도를 했지만 성공하지 못했다.

보인다. 이는 포르투갈과 조호르 사이의 관계가 불안정했음에도 불구하고 물자와 자금의 흐름은 계속되었으며, 조호르 지배자들이 VOC를 주로 정치적 도구로, 그리고 부차적으로만 상업적 파트너로 능숙하게 활용했다는 견해를 강조해 준다. 포르투갈은 조호르 왕실에서의 외교적 책략을 군사적 압박으로 보강했는데, 현지에 기반을 둔 함대를 이용해 해안 정착지를 괴롭히고 강가 교통로를 봉쇄하였다. 조호르는 이러한 봉쇄 동안 큰 대가를 치렀다. 상류 지역의 마을 주민들이 외부 식량 공급, 특히 대부분을 자바, 술라웨시, 시암, 버마, 인도 동해안 등 먼 지역에서 수입하던 쌀로부터 완전히 차단되었기 때문이다.

이를 위해 포르투갈인들은 조호르 왕실에 특사 조아오 로페스 더 모레로((João Lopes de Morero, 다모레이라[d'Amoreira]라고도 표기함)를 보냈다. 모레로는 포르투갈 말라카의 테멩공이었고 말레이어를 유창하게 구사했다고 한다. 그는 이슬람교도들과 상대한 경험이 풍부했고, 그들의 관습과 문화에 친숙했다. 일부 자료들은 그를 고(故) 술탄 알리 잘라 빈 압둘 잘릴의 개인적인 친구로 묘사하기도 한다. 바투 사와에 거주했던 네덜란드 지사의 고위 관리인 자크 오벨라르(Jacques Obelaar)에 따르면, 로페스 더 모레로는 조호르 술탄과 만나 평화 조약을 체결했다. 이 조약은 1610년 10월 16일 술탄에 의해 비준되었고, 이후 10월 22일 두 명의 조호르 대사와 말라카 주교 돔 프레이 크리스토바오 디 사 에 리스보아(Dom Frei Cristóvão de Sá e Lisboa)의 입회하에, 말라카 선장 돔 프란시스코 엔리케스(Dom Francisco Henriques)에 의해 승인되었다. 안타깝게도 이 조약의 초안과 실제 조약 문서 모두 현재 전하지 않는다.

더욱이 이 1610년 10월 조약이 발효되었는지 아닌지 그 여부가 분명하지 않다. 포르투갈령 고아에서 총독부가 조항 일부를 거부한 것으로 알려졌기 때문이다. 조호르와 포르투갈 사이의 평화는 사실 아체인들의 1613년 조호르 침공 이후 체결된 협정의 결과였을까? 한 자료는 1614년 말에 조호르 통치자가 포르투갈과 협상 중이었고, 비록 조호르가 강압 하에 그것을 받아들였겠지만, 어쨌든 1618년에 평화가 도래했다고 주장한다.

어찌 되었든 간에, 1620년대 동안 하나의, 혹은 더 가능성 있는 경우로는 여러 개의 평화 협정이 형식, 범위, 지속 기간 면에서 서로 다르게 체결되었다. 이러한 협정의 존재는 제도 전역에 널리 알려져 있었다고 전해진다. 포르투갈령 말라카와 조호르 간의 상업 관계는 때때로 긴장되기도 했지만, 때때로 매우 밀접해지기도 했다. 이러한 우호적인 관계가 네덜란드-포르투갈 전쟁에 미칠 영향은 VOC를 크게 불안하게 만들었다.

오벨라르는 그 후 포르투갈로 망명했고, 바투 사와에 있는 VOC 지사에서 재임 기간 포르투갈인들을 위해 일하거나 첩자로 활동했을 수 있기 때문에 특히 흥미롭다. 그는 1610년 조약 협상에 참여했고, 그의 네덜란드 고용주의 이익에 반하는 행동을 했을 가능성이 크다. 그는 평화 조약이 선포된 후 라자 봉수가 이례적으로 네덜란드 지사를 야간에 방문했을 때도 그곳에 있었다. 그때 라자 봉수는 포르투갈 조약에 대해 네덜란드에 깊은 사과를 했고, 조호르가 강요로 이 조약을 맺을 수밖에 없었다고 밝혔다고 전한다. 이러한 강압은 조호르 왕실의 일반 구성원들, 즉 포르투갈인들과 활발히 교역하고 있던 말레이 상인-관료들과 오랑카야들을 포함하여 여러 측면에서 이루어졌다. 민중 봉기가 일어날 것이라는 소문도 돌고 있었다. 라자 봉수는 굴복하고 포르투갈과의 협정에 서명하는 것 외에 다른 선택의 여지가 없음을 알게 되었다.

1613년 아체의 공격

1610년 이후 포르투갈과 조호르 사이의 평화로 인해 남중국해로부터 싱가포르 해협을 통해 포르투갈의 해상 무역이 다시 활발해졌고, 항구로서의 말라카가 부활했다. 1606년 마텔리에프 제독이 조호르와 연합하여 행했던 포르투갈령 말라카에 대한 공격이 실패로 돌아간 이후, 무역은 1년 이상 감소세로 둔화하였다. 상황이 매우 심각하여 바다로 나가는 것을 두려워한 상인들은 농사를 지으며 생계를 유지했고, 네덜란드 순찰대는 약탈할 포르투갈 선박을 찾아 싱가포르와 말라카해협을 샅샅이 수색했다.

그러나 1610년 평화 조약은 전혀 예상하지 못했던 두 가지 결과를 가져왔다. 첫 번째는 조호르 왕실에서 라자 봉수의 위치에 관한 것이다. 그의 세 형제자매의 유동적인 위계질서와 오랑카야의 음모 사이에서 그의 위치는 그 당시에는 특별히 강력하지 않았다. 마텔리에프 제독은 오랑카야가 라자 봉수를 그들의 왕으로 삼으면 오랑카야는 권력을 잃을 것이라고 언급했을 때 이 점을 지적했다. 조호르와 포르투갈의 평화는 라자 봉수, 그리고 그와 함께 조호르 궁정에서 친네덜란드 세력을 약화하고, 궁극적으로 소외시켰다.

두 번째 결과는 더 큰 그림과 관련이 있다. 조호르와 아체와의 관계는 기껏해야 불안정했지만, 아체인들은 포르투갈인들과 오랜 적대 관계를 맺고 있었다. 놀랄 것도 없이 1610년의 평화 협정은 해협에서의 권력 관계에 영향을 준 것으로 보이고, 1613년 5월 4일 아체의 술탄 이스칸다 무다(Iskandar Muda)가 조호르를 공격하도록 자극한 이유 중 하나로 언급되었다.

아체는 약 2만에서 4만 명으로 추정되는 병력이 탑승한 수십 척의 전투용 갤리선을 이끌고 도착했다. 1612–1616년 동안 EIC의 토머스 베스트(Thomas Best) 선장의 항해를 기록한 랄프 스탠디시(Ralph Standish)와 랄프 크로프트(Ralph Croft)의 항해일지에 따르면, "[아체의] 군대는 소형 프리깃과 갤리선 100척으로 구성되어 있었으며, 일부는 화포를 갖추고 있고 일부는 없었다. 병력은 2만 명이었다."

네덜란드 선박 한 척이 '조호르섬'(추정컨대 풀라우 테콩(Pulau Tekong) 인근 싱가포르 동부 해안 근처)에 정박해 있는 동안 공격을 받았다고 이 기록은 덧붙였다.

이 시기에 플랑드르(Flemish, 역주-현 벨기에의 북쪽 지역) 소속 배 한 척이 조호르섬에서 무역을 하고 있었다. 조호르 왕을 대신해 플랑드르 배는 아체와 수마트라 왕의 군대에 저항하고 총격을 가했다.

토마스 베스트에 의해 알려진 바와 같이, 선원들은 포로로 잡혀 아체로 끌려갔다. 이 공격은 세바스티안 뮌스터(Sebastian Münster, 1488–

153

1552년)가 세계를 묘사하여 널리 읽히고 풍부한 삽화가 포함된《코스모그라피아(Cosmographia)》(원제는Cosmographia oder Beschreibung der gantzen Welt, 영어 제목은 Cosmographia or Description of the Whole World)의 1628년 스위스 바젤(Basel) 출간본에 실릴 만큼 충분히 뉴스 가치가 있었다. 이 기록에 따르면, 아체인 락사마나는 200척의 갤리선과 소형 구축함을 이끌고 도착하여 조호르와 시악을 제압하고 그 지역 통치자들을 포로로 아체 지방으로 데려왔다. 그들이 서쪽에서 왔기 때문에 아체 함대는 조호르 함대가 주둔해 있는 싱가포르를 통과해야 했다. 조호르 강을 거슬러 올라가기 전에 아체인들은 싱가포르에 주둔한 조호르 전투 갤리선을 파괴하고, 싱가포르 정착지를 불태웠을 것이다. 그러나 이것은 확실한 사실은 아니다.

칼 알렉산더 깁슨힐(Carl Alexander Gibson-Hill)은 다르게 설명한다. 깁슨힐은 싱가포르 해협에 대한 자신의 1957년 연구에서 입증되지 않은 각주를 통해 당시 싱가포르대학의 역사학 강사였던 이안 맥그리거(Ian Macgregor)가 흥미로운 발견을 했다고 주장했다. 맥그리거는 포르투갈의 자료를 면밀하게 조사하던 중 1613년 8월 싱가포르의 조호르 수비대에 대한 포르투갈의 공격에 대한 언급을 발견했다. 깁슨힐은 수비대를 공격하는 과정에서 포르투갈군이 싱가포르의 모든 정착지를 불태웠을 것으로 추측했다.

아쉽게도 추가적인 세부 사항은 제공되지 않았으며 맥그리거가 깁슨힐에게 보낸 편지는 아직 발견되지 않았다. 현재로서는 문제의 대상이 싱가포르에 있었는지, 포르투갈인이 입힌 피해가 깁슨힐과 맥그리거가 믿었던 것만큼 상당했는지는 불분명하다. 문제의 포르투갈 자료도 발견되지 않아, 포르투갈인이 1613년 싱가포르를 파괴했다는 주장은 불완전한 각주에서 비롯된 전설에 불과하다.

또한 당시 조호르와 포르투갈은 평화 상태였다는 점을 생각하면, 문제의 공격 대상이 조호르 군대가 아니라 아체 군대에 의해 점령되어 있었던 경우가 아니라면, 그 상황은 별로 말이 되지 않는다(그리고 바로 여기서 정확한 날짜가 중요해진다). 실제로 몇 주 앞서 있었던 아체의 조호르

조호르에 대한 아체의 공격은 세바스티안 뮌스터(Sebastian Münster)의 《코스모그라피아(Cosmographia)》에 기록되어 있는데, 이 책은 근대 초기에 가장 널리 읽힌 지리학 서적들 중 하나이다. 이 표제지는 저자의 사망 이후인 1628년 바젤에서 출판된 제3판에서 가져온 것이다.

침공 직후라면 그러한 상황이었음이 분명하다. 다시 말해, 맥그리거가 그 공격이 싱가포르에서 일어났다고 한 것이 맞다고 가정할 경우, 포르투갈이 공격한 대상은 자신들의 (과거) 동맹국인 조호르가 아니라, 오랜 적대자이자 경쟁자인 아체가 점령하고 있던 곳이었다.

네덜란드 기록에 따르면 바투 사와가 화재로 소실된 것으로 적혀 있는데, 여기에는 조호르 하천 연안에 위치한 VOC 지사도 포함된다. 1613년 6월 28일 자 일지에 실린 스탠디쉬와 크로프트(Standish & Croft)의 설명에 따르면, 네덜란드 지사에서 발생한 화재는 도주하던 직원들이 고의로 불을 질렀다고 한다. "그러나 플랑드르 선장과 그의 상인들은 해안에서 그들의 집을 불태우고 도망쳤다." 손해에 대한 짧은 보고서가 입증하듯이, 회사가 입은 손실은 상당했다. 그것은 당시 조호르 왕도에서 네덜란드인이 거래한 물품의 종류와 수량 및 가치에 대해 유용한 정보를 제공한다.

> 후추 200 바하르(bahar), 1 바하르당 14 레알(reals-of-eight)
> 벤조인 수지(benzoin) 31 피쿨(pikul) 65 카티(kati), 피쿨당 26¾ 레알
> 약 4,000 길더(guilders) 가치가 있는 면직물
> 현금 40,000 레알
> 금 44 테이엘(tael)
> 현금을 받고 저당 잡혔던 물품들
> 금제 크리스 2개

조호르는 주로 후추 항구로 알려져 있었기 때문에 후추가 많았던 것은 놀라운 일이 아니다. 벤조인은 나무 수지로 향료나 약재 등 여러 기능이 있었다. 면직물은 인도에서 온 것이 거의 확실한데, 네덜란드 회사가 다른 상품과 교환하기 위해 일상적으로 사용되었다. 이곳 바투 사와에서는 아마도 후추나 벤조인 수지를 구매했을 것이다. 금 44 테이엘은 형태나 순도가 분명하지 않지만, 아마도 말레이반도 내 강바닥에서 세사(洗砂) 방식으로 채취된 주조되지 않은 금가루였을 것이다. 두 개의 금제 크리스는 아마도 조호르 귀족들이 저당 잡힌 담보였을 것이다. 손실 총액은 45,000 길더(약 66만 5천 유로, 또는 오늘날 100만 싱가포르 달러를 약

윌리엄 파르쿠하(William Farquhar) 컬렉션의 후추나무 그림. 덩굴식물인 파이퍼 니그럼(Piper nigrum)의 검은색 또는 흰색 열매는 당나라 시대부터 로마와 중국에서 거래되었고, 남송 시대부터, 유럽에서는 그로부터 한 세기 후부터, 주요 무역 상품이 되었다. 카이로의 교역 기록에 따르면 12세기 이후 후추는 품질이 떨어지는 고기의 풍미를 돋우는 효과로 인해 소비자의 수요가 증가했다고 한다.

간 웃도는 금액)으로 추정되며(국제사회사연구소(International Institute of Social History)의 구매 능력(PPP)에 기초한 계산), 이 금액은 상기 목록에 언급된 항목에서 다소 낮게 추정된 것으로 보인다.

라자 봉수를 포함한 왕실 소속 사람들과 20여 명의 유럽인이 포로로 잡혀 아체로 끌려갔다. 술탄 알라우딘의 운명에 대해서는 보도가 엇갈린다. 일부 기록에서는 그도 역시 아체로 끌려갔다고 주장하지만, 피에터 플로리스(Pieter Floris)가 제시한 훨씬 더 믿을 만한 설명은 술탄이 빈탄으로 도피하여, 1615년경에 그곳에서 세상을 떠났다는 것이다. 한편, 라자 봉수는 이스칸다 무다(Iskandar Muda)의 자매 중 한 명과 결혼했다. 그는 조호르로 돌아왔고, 그곳에서 1623년경 사망할 때까지 술탄 압달라 마얏샤(Abdallah Ma'ayat Shah)로 통치했다.

새로운 통치자로 조호르에 돌아온 술탄 압달라는 거의 즉시 VOC와의 관계를 회복하고자 했다. 당시 유럽에서는 종교, 상업적 경쟁, 왕조의 교체로 인한 정치적 긴장이 고조되고 있었다. 유럽 역사상 가장 유혈

이 낭자했던 분쟁 중 하나로 묘사되는 30년 전쟁은 1618년에 발발하여 1648년에 이르러서야 웨스트팔리아 조약(Peace of Westphalia)으로 끝이 났다. 지역 세력 균형에도 중요한 변화가 일어났다. 말라카와 포르투갈인들은 새로운 조호르 통치자의 관점에서 볼 때 더 이상 주요 위협이 아니었다. 방어해야 할 대상은 이제 수마트라뿐만 아니라 말레이반도에서도 계속 빠르게 확장되고 있었던 아체였다.

초기 유럽 열강들에 싱가포르의 전략적 중요성

이 지역의 초기 식민지 세력은 싱가포르의 전략적 위치와 잠재력을 인식했다. 그들은 섬과 그 주변에 요새를 건설하기 위한 다양한 계획을 입안했고, 식민지 정착지를 건설하는 것도 고려했다. 싱가포르섬의 동쪽과 서쪽이 VOC 선박들의 정기적 순항 기지로 사용되면서, 싱가포르와 말라카해협 및 그 지류를 통과하는 무역의 흐름을 차단했다.

포르투갈인들은 1584년에 이미 싱가포르 근해에 요새 건설을 생각하고 있었다. 말라카의 주교인 돔 조아오 히베이로 가이오(Dom João Ribeiro Gaio)는 싱가포르 해협에 요새를 건설하자고 제안했다. 동아시아에서 들어오는 포르투갈 상선을 더 안전하게 보호하기 위한 목적이었다. 말라카는 말레이반도의 남동쪽 해안에서 너무 멀리 떨어져 있어서, 남중국해에서 들어오는 포르투갈 상선을 호위하여 말라카로 인도하기 위한 해군을 파견할 기지로 이용하기에는 효과적이지 않았다. 그러나 이러한 제안은 고아의 총독인 돔 프란시스코 다 가마(Dom Francisco da Gama)가 싱가포르 주변 해역에 함대를 배치한다면 상대방의 공격을 더욱 효과적으로 억제할 수 있다고 제안하면서 사라졌다.

포르투갈의 요새에 대한 후속 의견은 쿠트르가 제안했다. 그는 싱가포르 해협을 항해하고 1596년에서 1602-3년 사이에 무역을 위해 바투 사와에 여러 번 들렀다. 쿠트르가 제안한 장소는 이슬라 데 아레나스(Ysla de Arenas, 현 센토사)였고, "싱가포르 해협 한가운데" 자리했다. 이곳은 싱가포르 올드해협과 뉴해협 사이의 센토사섬이었다.

그는 그 섬에는 배의 돛대를 만드는 데 적합한 목재, 건축에 사용될 수 있는 석재, 가루로 만들어 박격포로 사용할 수 있는 산호, 그리고 담수원(오늘날의 실로소(Siloso)샘)이 있다고 주장했다. 그는 또한 두 번째 요새를 위한 장소로 조호르강 하구, 이슬라 데 사반다리아 비에자(Ysla de la Sabandaria Vieja, 옛 항만 관리소장의 사무소가 있던 섬, 즉 싱가포르섬)의 동쪽 끝 반대편을 제안했다. 쿠트르는 센토사에 상주하는 해군 함대와 함께 이 두 곳의 요새화가 싱가포르 근해를 횡단하는 포르투갈 선박의 안전을 보장할 수 있다고 믿었다.

산타카타리나호 급습 이후, 네덜란드인들은 서쪽의 카리문과 동쪽의 페드라 브랑카 사이의 싱가포르 주변 해역에서 순찰과 상선 나포를 늘렸으며, 특히 북쪽의 카리문 해안과 베르부킷 곶(Hook of Berbukit, 탄중 펭거랑(Tanjung Pengerang)) 두 곳에 중점을 두었다. 카리문에서는 말라카, 쿤두르(Kundur 또는 사밤(Sabam))와 두리안(Durian) 해협을 통해 도착하는 해상 교통을 감시할 수 있었다. 이 해협은 팔렘방, 잠비, 자바, 술라웨시(마카사르(Makassar)), 말루쿠스(Malukus), 반다스(Bandas) 및

17세기 후반에 제작된 수마트라 남부에 있는 팔렘방 지역의 채색 스케치.

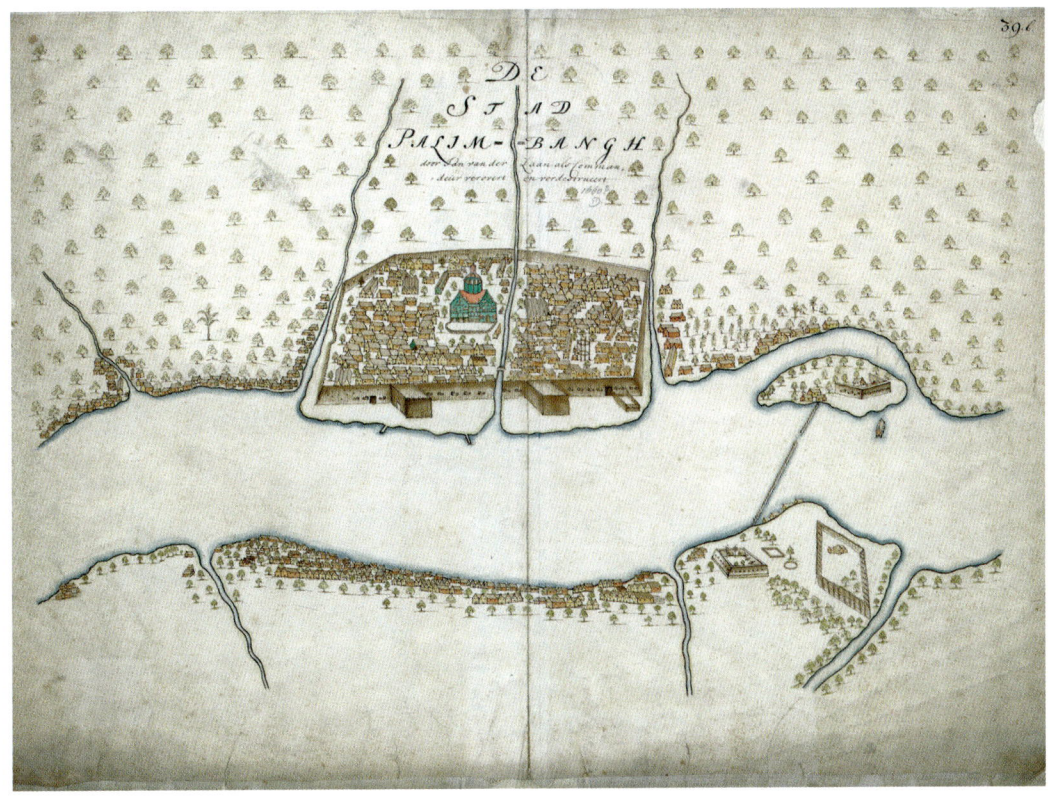

티모르(Timor)를 오가는 선박에 중요했다. 또한 이곳에서는 싱가포르와 테브라우 해협을 통과하는 선박들을 감시할 수 있었다. 대략 창이 건너편 조호르 본토에 있는 베르부킷 곶에는 모래 해변이 있어서 선박을 수리하는 동안 관리하기에 적합했고, 언덕으로 둘러싸여 있어서 북동 몬순 바람에 완전히 노출되지 않고 보호되었다.

네덜란드 해군의 순찰을 피하려고 포르투갈 선장들은 조호르를 포함한 현지 수장들과 통치자들의 공개적이거나 은밀한 지원을 받아 다양한 전술을 동원했다. 물론 밤의 어둠과 얕은 바다를 이용해 상업 활동을 하고, 여러 소형 선박으로 위험을 분산시키는 이들도 항상 있었다. 그러나 이들이 구사한 전략 가운데에는 상당히 정교한 것들도 있었다.

첫째는 파항강, 무아강과 그 지류를 따라 육로로 화물이 운송되는 경로를 변경하는 것이었다. 이 방법은 파항의 통치자와 이후 조호르 통치자의 협조가 필요했다. 둘째는 리아우섬과 수마트라섬 동부 사이에 새로운 항로를 개척하는 것이었다. 그러나 네덜란드와 조호르 사이의 우호적인 관계는 이것을 점점 더 어렵게 만들었다. 세 번째 방법은 순다해협이나 발리해협을 통해 장거리 선박의 항로를 변경하는 것이었다. 이 또한 자바 주변에 네덜란드인들의 존재가 증가하고, 동부 자바의 군주들에 대한 마타람 왕의 전쟁으로 인해 점점 더 어려워졌다. 마지막으로 포르투갈인들은 인도, 말라카, 중국 사이의 무역을 위해 아시아 또는 유럽의 대리인을 이용하기도 했다. 유럽인들 사이에서는 영국과 덴마크인들이 특히 선호되었다.

네덜란드인은 아주 일찍부터 그들의 상선을 보호하기 위해 요새를 건설하는 것에 대해 포르투갈인과 비슷한 생각을 하고 있었다. 한때 마텔리에프와 VOC 이사들은 싱가포르, 조호르강 하구, 카리문, 빈탄 북부 해안을 포함하는 싱가포르 해협 주변에 VOC의 주요 아시아 기지를 설립하는 방안을 검토했다.

마텔리에프는 VOC 이사 및 네덜란드 정부의 주요 구성원들에게 보낸 다양한 탄원서에서 동남아 전역에 걸쳐 지리적으로 적합한 6개 장소의 장점을 알렸다. 그 여섯 곳은 아체, 말라카, 조호르강 하구-싱가포르 지역, 팔렘방, 반텐, 자야카르타(Jayakarta, 이후 자카르타)였다. 결국 그는 싱가포르-조하르강 지역이 일년 내내 쉽게 도달할 수 없고, 수입 식품 공급에 대한 의존도가 높다는 이유로 탈락시켰다. 그런 다음 그는 남쪽으로 시선을 돌렸고, 유럽의 다른 주요 VOC 관리들과 함께 순다 해협 근처를 선택했다. 마텔리에프는 이곳이 말라카해협과는 달리 일 년 내내 항해할 수 있다고 강조했다.

17세기의 첫 20년 동안 작성된 마텔리에프의 여행기, 청원서, 편지들은 근대 초기 싱가포르 역사와 관련해서 가장 곤혹스러운 질문, '즉 싱가포르가 핵심 해상 교통로에 자리한 전략적 요충지라는 사실이 왜 19세기 초 영국이 이 해역에 도착한 이후에야 비로소 발견된 것으로 간주하는가'에 대한 답을 제시한다. 마텔리에프의 기록은 싱가포르가 전략적 거점, 항구 그리고 잠재적인 식민 정착지로서의 가능성을 그보다 훨씬 이전부터 잘 인식하고 있었다는 사실을 보여준다. 이러한 통찰은 영국 식민주의 서사를 크게 흔들고 변화시키는 중요한 의미를 지닌다.

피에터 빌렘순 베르호프(Pieter Willemszoon Verhoeff) 제독은 마텔리에프의 뒤를 이어 1609년 초에 조호르와의 네덜란드 관계를 구축하라는 VOC 이사회의 지시를 받고 도착했다. 한 가지 임무는 조호르 통치자의 사무실을 통해 이 지역에 요새를 건설할 것을 고려하는 것이었다. 이는 VOC 책임자들이 싱가포르 해협 지역에 요새를 건설하라는 구체적인 지시를 내린 첫 번째 사례였다.

그러나 술탄은 베르호프가 제안한 요새가 조호르의 하천 중심 경제에 안보상의 이익을 가져다줄 것이라는 주장에 설득되지 않았다. 그는 포르투갈인이 자신의 손님들이 생각하는 만큼 자신을 그리 미워하지도 않는다고 지적했다. 만약 포르투갈 군대가 또다시 해상 봉쇄를 가해 바투 사와를 중심으로 한 하천 교역을 차단하거나, 혹은 왕도를 공격한다고 하더라도, 그는 더 상류로 도망칠 수 있었다.

더욱이 술탄은 네덜란드인에게 '그의 강에 이르는 열쇠'를 건네길 꺼

피에터 빌렘순 베르호프(Pieter Willemszoon Verhoeff)는 VOC 함대를 이끌고 동남아에 갔고, 1609년 초 몇 주 동안 조호르를 방문했다. 그는 같은 해 반다 제도에서 살해되었다.

렸다. 그의 영토에 요새를 건설하는 것은 불가피하게 네덜란드인이 그의 신하들과 함께 살게 된다는 것을 의미했고, 포르투갈인과 마찬가지로 네덜란드 남성들이 현지 여성들과 친교를 맺을 가능성이 높았기 때문에, 달갑지 않은 사회적 반향을 일으키게 될 것이었다. 그래서 술탄은 대신 현금과 무기를 흥정했다. 더 이상의 논의가 무의미하다는 것을 깨달은 베르호프는 협상을 중단했다.

이 협상의 결렬은 조호르와 네덜란드 관계가 사상 최악의 국면으로 접어들었음을 알리는 신호였다. 조호르 통치자들이 베르후프가 조호르강 하구에 요새를 건설할 허가를 요청한 데 격분했다면, 4월에 네덜란드 공화국과 이베리아 세력 간에 휴전이 체결되었다는 소식은 상황을 더욱 악화시켰다. 라자 봉수는 자신이 네덜란드의 동맹국인 만큼, 이 휴전에 대해 사전에 얘기가 있어야 한다고 생각했는데, 실제로 네덜란드는 1606년 양측이 체결한 조약의 조건에 따라 그렇게 해야 할 의무가 있었다.

네덜란드인들은 10년 전 쿠트르가 제안한 것과 같은 싱가포르의 바로 그 지점에 요새를 건설하는 것을 포함하여, 이 지역의 요새를 건설해야 한다는 계획을 계속 추진했다. 자크 오벨라르는 포르투갈로 망명한 후, 1612년에 고아 당국에게 네덜란드가 "해협을 나누는 한 섬과 중국으로 향하는 선박들이 통과하는 곳에 요새를 건설할 계획"이라고 밝혔다. 오벨라르는 이 위치가 '조호르 왕국'에서 약 5 레고아(legoas, 31km) 떨어진 곳에 있다고 덧붙였다. 만약 이 거리가 까마귀가 날 듯이 추정되었다면, 여기서 문제의 '조호르'는 아마도 왕국의 왕도 바투 사와가 아니라 조호르 라마 주변이었을 것이다.

조호르에 있는 네덜란드 지사의 고위 관리였던 오벨라르는 VOC 계획을 알고 있었을 것이다. 마텔리에프와 그의 뒤를 이은 베르호프가 조호르강 하구와 해협 주변의 새로운 네덜란드 요새의 정확한 위치를 잘 몰랐다고 하더라도 현지에 있는 사람들은 훨씬 더 분명히 알고 있었다. 오벨라르의 기록은 그 위치에 대해 명확하다. 조호르 라마에서 약 30km 떨어진 두 해협을 사이에 두고 있는 섬, 즉 오늘날 센토사섬이 그

것이다.

1613년 아체가 조호르를 공격한 후에야, 술탄이 된 라자 봉수는 베르호프가 방문했을 때 끝났던 네덜란드와의 대화를 되살렸다. 1614년 VOC는 얀 고메르순 코크(Jan Gommerszoon Cocq)와 아드리안 판데르두스첸(Adriaen van der Dusschen)을 파견하여, 술탄 압달라(Abdallah)와 협상하고 요새를 건설할 수 있는 장소를 조사하게 하였다. 코크는 바투 사와에 도착한 직후에 세상을 떠나버려 판데르두스첸은 혼자 협상해야 했다. 싱가포르와 빈탄 북부 해안을 포함한 여러 지점을 살펴본 끝에, 그는 싱가포르 해협과 말라카해협을 드나드는 선박은 물론, 수마트라 동해안을 따라 자바와 향료제도(Spice Islands) 방면으로 항해하는 선박들을 감시하기에 이상적인 전략적 위치로 카리문 베사르(대카리몬)섬의 북동단을 선택하였다.

그러나 네덜란드가 말라카해협 연안에서 벗어난 방향으로 전략을 전개하기 시작하면서 그 계획은 좌초되었다. 앞서 마텔리프가 그랬던 것처럼, 네덜란드 총독이 된 얀 피터르스존 쿤(Jan Pieterszoon Coen)은 순다 해협 근처의 자바 지역을 확고히 선호했다. 아체인의 기습과 포르투갈의 봉쇄는 조호르강의 취약성을 드러냈다. 싱가포르나 카리문 베사르에 네덜란드 요새를 두는 것은 조호르 주변 해역의 안전을 보장하지 못했을 것이며, 따라서 교역을 끌어들이려는 전망을 좌초시키는 결과가 되었을 것이다. 결정적 순간은, 암스테르담이 아시아에서의 네덜란드 기지 후보지를 여전히 검토하고 있던 동안인 1619년에 쿤이 바타비아(오늘날 자카르타)를 정복하여 기정사실을 만들어버렸을 때 찾아왔다.

최종 분석 결과 싱가포르나 그 근처에 요새를 건설하기에는 항상 자금이 부족했다. VOC는 주주 회사로서 수익률을 고려해야 했고, 이 기간에 상업 및 군사 인프라에 대한 급증하는 지출을 억제하기 위해 고군분투했다. 바투 사와 등 일부 VOC 지사들이 적자를 보고 운영 중이었지만, 적어도 당시로서는 정치적 이유로 문을 닫을 수 없었다. 요새를 유지하고 수비대에 인력을 배치하는 데에는 비용이 많이 들었다.

17세기 중반 자바섬의 바타비아 항구(현 자카르타) 입구의 조감도를 그린 수채화 인쇄물.

이러한 이유로, 회사는 요새 건설 대신, 싱가포르와 말라카해협 주변 지역에 해군 함대를 계절에 따라 배치하는 것이 비용 면에서 더 효율적이라는 것을 알게 되었다. 1641년 마침내 포르투갈로부터 말라카를 빼앗은 후에도 네덜란드 해군 함대는 그 기능에 변화가 있었지만, 계속해서 해역을 순찰했다. 해적들과 탐욕스러운 해양 부족들을 자세히 감시하는 것 외에도, 그들은 아시아 선박들이 현지 항구에 기항하지 못하게 하고 대신 네덜란드령 바타비아로 향하도록 했다.

싱가포르의 스페인 무적함대와 거버너스 해협

1616년 2월 스페인 무적함대가 싱가포르 해안에 도착하면서 네덜란드-포르투갈 분쟁은 전환기를 맞이했다. 큰 전투가 벌어지지는 않았지만, 이때부터 동남아의 이베리아인들에게 형세가 불리하게 전개되기 시작했다. 무적함대의 실패는 여러 요인이 합해진 결과였지만, 가장 중요한 것은 의심할 여지 없이 당시 스페인령 필리핀의 총독이었던 후안 데

실바(Juan de Silva)였다.

1609년 데실바의 총독직 개시는 네덜란드 공화국과 스페인, 그리고 네덜란드와 포르투갈 사이의 분쟁을 중단시킨 12년 휴전 협정 체결과 일치한다. 그 휴전은 전 세계적으로 시행되도록 의도되었지만, 양 제국이 거느린 광범위한 식민지와 정착지 네트워크에 존재하는 지역적 여건 때문에 이는 어려운 과제였다. 동남아에서 말루쿠 제도는 네덜란드와 이베리아 사이의 계속되는 경쟁에 있어서 가장 중요한 화약고였다. 말루쿠는 1605년 네덜란드가 포르투갈로부터 암본(Ambon)섬을 탈취한 이후 치열한 경쟁지가 되었다. 그에 대응하여 스페인은 티도레(Tidore)섬과 테르나테(Ternate)섬에 요새와 수비대를 유지하며 주둔을 강화했다.

데실바가 총독으로 부임했을 때, 그는 네덜란드를 상대로 첫 번째 성공을 거두었다. 1610년 마닐라 근교에서 프랑수아 비터르트(François Wittert)를 격퇴하자 마드리드, 리스본, 포르투갈령 고아, 스페인령 멕시코시티에서는 네덜란드군이 결정적인 군사적 타격을 입을 수 있다는 낙관론이 대두되었다. 이를 위해 멕시코의 스페인 총독은 필리핀에서 건

테르나테(Ternate)는 말루쿠 제도에서 정향이 생산되는 섬 중의 하나였으며, 테르나탄(Ternatan) 술탄의 왕궁이 있었던 곳이다.

조될 함대의 건설 비용을 지원했다. 이 함대는 중무장한 갤리온선 열 척, 노 젓는 갤리선 네 척, 소형 전함 한 척, 소형 구축함 세 척과 추가 지원 함정으로 구성되었다.

이들 배에는 유럽, 멕시코, 필리핀 제도에서 온 군인과 500명의 일본 용병을 포함한 5천 명의 병사들이 타고 있었다. 포르투갈인은 인도에서 건조된 네 척의 대형 군함을 갖고 있었다. 수년 간의 준비 끝에, 스페인과 포르투갈은 1615년 말 싱가포르에서 연합하여, 네덜란드와 싸우기 위해 말루쿠로 진격할 준비가 되어 있었다. 그러나, 1615년 9월 포르투갈 전함은 두 차례의 해군 공격으로 파괴되었다. 한 번은 아체가 말라카해협에서, 나머지는 네덜란드가 말라카 앞바다에 정박해 있는 전함을 파괴하였다.

포르투갈 선박들의 운명에 대해 전혀 알지 못했던 데실바는 1616년 1월 말이나 2월 초에 마닐라에서 출항하여 2월 25일에 싱가포르에 닻을 내렸다. 그는 술탄 압달라에게 스페인어로 협박 편지를 써서 포르투갈과의 평화 조약을 지키라고 촉구했고, 또한 이전에 무역선 한 척이 창이 앞바다에서 조호르군에게 나포되었다고 썼다. 포르투갈 군함들이 나타나지 않자, 데실바는 상황을 확인하기 위해 말라카로 이동하기로 했고, 마닐라에서 출발하여 도착한 나머지 함대는 싱가포르 앞바다에 정박했다. 그는 말라카에 도착하자마자 대대적인 환영을 받았지만, 얼마 지나지 않아 의문의 죽음을 맞이했다.

한편, 싱가포르 앞바다에 정박해 있던 스페인 선박에 타고 있던 군인과 선원들은 질병으로 사경을 헤매고 있었으며, 그 시신은 바다에 던져졌다. 현지 지사의 네트워크를 통해 이러한 상황을 감시하고 있던 네덜란드인들은 스페인인들이 차지했던 담수원이 오랑라웃에 의해 독으로 오염되었다는 소문을 퍼뜨렸다. 데실바의 사망 소식이 전해지자 무적함대 지휘관들은 이 참담한 원정을 중단하기로 하고 5월 4일 마닐라를 향해 출항했다.

스페인 함대가 싱가포르 해역에 도착하면서 얻은 한 가지 유산은

1800년 이전의 지도와 해상지도에서 알려진 바와 같이, 거버너스 해협 (Governor's Strait) 또는 존 데실바(John de Silva) 해협으로 명명된 새로운 해양 동맥이었다. 세인트 존스(St John's) 섬의 남쪽을 가로지르는 이 해협은 오늘날 국제 선박이 이용하는 주요 항로와 같은 것이다.

거버너스 해협이 개통된 후, 선박들은 점점 더 남쪽으로 항해하기 시작했고, 더 이상 싱가포르의 해안선을 보지 않게 되었다. 한 예로 포르투갈 선교사 프레이 세바스티앙 만리케(Fray Sebastien Manrique)의 1637년 기록을 들 수 있다. 그는 말라카에서 코친차이나(Cochinchina) 행 배에 올라 8월 15일 카리문 남쪽으로 향했다. 8월 21일 이곳에서 그들은 '네덜란드 해적'으로 묘사된 VOC 순양함 두 척을 발견했고, 그 배가 선교사가 탄 배를 쫓아오기 시작했다. 선장은 "그들을 전혀 눈치채지 못했고, 그들은 겨울보다는 봄과 훨씬 닮은 순풍 속에서 항로를 유지했다." 3일 후, 그들은 싱가포르 해협을 통과하여 레무니아 암초군(Romania Shoal, 역주-이것은 Remunia Shoal의 오기)로 향했고, 그곳에서 현재의 베트남 남부 해안의 섬인 풀라우 콘도르(Pulau Condor)로 가는 항로로 정했다. 만리케의 기록에서 싱가포르에 대한 자세한 내용은 더 이상 찾아볼 수 없다.

새로운 항로가 더 우위에 있었음을 보여주는 또 다른 예로 스페인의 수도사 도밍고 데나바레테(Domingo de Navarrete)가 쓴 기록이다. 1669년 출판된 그의 여행기에는 거버너스 해협을 통과하는 항로가 묘사되어 있다. 나바레테는 "대부분의 사람들이 이제 그 길로 간다."라고 한다. 다시 말해, 거버너스 해협은 당시 유일한 길은 아니었지만, 선호되는 해상 항로였다. 당연히 거버너스 해협이 개통된 이후, 싱가포르의 해안 부근에서 쓰인 항해 기록 또한 감소하기 시작했다.

동남아의 영국인

래플스가 싱가포르 해역에 도착했다고 해서 영국인이 동남아 해역에 처음 등장한 것은 아니었다. 1577년에서 1580년 사이에 세계를 일주한 두 번째 인물이 된 프란시스 드레이크(Francis Drake)는 그의 역사적인 항해 중에 말루쿠 제도(유럽에서 아메리카와 태평양을 거쳐 서쪽으로 항

프랜시스 드레이크(Francis Drake) 경의 초상화. 윌리엄 컬런 브라이언트(William Cullan Bryant)와 시드니 하워드 게이(Sydney Howard Gay)의 《미국의 대중 역사(Popular History of the United States)》에서 발췌함.

1596년 자바섬의 반텐을 조감도로 묘사한 것. 코넬리스 드후트만(Cornelis de Houtman)의 동인도 제도 항해에 관한 여행기에서 발췌함.

해)를 방문했고, 마침내 아메리카에서 스페인으로 금과 은을 운반하던 스페인 갤리온에서 약탈한 향신료와 보물을 화물로 가득 싣고 영국으로 돌아왔다.

1588년 스페인 무적함대를 격파한 영국 함대에서 드레이크 휘하에서 복무했던 사략선 선장 제임스 랭커스터(James Lancaster)는 1601년 새로 설립된 EIC를 대표하고 후원자인 엘리자베스 1세 여왕의 서신을 들고 동남아로 항해했다. 그가 현지 통치자들에게 제시한 일반적인 서한은 무역 특권을 요청했다. 아체의 술탄이 첫 번째 수신자였고, 그 후 랭커스터는 향료제도로 더 잘 알려진 말루쿠 제도와 반다 제도로 항해했다.

향료제도는 면적 자체는 비교적 작았지만, 비옥한 화산토에서 자란 육두구와 정향은 그 지역에서만 독점적으로 생산되었다. 1603년 랭커스터는 반텐에 향신료 교역을 위한 지사를 설치했는데, 이는 동남아에서 최초의 영국 무역사무소이었다. 반텐 외에도 EIC는 잠비, 마카사르, 말루쿠 제도 등 여러 지역에 사무소를 유지하였다.

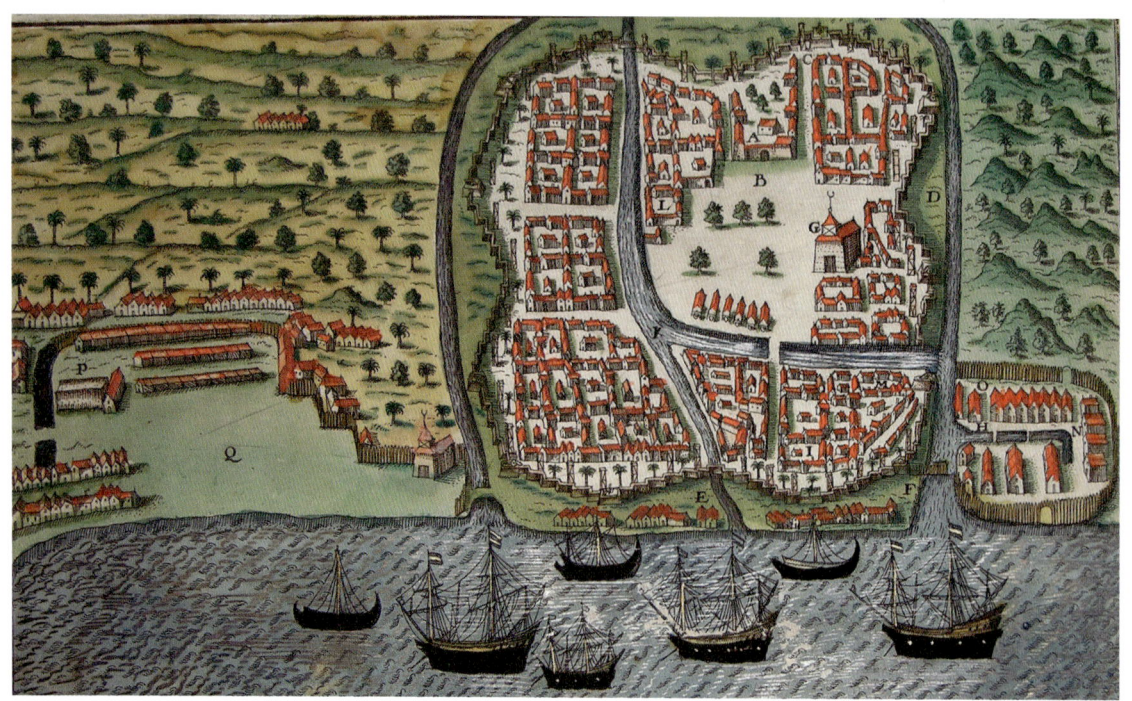

처음에 네덜란드인들은 공격적으로 반응하지 않았지만, 향신료 무역에 대한 지배력을 강화했다. 향신료의 공급원과 생산에 대한 통제권을 확대하고, 말루쿠스의 풀라우 룬(Pulau Run)과 같이 향신료를 생산하는 나무를 파괴하고, 원주민들을 추방하고, 통제된 향신료를 생산하는 농장을 새로운 재배자들에게 넘겨줌으로써, 네덜란드의 정책은 유럽의 무역 경쟁상대들을 몰아내고자 했다. 전략의 일환으로 VOC 대리자들은 향신료 공급원을 장악하고, 네덜란드 무역을 보호하기 위해 요새를 건설하려고 시도했고, 또한 불가피하게 지역 주민들을 감독하기 위해 현지 지도자들과 협상에 들어갔다.

1615년, 풀라우 아이(Pulau Ai)와 풀라우 룬(Pulau Run)에 요새화된 사무소를 가지고 있던 영국군은 네덜란드군의 공격을 받았다. 이듬해 섬 주민들은 충성의 표시로 EIC 대리자들에게 귀한 육두구 모종을 선물함으로써, 제임스 1세에게 충성을 맹세했다. 이 충성을 통해 제임스 1세는 스스로 '잉글랜드, 스코틀랜드, 아일랜드, 프랑스, 풀로웨이(Puloway, 풀라우 아이), 풀로룬(Puloroon, 풀라우 룬)의 왕'이라고 칭할 수 있었다.

센토사에 요새가 구축되었다면 이런 모습이었을까? 티모르(Timor) 섬의 쿠팡(Kupang)에 있는 네덜란드 요새 콩코르디아(Concordia)를 묘사한 손으로 그린 스케치(17세기).

제임스 1세에게 충성을 맹세했지만, 풀라우 룬 주민들은 어떠한 지원도 받지 못했다. 네덜란드인들은 어쨌든 공격했고, 그들의 부의 원천이었던 육두구 나무를 파괴했고, 주민들을 죽이거나 내쫓았다. 1621년 네덜란드는 반다 제도를 점령하고, 그곳의 비네덜란드계 유럽인뿐만 아니라 섬 주민들도 학살하여 근본적으로 섬의 인구를 감소시키고, 육두구 나무를 장악했다. 또한, 유럽의 향신료 가격을 유지하기 위해 말루쿠스뿐만 아니라 반다 제도의 많은 나무를 파괴하여 인위적으로 생산량을 부족하게 만들었다. 1623년 네덜란드는 암본에서 영국인과 포르투갈인 20명과 일본인 1명을 반역죄로 처형했다.

네덜란드의 적대감에도 불구하고, EIC는 동남아에서 주둔을 유지했고, 심지어 카리문에 요새를 건설할 방안을 생각하기도 했다. 그러나 네덜란드와 영국 사이의 긴장이 고조되고, VOC의 향신료 무역에 대한 지배력을 강화되자, 영국은 1624년까지 보르네오, 파타니, 아유타야, 일본 등지의 지사를 폐쇄하고 바타비아, 잠비, 제파라(Jepara), 마카사르에만 주둔하게 되었다. 그들은 이후 1667년 마카사르에서, 1679년 잠비에서 쫓겨났다.

또한, 영국인들은 1667년 브레다 조약(Treaty of Breda)의 체결로 풀라우 룬과 풀라우 아이를 공식적으로 '잃게' 되었다. 그 대가로 영국은 맨해튼섬과 뉴암스테르담(현 뉴욕시)의 항구를 획득했다. 반텐이 1682년 네덜란드에 의해 점령되었고, 영국은 이후 100년 동안 수마트라 서부의 벵쿨루(Bengkulu, 벤쿨렌(Bencoolen)) 항구로 세력이 제한되었다. 제1차 영국-네덜란드 전쟁이 발발한 1652년부터 1824년 영국-네덜란드 조약(Anglo-Dutch Treaty)을 통해 획기적으로 평화가 정착되기까지, 양측은 패권을 두고 수많은 해전을 벌였다. 네덜란드의 적대감에 대한 우려는 19세기에 EIC 지사로 싱가포르를 선택하는 데에 영향을 미쳤을 것이다.

제4장 요약

제3장은 16세기 싱가포르에 샤반다리아가 존재했음을 소개했다면, 제4장은 17세기 내내 싱가포르의 전략적 위치가 얼마나 중심적이었는지를 상세히 설명한다. 특히 조호르 술탄국의 샤반다리아로서의 위치가 이 해역에서 치열한 갈등과 경쟁을 어떻게 형성했는지를 다룬다. 이러한 경쟁은 유럽의 해군 세력들 사이뿐 아니라, 아체와 파타니와 같은 역내 경쟁자들 사이에서도 전개되었다.

한편 싱가포르의 전략적 위치는 유럽 열강들로 하여금 무역 이익을 보호하기 해군 기지로 요새화하는 것을 고려하도록 자극했다. 다른 한편으로, 싱가포르의 정착지로서의 중요성은 조호르 술탄국의 운명과 밀접한 관련이 있었다. 정착지로서의 싱가포르는 조호르의 '황금시대' 동안 번영했지만, 17세기 말 조호르가 사회적, 정치적, 경제적 격변을 겪으면서 쇠퇴하기 시작했다.

제5장에서는 1699년 술탄 마흐무드의 시해 사건이 어떻게 조호르를 장기화된 내전으로 몰아넣었는지, 술탄국의 정당한 후계자라고 자처했던 다양한 인물들과 함께 탐구한다. 싱가포르는 뒤따른 분쟁으로 인해 분명히 소외되었다.

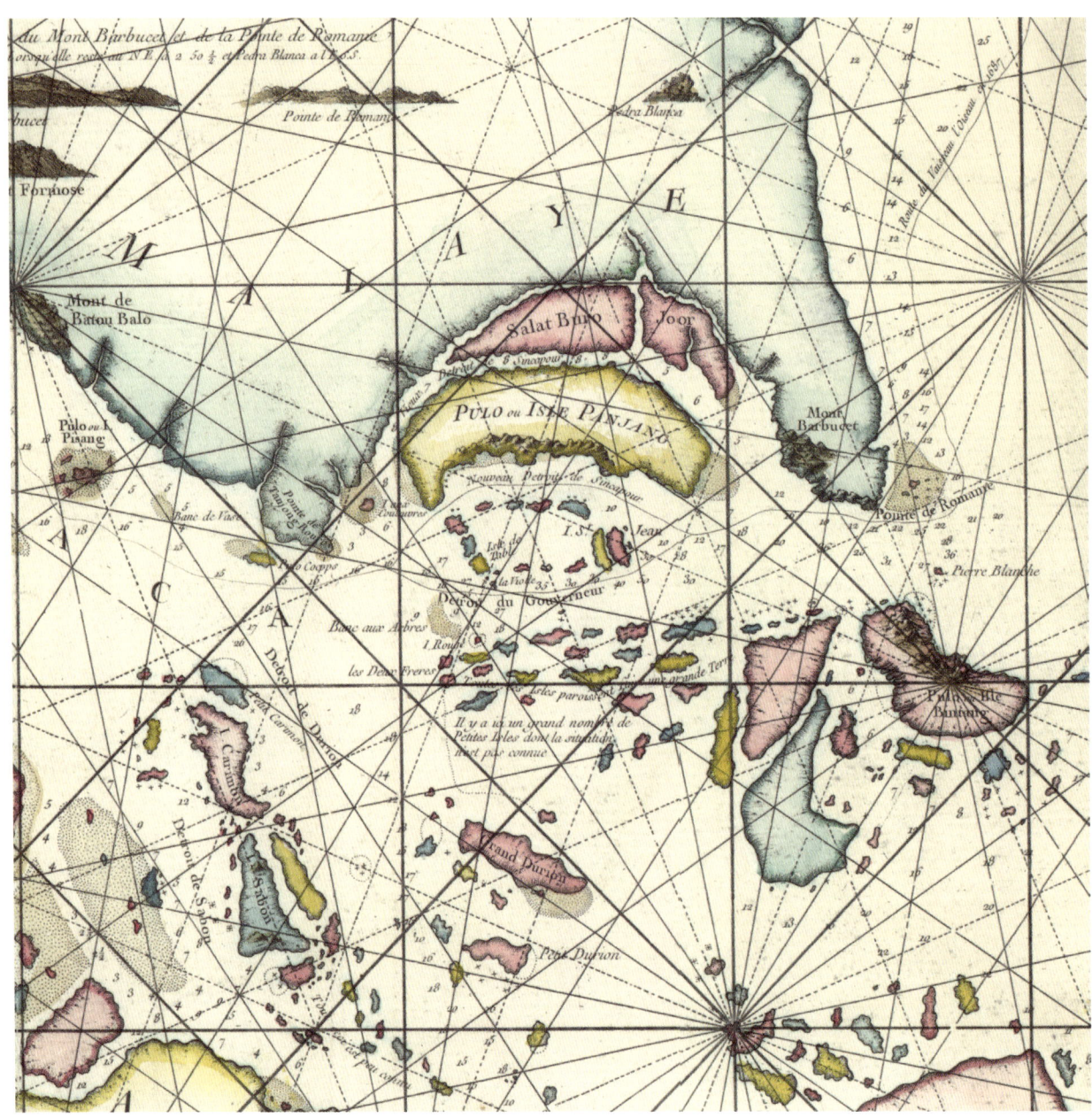

1755년 프랑스 수로학자 자크 니콜라 벨랭(Jacques Nico-
las Bellin)이 제작한 항해도에서 발췌한 부분으로, 싱가포르
와 말라카해협을 보여주며 싱가포르를 지나 항해할 때 이
용되는 다양한 항로들이 분명하게 표시되어 있다. 이 항해
도는 싱가포르 남쪽에 있는 수많은 미지의 작은 섬들에 대
해 항해자들에게 경고하고 있다. 싱가포르는 "Pulo ou Isle
Panjang", 즉 "긴 섬(Long Island)"으로 표시되어 있다.

제5장

18세기: 말레이 관문에서 식민지 항구 도시로

> 그리고 금요일 기도 시간이 되었다. 왕실의 가마가 준비되었다. 그러자 전하는 가마에 올라 금요 예배처로 모셔졌다. 모스크의 문에 이르자 벤다하라와 여러 귀족이 기다리고 있었다. 그때 메갓 세리 라마가 도착하여 절을 올리고 아뢰었다. "전하, 당신의 종이 반역을 저지르나이다." 그리고 그의 파랑(대검)으로 전하의 머리를 내리쳤다. 그러자 코코넛 밀크 같은 하얀 피가 흘러내렸다….
>
> 《히까얏 시악》(시악 왕국의 연대기)

왕실의 암살

1699년 10월, 조호르의 술탄 마흐무드(Mahmud) 2세가 그의 귀족들인 오랑카야에 의해 암살되었다는 소식이 말라카의 네덜란드인에게 전해졌다. 술탄의 시신은 벗겨진 채 마을 곳곳을 질질 끌려다닌 뒤 오후까지 그대로 방치되었다가, 음모자들이 벤다하라를 새로운 술탄으로 선포한 후에야 비로소 마흐무드의 장례를 치를 수 있었다.

오랑카야들이 마흐무드를 제거하기로 마음먹은 것은, 그의 점점 더 예측 불가능하고 도저히 참을 수 없는 행동 때문이었다. 그 정점에는, 왕궁에서 훔쳐 온 잭프루트(jackfruit) 한 조각을 먹었다는 이유로 오랑카야 메갓 스리 라마(Megat Sri Rama)의 임신한 아내의 배를 갈라버리라고 명령한 사건이 있었다. 수마트라 동해안의 시악 왕국의 왕실 연대기인《히카얏 시악(Hikayat 나마)》에서는 마흐무드가 아직 태어나지 않은 아이가 그 잭프루트를 빼는 모습을 보고 싶어 아내의 배를 가르게 했다고 전한다.

비탄에 잠긴 메갓 스리 라마는 국왕 살해를 주도했고, 마흐무드가 금요 예배를 위해 가마를 타고 가는 중 공격을 감행했다. 조호르의 민중사에

오늘날 술탄 마흐무드 샤(Mahmud Shah)의 무덤이 다른 왕실 묘들과 함께 모셔져 있는 곳은 코타 팅기의 능묘이다.

서는 마흐무드를 '왕의 가마에서 세상을 떠난 술탄(Marhum Mangkat di Julang)'으로 부른다. 그의 무덤(세워진 영묘 안에 있음)과 메갓 스리 라마의 무덤은 오늘날 조호르의 코타 팅기(Kota Tinggi)에서 숭배의 대상이 되고 있다. 마흐무드의 죽음은 조호르와 싱가포르는 물론 그 주변 지역 및 세계 교역 패턴에도 심오하고도 불행한 역사적 전환을 일으켰다.

영국인 자유무역가(country trader)인 알렉산더 해밀턴은 조호르를 방문하여 이러한 사건들을 목격했을 가능성이 있는데, 그가 전한 기록은 말라카에서 네덜란드인들에게 전달된 내용이나 후대 말레이 역사서에 기록된 내용과는 달랐다. 1685년 10세의 나이로 조호르 제10대 술탄에 즉위한 마흐무드는 통치자로서의 미숙함과 어린 나이 외에도 남성들과의 친밀한 교제를 선호했던 것으로 보인다. 해밀턴이 전한 술탄 시살 사건 기록은 잔혹한 폭군, 걱정하는 어머니, 거절당한 미인, 복수를 꾀하는 아버지가 등장하는 흥미진진한 이야기이다.

그들의 왕은 스무 살가량의 젊은이였는데, 악벽을 지닌 데다 아첨과 패륜적인 무리들에 의해 타락하여 더는 견딜 수 없을 지경이 되었다. 나는 그때 그의 신하와 몇몇 중국인들과 거래하기 위해 조호르 라미(Johore Lami)에 갔다. … 내가 떠난 뒤에도 그는 1-2년 동안 견딜 수 없는 폭정과 잔혹함을 계속하였다. 그의 어머니는 그가 남성과 교제하는 그 부자연스러운 습관을 끊을 수 있는지 알아보기 위해, 한 아름답고 젊은 여인이 그가 잠자리에 있을 때 들어가도록 설득했다. 그녀는 그렇게 했고, 그를 끌어들이려 애정으로 유혹했지만, 그는 그녀의 응대에 전혀 기뻐하지 않았고 오히려 흑인 경비를 불러 왕의 몸을 껴안으려 했다는 이유로 그녀의 두 팔을 부러뜨리게 했다. 그녀는 울며 왕의 모친 명으로 왔다고 했지만, 그것은 변명이 되지 못했다. 다음 날 아침 그는 병사를 보내 그녀 아버지의 머리를 가져오라고 명했다. 그러나 그 아버지가 오랑카야였기 때문에 그렇게 쉽게 머리를 내줄 마음이 없었다. 그러자 그 폭군은 손에 창을 들고 그 머리를 반드시 얻겠다고 맹세했다. 그러나 문으로 들어서던 순간, 그 오랑카야가 긴 창을 그의 심장에 찔러 넣었고 이로써 그 야수의 생을 끝냈다.

마흐무드의 살해는 조호르를 왕위 계승 위기로 몰아넣었다. 그의 뒤를 이어 술탄 압둘 잘릴 샤(Abdul Jalil Shah) 4세로 즉위한 벤다하라 파두카 라자(Paduka Raja)는 싱가푸라의 샤반다리아도 그 일부였던 분열된 왕국을 물려받았다. 말레이 역사서들은, 새로이 벤다하라에서 술탄이 된 그가 스리 트리 부아나의 직계 후손인 마흐무드 샤 2세가 지닌 것

말레이반도 남부와 싱가포르 해협, 그리고 리아우제도 일부를 토마스 보우리(Thomas Bowrey)가 손으로 그려 채색한 지도, 약 1690년경.

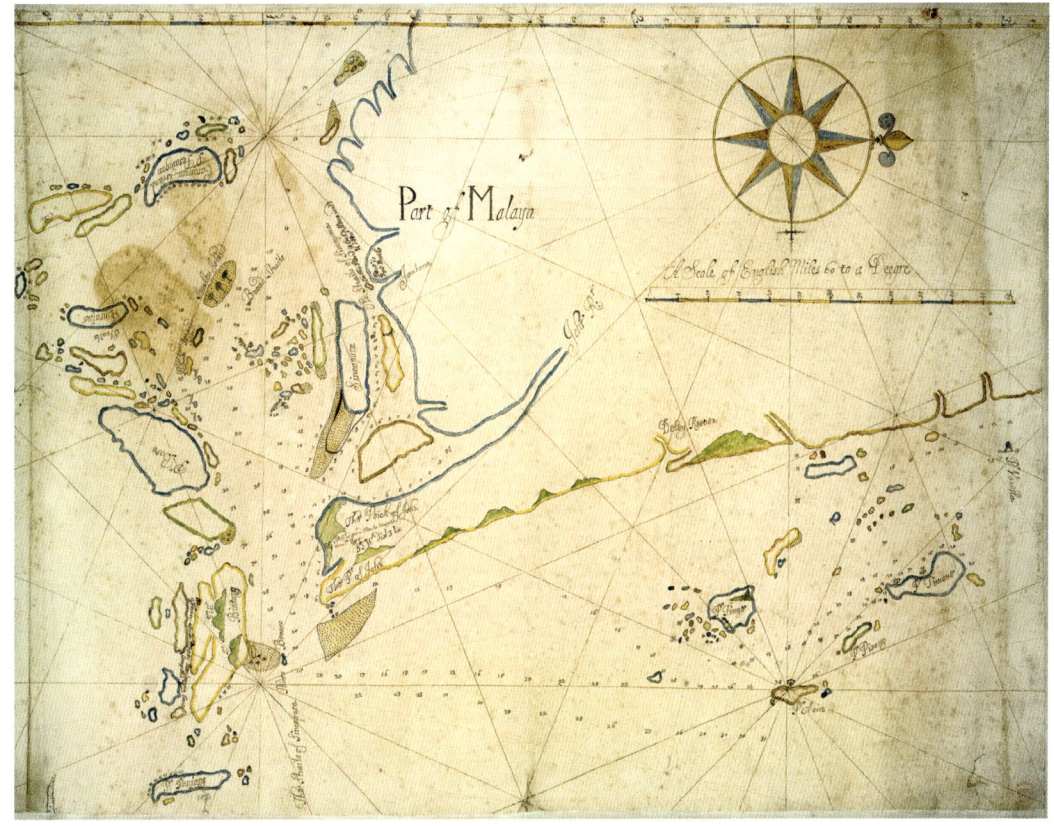

알렉산더 해밀턴의 《동인도의 새로운 이야기(A New Account of the East Indies)》에 수록된 인쇄 지도. 1727년 출판. 싱가포르 해협은 여기에서 'Straits of Governdore'으로 표기되어 있는데 이는 "거버너즈 해협(Governor's Strait)"의 변형 명칭이다. 이 해협은 1616년 함대를 이끌고 싱가포르 해안에 도착한 필리핀 총독 후안 데 실바(Juan de Silva)의 이름을 따 명명되었다.

으로 여겨졌던, 이른바 '하얀 피(white blood)'를 이어받지 못해서 오랑라웃과 말레이 백성에게서 동일한 충성심을 얻을 수 없었다고 전한다.

성스러운 혈통에서 비롯되는 도덕적 권위가 없었기 때문에, 압둘 잘릴은 오랑카야의 지속적인 지지를 통해서만 조호르를 통치할 수 있었다. 그러나 압둘 잘릴은 신하들이 받아들인 성실한 통치자였으며 그의 치세 동안 교역도 번성했지만, 실제 정치권력을 행사한 이는 그의 동생인 툰 마흐무드였고, 압둘 잘릴은 그에게 조종당하고 있었다고 해밀턴은 전한다.

1716년 무렵, 툰 마흐무드는 여러 심각한 도전에 직면해 왔으며, 2년 뒤 그는 라자 크칙(Raja Kecik)이라는 경쟁자를 맞닥뜨렸다. 라자 크칙(때로는 Raja Kecil로 표기됨)은 1718년 벵칼리스(Bengkalis) 근처 수마트라 해안에 나타나, 자신이 술탄 마흐무드 샤 2세의 사후에 태어난 아들이며, 마흐무드와 그의 말라카 조상들의 '하얀 피'가 자신의 혈관을 흐르고 있기 때문에 조호르–리아우를 통치할 신비로운 권리를 지닌 존재라고 주장하였다.

《히까얏 시악》에 따르면, 라자 크칙은 국왕 살해 전날 밤 술탄을 시중들던 한 노예 여성에게서 태어났다고 한다. 마흐무드가 후궁들보다 더 선호하던 한 젊은 남자와 희롱하고 있었는데, 마흐무드가 왕가의 씨를 흘리자 그가 노예 여인에게 그것을 삼키라고 명령하였고, 그녀는 그대로 따랐더니 임신하게 되었다고 전한다. 이렇게 하여 라자 크칙은 세상에 나오게 되었고, 그의 혈관에는 스리 트리 부아나의 왕실 '하얀 피'가 흐르고 있었다. 라자 크칙은 이 환상적인 혈통 이야기를 가지고 가장 중요한 세력이었던 오랑라웃 전사들뿐만 아니라 새 왕조에 불만을 품고 있던 다른 집단들까지 설득하는 데 성공하였다.

1719년, 라자 케칙이 조호르 수도를 공격했고, 또 다른 왕살 사건으로 벤다하라(Bendahara) 술탄 압둘 잘릴 샤가 파항(Pahang)으로 도주하던 중 암살당했다. 그의 아들이자 후계자인 라자 술라이만(Raja Sulaim-an)은 셀랑고르(Selangor)와 링기(Linggi)에 정착한 부기스인들을 모집해 라자 케칙을 물리치는 데 도움을 받았다. 전쟁을 좋아하는 부기족은 1666-69년 마카사르 전쟁 이후 술라웨시에서 피난 온 디아스포라의 일부였다. 라자 케칙과의 전투에서 승리한 대가로 부기족은 라자 무다 직위를 통해 그리고 왕실과의 결혼을 통해 조호르-리아우 궁정에 영구적인 지위를 요구하고 얻어냈다. 새로운 부기스인 라자 무다(Raja Muda)인 다엔 메레(Daeng Merewah)와는 대부분의 정치적, 그리고 논쟁의 여지가 있지만 경제적 권력까지 행사하게 되었다.

1723년 라자 케칙이 세운 동수마트라의 시악 왕국과 리아우의 부기족 사이의 적대감은 18세기 대부분 동안 지속되었으며, 이 기간 동안 《히카얏 시악》에 따르면 싱가포르 해역과 그 주변에서 양측 사이에 산발적인 해전이 벌어졌다. 1767년 싱가포르강 입구에서 한 차례 해전이 발생했다고 전해진다.

이러한 갈등의 배경에는 말레이 세계의 마음과 생각을 차지하기 위한 더 깊은 이념적 싸움이 자리 잡고 있었다. 《히카얏 시악》은 라자 케칙이 스리 트리 부아나가 세운 싱가푸라의 정당한 후계자라고 주장한다. 그와 마찬가지로 라자 케칙은 바다를 건너 수마트라로 가서 시악에 새로운 왕국을 세웠는데, 이는 싱가푸라의 진정한 후계자였으며 빈탄의 부기족이 아니었다.

두 사람 모두 자신을 이주해 온 전사 왕자라 주장하며, 아버지가 신(神) 혹은 이 땅의 선대왕이었다고 내세우면서 지배의 정치적 정통성을 주장한 '이방인'들이었다. 싱가푸라는 당시 라자 케칙이 자신의 통치권을 정당화하기 위해 내세운 정신적 기반이었다. 여기서 중요한 점은, 1699년의 국왕 시살 사건이 초래한 계승 위기가 결국 조호르-리아우 술탄국과 시악 왕국(Kingdom of Siak) 사이의 분열을 낳았으며, 이 갈등이 훗날 1819년 싱가포르의 운명에도 영향을 미치게 되었다는 사실이다.

18세기 전반기에 말라카해협에서 부기스(Bugis) 세력이 부상한 상황을 고려하여 돌이켜보면, 국왕 시살 사건의 가장 큰 패배자는 오랑 라웃 공동체였다. 부기스가 각종 특권과 요직을 차지하게 되면서, 말라카 술탄국 이래 경제적·정치적·군사적 핵심 역할을 담당해 왔던 오랑 라웃은 점점 더 주변화되어 갔다.

왕좌를 노린 이방인들

전통적인 벤다하라 대신 라자 무다라는 칭호를 선택함으로써, 툰 마흐무드는 1708년부터 1718년 사이에 말레이 반도와 수마트라 동해안에 위치한 역사적 속령들에 대한 조호르의 지배권을 다시 확립했다. 이로 인해 그는 술탄과 함께 조호르-리아우를 새로운 상업적 번영의 시대로 이끌었다. 이는 소규모 지역 경쟁자들을 제압하기 위해 강제로 빈탄(Bintan)을 통하여 수출하게 만들면서 빈탄을 술탄국의 주요 항구로 만드는 전통적인 말레이 전략을 채택함으로써 가능했다.

툰 마흐무드가 조호르의 항구를 코타 팅기에서 술탄들이 간헐적으로 거주하던 리아우의 빈탄섬으로 옮기기로 한 결정은 싱가포르섬에 있던 샤반다(Shahbandar, 항만 감독관)의 지위를 무의미하게 만들었다. 항구가 빈탄과 인근의 플라우 퍼녕앗(Pulau Penyengat)으로 옮기면서 상인들이 조호르강을 거슬러 코타 팅기로 향할 때 들르는 첫 기항지를 감독할 샤반다가 이젠 더 이상 필요하지 않았다. 게다가 싱가포르에 기반을 둔 오랑라웃 전사들은 새 벤다하라–술탄에 대한 충성심이 분열된 상태였다. 따라서 싱가포르의 항구는 상당히 축소되었을 것이며 문헌상의 명확한 증거는 불충분하지만 샤반다 역시 빈탄으로 거처를 옮겼을 가능성이 높다.

해밀턴은 자신의 저서 《동인도의 새로운 이야기》에서 1703년 술탄 압둘 잘릴 샤가 자신에게 싱가포르섬을 하사하겠다고 제안했으나 자신은 이를 거절했다고 회고했다.

1703년 나는 중국으로 가는 길에 조호르에 들렀다. 그는 나를 매우 친절히 대하며 싱가포르섬을 선물로 내게 주었다. 그러나 나는 그것이 개인에게는 아무런 쓸모가 없다고 말하였다. 다만 교역의 중심지에 위치하고 좋은 강과 안전한 항구를 갖추었으며, 모든 바람이 배가 드나드는 데 유리하게 불어주는 지점이므로 어떤 회사가 식민지를 개척하기에는 적합한 장소라 하였다. 그 토양은 검고 기름졌으며 숲에는 배의 돛대에 알맞은 목재와 건축용 목재가 풍부했다. 나는 숲속에서 야생으로 자라는 큰 콩들을 보았는데 맛과 빼어남이 유럽 최고의 그것과 비교해도 뒤지지 않았다. 또한 둘레가 5-6인치에 달하는 사탕수수도 야생으로 자라고 있었다.

술탄이 왜 해밀턴에게 싱가포르를 내어주겠다고 제안했는지는 명확하지 않다. 그러나 해밀턴이 남긴 싱가포르에 관한 언급은, 이 섬이 무역의 교차로에 위치하고 식민화할 가치가 있다는 포르투갈과 네덜란드 관리들의 이전 견해를 확인해 준다. 주목할 점은, 해밀턴이 어떠한 정착지도 언급하지 않았다는 사실로, 이는 아마도 1703년 무렵에는 싱가포르가 조호르강의 관문으로서 담당했던 역할이 이미 변모하고 있었음을 시사한다.

1669년에 간행된 《동인도회사 사절단(Embassy from the East India Company)》에서 발췌한 부기스 전사들의 명성을 담아낸 삽화

독립 리아우의 흥망사(1758-84)

1722년, 라자 술라이만이 조호르-리아우의 술탄이 되었으나, 실권은 초대 양 디페르투안 무다(Yang Dipertuan Muda)가 된 댕 메레와(Daeng Merewah)가 쥐고 있었다. 부기스는 왕궁을 조호르강 지역에서 빈탄으로 옮기면서 그곳을 18세기 후반까지 중요한 무역 중심지로 발전시켰다. 이후 수십 년 동안 부기스는 리아우 항구를 지역 및 광역 무역망과 다시 연결하는 교역망으로 재건해 나갔다.

여러 중요한 전개가 부기스의 성공을 뒷받침했다. 댕 켐보자(Daeng

Kemboja)가 제3대 라자 무다(Raja Muda, 또는 양 디페르투안 무다 Yang Dipertuan Muda, 1745 – 1777)로 즉위하면서, 조호르-리아우에는 정치적 안정이 찾아왔다. 그는 말레이 해협의 무역망을 확장하였으며, 인도네시아 제도 전역에 걸쳐 동쪽으로는 중국까지 뻗어 있는 부기스 무역망과 연결시켰다. 해당 항구는 부르네오, 중국, 시암, 코친차이나(Co-chinchina, 현재 베트남 일부)뿐만 아니라 인도에서 온 상인들을 끌어들였으며, 벵골(Bengal)과 코로만델 해안(Coromandel Coast)을 거점으로 활동하던 영국, 프랑스, 포르투갈, 덴마크 등의 유럽 상인들도 이곳을 찾아왔다.

부기스는 주석 무역으로도 크게 번성하였다. 리아우의 최대 수출품 가운데 하나였던 주석은 부기스 무역망을 통해 수마트라의 방카와 팔렘방(Palembang), 그리고 말레이 반도의 끄다와 셀랑고르(Selangor)에서

조호르 술탄들의 계보

말라카-조호르 왕조	벤다하라 왕조 (말라카-조호르 왕조의 국왕 피살 사건 이후 무아에 근거지 마련)	부기스-리아우 왕조 (술탄 술라이만 가문과의 혼인을 통해 벤다하라 왕조와 연계)
· 마흐무드샤2세 (Mahmud Shah II), 1685 – 1699, (피살) · (혈통에 의한 정통성을 주장함) 압둘잘릴라흐맛샤1세/라자케칙 (Abdul Jalil Rahmat Shah I/Raja Kecik), 1718 – 1722	· 압둘잘릴샤4세 (Abdul Jalil Shah IV, 벤다하라압둘잘릴 (Bendahara Abdul Jalil), 1699 – 1720 · 술라이만바드룰알람샤 (Sulaiman Badrul Alam Shah), 1722 – 1760 · 압둘잘릴무아잠샤 (Abdul Jalil Muazzam Shah), 1760 – 1761 · 아흐마드리아얏샤 (Ahmad Riayat Shah), 1761 · 마흐무드샤3세 (Mahmud Shah III), 1761 – 1812 · 압둘라흐만무아잠샤1세 (Abdul Rahman Muazzam Shah I), 1812 – 1819 · 아흐마드후사인무아잠샤 (Ahmad Husain Muazzam Shah, 텡쿠롱 Tengku Long), 1819 – 1835	· 댕파라니빈댕릴라가 (Daeng Parani bin Daing Rilaga) (술탄압둘잘릴샤4세 (Abdul Jalil Shah IV)의 딸 텡쿠텡아파티마(Tengku Tengah Fatimah)와 혼인) · 댕메레와빈댕릴라가 (Daeng Merewah bin Daing Rilaga) (초대 양디페르투안무다(Yang Dipertuan Muda)), 1722 – 1728 · 댕 팔리(라자 첼락 Raja Chelak) 빈 댕 릴라가 (Daeng Pali bin Daing Rilaga) (제2대 양 디페르투안 무다(Yang Dipertuan Muda)), 1728 – 1745 · 댕 켐보자빈 댕 파라니(Daeng Kemboja bin Daeng Parani) (제3대 양 디페르투안 무다(Yang Dipertuan Muda)), 1745 – 1777 · 라자 하지 빈 라자 첼락(Raja Haji bin Raja Chelak) (양디페르투안 무다(Yang Dipertuan Muda)), 1777 – 1784

조달되었다. 거래 규모는 매우 컸으며 주요 구매자는 유럽인과 중국인이었다. 주석 무역은 워낙 중요했기 때문에 1756년에서 1758년 사이에 네덜란드와 리아우 부기스 사이에 그 통제권을 둘러싼 치열한 전투가 벌어졌다.

네덜란드가 라자 술라이만과 동맹을 맺어 조호르-리아우 술탄국에 대한 부기스의 지배를 무너뜨리려 하자 부기스는 군대를 이끌고 네덜란드령 말라카를 포위 공격하였다. 네덜란드는 1757년 7월 바타비아에서 해군 증원 병력이 도착한 후에야 이를 진압할 수 있었다. 전세가 역전되면서 라자 술라이만의 지원을 받은 네덜란드는 댕 켐보자의 링기 거점을 습격하였다. 댕 켐보자는 결국 네덜란드와 협상에 응하였고 1758년 1월 1일 평화 조약을 체결하였다. 대신 댕 켐보자와 다른 지역 통치자들은 그들의 지위를 유지하는 조건으로 다른 유럽 국가들과의 모든 교역을 중단하고 링기, 램바우(Rembau), 클랑(Klang)의 모든 주석을 네덜란드에게 우대 가격으로 판매하기로 하였다.

1758년의 조약으로 잠시 조호르에 있던 라자 술라이만의 근거지가 위신을 회복했지만 댕 켐보자는 계속해서 리아우에서 부기스의 무역과 영향력을 확대하며 네덜란드와의 우호 관계를 다졌다(그 결과 1759년 11월 11일 새로운 조약이 체결되었다). 동시에 그는 과거의 말레이 집산지 통치자들과 달리 잠재적 경쟁자를 억압하거나 파괴하려 하지 않았으며 패권적 체제를 확립하려 하지도 않았다. 이러한 태도와 부기스의 말라카 포위 이후 시행된 VOC의 말레이-부기스 갈등 불간섭 정책은 이 지역의 안정적인 무역 관계를 보존하는 데 기여했다. 말라카 포위가 끝난 시점부터 댕 켐보자가 사망할 때까지의 20년 동안 리아우는 독립 항구이자 교역 중심지로서 황금기를 맞이하였다.

글로벌 무역과 권력 재편의 소용돌이
댕 켐보자와 그 이전의 툰 마흐무드가 리아우를 그 지역의 대표 항구로 만들 수 있었던 것은 18세기 세계 상업의 상호연계성 변화 덕분이기도 했다. 이러한 변화는 장기적인 소비 혁명과 일련의 전쟁으로 인해 초래된 세계적 수요 및 공급의 혼란에서 비롯되었다. 즉, 베스트팔

렌 조약(Peace of Westphalia, 1648), 스페인 왕위 계승 전쟁(Spanish Wars of Succession, 1699–1714), 7년 전쟁(Seven Years' War, 1756–1763)에서 시작하여 프랑스 혁명(French Revolution)과 나폴레옹 전쟁(Napoleonic Wars, 1789–1814)의 발발까지 이어졌다.

이들 전쟁은 유럽뿐 아니라 아메리카에서 아프리카, 아시아에 이르는 식민지에서도 벌어졌으며, 수요 패턴뿐 아니라 국제 무역 흐름에도 영향을 미쳤다. 특히 소비 혁명은 각국의 보호무역적인 정부 규제와 맞물려, EIC가 교역한 향신료, 약재, 자극제, 직물 및 각종 소비재의 범위와 규모에 큰 변화를 가져왔다.

18세기 전반기는 여러 단명한 회사들의 탄생을 보게 된다. 영국에서는 1698년에 설립된 영국동인도무역회사(English Company Trading in the East Indies)가 보다 확고하게 자리 잡은 EIC와 10년 동안 경쟁하다가, 1708년 양사가 합병되어 새로운 통합 EIC가 탄생하였다. 남해회사(South Sea Company)의 투기 광풍과 붕괴(역사에서 '남해 거품'으로 기록됨)에도 불구하고, 다양한 규모와 재정적 역량을 가진 특허회사(chartered companies)들이 프랑스, 오스트리아령 네덜란드(현재의 벨기에와 룩셈부르크), 브란덴부르크(독일), 덴마크, 스웨덴, 오스트리아, 스페인 등지에서 계속 설립되었다. 이후 이러한 EIC 형태의 상업적 벤처들이 보여준 운명은, 합병으로 끝나든 폐업으로 끝나든 간에, 유럽과 아메리카가 아시아와 전개한 성장하는 상업 세계에서 EIC와 VOC가 규범이 아니라 예외로 취급되어야 함을 보여준다.

한편, 부기스-리아우는 '자유무역가(country traders)'라 불린 무역상들의 활동으로 활력을 얻으며 성장하였다. 그들은 EIC와 병행하여 교역할 수 있도록 허용된 개인상인(private merchants)이거나 EIC와 VOC가 교역하지 않는 항구에서 물품을 조달하여 자신의 계정으로 무역하는 것이 허용된 회사 소속 관리들이었다.

앞서 언급했듯이, 무역이 부기스-리아우로 이동하고 그 항구가 성공을 거두면서, 싱가푸라의 샤반다리아는 사실상 무용지물이 되었을 것

18세기 후반에 제작된, 빈탄 항구
가 표시된 리아우 해협의 채색 필
사 지도.

이다. 다엥 켐보자와 그 이전의 관리들은, 말라카해협과 싱가포르 해협을 오가는 선장들이 더 이상 센토사를 끼고 있는 올드해협과 뉴해협만을 이용해야 한다고 여기지 않는다는 사실을 알아챘을지도 모른다. 17세기 초 싱가포르 해안에 스페인 무적함대(armada)가 등장한 이후, 유럽 선박들은 점점 더 남쪽에 위치한 '거버너스 해협(Governor's Strait)' 또한 활용하게 되었다. 그 결과, 이들은 더 이상 싱가포르 해안선이나 그 위의 어떤 정착지에서도 시야 안에 들지 않는 항로를 택하게 되었는데, 어차피 그러한 정착지는 울창한 숲에 가려져 있었을 것이다.

1620년대 이후에는 당연하게도 싱가포르와 그 주변 도서 및 해역을 언급한 기록이 줄어든다. 그런데도 올드 해협을 통과한 여러 기록과 다양한 지도 자료는 싱가포르가 잘 알려져 있었고 지도에 표기되었다는 사실을 집합적으로 보여준다. 이는 17세기 말에서 18세기에 이 섬이 잊혔으며 거의 알려지지 않은 변방이었다는 통설과는 상당히 다른 모습을 보여준다.

시야에서 밀려났지만, 인식 속에 남아 있던 싱가포르

해당 시기 싱가포르 역사에 관한 가장 실질적인 증언은 이탈리아 출신 모험가이자 여행가인 프란체스코 제멜리 카레리(Francesco Gemelli Careri)에게서 나온다. 그의 1699년 여행기《지로 델 몬도(Giro del Mondo, 세계 일주 Voyage Around the World)》는 1695년 그가 싱가포르 해협을 통과한 기록을 담고 있으며 이 지역의 지리, 지정학, 경제 등에 관한 설명을 포함하고 있다. 카레리의 배는 풀라우 피상(Pulau Pisang, 바나나 섬 Banana Island)을 지나 두 카리문(Karimun) 섬 사이의 수로에 정박했다. 그는 이 지역의 몇몇 섬들이 "잠비의 왕과 팔렘방(Palembang)의 왕(말라카(Melaka) 건너편 수마트라 연안에 접한 섬들로, 그곳에는 네덜란드인들의 무역 거점(factory)이 있음)에 속하며, 또 다른 일부 섬들은 싱가포르 해협 오른편의 리아우의 왕에게 속한다. 세 군주 모두 무슬림이자 말레이인이다."라고 기록했다.

카레리의 배는 1695년 7월 12일 싱가포르 해협을 항해하였다. 그가 기록한 대략적 거리로 볼 때, 그의 항로는 주롱(Jurong) 인근 섬들을 지나 서해안을 따라 내려가 올드 해협(Old Strait)을 거쳐, 최종적으로 풀라우 브라니(Pulau Brani)에 도달한 것으로 보인다. 카레리의 기록은 현재 영국도서관에 소장된 1680년에 제작된 익명의 싱가포르 해협 지도에 묘사된 지리 인식과 일치한다. 싱가포르 해협 입구에서 페드라 브랑카(Pedra Branca)에 이르기까지 전체 항해는 사흘이 걸렸다.

카레리는 싱가포르 해협에 대해 "수많은 작은 섬들로 둘러싸여 있어 복잡한 미로를 이루고… 처음 통과하는 선박들에게는 출구를 찾는 것이 불가능해 보인다."라고 기록했다. 그는 또한 몇몇 좁은 지점에서는 급류가 흘러 항해가 위험했다고 언급했다. 7월 13일 풀라우 브라니(Pulau Brani) 인근 출구에 이르렀을 때, 카레리는 "왼편에 나무 기둥 위에 세워진 초가 지붕의 집이 열 채 보였다."라고 기록하였는데 싱가포르에서의 정착지에 대해 *그*가 남긴 묘사는 이것이 전부였다.

영국인 해적이자 모험가인 윌리엄 댐피어(William Dampier)는 1688년 싱가포르 해협을 통과했다. 그의 기록에는 조호르 왕국에 속한 '풀로 누티(Pulo Nuttee)'가 언급되는데, 그는 동쪽에서 말라카(Melaka)로 향하던 길에 "싱카포르 해협이라 불리는 좁은 수로"를 항해하며 그 섬을 마주쳤다. 이곳에서 식수를 보충하던 중 그는 몇몇 '인도인 거주민'을 보았

1680년 제작된 익명의 채색 필사 지도 일부. 이 지도는 특이하게도 오늘날의 주롱 섬(Jurong Island) 일대 군도와 본토 사이의 수로를 '올드 해협(Old Streights)'이라 표기하고 있으며, 전통적으로 올드 해협(Old Strait)으로 알려진 수로는 여기서 '나로 해협(Narro Straigt)'으로 나타나 있다. 현재의 센토사는 '번 비어드 섬(Burne Beard Island)'으로 표기되어 있다.

는데, 이는 분명 오랑라웃을 가리킨 것이다. 그러나 그 섬의 정확한 위치는 전혀 확인되지 않는다.

칼 알렉산더 깁슨-힐(Carl Alexander Gibson-Hill)은 17세기 런던의 지도 제작자 헤르만 몰(Herman Moll)이 제작한, 댐피어(Dampier)의 기록을 반영한 지도에서 풀로 누티를 빈탄 위치에 잘못 표시했다고 보았다. 이는 댐피어가 "그들이 말라카(Melaka) 연안을 따라 항해하며 섬을 떠난 뒤 쿠알라 조호르(Kuala Johor)를 지났다."라고 분명히 기록했기 때문이다. 깁슨-힐은 오늘날의 센토사, 즉 당시 풀라우 블라깡 마티(Pulau Blakang Mati)가 댐피어가 언급한 풀로 누티였다고 제안했다. 블라깡 마티는 니유르(Nyiur, 말레이어로 '코코넛'의 의미)라고도 불렸다. 따라서 '누티(Nuttee)'는 곧 '넛티 아일랜드(Nutty Island, 견과류 혹은 코코넛이 자라는 섬)'로 이해될 수 있다. 이러한 해석은 여러 지도 자료에서도 반영되는데, 그 지도들에서 센토사는 니리(Niry, 해크 Hacke와 에버라드 Eberard) 혹은 톨리(Toly, 손턴 Thornton과 제프리스 Jeffreys)로 표기되었다가 이후 제임스 호스버러(James Horsburgh)의 초기 지도들에서는 툴리(Tooly)로 등장했다.

세 번째 중요한 사료는 1687년 프랑스 군함 로와조(l'Oiseau)호가 해협을 항해한 기록이다. 이 항로는 프랑스 왕립 지도 제작자 자크 니콜라 벨랭(Jacques Nicolas Bellin)이 작성하고 1755년에 간행한 말레이 반도 남부와 싱가포르 해협의 인쇄 지도 제작에 활용되었다. 이 지도는 18세기 전반에서 중반 사이 제작된 이 지역의 지도 가운데 가장 정교하고 상세한 것 중 하나로 꼽힌다.

로와조호는 한 차례 이상 항해했으나, 이 배를 타고 시암으로 향한 사절단에 동행했던 아베 드 슈아지(Abbé de Choisy)의 여행기에는 싱가포르 해협을 통과한 기록이 없다. 당시 사절단은 슈발리에 드 쇼몽(Chevalier de Chaumont), 예수회 선교사 기 타샤르(Guy Tachard), 그리고 프랑스 선교회(French Missionary Society)의 베니뉴 바셰(Father Bégnine Vachet)로 구성되어 있었다. 그러나 로와조호는 두 번째 귀환 항해에서 1687년 12월경 시암에서 출발해 인도 남동부의 프랑스 식민지 퐁디셰

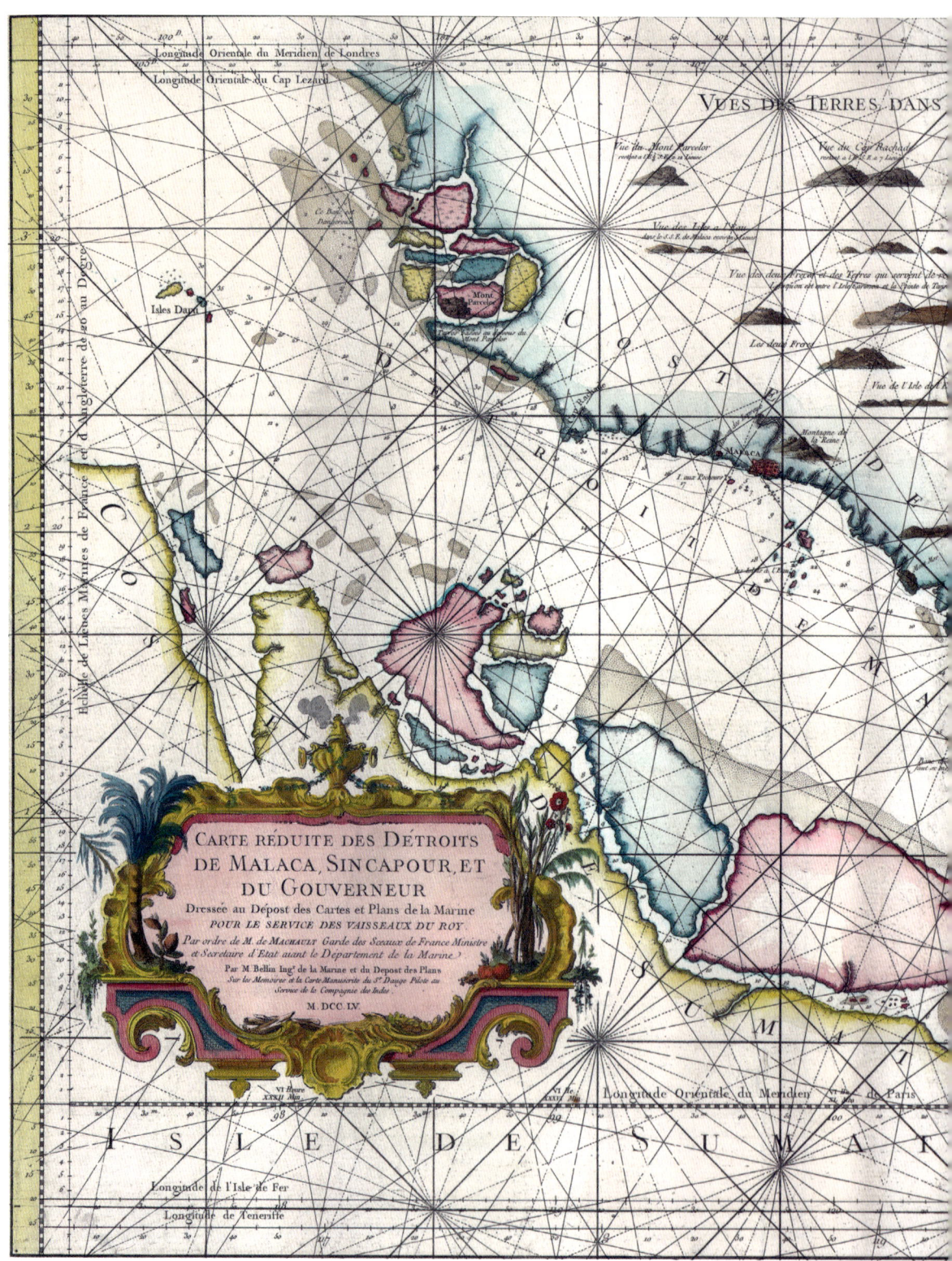

1755년 자크 니콜라 벨랭이 제작한 싱가포르 · 말라카 해협의 채색 인쇄 지도. 이 지도는 싱가포르를 풀라우 판장(Pulau Panjang)으로 표기한 점과 1687년 동북 몬순풍 시기에 시암에서 퐁디셰리로 항해하던 프랑스 군함 로와조(l'Oiseau)호 의 항로를 담고 있다는 점에서 주목할 만하다.

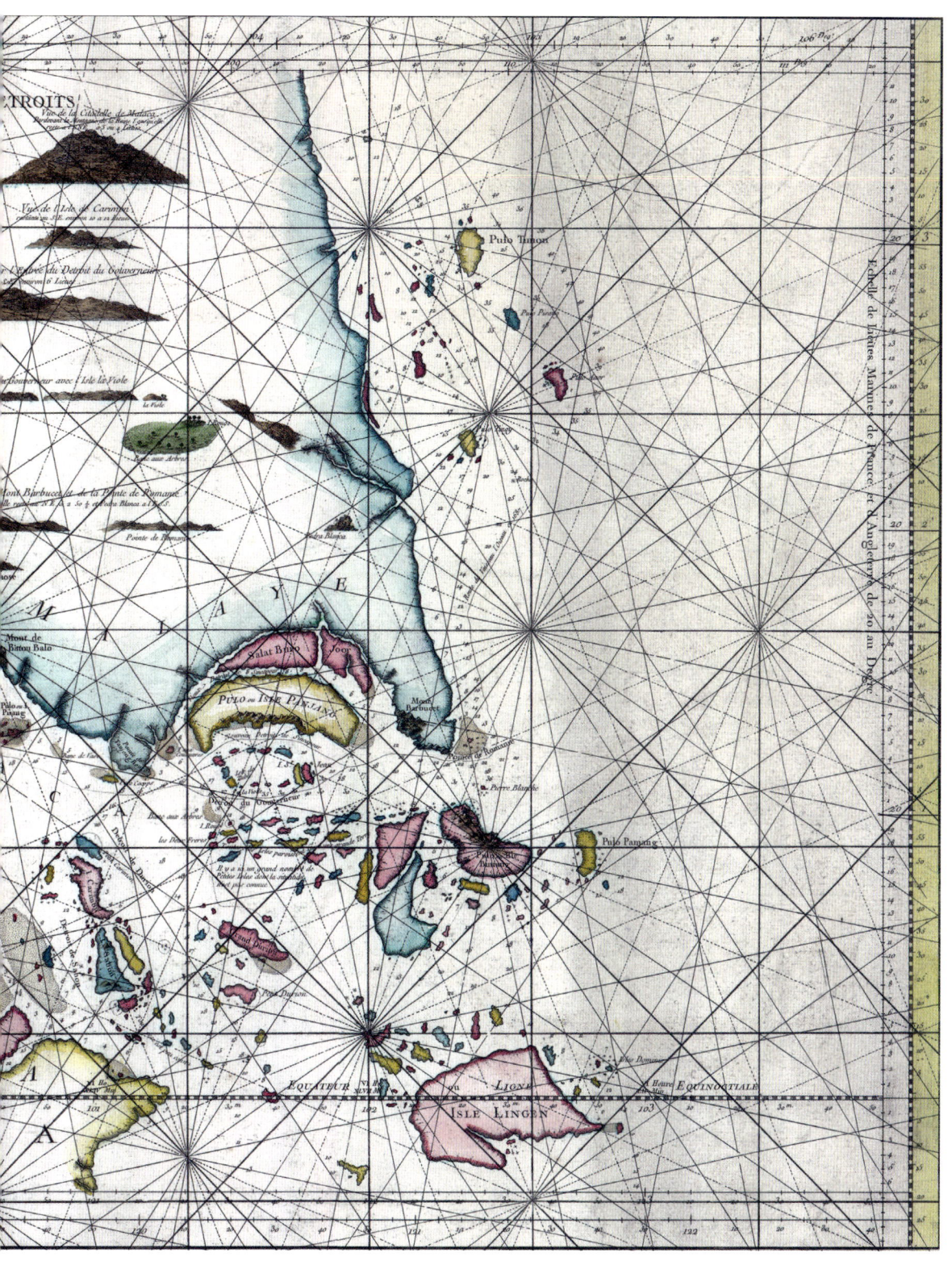

리(Pondicherry)로 가는 길에 싱가포르 해협을 통과하였다.

수많은 명칭의 싱가포르

여행 기록들 외에도 무역 중심지가 부기스 리아우로 옮겨졌음에도 불구하고 싱가포르가 여전히 기억되고 있었음을 보여주는 또 다른 단서는 동시대 지도와 기타 자료들 속에서 이 섬이 언급되고 있다는 사실이다.

앞서 언급한 1755년 벨랭의 지도는 싱가포르 본섬을 "풀로 우 아일 판장(Pulo ou Isle Panjang, 풀라우 판장 Pulau Panjang, 즉 '긴 섬 Long Island')"으로 표시하고 있다. 이 명칭은 이후 프랑스 여러 지도 제작에서 유지되었으며 19세기 초 두 세기에 걸쳐 인쇄된 네덜란드와 초기 영국 지도에도 영향을 미쳤다. 네덜란드 지도에는 트 랑허 아일란트('t Lange Eylandt)로, 영어 지도에는 롱 아일랜드(Long Island)로 표기되었다. 1770년 기욤 되울랑드(Guillaume Dheulland)의 인쇄 지도는 '아일 판장(Isle Panjang)'이라는 혼합 지명을 담고 있으며, 1803년에도 밀너 선장(Captain Milner)과 윌리엄 히더(William Heather)가 싱가포르를 여전히 풀로

1700년 뒤프레 에버라르(Dupré Eberard)가 제작한 싱가포르와 해협 지도. 본섬 표기는 '일 드 싱카푸르(Isles De Sincapoure, 싱가포르 제도)'로 되어 있다.

1502		1558	bandar Singâfûr
1504		1569	Cincapura
1507	GARSYV GAPAKA	1570	Cingatola
1508	baxingapara	1625	Oxt Singapura
1513	Bargingapara	1675	Long Island
1516	Bargingapura	1680	Singeapurra
1522		1710	Pullo Polle
1525	cincapuïla	1755	Pulo ou Isle Panjang
1529	c. de aapura	1770	Yᵃ Panjang
1541	Cingapola	1785	
1547		1803	PULO PANJANG
1548	C. Cinca opula	1823	Sincapour Island
1554	C.de Cim capula.	1826	SINGAPORE

지도와 도표에서 드러나는 싱가포르 정체성의 혼란은 문헌 기록에도 반영되어 있다. 특정 이름이 무엇을 지칭하는지, 또는 정확히 어디를 가리키는지 항상 분명하지 않았다. 시간이 흐르면서 그 정착지/섬에 대해 서로 다른 이름과 위치가 부여되었다.

판장(Pulo Panjang)이라 불렸다.

18세기에 싱가포르섬에 붙여진 또 다른 이름은 오스트리아 출신 예수회 신부 고트프리트 자비에르 폰라임베크호펜(Gottfried Xavier von Laimbeckhoven)에게서 비롯되었다. 그는 훗날 난징의 가톨릭 주교로 봉직하게 된다. 1738년, 마카오와 중국으로 향하는 여정 중에 싱가포르 해협을 통과하면서 그는 이 섬을 '인젤 구베르나토르(Insel Gubernator, 즉 거버너스 아일랜드 Governor's Island)'라 명명했는데, 이는 거버너스 해협의 이름을 딴 것이다.

사실, 18세기 대부분 동안 싱가포르섬을 그 이름(혹은 다양한 철자 변형 중 하나)으로 표기한 지도는 거의 없었다. 'Sincapour'라는 명칭은 세기 후반부에 이르러서야 지도와 해도에 다시 등장하기 시작했는데, 1795년의 판브라암 호크헤스트(A.E. van Braam Houckgeest)가 제작하여 라이덴대학교(Leiden University)에 보존된 두 장의 해도가 그 예이다. 'Sincapour'라는 이름은 네덜란드 지도에서는 'k'가 들어간 철자로도 표기되었으며, 1819년 영국 정착지 설립 이후에도 한동안 사용되었다. EIC에서 활동했던 스코틀랜드 출신 수로학자 제임스 호스버러(James Horsburgh)도 1823년까지는 섬을 'Sincapour'라 불렀고, 불과 3년 뒤인 1826년에야 자신의 지도에 'Singapore'라는 표기를 사용했다.

또 다른 유형의 사료는 1731년부터 1755년 사이 라이프치히(Leipzig)에서 간행된 독일어 백과사전 《유니버설-렉시콘(Universal-Lex-

1703년 샘 손턴(Sam Thornton)이 제작 인쇄된 《말라카와 싱카포르 해협을 묘사한 대형 해도(A Large Chart Describeing the Streights of Malacca and Sincapore)》. 싱가포르섬은 이름 없이 표기되었지만, 섬 위에 'Old Streight of Sincapore(싱가포르의 올드 해협)'라는 표제가 붙어 있다. 이러한 표기 때문에 독자들은 점차 테브라우 해협(Tebrau Strait) 혹은 조호르 해협을 싱가포르 올드 해협(Old Strait of Singapore)으로 인식하게 되었다.

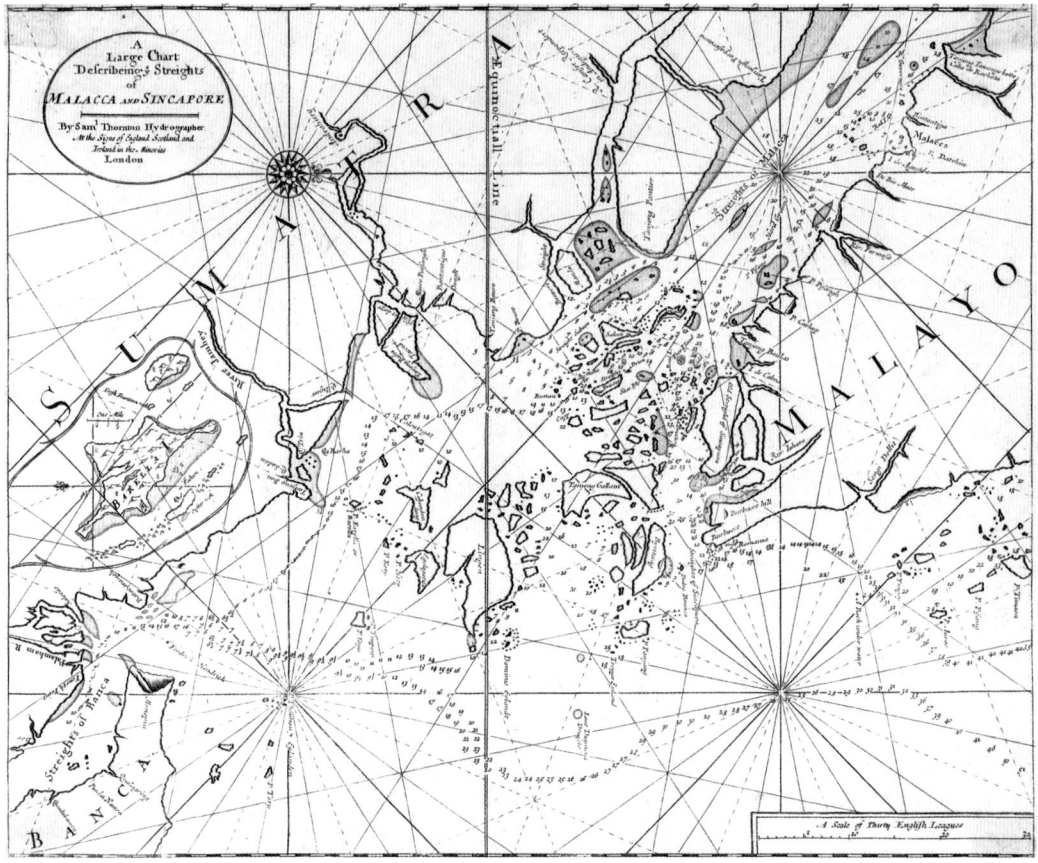

icon)》에 실린 싱가포르 관련 다섯 개의 항목에서 찾아볼 수 있다. 이 항목들은 목격자의 보고가 아니라, 문해력이 높고 재치 있으며 정보에 밝고 포르투갈어, 이탈리아어, 스페인어, 프랑스어, 네덜란드어, 독일어, 라틴어에 능통한 사람이 18세기 초 수십 년 동안 싱가포르에 대해 얻을 수 있었던 지식을 간략히 요약한 것이다.

그러나 제들러(Zedler)의 기록은 거의 확실히 당시의 최신 상황을 반영한 것이 아니었으며, 따라서 출판 시점의 실제 정세를 정확히 보여주었다고 보기는 어렵다. 싱가포르와 관련된 다섯 개의 별도 항목, 즉 Sincapor[e], Sincapur, Sincapura, Sincapurum Promontorium(싱카푸룸 곶), Singapour 등은 이 지명이 곶(promontory), 해협(strait), 능선(ridge), 섬(island), 정착지(settlement) 등 다양한 방식으로 이해되었음을 보여주며, 동시에 이러한 명칭과 위치를 둘러싼 혼란을 드러낸다. 제들러의 항목들은 문헌에서 지도 제작에 이르는 이전 자료들에 의존한 것이었다. 그러나 이 기록들이 확인시켜주는 점은 당시 유럽에서 '싱가포르'라는 이름의 도시가 여전히 기억 속에 생생히 존재했다는 사실이다. 다만 확정하기 어려운 것은 신뢰할 만한 목격담이 부족한 상황에서 그 정착지가 실제로 어느 정도 규모였는가 하는 점이다.

기록된 문헌 자료와 지도학적 언급의 수를 고려할 때, 특히 17세기 마지막 20년 동안 유럽인들이 싱가포르와 그 인근 해역에 상당한 관심을 보였던 것으로 보인다.

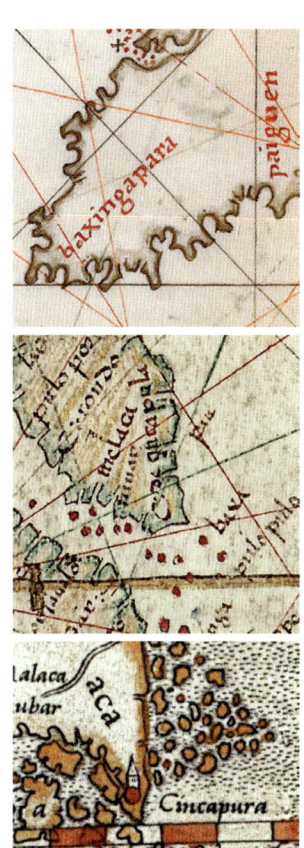

'Singapore' 또는 그 변형된 이름들은 (위에서부터) 관문(gateway)이나 곶(promontory), 혹은 본토의 곶(cape)이나 도시(city)를 가리킨다.

리아우 해상 교역의 시대적 맥락

싱가포르가 계속 기억된 한 가지 이유는, 결국 리아우가 교역항으로서 쇠퇴하게 된 요인과 연결된다. 그것은 바로 중국 교역의 부상이었다.

18세기는 유럽에서 중국풍(Chinese chic)의 부활을 목격한 시기였으며 이는 시누아즈리(chinoiserie, 중국의 사치품, 미적 양식, 당연히 차(tea)에 대한 열광 등)의 시대를 열었다. 이전 역사가들이 청나라를 배타적 왕조로 보았던 시각과 달리, 청의 초대 황제 강희제(Kangxi)는 명나라의 쇄국 정책을 뒤집고 1684년에 중국을 국제 해상 무역에 개방하였다. 장기간의 가뭄과 기근으로 인한 심각한 피해에서 마침내 벗어난 후 중국 교역은 회복되었는데, 바로 그 가뭄과 기근은 1644년 명 왕조가 무너지고 청이 권력을 장악하는 데 기여한 요인이기도 했다.

강희제가 국제 무역의 수용을 결정하기 이전에도 중국 상인들은 이미 공식적인 금지령을 어기고 남해로 나아가 항해, 교역, 정착을 감행하고 있었다. 이들 상인은 주로 푸젠 출신으로, 긴밀하고 광범위한 네트워크를 형성하여 부기스, 말레이, 기타 무역상들과 연결되어 있었고 그 과정에서 중국의 남해 무역을 지배하게 되었다. 앞 장에서 언급된 17세기 초의 셀던 지도(Selden Map)는 푸젠 무역 세계를 구성하던 정크 교역의 규모를 보여주는 수많은 자료 중 하나이다.

중국무역네트워크는 술루에서 말라카해협을 거쳐 트렝가누와 파타니에 이르는 말레이 술탄들에게 필수적인 자원이며 생명선이었다. 한편, 동인도회사들은 이러한 해외 중국 무역 공동체와 이중적 관계를 발전시켰는데, 말레이 지역 시장에 접근하기 위해 그들에게 의존하면서도 동시에 신뢰하지는 않았다. 강희제가 중국 항구를 개방한 것은 유럽과 국제 무역상들이 더 이상 남해 중개상을 거칠 필요 없이 중국과 직접 교역할 수 있음을 의미했다.

댕 켐보자와 그의 선대들은 확대되어 가는 글로벌 상호연계성의 변화, 제4차 영국-네덜란드 전쟁(1780–1784)이나 프랑스 혁명 및 나폴레옹 전쟁(1789–1814)의 여파도 예견할 수 없었다. 그러나 그들이 분명히 주목했어야 했던 것은 리아우를 넘어 중국으로 향하는 길목에서 싱가포르 해역을 통과하는 선박들의 수가 점점 늘어나고 있다는 것이었다. 동시에, 바로 그 중국 교역 덕분에 싱가포르는 계속 주목받을 수 있었다.

라자 하지와 1784년 부기스의 비극
댕 켐보자는 말레이-부기스 교역망을 안정시키는 역할을 해왔다. 그러나 네덜란드의 예상대로 1777년에 그가 사망하자 조호르-리아우 내 부기스와 말레이 공동체 간의 긴장이 다시 격화되었고, 네덜란드는 그 혼란을 이용해 1758년 조약의 조항을 강제로 시행했다. 실제로 이는 리아우 항구의 대외적 생명선을 차단하는 것을 의미했는데, 여기에는 영국 자유무역가들과 다른 유럽 상인들의 방문 그리고 중국과의 직접 교역이 포함되었다. 한편, 영국과 네덜란드-프랑스 동맹이 맞붙은 제4차 영국-네덜란드 전쟁은 리아우의 상황을 더욱 악화시켰다. 처음에는 이 지역이 별다른 영향을 받지 않았으나 1782년 프랑스 사략선(privateer)이 리아우 항구에서 영국 무역선 벳시호(Betsy)를 공격하고 나포하면서 상황은 급격히 나빠졌다.

벳시호 사건과 그 후속 여파는 조호르-리아우를 네덜란드령 말라카와 정면으로 충돌하는 길로 이끌었다. 네덜란드는 벳시호 문제와 관련해 부기스의 라자 무다, 라자 하지 피사빌릴라가 요구한 배상에 굴복하지 않을 경우, 조호르-리아우, 부기스, 영국 세력으로 구성된 삼자 동맹과 대립할 수 있다는 점을 우려하였다. 라자 하지는 무아에 병력을 집결시키며 말라카 공격을 위협했고, 이에 대응하여 네덜란드는 리아우에 봉쇄조치를 취했다. 라자 하지는 항구에 막대한 경제적 피해를 초래한 그 봉쇄에도 굴하지 않고 저항하였다.

네덜란드군이 말라카로 돌아왔을 때 그곳은 이미 셀랑고르 출신 부기스에 의해 포위당하고 있었다. 몇 주 뒤 라자 하지와 그의 추종자들이 합류해 공격에 가세했다. 네덜란드령 말라카의 운명은 불확실해 보였으나 제독 야콥 피터 판브라암(Jacob Pieter van Braam)이 네덜란드 해군의 중무장 함선 열두 척을 이끌고 도착하면서 전세가 뒤집혔다. 그는 1784년 6월 18일 라자 하지가 총격으로 전사한 뒤 말라카 포위를 해제하는 데 성공했다. 말라카 포위전은 전장에서의 라자 하지의 영웅적 죽음으로 막을 내렸지만, 네덜란드와 부기스 간의 갈등이 끝난 것은 아니었다. 판브라암은 4개월 뒤 셀랑고르와 리아우를 각각 공격해 격파하였다.

조호르-리아우와 부기스 동맹의 패배는 1784년 11월 1일과 10일에 체결된 두 건의 조약으로 확정되었으며 이 조약들은 네덜란드와 조호르-리아우 사이의 권력 질서를 규정했다. 조약에는 조호르, 파항, 리아우 및 모든 부속섬(dependent islands, 여기에는 싱가포르 포함)가 하나의 왕국을 이루되 "네덜란드로부터의 합법적이고 영속적인 봉토로서 파두카

찰스 다이스(Charles Dyce)가 1845년에 그린 바다에서 바라본 빈탄의 탄중 피낭(Tanjung Pinang) 전경. 배경에는 네덜란드 요새를 찾아볼 수 있다.

스리 술탄 마흐무드(Paduka Sri Sultan Mahmud)와 그의 합법적 후계자들이 봉신국으로 다스린다."라고 명시되어 있었다.

조호르–리아우의 패배와 네덜란드의 세습적 종속국으로서의 새로운 지위는 파란만장한 18세기 역사에서 중요한 전환점이 되었다. 이는 이후 최소 40년 동안 네덜란드와 조호르 사이의 관계에 깊은 흔적을 남겼다. 1784년 조약은 1818년 11월 23일 부제독 요한 볼터베크(Constantijn Johan Wolterbeek)가 체결한 갱신 조약과 함께, 네덜란드가 훗날 래플스의 싱가포르 무역 거점의 합법성을 문제 삼을 때 법적 근거를 제공했다. 이 쟁점은 1824년 영국–네덜란드 조약에서 네덜란드가 공식적으로 이의를 철회하고 동시에 암묵적으로 싱가포르에 대한 권리를 포기할 때까지 이어졌다.

이 조약은 또한 궁정 내 리아우 부기스의 영향력을 약화시켰다. 네덜란드 수비대가 주둔하고, 그 뒤를 이어 네덜란드 상주행정관(Resident)이 리아우에 파견되어 부기스를 견제했으며 다른 유럽인들의 항구 접근을 차단했다. 조약은 또한 리아우의 번영을 떠받치던 부기스가 육성한 무역 네트워크를 붕괴시켰는데, 특히 그곳에서 큰 이익을 얻었던 영국을 포함한 중국인 및 유럽 상인들에게 리아우의 매력은 크게 감소되었다. 이는 영국이 교역할 수 있는 대체 거점을 모색하기 시작한 요인 가운데 하나였다.

1784년 영국-네덜란드 전쟁의 종전은 영국의 지원을 향한 부기스의 기대를 좌절시켰다. 술탄 마흐무드가 보기에는 앞으로 나아갈 유일한 길은 네덜란드를 리아우에서 축출하는 것이었고, 이를 위해 그는 최고위 귀족들의 지원을 받아 술루의 술탄에게 도움을 요청하는 서신을 보냈다. 그들을 위한 지원 병력은 1787년 5월 도착했다. 술루의 템파숙(Tempassuk)에서 출발한 2,000명이 넘는 이라눈(Iranun)을 태운 함대가 리아우에 '구원 요청(distress call)'을 하며 나타난 것이다. 그들은 보르네오로 가던 도중 폭풍을 만나 항로를 이탈했다고 주장했으며, 따라서 선박을 수리하고 식량을 보급할 필요가 있다고 했다.

이라눈(또는 일라눈 Ilanun)은 민다나오(Mindanao) 남부 출신의 모로(Moro) 계열 종족집단으로, 18세기에 술루 술탄국이 성장하던 시기에 일란 만(Ialan Bay) 해안으로 이주해 술루와 동맹을 맺었다. (영국 식민지 시대에는 그들을 일라눈이라 불렀는데, 말레이어로 해적을 뜻하는 라눈(lanun)이라는 단어에서 파생되었음) 이라눈은 해적과 해안 침략자로 악명이 높았으며 지역 마을들을 황폐화시켜 그 주민들을 술루 노예 시장에서 거래하기도 했다. 그들은 심지어 싱가포르, 리아우, 조호르강 일대의 정착지를 습격했을 가능성도 있다.

술탄 마흐무드가 포상금을 약속하자 이라눈은 리아우를 약탈하고 네덜란드 수비대와 상주행정관을 축출했다. 그러나 그들은 술탄 마흐무드의 지시를 어기고 버려진 네덜란드 요새에서 무기와 탄약을 포함 손에 닿는 대로 모든 것을 빼앗았다. 그 결과, 네덜란드가 리아우를 재탈환하려는 모든 시도에서 술탄 마흐무드는 무방비 상태였다. 그는 지지자들과 함께 빈탄을 떠나 링가로 도피했다. 네덜란드가 12월 리아우에

이라눈(Iranun)의 중무장 전함 '라논(lanon)'. 이 쌍동선(outriggered ships)은 길이가 최대 30미터에 이르렀으며, 두 개의 경사 돛대를 갖추고 있었다. 이 돛대는 필요할 때 내려 다른 선박에 승선하거나, 이라눈 전사들을 해안에 상륙시키는 사다리로 활용될 수 있었다. 라논에는 세 줄의 노가 있어 노예들이 선내에서 노를 젓고, 상갑판은 이라눈 전사들이 전투에 나설 수 있도록 비워 두었다.

사람 머리카락으로 장식되어 있는 캄필란(kampilan, 사브르형 검)을 들고 크리스(kris)를 허리춤에 꽂은 채 창으로 무장한 이라눈(Iranun) 전사. 그는 등나무로 만든 투구와 붉은 누빔 조끼를 착용하고 있는데, 이는 칼날을 막아내는 데 최소한의 방어막 역할을 했을 것이다.

돌아왔을 때 말레이인과 부기스인들은 이미 떠난 뒤였고 그 자리에 남아 있던 것은 수천 명의 중국인 농민 공동체였다. 이들은 갬비어와 후추를 재배하고 있었으며 일부는 해협을 건너 싱가포르로 이주했다.

18세기 말의 VOC 쇠퇴와 EIC의 부상

18세기 말 VOC는 힘을 잃었다. 부채에 허덕이고 내부 부패에 시달리면서 수십 년 동안 거의 이익을 내지 못했다. 제4차 영국-네덜란드 전쟁으로 인한 네덜란드의 패배는 약 200년에 걸친 VOC의 활동이 서서히 종말을 맞이하고 있음을 알리는 신호탄이었다.

1784년 파리에서 영국과 체결된 평화 협정의 일환으로 네덜란드는 몇 가지 중요한 양보를 해야 했다. 동인도 제도 동부에서 그들이 중시하던 육두구, 메이스, 정향에 대한 독점권은 유지되었으나, 이 독점권을 적극적으로 보존하고 침입자를 막는 일은 막대한 부담이었다.

가장 큰 양보는 영국에 남해에서 자유롭게 항해할 수 있는 권리를 내주어야 했다는 점이었다. 영국 EIC는 곧장 선박을 보내 항해에 나섰고, 민간 무역상들도 곧바로 그 뒤를 따라 말라카와 싱가포르 해협을 아무런 제약 없이 오갔다. 이 양보는 인도네시아 제도 일부에서 네덜란드가 누려오던 해상 지배력을 사실상 붕괴시켰다.

항해의 자유 조항은 인도와 중국 사이를 오가는 영국이 가장 필요로 하는 조건이었다. 특히 1780년대 영국이 인도에서 프랑스와 네덜란드를 상대로 승리를 거두면서 네덜란드가 조호르-리아우에서 패배한 이후 인도 동해안과 중국을 잇는 영국의 해상 무역은 급속도로 활기를 띠기 시작했다. 이에 발맞춰 해협 지역에 대한 영국의 관심은 커졌고 영국은 자신들의 존재를 공고화 시킬 전략적 거점을 확보하는 일이 시급한 과제였다.

1770년대 초부터 끄다의 술탄은 영국이 페낭에 무역 거점을 설치하는 데 관심이 있는지를 타진해 왔다. 이는 주로 셀랑고르와의 전쟁에서 영국의 지원을 끌어내기 위한 방편이었다. 자유무역가인 프랜시스 라이트(Francis Light)는 EIC가 주저할 경우 술탄이 네덜란드 편으로 돌아설 것을 우려했다. 라이트는 그런 상황이 오면 네덜란드가 "해협 전체를 장악하게 될 것"이며, 끄다 해안에는 "네덜란드의 대형 선박이 드나들 수 있는 강까지 생기게 될 것"이라고 경고했다.

1784년 네덜란드 조호르-리아우 패배로 인해 말라카해협과 싱가포르 해협 지역에 대한 네덜란드의 상업적 지배력은 강화되었다. 이제 인도와 중국을 오가는 영국 선박의 운송 동맥으로 이 지역은 중요한 공간이 되었다. 라이트의 말처럼 18세기 영국이 인도에서 프랑스와 전쟁에 몰두하고 있는 사이 네덜란드는 말라카해협 연안을 확실히 장악해 가

얀 켈더만스(Jan Keldermans)가 1764년에 그린 바다에서 본 네덜란드령 말라카의 수채화 스케치의 일부.

고 있었다. 그러나 피낭만이 EIC가 확보할 수 있는 유일한 거점 후보는 아니었다. 네덜란드가 조호르-리아우를 굴복시킨 뒤 새로운 정치·경제 질서가 형성되었지만, (특히 1783년부터 1784년까지 토마스 포레스트가 지휘하는 임무에서) EIC는 여전히 리아우 항구를 중요한 상업적, 전략적 거점으로 눈여겨 보았다. 그 외에도 아체, 짧게나마 우중살랑(Ujung Salang, 오늘날의 푸켓) 역시 후보지로 검토되었다.

1786년 3월 EIC는 프랜시스 라이트에게 피낭을 확보하라고 지시했다. 당시 총독이었던 존 맥퍼슨(John Macpherson)은 피낭이 인도와 중국을 잇는 항로에 놓여 있기에 네덜란드가 그 길을 장악하지 못하도록 해야 한다고 판단했다. 그러나 영국은 페낭(당시에는 '프린스 오브 웨일스 섬'으로 불림)을 손에 넣은 지 얼마 지나지 않아 이곳이 인도와 중국을 오가는 주요 항로에 위치한 이상적인 섬이 아니라는 사실을 깨달았다. 또한 피낭은 해협 지역에서 영국이 필요로 하는 새로운 지정학적·경제적 역할을 수행하기에 충분하지 않았다. 시간이 흐를수록 더 많은 영국 선박들이 피낭을 완전히 지나쳤으며 아이러니하ㄱ도 보급을 위해 네덜란드령 말라카로 향하고 있었다. 따라서 영국은 여전히 말라카해협 남부에서 새로운 거점을 찾고 있었다.

1787년 영국은 전략을 바꾸어 네덜란드와의 협상에 나섰는데 이는 리아우를 확보하려는 시도였다. 그러나 5년에 걸친 협상은 아무 성과도 내지 못했다. 영국은 네덜란드 식민지를 무력으로 점령하는 방안까지 검토했으며, 그중에서도 말라카가 가장 확실한 목표로 여겨졌다. 1813년 래플스와 1818년 윌리엄 파커를 통해 영국은 끝까지 리아우 항구를 이상적인 거점 후보로 고려했다. 만약 영국이 18세기 후반에 네덜란드로부터 리아우를 탈취하는 데 성공했다면 싱가포르의 탄생은 아마 현실로 이어지지 않았을 것이다.

네덜란드 동인도 총독 고데르트 판 데르 카펠렌(Baron Godert van der Capellen) 남작의 초상화.

편지, 소문 그리고 래플스의 승부수

18세기 말부터 19세기 초까지 프랑스혁명과 나폴레옹전쟁은 유럽 전역을 혼란에 빠뜨렸다. 네덜란드공화국도 예외는 아니었다. 1795년 프랑스가 네덜란드를 침공하면서 기존 공화국의 연방 체제가 붕괴하고, 사실상 프랑스의 영향 아래 놓인 바타비아 공화국이 수립되었다. 1806년에는 네덜란드가 왕국으로 재편되었고 1810년부터 1813년까지는 제1 제정의 일부로 통합되었다. 1814년 런던협약이 마련될 당시 영국은 네덜란드에 재건의 기회를 주고자 했으나 네덜란드 국고는 이미 고갈된 상태였다.

싱가포르 역사와 직접적으로 연결되는 지점은 1795년 영국이 네덜란드령 말라카를 인수하고 이를 관리한 방식이다. 1784년 이후 조호르-리아우는 말라카 주재 네덜란드 총독의 관할 아래 있었다. 따라서 1795년 말라카가 영국으로 이양되는 과정에서 실제로 어떤 일이 있었는지, 특히 18세기 마지막 네덜란드 총독 아브라함 코우페루스(Abraham Couperus)의 행위와 관련하여 여러 의문이 제기되어 왔다.

영국 내부에서는 여러 추측이 돌았는데, 특히 1818년 10월 31일 파커가 티머만-타이센(Timmermann-Thijssen) 총독에게 보낸 편지에서도 반복되듯, 코우페루스가 말라카를 영국에 넘기던 당시 조호르-리아우의 주권을 공식적으로 복원해 주었다는 주장이 제기됐다. 파커의 표현에 따르면, 이는 "리아우(Lingen)와 링가(Lingen) 등지에서 술탄 모하메드의 완전한 독립을 전적으로 인정했다."라는 뜻이었다. (여기에는 네덜란드가 말라카의 관리 권한을 영국에 넘기면서 영국의 통제력을 최소화하고자 했다는 전제가 깔려 있음) 그러나 네덜란드 측은 이러한 소문을 일축하며 설령 코우페루스가 그런 조치를 취했다 하더라도 상급 기관의 승인 없이 이루어진 것이므로 법적 효력은 없다고 반박했다.

이 소문의 근원은 1795년 8월 23일 코우페루스가 술탄 마흐무드에게 보낸 편지에서 비롯된 것으로 보인다. 엘리아스 네처(Elias Netscher)가 《네덜란드인의 조호르와 시악(De Nederlanders in Djohor en Siak)》에서 그대로 소개한 바에 따르면, 코우페루스의 편지에는 새로 부임한 영국 측 대리인 뉴컴(H. Newcome)과 브라운(A. Brown)의 공동 서명이 포함되어 있었다. 편지의 내용은 바타비아의 네덜란드 총독과 평의회가 조호르-리아우를 술탄에게 "반환할(restore)" 의향을 갖고 있으며, 네덜란드군과 관리들을 철수시키기 위한 선박이 도착할 예정이니 술탄이 신속히 움직여 요새에 군사를 배치하라는 것이었다. 중점은 이 편지 어디에도 통상적으로 주권 공식 반환에 사용되는 '주권'이나 '종주권'을 의미하는 표현이 전혀 등장하지 않는다는 사실이다.

래플스가 보고한 헤스팅스(Hastings) 후작의 초상화.

이 혼란은 결국 "반환한다"라는 표현에서 비롯된 것으로 보인다. 그 말이 실제로 무엇을 의미했을까? 현재까지의 증거를 보면, 술탄 마흐무드는 코우페루스의 편지를 완전한 주권 회복으로 받아들이지 않은 것으로 보인다. 그는 1796년 5월 2일 이전 어느 시점에 바타비아의 총독에게 감사 서한을 보내도록 했고 이에 대해 바타비아는 정식 답신을 보냈다. 또한 1797년 말 네덜란드 총독은 유럽 본국에 제출한 연례 보고서에서 아시아 군주들, 특히 조호르-리아우의 술탄 등이 계속해서 바타비아와 긴밀한 관계를 유지해야 한다고 조언했다. 바타비아는 이에 대한 신뢰의 표시로 쌀과 생필품을 보내며 우호 관계를 이어갔다. 이러한 교류는 조호르-리아우와 네덜란드 사이에 여전히 종속적 관계가 남아 있었음을 보여준다. 네처의 기록에 따르면, 마흐무드와 VOC의 긴밀한 관계는 술탄이 1812년 1월 12일 사망할 때까지 지속된 것으로 보인다.

네덜란드령 동인도 총독으로 임명된 뒤, 고데르트 판데르카펠렌 남작 역시 이 문제에 대한 의견을 밝혔다. 그는 1819년 2월 25일, 영국 총독 헤스팅스 후작에게 프랑스어로 보낸 편지에서 코우페루스의 행위를 설명하며, 당시 새로 부임한 영국 측 관리 뉴컴과 브라운의 공동 서명이 있었던 만큼 코우페루스는 정해진 절차에 따라 임무를 수행한 것이라고 강조했다. 카펠렌의 설명에 따르면, 문제의 편지는 네덜란드가 리아우에서 군대와 행정을 철수하되 1784년 조약에서 술탄에게 부과된 여러 조건을 더 이상 요구하지 않는다는 점을 명확히 밝힌 것이었다.

카펠렌은 1818년 12월 16일자 또 다른 편지에서 영국이 말라카를 관리하던 기간(1795-1818년) 동안 영국 당국과의 관계에서 네덜란드령 말라카가 과거 조호르 – 리아우와 맺었던 관계가 쟁점으로 떠오른 적은 단 한 번도 없었으며, 그 관계에 대해 상세한 설명을 요구받은 적도 없었다고 밝혔다. 그는 조호르 – 리아우뿐 아니라 삼바(Sambas), 폰티아낙(Pontianak) 등 인근 지역들도 나폴레옹전쟁 동안 네덜란드와의 연결이 유지된 것으로 이해되고 있었다고 덧붙였다. 당시 말라카 주재 영국 당국도 이러한 인식을 문제 삼지 않았다.

1820년 1월 25일자 문서를 보면, 런던의 EIC 본부 비밀위원회 역시 대체로 카펠렌의 견해에 동의한 것으로 보인다. 위원회는 "문서를 읽고 난 직후 그 안의 모든 논리를 전적으로 수용한다고 단언할 수는 없지만, 전반적으로는 옳다고 판단한다."라고 밝혔다.

여기서 핵심은 1784년 조약과 코우페루스의 행위가 싱가포르 역사에서 어떤 의미를 갖는가 하는 점이다. 1819년 래플스가 싱가포르에 무역 거점을 설치하자 네덜란드는 즉각 두 가지 이유를 들어 항의했다. 첫째, 그 무역 거점은 조호르 – 리아우 술탄의 권리를 침해할 뿐 아니라, 1784년 조약과 1818년 볼터베크조약을 위반한다는 주장이다.

둘째 쟁점은 1784년 조약의 효력과 존속 기간이었다. 영국은 1795년의 상황을 근거로 술탄 마흐무드에게 온전한 주권을 되돌려준 것으로 간주될 수 있는 당시 조치로 인해 조약의 효력이 사실상 소멸됐다고 주

장했다. 래플스의 자바 근무 시절 비서였던 찰스 애시(Charles Assey)는
《중국 및 인도 제도와의 교역에 대하여(On the Trade with China and the
Indian Archipelago)》(1819년)에서 "빈탄과 리아우의 현지 지도자들은 어
떤 유럽 세력의 통제도 받지 않으며 스스로 원하는 세력과 관계를 맺을
자유가 있다."라고 적었다.

영국은 또 하나의 논리를 들었다. 조호르-리아우 왕국의 정치 구조
자체가 느슨하며 각 지역이 중앙 권력이나 라자 무다, 술탄의 직접 통제
에서 상당 부분 독립돼 있다는 점이었다. 이는 끄다가 시암의 속국이라
는 반론을 극복하고 페낭을 확보하기 위해 프랜시스 라이트가 사용했던
논리와 유사했다.

네덜란드도 라자 무다의 권위가 시간이 흐르며 약화되었음을 잘 알
고 있었다. 그들은 조호르-리아우의 몇몇 유력자들, 특히 테멩공과 벤
다하라는 사실상 라자 자아파르(Raja Ja'afar, 당시 라자 무다)에 필적하는
권력을 행사하고 있다고 보았다. 네덜란드는 라자 자아파르가 경쟁 세
력을 제압하고 권위를 회복하려 한다면 군사적으로 지원하겠다고 약속
했다. 바로 이 약속이 테멩공이 영국과의 협력으로 기울어지게 만든 요
인으로 작용했다.

코우페루스는 싱가포르 역사에서 또 하나 중요한 역할을 한다. 그는
싱가포르 해협 일대에 새로운 네덜란드 식민지를 건설하자고 제안한 인
물이기도 하다. 말라카를 떠난 뒤 그는 바타비아 총독을 보좌하는 '인도
평의회'의 일원이 되었고, 1809년 헤르만 빌럼 댄델스(Herman Willem
Daendels) 원수에게 제출한 보고서에서 전후 무역 질서에 대한 견해를
밝혔다. 그의 판단은 명확했다. 말라카는 실적이 부진하므로 전쟁이 끝
난 뒤 영국이 계속 보유하도록 두는 편이 더 나을 것이며 네덜란드는
'그린필드 식민지' 즉, 처음부터 새로 구축하는 식민 거점을 마련해야 한
다는 것이었다.

그렇다면 새로운 식민지 또는 교역 중심지는 어디가 적합하다고 보
았을까? 코우페루스가 염두에 둔 지역은 두 곳이었다. 하나는 수마트

라 남동해안 앞, 팔렘방의 지배를 받던 방카섬으로, 이곳은 인근 벨리퉁과 함께 주석 생산과 교역의 핵심지였다. 다른 한 곳은 말레이반도 남단, 즉 싱가포르 해협이었다. 그렇다면 그는 새로운 식민지 후보지로 싱가포르를 상정하고 있었던 것일까? 그럴 가능성은 매우 크다. 최소한 그의 평가에서 방카와 싱가포르는 말라카보다 훨씬 우월한 전략적 입지였다.

이 사건은 두 가지 중요한 시각을 보여준다. 첫째, 19세기 초 네덜란드와 영국은 무역 동선과 네트워크 재편에 대해 놀라울 만큼 유사한 구상을 하고 있었다. 그 유사성이 지나치게 커서 양측의 사고가 서로 영향을 주고받은 것이 아닌지 의문이 든다는 것이다.

실제로 래플스는 몇 년 뒤 영국을 위해 방카와 벨리퉁을 확보했지만 정작 교역 거점으로 선택한 곳은 싱가포르였다. 이것이 단순한 우연이었을까? 네덜란드는 전쟁 이후 싱가포르와 그 주변 해역이 지닐 상업적 잠재력을 충분히 인식하고 있었다. 이러한 맥락을 고려하면, 1819년 래플스가 싱가포르를 선택한 결정도 절대적인 '발견'이라기보다 당시 경쟁 열강 사이에서 이미 공유되던 전략적 판단의 연장선으로 재평가할 수 있다.

1814 – 1819년: 런던협약에서 싱가포르 개항까지

프랑스혁명과 나폴레옹전쟁은 한동안 영국이 전진 기지를 즉각 설치해야 할 필요성을 약화시켰다. 더구나 말라카는 형식적으로는 아니었지만 사실상 영국의 통제 아래 있었고, 영국 선박이 인도와 중국을 오갈 때 필요한 보급 기지 역할을 수행하고 있었다. 전쟁 이후에도 이 식민지를 계속 보유하자는 주장도 있었으나 유럽의 정치권은, 적어도 초기에는, 그리 결정하지 않았다.

새로운 전진 기지의 필요성이 다시 부각된 것은 1814년 8월 13일의 런던협약 체결 이후였다. 이 협약은 영국 외무장관 로버트 스튜어트(Robert Stewart), 캐슬레이 경(Viscount Castlereagh), 네덜란드 대사 헨드릭 파헬(Hendrik Fagel) 남작 등이 주도했다. 협약은 1803년 1월 1일 이전에 네덜란드가 보유했던 식민지를 원칙적으로 모두 원상 복귀하되,

몇 가지 예외를 인정한다고 규정했다. 또한 영국은 방카섬을 네덜란드에 넘겨야 했다. 양국은 아프리카 노예무역 폐지를 협력해 추진하고, 평화로운 상업 교류를 촉진하기 위한 합의를 모색하기로 약속했다.

그러나 문제는 협약의 집행 과정에서 드러났다. 협약 비준 직후부터 여러 조항을 둘러싸고 논란과 반발이 이어졌다. 일부 영국 관리들은 식민지 반환 규정을 매우 협소하게 해석하면서 사실상 협약의 정신에 역행하는 태도를 보였다. 그들은 네덜란드에 돌려줄 영토를 가능한 한 최소화하려 했다.

1814년 당시 말라카는 영국의 행정 아래 있었고, 따라서 이 거점과 식민지를 협약의 정신과 조항에 따라 네덜란드에 돌려주어야 하는지가 자연스럽게 주요 쟁점으로 떠올랐다. 더구나 말라카는 영국 선박의 항해에서 그 중요성이 커지고 있었기에, 과연 반환이 바람직한가 하는 의문도 제기되었다.

영국의 자유무역가들은 말라카 반환에 강하게 반대했다. 말라카가 네덜란드로 넘어가면, 네덜란드가 해협과 도서부 지역의 무역과 항로를 다시 장악하게 되어 영국의 인도-중국 간 교역이 심각한 피해를 입을 것이라는 주장이었다. 래플스도 이에 동조하며 자유무역의 미래를 우려했다. 물론 그가 말한 '자유무역'은 현실적으로 영국과 현지 상인의 교역을 의미했을 뿐, 다른 유럽 경쟁국의 교역은 포함되지 않았다.

그러나 앞서 살펴본 것처럼 1784년 파리조약은 이미 영국에 남해 항로의 자유로운 항해권을 보장하고 있었다. 그렇다면 여기서 의문이 생긴다. 네덜란드가 과연 해협을 다시 봉쇄해 영국의 해상 교역을 실질적으로 막을 수 있는 상황이었을까?

런던협약이 체결되던 시기 이 지역의 활력을 보여주는 대표적 기록은 훗날 싱가포르의 두 번째 영국 상주행정관(레지던트)이 되는 존 크로퍼드의 글에서 찾을 수 있다. 크로퍼드는 윌리엄 톤(Willian Thorn)의《자바 정복 회고록(Memoir of the Conquest of Java)》(1815년)을 서평하면서

동남아 전역의 무역 환경을 상세히 분석했다. 이 서평은 1817년《에든 버러 리뷰(Edinburgh Review)》에 실렸으며, 래플스가 싱가포르에 도착하기 불과 2년 전이었다. 크로퍼드는 특히 중국인과 부기스인을 지역 상업(특히 해상 상업)을 움직이는 핵심 세력으로 지목했다. 그는 다음과 같이 적고 있다.

말레이 해역의 '프라후(prahu)'는 이 지역 무역의 핵심 운송선이었다. 길이 15−20미터에 이르는 대형 프라후 마양(mayang)은 군도의 각 항구 사이에서 해협 지역의 각종 산물을 실어 나르는 데 사용되었다.

해상 상인 집단에는 말레이어를 사용하는 모든 민족과 술라웨시의 진취적이고 활동적인 인구 대부분이 포함된다. 이주민으로는 소수의 유럽인과 인도 해안 도시 출신 이민자들, 일부 모험적인 아랍인들, 그리고 무엇보다도 근면하고 끈기 있는 중국인들이 있다. 특히 열대 기후에서는 어느 국가도 이보다 생산적인 구성원을 갖기 어려울 것이다. … 이 모든 상품의 운송무역은 주로 술라웨시 출신의 진취적인 항해자들, 그중에서도 와조의 부기스인들이 담당한다. 그들의 기술과 활동력은 군도 지역 토착 상업의 생명줄이라고 해도 과언이 아니다. … 뉴기니에서 메르귀(Mergui)에 이르기까지 그들의 활동이 미치지 않는 곳은 없다. … 그들이 첫 출항 때 싣는 화물 대부분은 발리와 롬복에서 생산된 견고하고 내구성이 뛰어난 목화 직물이다. 상인 대부분은 서쪽의 비옥하고 광대한 지역으로 항해한다. 한 집단은 자바로 향해 직물과 금·은화를 자바의 귀한 담배와 교환한다. 자바 담배는 인도제도 전역에서 광범위한 수요를 충족시키는 주요 품목이다. 또한 벵골산 아편, 유럽과 인도산 면직물, 유럽의 철, 모직물, 강철 등과도 활발한 교역이 이루어진다. 그러나 가장 규모가 큰 집단은 술라웨시, 보르네오, 수마트라 연안을 따라 항해해 씨암만 동쪽 해안, 말라카해협 입구의 여러 섬들, 그리고 말레이반도 서해안을 거쳐 말라카 또는 피낭에 이르는 무역 항로를 담당했다. 이들은 항해 과정에서 모은 금과 은괴를, 자바에서 온 다른 상인들이 교환하는 것과 같은 종류의 상품으로 그곳에서 교환했다.

래플스가 진입하려 했던 세계는 바로 이처럼 활발하게 움직이던 해상교역망이었다. 그는 과거 네덜란드 독점 체제에 공개적으로 맞섰던 인물이자 스스로를 '자유무역의 대변자'로 자처하며, 말라카가 네덜란드에 반환되는 일을 막기 위해 적극적으로 움직였다. 친구 애든브룩(Addenbrooke) 대령에게 보낸 편지에서 그는 "뜻밖에도 이번에 식민지가 네덜란드에 반환된 것으로 피해를 본 것은 우리만이 아니다. 인도주의와 문명이라는 대의가 훨씬 더 깊이 손상되었다."라고 쓰기도 했다. 그의 견해로는, 런던 협약이 정한 결정적 기준일인 "1803년 1월 1일에 그들의 깃발이 휘날리지 않았던 어떠한 장소"에 대해서도 네덜란드는 권리를 주장할 수 없었다.

바로 이 지점에서 이해관계가 갈라지기 시작했다. 한쪽에는 자유무역업자들과 그들을 지지하는 래플스 같은 인물들이 있었고, 다른 한쪽에는 나폴레옹전쟁 이후 유럽 재건이라는 거대한 과제를 우선적으로 고려해야 했던 영국 본국의 정치 지도자들이 있었다.

협약의 체결과 그 이후 몇 년간 이어진 점진적 이행 과정은 영국 총독 헤이스팅스와 래플스 같은 인물들에게 인도와 중국 사이에 새로운 영국 거점을 반드시 구축해야 한다는 긴박감을 심어주었다. 말라카가 네덜란드에 반환될 예정이었던 상황에서 래플스가 다음 후보지로 선택한 곳은 순다 해협 인근 수마트라의 셈앙카 만(때로는 시만카 또는 '카이저스 베이'로도 표기)였다. 그러나 이 구상은 네덜란드의 강한 항의와 벵골의 상급 영국 당국의 반대로 좌절되었다.

시간이 흐르면서 래플스는 빈탄, 카리문, 보르네오 해안, 조호르강, 그리고 물론 싱가포르 등을 포함한 다른 여러 선택지를 검토하게 되었다. 여기서 기억해야 할 점은, 싱가포르는 래플스의 첫 번째 선택지가 아니었지만, 점점 줄어들던 선택지들 가운데 그가 선호하는 선택이 되었다는 사실이다. 1819년 래플스는 네덜란드의 반대에 부딪힐 상황 속에서도 싱가포르에 영국의 교역 거점을 설치하기로 결단하며 '예상된 위험(calculated risk)'을 감수하였다.

돌이켜 보면 바로 이 위험을 감수한 결정이 래플스의 가장 큰 성취였다. 예상대로 네덜란드는 처음부터 강력하게 항의했다. 초기 단계에서 영국을 무력으로 축출하는 방안이 잠시 검토되기는 했지만, 실제로 무력 대응을 선택하지는 않았다. 대신 네덜란드는 이후 5년 동안 캘커타와 런던을 상대로 외교전을 벌이며 평화적 해결을 시도했다. 이 외교적 공방은 후대에 '싱가포르 문서 전쟁(Singapore Paper War)'이라는 이름으로 알려지게 되었다.

제5장 요약

제5장에서는 1699년 술탄 마흐무드가 피살된 이후 싱가포르가 점차 주변부로 전락하는 과정을 살펴보았다. 한때 싱가포르는 말레이 조상의 사회적 기억이 깃든 장소였으나, 도덕적 권위의 규범을 다시 쓰려는 경쟁이 빈탄의 부기스 중심지와 그 경쟁지인 시악으로 이동하면서 그 중요성이 약화되었다. 미낭카바우와 부기스 디아스포라가 말레이 반도와 리아우로 확장되기 시작하자, 《말레이연대기》가 보여주는 기존의 말레이 정치 질서는 해체되었다. 그 질서에는 '흰 피(white blood)'를 지닌 왕족들과 오랑라웃 간의 일종의 맹약이 존재했다.

싱가포르는 비중을 잃어갔지만, 이 지역을 통과하던 유럽인들의 시선에서 완전히 사라지지는 않았다. 이들은 지도와 해도에서 싱가포르를 서로 다른 이름으로 표기하며 간헐적인 관심을 보였다. 18세기 말에 이르러 영국은 이 지역 해역으로 더욱 깊숙이 진출하기 시작했다. 해협 지역에서 패권을 둘러싼 영국과 네덜란드의 경쟁은 세기의 마지막 시기를 규정하였다. 양측은 조호르 – 리아우의 말레이 술탄들과 그 부기스 부왕(under-kings)들과의 제휴를 모색했다.

　제6장에서 살펴보겠지만, 이러한 영국–네덜란드 경쟁은 19세기 초 싱가포르를 교역 거점으로 확보하려는 유럽의 관심을 자극하게 된다.

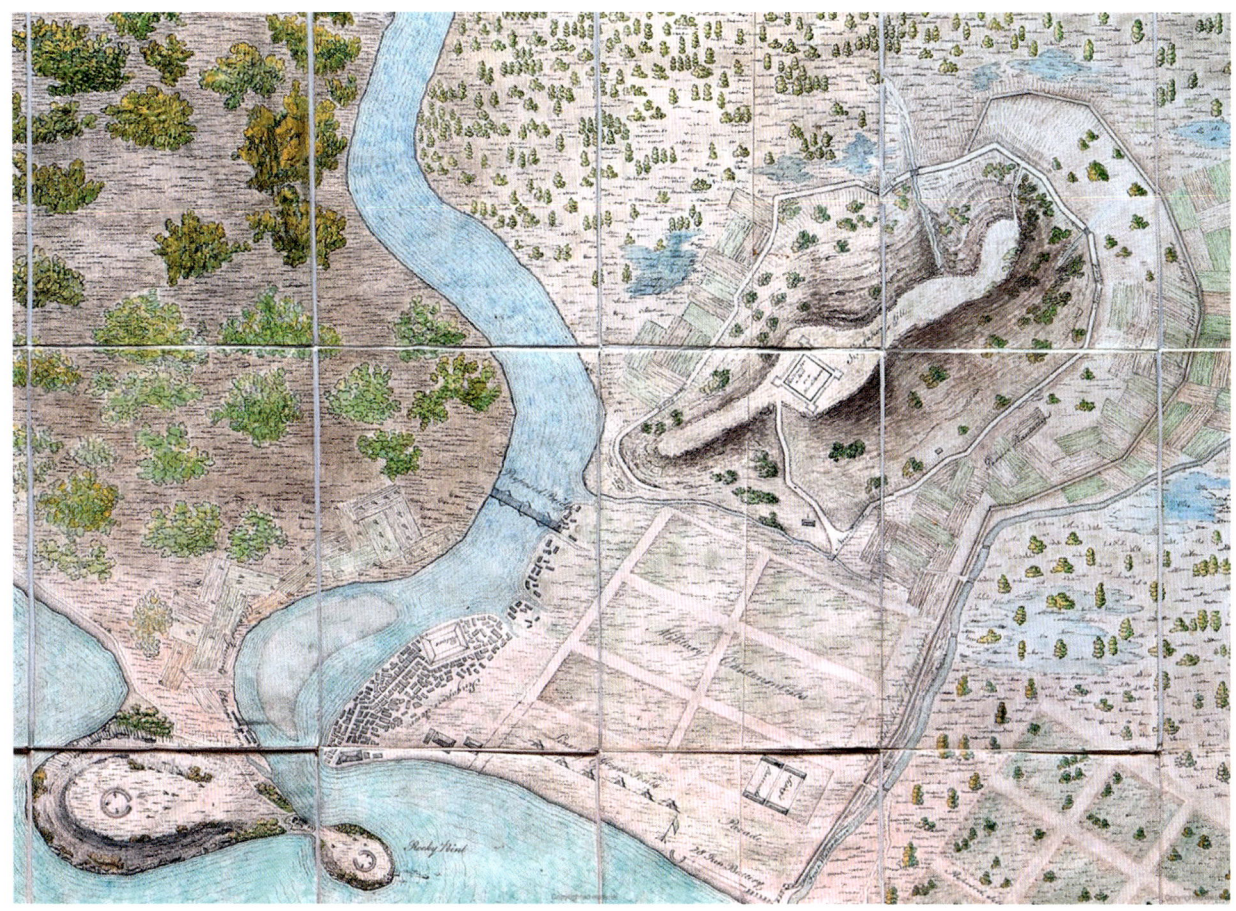

1819~1820년경의 싱가포르 지도(Bute Collection 소장본)는, 영국이 이 섬에 기지를 설치한 직후 만들어진 가장 이른 시기의 지도 가운데 하나이다. 이 지도에는 오늘날의 스탬퍼드 운하(Stamford Canal)를 따라 형성된 고대 제방이 명확하게 표시되어 있으며, 이어 현 포트캐닝 힐(Fort Caning Hill)의 옛 명칭이었던 'Forbidden Hill'로 알려진 부키트 라랑안(Bukit Larangan)의 북쪽 사면을 따라 이어지고 있다. 또한 지도에는 당시 계획되었던 강을 가로지르는 교량과 결국 건설되지 않은 언덕 위의 포진지 역시 표시되어 있다. 래플스는 1823년 1월 마지막으로 싱가포르를 방문했을 때 그 언덕 위에 자신이 거주할 방갈로를 지었다.

제6장

19세기: 대영제국의 항구 도시

저는 이제 지극히 고귀하신 총독께서 회의에서 참고하시도록 만족스러운 보고를 드릴 수 있게 되었습니다. … 곧, 말라카해협 남쪽 입구를 장악하며, 탁월한 지역적 이점과 특별히 뛰어난 지정학적 위치를 겸비한 영국의 기지가 옛 조호르 왕들의 왕도였던 싱가포르에 설치되었다는 사실입니다. 이 기지는 제가 바라건대 각하의 회의에서 승인을 받고 확정되리라 믿는 규정과 조건들에 따라 설립된 것입니다.

1819년 2월 13일 인도 총독 헤스팅스 후작에게 보낸 스탬퍼드 래플스의 공식 보고서

영국 거점 확보를 위한 탐색

영국 동인도회사(EIC)가 말라카해협 남쪽 입구에 기지를 확보한 것은 여러 요인에서 비롯되었는데, 그중 하나는 유럽에서 벌어진 나폴레옹 전쟁이었다. 그 전쟁에서 네덜란드는 프랑스에 맞선 영국의 전쟁에 동맹으로 참여하였다. 전쟁 기간 동인도 지역의 네덜란드 식민지는 EIC의 행정 아래 놓이게 되었다(1811~16년). 토머스 스탬퍼드 래플스는 자바의 총독으로 임명되었고, 윌리엄 파쿼(William Farquhar) 소령은 말라카의 상주행정관으로 임명되었다.

이 지역이 EIC의 관리하에 놓이면서, 영국인 자유무역가들이 수행하는 민간 무역이 성장하였다. 200년 동안 이 자유무역가들은 개인 자금으로 활동하는 개인상인이었으나, 19세기에 이르면 이들은 주로 EIC 독점 무역 밖에서 활동하는 전직 회사 관리 출신들로 구성되었다. 그들은 오래전부터 네덜란드의 지역 독점을 문제 삼아 왔으며, 환영받지 못했음에도 불구하고 말레이반도의 항구들과 네덜란드의 중심 지역인 동부 인도네시아의 항구들에서도 계속 무역을 이어갔다. 그들은 늘 네덜란드의 간섭에서 벗어난 무역 거점을 찾고 있었다. 부기스가 통제하던 리아우는 1784년

까지 환영받는 무역 기지였다. 그러나 그해 네덜란드가 부기스와 조호르-리아우를 모두 패배시키고, 평화 협정의 일환으로 조호르-리아우를 네덜란드의 세습 영지로 만들었다.

1786년, 자유무역가들의 우려를 들은 EIC는 끄다 술탄이 프랜시스 라이트(Francis Light)에게 제안한 피낭을 받아들였다. 말레이 통치자가 네덜란드를 대체할 세력을 찾은 것은 이번이 처음은 아니었다. 앞 장에서 보았듯이 1703년 조호르 술탄은 또 다른 자유무역가 알렉산더 해밀턴에게 싱가포르를 제공한 바 있다. 나폴레옹 전쟁이 1814년에 끝났을 때, 네덜란드는 이른바 런던 협약(London Convention, 1814년 개최)의 비준을 통해 (일부 예외를 제외한) 옛 식민지들을 돌려받게 되어 있었다. 그럼에도 EIC 아시아 총본부가 있는 캘커타(Calcutta)는 네덜란드가 반환받은 항구들에서 영향력을 회복하던 1818년에 이르러서야 뒤늦게 자유무역가들의 이해관계를 고려하기 시작했다.

래플스는 1795년 14세의 나이에 말단 사원으로 EIC에 들어갔다. 10년이 채 되기 전에 그는 새로 창설된 피낭 대표부(Penang Presidency)의 비서 보좌역으로 임명되었다. 동남아는 래플스에게 인도 근무 동료들과는 다른 시각을 제공했다. 그에게 있어 EIC의 가장 큰 도전은 동인도 해역에서의 네덜란드와의 경쟁이었다. 자바 총독으로 지낸 5년 동안 래플스는 네덜란드를 견제할 계획을 발전시킬 기회를 얻었다. 그러나 일부 부정 행정 문제로 소환되어 영국으로 돌아간 그는 영국이 자바를 계속 보유해야 한다는 주장을 뒷받침하기 위해 《자바사(The History of Java)》를 집필했고, 1817년에 기사 작위를 받았다. 이듬해 그는 수마트라의 벵쿨루 부총독으로 동남아에 복귀했으나, 네덜란드가 동인도 제도 전역에 대한 장악을 강화하고 수마트라까지 진출을 확대하고 있음을 확인했다. 충격을 받은 그는 런던에 알렸다.

네덜란드는 군도로 들어가는 모든 항로, 즉 순다해협과 말라카해협을 장악하고 있으며, 영국은 현재 희망봉(Cape of Good Hope)과 중국 사이 어디에서도 발붙일 만큼의 땅 한 치조차 없고, 식수와 보급을 받을 우호적 항구 하나조차 갖고 있지 않습니다.

래플스의 시각에서 피낭은 사실과 다르게 네덜란드 영토로 둘러싸인 고립된 영국 전초기지처럼 보였다. 그는 네덜란드의 영향력을 견제하고 영국을 주도적 무역국으로 만들고자 했지만, 네덜란드가 항의하자 그의 상관들은 그 시도를 기각했다. 결국 아시아에서는 경쟁자였지만 유럽에서는 네덜란드가 영국의 동맹국이었기 때문이다. 1818년 9월, 래플스는 인도 총독 헤이스팅스 경(Lord Hastings)을 설득하기 위해 캘커타를 방문했다. 헤이스팅스는 그의 주장에 호응했고, 말라카해협에서 영국의 무역 항로를 보호하기 위한 수마트라 북부 아체와의 협정을 체결하도록 래플스에게 권한을 부여했다. 다만 네덜란드를 자극하지 말 것을 조건으로 하였다.

래플스는 1819년 1월 피낭에 도착해 영국으로 귀국 준비를 하고 있던 파쿼를 만났다. 두 사람은 이전에 말라카에서 만난 적이 있었고, 네덜란드를 신뢰하지 않는다는 공통된 인식을 공유하고 있었다. 파쿼는 래플스와 마찬가지로 비슷한 지점에 영국 기지를 설치할 것을 EIC에 촉구한 바 있었다. 파쿼는 말라카 상주행정관(Resident) 임기를 마치기 직

제임스 호스버러(James Horsburgh)가 제작한 말라카해협 해도의 일부로, 말레이반도 남단과 싱가포르, 바탐, 빈탄을 담고 있다. 래플스는 싱가포르 해협 주변을 항해하기 위해 이 해도의 초판을 사용했을 것이다.

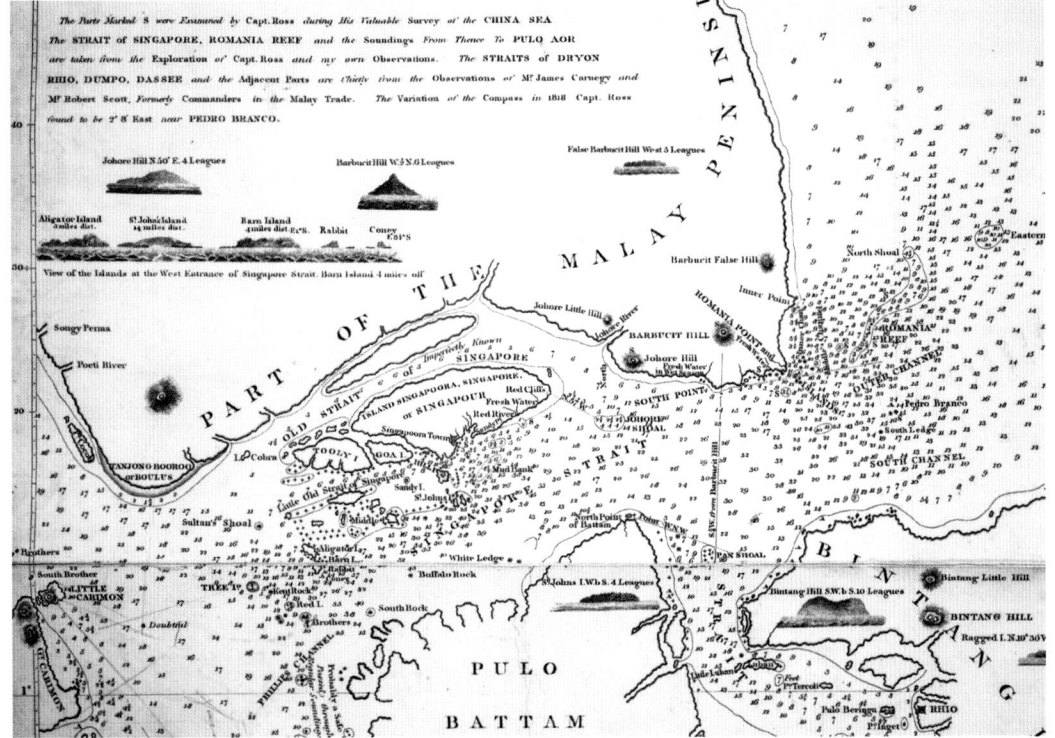

전, 네덜란드의 독점을 막기 위해 리아우 왕실과 조약을 체결하여 말라카해협 남쪽 끝을 확보해 두었었다. 그러나 피낭에서 래플스가 들은 소식은 달랐다. 네덜란드는 리아우에 복귀해 네덜란드 상주행정관을 재설치했으며, 술탄을 압박해 파커와의 조약을 무효화하도록 만들었다. 또한 네덜란드는 조호르 – 리아우 술탄국의 영토 전체, 즉 조호르와 그 남쪽의 섬들에 대한 권리를 주장하려 하고 있었다.

네덜란드보다 앞서 영유권을 신속히 주장하기 위해, 래플스는 파쿼를 군함(brig) 갠지스(Ganges)호에 태워 남쪽으로 파견하여, 카리문(Karimun) 군도에 정박해 있던 측량가 다니엘 로스 대위(Captain Daniel Ross)의 디스커버리(Discovery)호와 합류하도록 했다. 래플스 자신은 아체로 가서 그곳 술탄과 조약을 협상할 예정이었다. 그러나 피낭 지사 존 배너먼(John Bannerman) 대령은 아체가 피낭의 관할 하에 있으니 곧 자신의 권한 아래 있다며 래플스의 계획을 가로막았다. 그는 캘커타로부터 명확한 지시가 내려올 때까지 래플스가 피낭에 머물도록 명령했지만, 래플스는 이를 무시하고 빠져나와 파쿼와 합류했다.

래플스가 카리문 제도에 관심을 갖는 이유는, 말라카해협을 지나 오늘날 래플스 등대가 있는 풀라우 사투무(Pulau Satumu)를 지나 남중국해로 동쪽 항로를 틀 때, 선박들이 크고 작은 카리문 섬을 우회할 수 없는 위치에 그 섬들이 자리하고 있었기 때문이었다. 또한 카리문 군도는 수마트라 중부의 미낭카바우 고지대로 이어지는 캄파르(Kampar)강 입구를 통제할 수도 있었다. 그러나 며칠간의 조사 끝에, 래플스 일행은 적절한 정박지를 찾지 못했다.

싱가포르 세계를 바꾼 9일간

로스 대위의 설득으로, 래플스는 조호르 강으로 가는 길에 싱가포르에 들르기로 했다. 1819년 1월 28일 아침, 그는 여덟 척의 함대를 세인트존스섬(St. John's Island) 앞바다에 정박시켰다. 오후 4시, 그는 싱가포르강 하구에 상륙했다. 그를 맞이한 것은 오랑라웃이었는데, 그들은 조호르의 테멩공이 이 섬에 살고 있으며, 더 좋은 소식으로 네덜란드는 이곳에 존재하지 않는다고 알렸다.

래플스가 싱가포르에 대해 알고는 있었지만, 네덜란드가 반대할 것을 염려하여 처음에는 전략적 위치가 더 유리한 카리문 군도를 택했던 것으로 보인다. 싱가포르 정박은 순전히 조호르강 하구(과거 조호르 술탄국의 수도)로 가는 길에 우연히 들른 것이었다. 그러나 일단 싱가포르에 도착한 뒤, 래플스는 이 섬이 매력적인 이유가 여러 가지 있음을 깨달았다. 우선, 네덜란드가 없다는 사실. 둘째, 말라카에서 파쿼를 알고 있던 테멩공 압두르 라흐만(Temenggong Abdur Rahman)이 있었다. 싱가포르에 영국 상관을 설치하는 물질적 이익을 설명하는 것은 어렵지 않았고, 테멩공은 곧 래플스와 잠정 협정에 서명했다. 이는 리아우에서 텡쿠 후세인(또는 텡쿠 롱)이 도착할 때까지 유효한 것이었다. 셋째, 래플스가 고려한 요인은, 리아우-링가 왕실 내부의 분열로 인해 그가 말레이 세계에서 싱가포르를 영국 정착지로 정당화할 수 있는 여지가 생겼다는 점이었다.

오랑라웃 중 래플스의 도착을 목격한 왁 하킴(Wak Hakim)의 증언에

1819년 2월 7일자로 기록된 싱가포르 항구 해안선의 스케치이다. 날짜로 보아, 이 스케치는 봄베이 해군의 측량선 중 한 척(대니얼 로스 대위가 지휘한 디스커버리호 또는 존 개릿 피셔 크로퍼드(John Garritt Fisher Crawfurd) 대위가 지휘한 인베스티게이터(Investigator)호)의 승조원 가운데 한 사람이 제작한 것으로 보인다. 이 두 척의 측량선은, 래플스 경이 승선한 무장선 인디애나(Indiana)호를 수행하고 있었다.

따르면, 오랑라웃 지도자 사틴 사피(Satin Sapi)가 리아우로 가서 텡쿠 후세인(Tengku Husain)을 싱가포르로 모셔와 래플스가 술탄으로 인정하도록 했다고 한다. 사틴 사피의 역할은 15세기 파라메스와라와 그 뒤를 이은 말라카와 조호르 술탄들을 새로운 영역 개척을 위한 원정에서 호위하던 오랑라웃의 오랜 전통을 계승한 것이었다.

테멩공과 텡쿠 후세인은 래플스가 싱가포르를 선택한 핵심 논거가 되었다. 래플스는 영국에 있는 옛 비서 찰스 애시(Charles Assey)에게 보낸 편지에서 다음과 같이 주장했다.

> 네덜란드인(Mynheer)은 아마 이 문제로 문서 논쟁을 벌이려 들 것입니다. 그러나 우리는, 내 생각에, 그들의 논거를 어렵지 않게 반박할 수 있을 것입니다. 그들은 리오(Rhio, 즉 리아우/빈탄)에 자신들의 근거지를 세웠고, 그곳 라자가 서명하도록 강요한 조약을 근거로 우리를 모든 섬에서 배제하고 그 주민들을 자신의 봉신이라 주장합니다. 그러나 조호르 제국의 정통 후계자는 우리와 함께 있으며, 옛 왕도의 폐허 위에서 싱가포르와 인근 섬을 우리의 보호 아래 둔다는 조약에 서명했습니다. 우리는 리오에 있는 네덜란드를 간섭하지 않습니다.

'조호르 제국의 정통 후계자'는 텡쿠 후세인이었다. 그는 1811년 조호르의 술탄 마흐무드 샤(Sultan Mahmud Shah)의 장남이었으나, 결혼을 위해 파항(Pahang)에 머무르던 중 술탄이 갑작스럽게 서거하였다. 리아우 - 링가 왕실의 강력한 부기스 파벌은 그의 부재와 새 술탄을 선포하기 전에는 죽은 술탄을 매장할 수 없다는 말레이 관습을 이용했다. 그들은 독실하고 순종적인 성격의 동생 텡쿠 압두르 라흐만(Tengku Abdur Rahman)을 새 술탄으로 즉시 추대했다. 후세인은 이렇게 배제되었기 때문에, 싱가포르의 영국인들이 자신을 조호르 술탄으로 인정하는 조건으로 싱가포르에 영국 상관 설치를 열망하고 있다는 사틴 사피의 소식을 기꺼이 받아들였을 것이다.

래플스의 후세인에 대한 제안은, 17세기에 포르투갈을 몰아내기 위해 조호르 술탄들과 협력한 네덜란드의 방식과 다르지 않게 보였을 것이다. 더욱이 술탄국의 계승 분쟁을 해결하기 위해 외부 세력의 도움을 구하거나 받아들인 전례는 후세인의 사회적 기억 속에 여러 차례 존재했다. 1722년 조호르 왕위의 말레이 계승자 라자 술라이만(Raja Sulaim-an)은 미낭카바우의 찬탈자(우스루퍼) 라자 케칙을 몰아내기 위해 부기스의 도움을 요청했다. 말레이 왕실 내에서 부기스 세력이 성장하고 정치적 분열을 야기하게 된 것은 바로 이 사건에서 비롯되었다.

후세인은 아마도 래플스의 싱가포르 초청을, 네덜란드가 부기스와 자신의 동생을 지원하는 상황을 견제할 기회로 보았을 것이며, 어쩌면 스리 트리 부아나 시대까지 거슬러 올라가는 말레이 왕자들의 전략을 반복하여, 자신만의 새로운 교역 기반의 끄라잔(kerajaan, 왕국)을 건설할 기회로 여겼을 것이다.

후세인은 래플스의 배 인디애나호에서 래플스를 만났다. 부기스 역사가 라자 알리 하지(Raja Ali Haji)는 수십 년 뒤 《투팟 알나피스(Tuhfat al-Nafis)》(조호르 – 리아우 역사에 대한 부기스어 기록)에서 이 만남을 다음과 같이 묘사했다.

> 테멩공(Temenggong)은 … 라자 암붕(Raja Ambung)을 리아우로 보내 텡쿠 롱[후세인]을 데려오게 했고, 라자 암붕이 텡쿠 롱을 만나자 래플스, 파쿼 대령, 테멩공의 모든 비밀 계획을 전했다. 텡쿠 롱은 동의했고, 밤이 되자 그는 라자 암붕과 함께 배를 타고 싱가포르로 향했다. 그가 도착하자 테멩공과 파쿼는 그를 전함으로 데려가 래플스를 만나게 했고, 래플스는 대포를 쏘고 북을 울리는 등 왕에게 경의를 표하는 방식으로 텡쿠 롱을 맞이했다. 이후 그는 배 아래층으로 안내되어 래플스와 파쿼 옆에 앉을 자리가 주어졌다. 래플스는 정중한 말투로 모든 것을 설명하고 조언하며 섬세하게 칭찬했고, 텡쿠 롱은 래플스가 제안하는 모든 것에 동의하였다. 이렇게 일이 성사되었고, 논의와 합의는 즉시 실행되었다."

1819년 2월 6일에 체결된 조약은 영국이 싱가포르에 상관(지사)을 설립할 권리를 갖는 대신, 술탄에게 매년 5,000 스페인 달러(오늘날 약 미화 95,000~130,000달러), 테멩공에게는 매년 3,000 스페인 달러(약 미화

1819년 1월 28일 래플스가 도착한 그날 저녁, 인디애나호에서 가진 만찬 자리에서 그는 싱가포르섬의 잠재력을 탐색해 보기로 합의하였다.

57,000~78,000달러)를 지급하는 내용이었다.

텡쿠 후세인은 자신을 결코 싱가포르의 술탄이라 부르지 않았다. 그는 리아우 – 링가 왕실과의 서신에서 자신을 싱가포르 양디페르투안(Yang di-Pertuan of Singapore, 즉 싱가포르의 지배자로 칭했다. 《투흐팟 알나피스》에서는 후세인을 양디페르투안 슬랏(Yang di-Pertuan Selat, 해협의 지배자)이라 부르고, 술탄 후세인이라고 부르지 않는다. 말레이 세계관에서 후세인은 조호르 왕위를 주장하는 존재가 아니었으며, 따라서 리아우 왕실은 그를 "싱가포르와 그 속령의 술탄 마흐무드 샤의 아들 술탄 후세인 샤"라고 호칭했다. 왕국의 도덕적 권위는 여전히 빈탄의 술탄 압두르 라흐만에게 있었다. 후세인이 한 일은 싱가포르에 일종의 '위성' 끄라자안을 구축한 것에 불과했다.

만약 그 당시 의사소통이 오늘날만큼 빨랐다면, 싱가포르는 영국 정착지가 되지 못했을지도 모른다. EIC 본부가 있는 런던은 래플스가 세인트존스 섬에 정박하기 전날, 네덜란드 정부 자극하기를 원치 않았던 영국 외무부의 입장을 반영하여, 그의 임무를 철회하라는 명령을 캘커타에 보냈다. 그러나 래플스가 이 명령을 받았을 때는 이미 싱가포르에 영국 상관이 설치된 뒤였다. 이 사건은 영국과 네덜란드를 '문서 전쟁(paper war)'에 휘말리게 했고, 이는 결국 1824년 영국 – 네덜란드 조약(Anglo-Dutch Treaty)으로 해결되었다.

네덜란드 측은 그들의 말레이 동맹 수장들이 래플스의 조약 소식을 전하자 격분했다. 그들의 관점에서 싱가포르는 리아우의 일부였으며, 리아우의 수장은 1818년 11월에 그들과의 조약을 갱신하여 1784년에 정해진 합의를 재확인한 상태였다. 말라카의 네덜란드 총독은 피낭에 항의 서한을 보내고, 영국을 싱가포르에서 축출하기 위한 군사 행동까지 고려했다. 걱정에 휩싸인 파쿼는 피낭에 지원군을 요청했지만, 무정한 배너먼(Bannerman)은 오히려 싱가포르에서 철수하라는 지시만을 내렸다.

1824년: 영국의 완전한 소유

네덜란드는 영국이 래플스의 시도를 곧 폐기하고, 싱가포르에 대한 네덜란드의 관할권을 인정한 뒤 철수할 것이라고 굳게 기대하고 있었다. 그러나 그들은 캘커타의 영국 상인들이 래플스의 행동에 보낸 열정적인 지지를 과소평가했다. 이 지지는 헤이스팅스(Hastings)로 하여금 싱가포르 조약을 잠정적으로 승인하도록 만들었다. 이후 싱가포르의 향방은 런던으로 넘어갔지만, 그 초기 반응은 그다지 열의가 없었다.

영국 정치인들은 유럽에서 프랑스에 맞서 네덜란드를 강하게 유지하는 데 관심이 있었고, 따라서 싱가포르와 관련한 네덜란드의 항의에 대체로 우호적이었다. 그러나 캘커타의 EIC, 즉 상인과 해운 공동체 및 영국 제조업자들은 동방에서의 무역 확대를 원했으며, 영국 정치인들에게 싱가포르를 유지하라고 압력을 가했다. 래플스, 후세인, 자유무역가들은 모두 더 큰 드라마의 배우들이었을 뿐, 그 대본을 짜는 데는 아무런 발언권도 없었다.

궁극적으로 싱가포르를 유지해야 한다는 정당성은 프랑스에 맞선 인도 제국 방어였다. 1824년 6월, 외무장관 캐닝 경(Lord Canning)은 하원에서 싱가포르를 유지하는 것이 "영국의 인도 제국을 완성하는 데 필요한 유일한 조건(unum necessarium)"이라고 선언했다. 래플스 역사학 교수였던 웡린근(Wong Lin Ken)은 다음과 같이 설명했다.

> 래플스의 싱가포르 획득은 인도 아대륙에서의 영·불 경쟁, 그 결과로 등장한 영국령 인도(영국 지배, British Raj)의 부상 및 벵골만, 제도, 중국으로 이어지는 대양 항로에서 자국의 이익을 방어해야 할 필요성 등의 예기치 않은 장기적 결과였다.

1824년 영국-네덜란드 조약은 싱가포르를 둘러싼 난맥을 해결하였고, 이 지역은 영국과 네덜란드의 세력권으로 분할되었다. 네덜란드는 말레이반도에서 철수하여 말라카와 싱가포르를 영국에 넘겼으며, 그 대가로 영국은 벵쿨루와 블리퉁을 네덜란드에 양도하였다. 이에 따라 네덜란드는 싱가포르에 대한 영국의 점유에 대해 제기하던 반대도 공식적으로 철회하였다.

그러나 다른 법적 문제들은 여전히 남아 있었다. 싱가포르의 영국인들은 정착지가 불확실한 토지소유권(title) 상태라는 점에서 불만을 가지고 있었다. 제2대 상주행정관이었던 존 크로퍼드는 1819년 조약이 "북안(北岸)을 따라 2마일, 그리고 대포 사정거리만큼 내륙으로 영국의 상관과 거점을 설치할 수 있도록 허가한 것에 지나지 않는다"라고 인식했다. 실제로는 어떠한 토지 양도도 존재하지 않았다. 유일한 법률은 말레이 법전이었고, 현지 수장은 영국 공관의 경계 내부에 대해서조차 토지의 소유자가 되었고, 항만에서 장차 부과될 관세나 각종 세금의 절반을 영구적으로 받을 권리를 가진 것으로 여겨졌다.

텡쿠와 테멩공

1811년 술탄 마흐무드의 사망 이후 말레이파와 부기스파 간의 경쟁이 새롭게 격화되면서 요호르-리아우 술탄국 내의 균형이 무너졌는데, 1819년 영국이 제안한 협정은 텡쿠 후세인과 떼멩궁 압둘 라흐만에게 그 균형을 회복할 수 있는 기회로 여겨졌을 가능성이 크다.

놀라운 전개로, 부기스 총독 라자 자아파르(Raja Ja'afar)와 그의 리아우 측 가신들은 오랜 적대 관계였던 네덜란드와 합의에 이르러, 네덜란드가 리아우에서의 무역 특권을 얻는 대가로 텡쿠 후세인의 이복동생 압둘 라흐만을 새 조호르 술탄으로 옹립하기로 했다. 떼멩궁을 포함한 말레이 귀족들은 이 상황에 크게 실망했다. 고(故) 술탄 마흐무드는 생전에 부기스의 왕위 야망을 견제하기 위해 오히려 네덜란드와 동맹을 모색했던 바 있기 때문이다. 따라서 영국이 떼멩궁, 텡쿠 후세인, 더 나아가 말레이파를 지지하며 개입하겠다는 제안은 부기스파를 견제할 수 있는 하나의 해결책으로 여겨졌을 수 있다. 무엇보다도, 영국은 네덜란드와 경쟁하는 또 다른 유럽 강국이었다. 이렇게 되면 부기스와 말레이 양파는 균형을 맞출 수 있었다.

텡쿠 후세인에게 싱가포르에 새로운 권력 기반을 마련하는 것은, 리아우 왕실처럼 조호르-리아우 술탄국의 적통을 주장하는 권리를 갖게 되어, 또 하나의 중심지를 세우는 것이었고, 이는 왕가 내부의 분쟁을 마무리 지을 기회이기도 했다. 비록 그는 '조호르의 술탄 후세인 샤'로 즉위했지만, 공식 서신에서는 자신의 호칭을 조호르 술탄이라 하지 않고 언제나 양디퍼르투안 설랏(해협의 군주)이라고 했다. 그의 이복동생 역시 조호르 술탄의 칭호 대신 보다 겸손한 '링가(Lingga)의 술탄'이라는 호칭을 선호했다. 따라서 싱가포르는 리아우의 경쟁자가 아니라, 옛 조호르-리아우 술탄국의 별자리 속에 또 하나의 말레이 정체, 즉 위성 왕실로 자리 잡게 될 예정이었다.

반면 떼멩궁은 1819년의 합의를 다르게 보았을 가능성이 크다. 즉 18세기 중엽 이후 부기스파에 밀려 약화된 자신의 가문의 영향력을 술탄국 내에서 회복할 기회로 여겼다는 것이다. 《히까얏 끄라자안》에 따르면, 그의 삼촌이자 선대 술탄이었던 엥쿠 무다(Engku Muda)는 "우리는 술탄과 공동상속인이니 이 나라를 소유해야 한다 … 우린 스스로 돌보지 않으면 패배할 것이다."라고 충고했다고 한다. 1811년 떼멩궁이 싱가포더 이상 네덜란드가 군사 개입을 통해 영국을 싱가포르에서 축출할 우려가 없자, 크로퍼드는 싱가포르를 영국의 주권적 영토로 만들 전략을 세웠다. 캘커타의 허가를 받은 그는 후세인과 테멩공과의 협상에 성공했다. 1824년 8월 2일, 두 사람은 가버먼트힐(Government Hill, 현 포트 캐닝)에 와서 크로퍼드와 새로운 조약을 체결하였다. 래플스의 서기였던 압둘라 빈 압둘 카디르(Abdullah bin Abdul Kadir, 문시(Munshi) 압둘라로도 알려짐)는 그날 아침 회동에서 일어났던 일을 충분히 듣고 그의 《히카얏 압둘라》에서 다음과 같이 기록했다.

그들은 도착해서 크로퍼드의 영접을 받았고 저택 안으로 들어와 앉았다. 잠시 후 크로퍼드가 말했다. "각하께서는 총독의 뜻에 따를 의향이

르로 물러났을 때 그는 중국인들에게 갬비어(gambier) 재배용 토지를 임대하는 관행을 계속했는데, 이는 싱가포르를 리아우의 불랑(Bulang)에 필적할 항구로 성장시키려는 의도였다. 큰 차이가 있다면 싱가포르는 자신의 확고한 통제 아래 있을 것이며, 부기스와 공유하거나 양보할 필요가 없다는 점이었다.

따라서 1819년 래플스와의 초기 합의는 텡쿠 후세인과 떼멩궁 양측 모두에게 유리한 것으로 보였다. 정규 급여 외에도 그들은 EIC가 싱가포르에서 얻는 이익의 50%를 공유할 예정이었다. 무엇보다 그들은 섬에 대한 법적 통치권을 계속 행사할 수 있었다. 그들이 해야 할 일은 단지 섬의 작은 일부를 영국에 임대하는 것뿐이었다.

텡쿠 후세인과 떼멩궁 압둘 라흐만은 자신들이 여전히 이 지역의 핵심 세력이 될 것이라 믿었다. 영국은 그들이 필요할 때 영향력을 행사할 수 있는 '파트너'라고 여겼다. 그러나 머지않아 그들은 권력의 고삐가 자신들의 손을 떠나, 영국과 네덜란드에 넘어갔음을 깨닫게 된다.

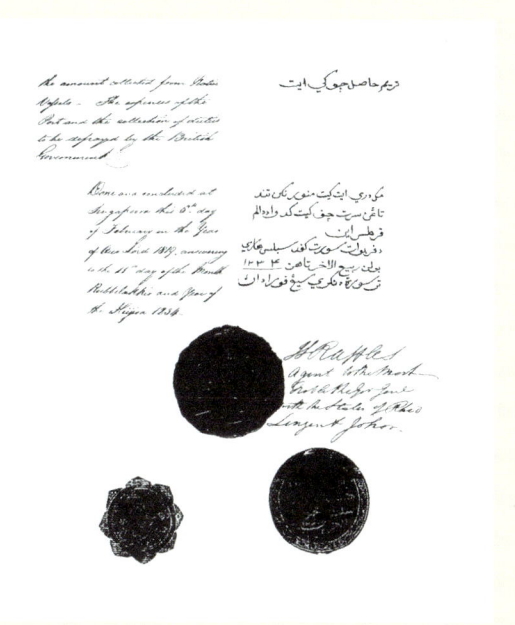

1819년 조약 증서

있으시다는 것이 사실입니까?" 술탄은 "그렇소"라고 답했다. 그러자 크
로퍼드는 테멩고에게도 물었고, 그 역시 동의하였다. 그 후 크로퍼드는
자신의 문구 함에서 양피지 두 장을 꺼내며 말했다. "이것은 각하의 합의
서 사본이고, 이것은 테멩공의 것입니다. 말레이어로 그 조항들을 설명
해 드릴 테니 경청해 주십시오. 이 문서는 다음을 증명합니다. 나, 조호
르와 파항 왕국의 통치자이며 그 주권이 싱가포르 정착지에 미치는 술
탄 후세인 샤흐는 본 조약을 통해 자신의 자유의사로 이 싱가포르 정착
지와 그에 대한 모든 권한을 동인도회사에 양도함을 진실로 선언한다."

이 조약을 통해 크로퍼드는 싱가포르의 '완전한 주권과 소유권을
EIC 및 그 상속인과 후계자에게 귀속'시키는 데 성공했다. 후세인과 테
멩공은 이 조약에 서명하는 대가로 각각 다음의 금액을 받았다. 술탄 후
세인: 33,200 스페인달러 (오늘날 약 82만 미국달러 또는 112만 싱가포르달러)

1861년 석판화 한 점은 싱가포르에 기항하던 다양한 선박들을 보여준다. 그중에서도 유럽의 가로돛을 단 범선이 가장 많으며, 화면 오른쪽 아래에는 중국의 정크가 보인다. 가운데에는 몇 척의 부기스 선박도 확인할 수 있다.

와 평생 월 1,300 스페인달러. 테멩공: 26,800 스페인달러 (오늘날 약 66만3천 미국달러 또는 90만7천 싱가포르달러)와 평생 월 700 스페인달러.

　지급금은 1819년 조약에서 합의된 금액보다 다소 인상된 것이었다. 조약 체결에 앞선 몇 달 동안 후세인과 테멩공은 더 많은 돈을 요구하며 크로퍼드와 흥정을 시도했지만 끝내 뜻을 이루지 못했다. 그보다 앞서 크로퍼드는 캘커타에, 두 말레이 지도자들이 항구 관세, 선물, 독점권이나 세금 농장(revenue farms)에서 얻는 이익이 정착지 개발에 기여하는 것보다 더 많다고 불평한 바 있었다. 그는 부임 직후 이 상황을 바로잡고자 했지만, 1824년 3월 17일 체결된 영국·네덜란드조약을 통해 싱가포르 문제에 대한 양국 간 합의가 이루어진 이후에야 시행할 수 있었다. 두 말레이 지도자들은 자신들이 예상하지 못했으며, 또한 결코 영향력을 행사할 수도 없었던 더 거대한 세계적 세력에 의해 주변부로 밀려나

펜의 시선

스탬퍼드 래플스, 윌리엄 파쿠어, 존 크로퍼드에 대한 가장 생생한 묘사 중 일부는 그들의 편지나 공문이 아니라, 어느 다언어 구사자의 저작에 담긴 회고를 통해 전해진다. 바로 멜라카 출신의 압둘라 빈 압둘 카디르(Abdullah bin Abdul Kadir, 1797‒1854), 흔히 '문시 압둘라(Munshi Abdullah)'로 알려진 인물의 《히카얏 압둘라(Hikayat Abdullah)》이다. 이 멜라카 태생 작가는 1840년대 내내 이 작품을 집필했고, 1849년 싱가포르에서 출판했다. 이는 한편으로 당시 말레이 문학에는 존재하지 않던 자서전 양식을 시험해 본 실험이기도 했다. 그러나 수 세기가 흐른 지금, 《히카얏 압둘라》는 단순한 문학 텍스트를 넘어, 19세기 전반 싱가포르를 상상할 수 있게 해주는 또 하나의 중요한 창구로 평가된다.

특히 흥미로운 것은 문시 압둘라가 래플스, 파쿠어, 크로퍼드와 맺었던 관계이다. 그는 시기적으로 서로 다른 시점에서 이 세 사람 모두와 서기(scribe), 번역가, 말레이어 교사로서 밀접하게 협력했다. 그는 이미 멜라카에서 파쿠어와 래플스를 알고 있었으며, 1824년 싱가포르 제2대 레지던트로 부임한 크로퍼드와도 함께 일했다. 압둘라의 기록이 다른 자료들과 구별되는 지점은, 그가 이들 인물의 성격과 기질을 섬세하게 관찰했다는 점으로, 이는 다른 역사적 사료에서는 쉽게 드러나지 않는 측면이다.

아래 인용문들은 1955년 《말레이 지부 왕립아시아학회지(Journal of the Malayan Branch of the Royal Asiatic Society)》에 실린 A.H. 힐스(A.H. Hill)의 《히카얏 압둘라》 번역에서 발췌한 것이다.

파쿠어에 대하여

"그가 멜라카의 레지던트가 된 때부터 싱가포르에 있을 때까지, 그는 어느 인종을 막론하고 어느 누구의 기분을 상하게 하거나, 조금이라도 피해를 준 적이 없었다. 그는 백성들을 매우 아끼고 배려하며 친절을 베풀었다. 그래서 모든 사람들이 그를 좋아했고, 또한 그의 공정한 판결 때문에 그를 존경했다. 그의 성품 가운데 무엇보다 칭찬할 만한 점이 있었다면, 그것은 그의 모든 행동과 결정에서 부자와 빈자를 가리지 않고 모두를 동등하게 대했다는 것이다. 높은 지위에 있는 대부분의 사람들은 가난한 자보다 부유한 자를 더 중시하여, 가난한 자에게는 가혹하고 부유한 자에게는 호의를 보였지만 말이다."

문시 압둘라

래플스에 대하여

"래플스 씨의 외모에 대해 내가 관찰한 바는 다음과 같다. 그는 키가 크지도 작지도, 뚱뚱하지도 마르지도 않은 중간 체격이었다. 이마가 넓었는데, 이는 그의 신중함과 치밀함을 나타내는 증표였다. 머리는 둥글고 이마는 볼록하여 그의 지성을 보여주었다. 머리칼은 밝은

(왼쪽부터) 파쿠어, 래플스, 크로퍼드

갈색이었는데, 이는 용기의 상징이라고 했다. 귀는 컸는데, 잘 경청하는 사람의 특징이라고 여겨졌다. 눈썹은 짙었고, 왼쪽 눈은 약간 사시가 있어 약간 눈물이 고였다. 코는 곧았고, 뺨은 약간 들어갔다. 입술은 얇아 말솜씨가 있음을 나타냈고, 혀는 부드러웠으며 입은 넓었다. 목은 가늘게 내려가고, 피부는 그리 맑지 않았다. 가슴은 넓었고 허리는 잘록했다. 그는 걸을 때 약간 앞으로 굽은 자세였다. 나는 그가 늘 생각에 잠긴 모습을 하고 있음을 관찰했다. 그는 사람들을 예의 바르게 대하는 데 매우 능했고, 말할 때 상대의 적절한 칭호를 사용하여 정중하게 대했다. 또한 난처한 대화를 마무리하는 데도 상당한 재치가 있었다. 그는 타인의 감정을 세심하게 배려했고 가난한 자들에게는 아낌없이 베풀었다. 그는 미소를 띤 얼굴로 말하곤 했다. 그는 역사 연구에 깊은 관심을 가지고 있었으며, 어떤 일을 하든 절반만 하는 법이 없었고 반드시 끝까지 해냈다. 읽고 쓰는 것 외에 다른 일이 없을 때는 조용한 곳으로 물러나는 것을 좋아했다."

크로퍼드에 대하여

"내가 보기에 크로퍼드 대령은 본래 성미가 급하고 화를 잘 내는 기질을 지니고 있었다. 그는 서두르지 않으며 모든 일을 천천히 처리했다. 그는 양심적이고 능력이 있었으며, 교육도 잘 받은 사람이었다. 그러나 그럼에도 그는 물질적 재물을 매우 좋아했다. 그는 인색했고 잘난 체하는 모습이 있었다. 그의 성격은 장황한 하소연을 듣는 것을 참아내지 못하게 만들었다. 또한 그는 사람들의 사정을 끝까지 자세히 조사하는 능력이 부족했다. 그는 사실을 짧고 간결하게 말하는 것을 선호했다. 하지만 말레이인들과 동방의 다른 민족들은 장황한 이야기와 반복을 즐긴다. 그래서 많은 말레이인과 중국인들이 불평하는 것을 들었다. 그들은 어떤 결정이 자신들의 동의 없이 강요되었다고 느꼈기 때문이다."

1819년 이후 싱가포르강은 빠르게 교역의 중심지로 발전하였다. 오늘날의 엘진브리지(Elgin Bridge) 위치에서 바다 쪽을 바라본 이 그림은 당시의 광경을 보여준다. 스케치에는 화물이 사람의 힘으로 작은 선박들에 실리고, 그런 뒤 작은 배들이 노를 저어 싱가포르강 하구 밖에 정박한 대형 선박으로 나가는 모습이 묘사되어 있다. 스케치의 왼쪽 중앙 배경에 보이는 오랑라웃의 프라우 무리는 1840년대에 싱가포르강에서 밀려나 이동하게 되었다.

게 되었다.

직할 식민지를 향하여: 싱가포르의 도약

싱가포르가 빠르게 번영하자, 현지에 기반을 둔 유럽 상인 사회는 캘커타의 권위적이고 비효율적인 관료 체제에 점점 더 불만을 품게 되었다. 이들 사업가는 싱가포르를 운영하는 행정 결정에 자신들의 의견이 반영되기를 원했으며, 도시의 성장이 가속화되면서 EIC 관리들이 감당하려 하지 않는 수준의 더 많은 항만 시설을 요구하게 되었다. 1855년, 《스트레이츠 타임스》는 식민지 행정 개혁을 요구하기 위해 '개혁 연맹' 결성을 제안하였다. 인도총독부의 통치에 대해 제기된 불만에는 다음과 같은 것들이 있었다. 즉, 해적 행위 근절에 실패했다는 인식, 인도 죄수들의 싱가포르 이송, 그리고 항만 사용료 부과 계획. 한 공개회의에서 캘커타의 통치를 뒤집자는 동의안이 상정되었지만, 다수의 반대로 부결되었다. 그럼에도 몇몇 사람들이 결국 인도 통치로부터 벗어나기 위한 계획을 비밀리에 모의하기 시작했다.

1857년에 사태는 정점에 이르렀다. 2월에 시행된 더 엄격한 경찰 규정은 중국인들의 파업과 인도인들의 폭동을 촉발했으며, 피낭에서도 새로운 시정부 규정에 반발하여 중국인 소요가 일어났다. 5월에는 인도에서 세포이 반란의 소식이 도착했고, 싱가포르의 인도 죄수들 사이에서 봉기가 일어날 것이라는 소문이 퍼지면서 시민 전체가 공포에 휩싸였다. 그 후 열린 공개회의에서는 싱가포르의 유럽 상인들이 영국 의회에 제출할 청원이 작성되었는데, 그 내용은 세 개의 영국 정착지를 인도 행정에서 분리하고 직접 통치하는 직할 식민지(Crown Colony)로 만들 것을 요청하는 것이었다. 청원자들의 불만은 다음 세 가지이다. 즉, 캘커타가 현지의 요구를 무시한다는 점, 해협 정착지의 대표가 인도 입법평의회(Indian Legislative Council)에 참여하지 못한다는 점, 그리고 자유항임에도 불구하고 항만 및 용선세를 부과하려 한다는 점. 그러나 이 청원은 주로 싱가포르가 주도한 것이었다. 피낭의 공개회의에서는 압도적 다수가 이 청원을 지지하지 않는다는 투표 결과가 나왔다.

런던은 추가 식민지 획득에 드는 비용을 무엇보다 우려했다. 1857년 인도인 반란(Indian Mutiny)은 1858년 EIC가 인도에서 차지하고 있던 영토가 식민부(Colonial Office)로 이관되는 결과를 낳았고, 이로써 영

포트캐닝의 성벽에서 찍은 이 사진은 대포가 항구를 방어하기 위해 바다를 향한 것이 아니라 차이나타운을 향해 있는 모습을 보여준다. 이는 차이나타운으로부터의 위협을 암시한다. 돌이켜보면, 그 위협이란 유럽인 공동체를 위협했던 삼합회(三合會, triad) 조직 간의 경쟁이 폭동과 충돌로 번지는 상황을 가리키는 것이었다. 포트캐닝은 앞으로 폭동이 다시 일어날 경우 유럽인들이 대피할 수 있는 피난처로 지어졌다.

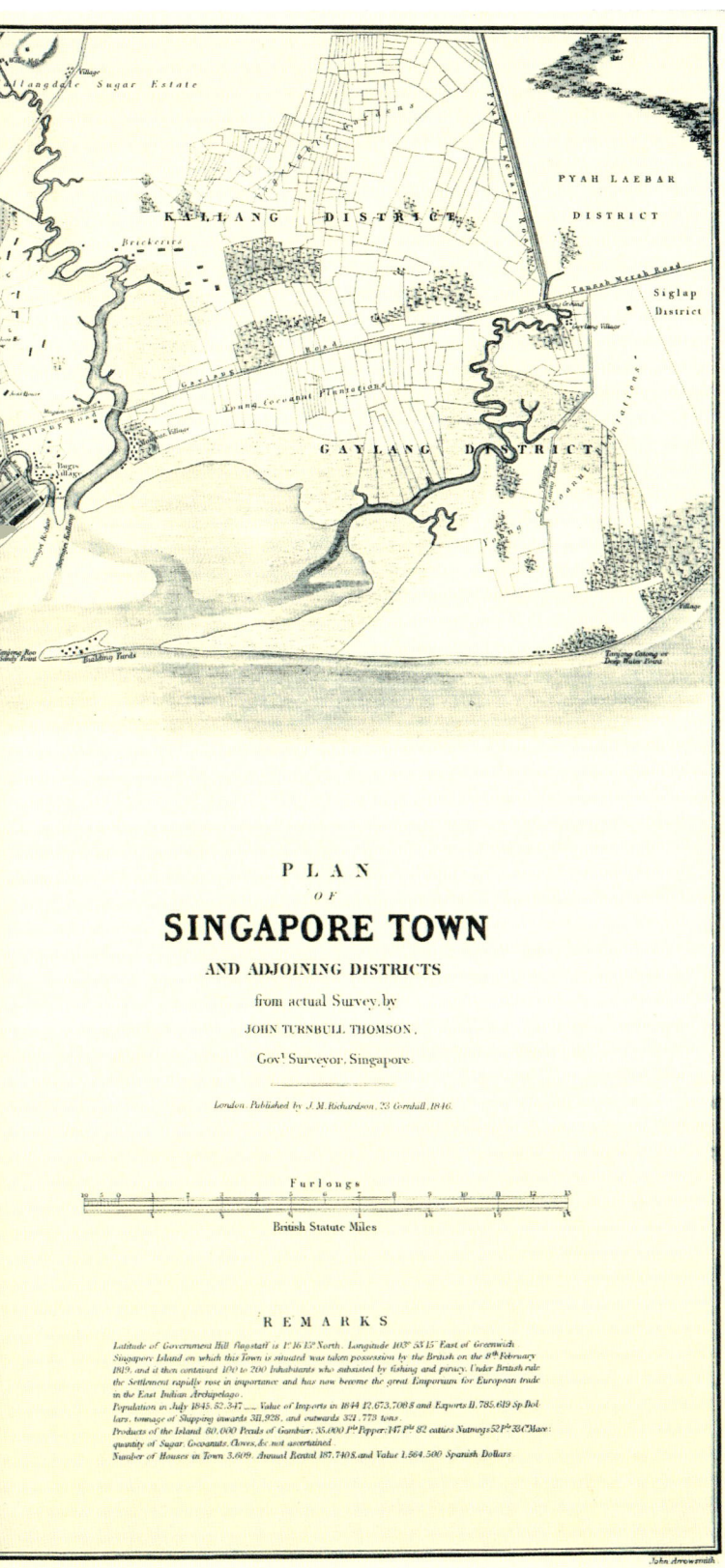

1841년부터 1853년까지 존 턴불 톰슨(John Turnbull Thomson)은 싱가포르에서 측량사로만 활동한 것이 아니라, 건축가이자 기술자로도 근무하였다. 톰슨은 초기 식민지 시기 싱가포르에서 가장 중요한 지도들을 여러 장 제작한 매우 왕성한 지도 제작자였다. 이 지도, 《싱가포르 시가지 및 인접 구역 계획도(Plan of Singapore Town and Adjoining Districts)》(1846년판)는 당시 싱가포르 시가지를 가장 상세하게 묘사한 지도로 평가된다.

국령 인도(British Raj)가 성립했다. 그러나 캘커타는 여전히 싱가포르, 피낭, 말라카에 대한 행정 결정을 내리고 있었다. 1863년, 영국 정부는 홍콩 총독 허큘리스 로빈슨(Hercules Robinson)에게 싱가포르의 상황을 조사하도록 명령했고, 로빈슨은 싱가포르를 런던의 직접 식민 통치로 전환할 것을 권고하였다. 결정적 변화는 육군부(War Office)가 홍콩을 대신할 아시아 내 새로운 군사 거점을 찾는 과정에서 싱가포르를 전략적 대안으로 선택하면서 찾아왔다. 이후 의회에서 법안이 통과되어 주저하던 고위 관리들을 서둘러 퇴임시켰고, 1867년 4월 1일 피낭, 말라카, 싱가포르는 통틀어 해협식민지(Straits Settlements)라 불리는 영국직할식민지(Crown Colony)가 되어 런던의 직접 통치를 받게 되었다. 이때 싱가포르는 행정 중심지가 되었다.

인도에서 그랬던 것처럼, 확대되는 무역 기회는 영국 왕실이 더 많은 영토를 확보하게 만드는 요인이 되었고, 이번에는 그 무대가 말레이반도였다. 1848년 페락(Perak) 라룻(Larut) 계곡에서 대규모 주석 매장지가 발견되었고, 그러나 주석 채광은 양날의 검이 되었다. 경쟁 관계에 있던 중국 비밀결사가 산업을 장악하며 폭력 사태가 발생했는데, 말레이 통치자들은 이를 진압할 수 없었다. 폭력은 주석 공급을 중단시켰고, 이는 피낭과 싱가포르의 영국 상인들에게 타격을 주었다. 1871년 페락에서 왕위 계승 분쟁이 벌어지고, 그중 한 명이 영국에 지원을 요청하면서 영국의 내정 불개입 정책은 폐기되었다.

1873년에 부임한 신임 해협식민지 총독 앤드루 클라크(Andrew Clarke)는 런던의 식민부보다 주석 산업의 안전과 싱가포르의 상업적 이익을 확보하는 데 더 적극적이었다. 1874년 체결된 팡코르 조약(Pangkor Treaty)은 훗날 연방 참가 또는 연방 미참가 말레이 주(states)의 성립과 영국령 말라야(British Malaya) 형성을 여는 출발점이 되었다. 이후 말레이반도는 주석, 고무, 코프라(copra), 설탕 등 1차 상품의 주요 생산지로 자리 잡았고, 이는 싱가포르의 배후지를 형성하여 케펠항을 세계 경제의 중요한 거점으로 부상시켰다.

싱가포르의 승리를 이끈 조합

수익성 높은 인도-중국 무역은 이 항로 상에 영국의 기항항(port of call)을 설립하려는 주된 동기가 되었다. EIC가 1833년 중국 무역 독점권을 잃기 전까지, 싱가포르는 중국무역의 일부를 노리던 자유무역가들에게 유용한 장소였다. 이들은 싱가포르에서 중국 정크선과 만나 교역함으로써 EIC의 독점을 우회할 수 있었다. 1839-42년 제1차 아편전쟁 동안 광둥이 폐쇄되자 싱가포르는 일시적 호황을 누렸다. 그러나 1842년 난징조약이 중국의 다섯 항구를 개항시키고 홍콩을 영국에 할양한 뒤로는, 싱가포르의 중국무역 연결고리는 약해졌다.

그러나 싱가포르는 단지 중국무역 거점 이상의 존재였다. 본래 빈탄을 중심으로 이루어졌던 지역 무역망의 중심지 역할을 새로운 형태로 정립해 나갔다. 1784년 네덜란드의 공격 이전부터 리아우에서 활동하던 부기스 상인들과 자유무역가들은 이제 싱가포르로 몰려들었다. 개항 6주 만에 항구(당시에는 싱가포르강 하구에 위치)에는 100척이 넘는 현지 선박들이 정박했다. 경쟁해야 할 지역 항구는 없었으며, 피낭은 지나치게 북쪽에 있어 주로 인근 지역 상인들만 끌어들였다.

싱가포르 성장을 뒷받침한 또 한 가지 요인은 1824년 영국·네덜란드 조약이 제공한 안정이었다. 이 조약은 싱가포르를 빈탄을 대체할 수 있는 효과적 거점으로 만들었다. 동시에 영국의 해상 존재는 해적 활동을 억제했으며, 해상 법률은 선박이 해적을 공격해도 된다고 규정하고 있었다. 이 시점에서 유럽의 사략전은 더 이상 위협이 아니었고, 관심은 지역 해적 문제로 옮겨갔다.

또 하나의 매력적인 요소는 싱가포르의 자유항(free port) 지위였다. 이는 원래 임시 조치였으나, 싱가포르가 급속히 상업 중심지로 부상하는 데 큰 역할을 했다. 흔히 래플스의 혜안(foresight)으로 평가되곤 하지만, 실제로는 다소 우연한 측면도 있었다. 자유항 선언의 본래 목적은 새로 개항한 항구에 선박들이 기항하도록 유도하는 것이었다. 인지세, 수출입관세, 톤세, 항만 통과료 및 기타 부대 비용을 면제함으로써 싱가포르 기반 기업들은 상당한 비용 절감을 누릴 수 있었다. 동남아 지역간 무역(intraregional trade)에서 자유항은 새로운 개념이 아니었다. 15세기 말라카는 개방 정책으로 대항구가 되었고, 리아우도 18세기 말 네덜란드가 통제를 강화하기 전까지는 마찬가지였다.

싱가포르의 두 주요 교역 시즌은 무역풍에 의해 결정되었다. 정크 시즌은 11월에 시작되는 북동 몬순풍의 영향으로 중국, 코친차이나, 시암에서 온 정크선들이 도착함으로써 시작되었다. 정크선들은 4월 초 남서 몬순풍이 불기 시작할 때 귀항했다. 같은 바람은 셀레베스(Celebes, 술라웨시), 발리, 남부 보르네오에서 부기스 상인들을 9-10월에 싱가포르로 데려왔다. 이들은 11월 북동 몬순풍이 시작될 때 떠났다. 웡린켄(Wong Lin Ken)은 "부기스 상인들의 주요 기능은 인도네시아 제도의 동부 지역에서 생산된 물품을 서부 항구, 특히 유럽 통제하에 있고 수요가 높은 항구로 운반하고, 그 대가로 유럽 및 인도산 직물과 기타 제조품을 가져가는 것이었다"라고 지적한다.

부기스인은 싱가포르 유럽 교역상의 중개상으로 활동하던 싱가포르의 말라카계 중국인들과 함께 중국과의 교역망에서 또 하나의 핵심 축을 이루었다. 싱가포르에서는 부기스의 프라우 및 중국과 시암의 정크선들이 가져온 해협 지역의 산물이 직물, 아편, 화기, 그리고 나날이 증가하던 영국의 공산품과 교환되었다.

싱가포르에 정박한 시암 정크선을 그린 이 석판화는 19세기에 싱가포르가 점점 중요한 무역 중심지로 부상하고 있었음을 보여준다. 1820년대가 되면, 싱가포르는 말레이 제도 내에서 무역하던 시암 정크선들에게 가장 중요한 기항지가 되었으며, 사탕, 사판우드(sapanwood), 상아와 같은 시암산 물품들은 싱가포르를 거쳐 유럽으로 향했다.

싱가포르에 정박한 중국 정크선. 이 선박들은 도자기, 차, 비단, 설탕 같은 물품뿐 아니라 노동 인력(human cargo)도 가득 싣고 중국에서 출항했다. 매년 수천 명의 노동자들이 말레이 제도 전역의 주석 광산과 플랜테이션에서 일하기 위해 도착하였다.

영국 상인들은 인도에서 가져온 생아편(raw opium)을 싱가포르로 운송했으며, 그곳에서 이것이 가공·포장되어, 중국인 중개상들에 의해 부기스 상인들과 해협 지역 산물을 물물교환하는 데 사용되었다. 놀랄 일도 아니게, 싱가포르는 자매 정착지인 피낭과 말라카와도 상당한 무역을 했고, 그 대부분은 중국 상인들이 주도했다. 개항 후 오래지 않아, 싱가포르는 세 항구 가운데 주된 항구로서 피낭을 대체했다. 1850년대가 되면, 싱가포르는 수입과 수출 모두에서 가장 큰 비중을 차지하고 있었다.

1825년, 싱가포르 전체 교역의 거의 절반(48퍼센트)이 동남아와 이루어졌다. 1826년까지 싱가포르는 이 지역에서 시암과의 무역에 대한 주요 환적항으로 바타비아(자카르타)를 추월했다. 싱가포르의 성공적인 자유항 모델은 네덜란드의 주목을 받았고, 그들은 이를 지역 항구들에 복제했는데, 리아우(1829), 폰티아낙과 삼바스((Pontianak & Sambas, 1834), 마카사르(Makasar, 1847), 메나도와 케마(Menado & Kema, 1848) 및 암보이나, 반다, 테르나테((Amboyna/Ambon, Banda, Ternate, 1852)가 그것이다. 1847년 마카사르가 자유항이 된 뒤로, 싱가포르의 부기스 무역은 상당히 감소했다.

그러나 싱가포르는 또 다른 우위를 갖고 있었다. 자유항 지위는 모든 국적의 상인들이 자유롭게 경쟁하도록 허용하는 자유방임(laissez-faire) 무역 정책이 보완하고 있었기 때문이다. 네덜란드 항구들에서는 네덜란드 선박이 다른 선박들에 비해 우선권을 가졌으며, 네덜란드가 소유한 수출입 기관인 네덜란드 무역회사(NHM, Nederlandse Handel-maatschappij)가 먼저 필요를 충족하기 전에는 비(非)네덜란드 상인들이 시장에 진입할 수 없었다. 자유항 정책과 자유방임 무역은 싱가포르 초기 성장의 중심축을 이루었으며, 이는 크로퍼드가 다음과 같이 언급한 바와 같다.

싱가포르만큼 교역이 이렇게 다양하게 구성된 아시아 항구는 없고, 유럽에서도 드물다. 다음은 싱가포르 무역이 자연스럽게 나누어지는 영역들이다. 즉, 영국 및 유럽 대륙과의 교역, 인도 대륙의 영국 및 기타 유럽 영토들과의 교역, 말라카와 웨일스 섬(Prince of Wales's Island)과의 교역, 뉴사우스웨일스(New South Wales)와의 교역, 모리셔스(Mauritius)와의 교역, 인도네시아 제도(the Archipelago) 내 네덜란드 영토들과의 교역, 필리핀의 스페인 영토들과의 교역, 남아메리카와의 교역, 유럽 선박과 중국 정크선을 통한 중국과의 교역, 코친차이나와 캄보디아와의 교역, 시암과의 무역, 부기스 민족과의 교역, 보르네오와의 교역, 수마트라 및 말레이반도와의 교역 등이다.

자유무역가와 중국 중개상의 대활약

싱가포르는 자유무역가들에게 즉각적인 성공을 거두게 하였고, 그들 중 많은 이들이 무역중개사(agency house)를 설립하여 위탁 판매 방식으로 타인의 상품을 사고팔았다. 이 비즈니스 모델은 신뢰를 기반으로 하며 자본이 거의 필요하지 않았다. 즉, 상품이 중개사로 보내지면, 그 상품이 판매된 뒤 중개사가 돈을 송금하는 방식이었다. 첫 무역중개사는 1820년 EIC 출신인 알렉산더 로리 존스턴(Alexander Laurie Johnston)이 설립했다. 뒤이어 여러 중개사가 계속 생겨났고, 싱가포르강 양쪽 강변에는 창고들이 우후죽순처럼 들어섰다. 19세기 중반에 이르면 중개사는 43곳에 달했다.

19세기와 그 이전 시기의 상당 부분의 무역은 환적(항구에 정박 중 다른 선박으로 상품을 옮기는 행위)에 기반했으며, 또한 수입된 공산품과 지역 산물을 재포장하고 다시 유통하는 활동이 포함되었다. 후자는 환적 무역(entrepôt trade)이라고 불렸다. 지역 무역과 환적 무역에 의존했다는 것은 싱가포르가 유동적인 무역 환경의 일부였음을 의미했으며, 그 경제적, 사회적, 문화적 공간은 해상 활동의 흐름과 상업 기능을 통해 자연스럽게 형성된 네트워크들에 의해 규정되었다.

아시아 무역에 관여한 많은 유럽 기업은, 유럽인과의 거래 경험이 거의 없는 중국인 중개상을 통해 활동했다. 1820년 크로퍼드는 이 문제가 "양측 모두 신뢰할 수 있는 중간 계층을 통해 해결될 수 있다"라고 제안했다. 이러한 중개자들은 주로 뻐라나칸(Peranakan) 혹은 말라카 출신의 해협계 화교(Straits Chinese)로서, 영국인의 도래와 함께 싱가포르로 옮겨왔던 사람들이었다. 이들은 영어와 말레이어에 모두 능통했기 때문에, 해협 산물을 거래하는 말레이계 상인들과 유럽계 회사들을 연결하는 이상적인 매개자 역할을 하게 되었다.

중개상들은 점차 활동 범위를 넓혀 자체 거래뿐 아니라 은행업, 해운, 화물 운송, 보험과 같은 서비스까지 제공하기 시작했다. 일부 중개상들은 후추와 육두구 같은 상품작물의 재배가 활성화되자 농업 분야로도 확장했다. 그러나 결국 플랜테이션 경제는 말라야로 이동하였고, 그곳에서 주석과 고무가 주요 수출품이자 말라야(그리고 싱가포르) 경제의 토대가 되었다.

최초의 고무나무는 1877년 큐가든(Kew Gardens)에서 들여와 싱가포르 식물원에 심어졌다. 식물원장 헨리 리들리(Henry Ridley)는 고무나무 수액을 채취하는 효율을 극대화하는 청어뼈(herringbone) 절개법을 고안한 인물로, 당시 자동차용 고무 타이어가 막 발명된 시기에 고무 재배를 적극 장려하기 시작했다. 고무에 대한 수요는 커피 플랜테이션의 붕괴 시기와 맞물렸고, 이는 농장주들이 새로운 상품작물로 이동하도록 이끌었다.

알렉산더 거스리(Alexander Guthrie)는 1821년 EIC의 허가를 받은 '자유(country)' 혹은 '개인(private)' 무역업자로서 싱가포르에 도착했다. 그는 처음에는 칼, 도끼, 못, 직물과 같은 영국산 가정용 공산품을 중국인 중개상을 통해 유럽 및 중국인 공동체에 거래하였다. 이후 그는 쌀, 코코넛 오일, 향신료 및 기타 지역 생산물로 거래를 확장했다. 그가 설립한 회사는 1847년 그의 은퇴 이후에도 계속 성장하고 사업을 다각화하였으며, 1896년에는 말레이반도에서 고무에 투자한 초창기 기업 중 하나이기도 했다. 현대에도 계속해서 이 회사는 글로벌투자회사로 운영되고 있다.

(좌) 말레이반도는 빠르게 세계 제2위의 고무 생산지가 되었으며, 1930년대에 이르러 싱가포르는 국제 고무 거래소의 중심지로 자리 잡게 되었다. (우) 헨리 리들리(Henry Ridley)는 고무나무를 현금 작물로 재배하면서 유럽인과 중국인 사업가들의 관심을 끌기 위해 끊임없이 설득에 나섰다는 이유로 '미친 리들리'라는 별명으로 유명하였다. 그의 노력은 제1차세계대전 동안 고무가 전략 물자로 부상하고 가격이 급등하면서 결실을 보았고, 이는 싱가포르의 사업계 전반에 대규모 고무 플랜테이션을 개간하는 열풍을 일으켰다.

말라야의 고무와 주석은 싱가포르의 중개상들에게 새로운 사업 기회를 제공했다. 일부 중개상들은 외국인 소유의 고무 플랜테이션을 대리하거나 관리하기도 했다. 이러한 연결망은 해운과 보험업에서 그들의 이윤을 더욱 높여주었다. 1900년 이후 싱가포르 중개상들의 수익은 점점 더 고무 산업에서 나오기 시작했다. 1912년 준설 채광(dredge mining) 기술이 도입된 뒤, 싱가포르의 유럽계 중개상들은 주석 채굴에서도 지배적인 위치를 차지하게 되었다. 주석 채굴은 중국인의 사업으로 출발했지만, 점점 고갈되어 가는 광산의 생산성을 높이기 위해 새로운 기술을 도입할 자본이 중국인에게는 부족했다. 유럽인의 진출 증가는 고무 산업처럼 중개상들이 주석 채굴에서도 더욱 높은 수익성을 갖게 하였다. 제1차 세계대전 이후, 싱가포르 기업들은 말라야 경제에서 가장 핵심적인 두 산업(고무와 주석)을 장악하게 되었다.

항구─도시의 요람: 케펠 항구

1840년대까지 싱가포르강은 선박들이 모여들던 경제적 생명줄이었다. 그러나 싱가포르가 예멘의 아덴(Aden)과 인도의 카라치(Karachi)와 더불어 영국의 주요 기항지가 되면서, 하천 항구는 증가하는 선박 통행량을 처리하기에는 너무 작았다. 강 어귀의 수심은 대형 선박이 드나들기에는 너무 얕았고, 침적은 만성적 문제였으며, 부두와 석탄 저장고를

설치할 공간도 제한적이었다. 증기선의 등장과 석탄 보급항으로서 항구의 발전은 강을 따라 운영되던 거룻배 운송(lighterage)을 쇠퇴하게 만들었다. 범선 시대에는 선박들이 하구에 정박하고, 강을 오가던 거룻배를 통해 화물을 창고로 보냈다.

항만 시설에 대한 증가하는 수요는 주로 민간 기업이 충당했다. 항구는 싱가포르강에서 뉴하버(New Harbour)로 옮겨갔고, 이 항만은 1850년대 후반 케펠 하버(Keppel Harbour)로 이름이 바뀌었다. 주요 무역 중개상들은 이곳에서 부두와 석탄 저장고 개발을 시작했다. 가장 큰 항만 개발 회사는 탄종파가부두회사(Tanjong Pagar Dock Company)로, 이는 싱가포르 항만청(Harbour Board)과 오늘날의 싱가포르 해사항만청(MPA, Maritime and Port Authority of Singapore) 및 PSA 인터내셔널의 전신이었다. 민간 투자자들에 의해 설립된 이 회사는 선박 수리를 위한 대형 건선거(dry dock)를 건설했다. 탄종 파가 서쪽에 위치한 빅토리아 부두(Victoria Dock)는 1868년에 개장하여, 1869년 수에즈운하 개통의 이

1840년대부터 동남아시아에 증기선 운항이 시작되면서, 싱가포르는 지역 무역 중심지로서의 위치를 활용해 석탄 보급항(coaling station)으로 발전할 수 있었고, 그 결과 동남아 증기선 네트워크에서 중요한 기항지 역할 또한 수행하게 되었다. 이러한 항구 기능의 추가는 싱가포르가 1860년대부터 국제적 기항항으로 발전하는 것을 가능하게 했다.

탄종파가 부두에 정박한 무역선. 물산의 하역과 선적에 이어 선박의 수리와 필요한 물자의 보급 등이 이루어졌다.

점을 적시에 누렸다. 두 번째 부두인 앨버트 부두(Albert Dock)는 1879년에 문을 열었다.

케펠 항구에서 항만 시설이 개발됨에 따라, 래플스 플레이스(Raffles Place), 차이나타운, 탄종 파가(Tanjong Pagar)는 싱가포르의 상업적 중심지로 성장했다. 무역의 성장은 항만의 인프라 확장과 함께 상업의 힘줄을 강화하였다. 민간 상업 시설과 금융 기관들이 활기를 띠었다. 싱가포르에서 가장 이른 시기에 설립된 은행인 오리엔탈 뱅크(Oriental Bank)는 1846년에 세워졌다. 다른 은행들도 뒤따랐는데, 1855년 머컨타일 뱅크 오브 인디아(Mercantile Bank of India) 및 1859년 차터드 뱅크 오브 인디아, 오스트레일리아 앤드 차이나(Chartered Bank of India, Australia and China)이다. 싱가포르가 직접 식민 통치로 이관될 즈음, 싱가포르는 이미 대영제국에서 가장 바쁜 항구들 가운데 하나였다.

이민자의 용광로

19세기에 싱가포르의 존재는 그 물길을 가로질러 오가는 무역망의 경제적 생존 가능성에 전적으로 의존했다. 북쪽의 대륙부 동남아와의 육상무역은 중요하지 않았으며(5퍼센트 미만), 이 경제적 네트워크는 인도양과 남중국해 대부분을 아우르는 해상 포어랜드(foreland)에 의해 유지되었다. 말라야에서 플랜테이션 경제가 발전하기 전까지 싱가포르는 명확히 규정된 배후지를 갖고 있지 않았다. 싱가포르가 가지고 있었던 것은 식민지 이전의 지역 내 무역네트워크라는 중요한 포어랜드였다. 이 오래된 무역 네트워크의 부활은 번성하는 정착지로 끌려온 다양한 이주 공동체의 모자이크를 낳았다.

1819년 래플스가 도착했을 때, 싱가포르는 싱가포르강 옆에 큰 집을 가지고 있던 테멩공 압둘 라흐만의 소수 추종자들이 거주하고 있었다. 해안 마을들에는 몇몇 오랑 라웃 공동체들도 있었고, 갬비어와 후추

1900년대 초 래플스 플레이스와 풀러턴 스퀘어(Fullerton Square)를 연결하던 배터리 로드(Battery Road)의 전경. 이 분수는 1882년에 건설된 것으로, 도시의 수도 시설 개선에 큰 역할을 한 탄킴셍(Tan Kim Seng)의 자선을 기념하기 위해 세워졌다. 1925년에 분수는 현재의 위치인 퀸 엘리자베스 워크(Queen Elizabeth Walk)로 이전되었다.

를 재배하던 중국인 농장주들도 있었다. 지역 무역네트워크가 리아우에서 싱가포르로 이동함에 따라 말레이-무슬림 공동체는 빠르게 성장했다. 1901년까지 싱가포르에는 23,060명의 말레이반도의 말레이인, 인도네시아 제도 여러 지역에서 온 12,335명(아체인, 자바인, 보아인(Boyanese), 다약인, 필리핀인 포함), 약 1,000명의 아랍인 그리고 600명의 자위 페라나칸(남인도 무슬림과 말라카 말레이인의 혼혈)이 거주했다.

싱가포르는 19세기와 20세기에 말레이 세계의 중심이 되었다. 그 이유 중 하나는 영국의 보호가 말레이반도의 여러 지역으로 확대된 뒤, 싱가포르가 영국 식민 정부의 중심지가 되었기 때문이다. 말레이 수장들과 그들의 추종자들은 법적, 공식적, 재정적 도움을 요청하기 위해 자주 싱가포르를 방문했다. 싱가포르는 또한 말레이 통치자들이나 경쟁 수장들을 피해 도망쳐 온 이들에게 편리한 피난처(일종의 사실상 강제된 유형지)이자, 해협 지역의 말레이인들에게 고용 기회를 제공하는 장소가 되었다. 그 과정에서 싱가포르의 말레이 공동체는 여러 경쟁의 온상이 되기도 했다.

깔랑강 하구를 따라 자리한 캄퐁 글람(Kampong Glam)은 술탄 후세인이 거주지로 선택한 곳으로, 말레이-무슬림 무역 공동체의 중심이었으며, 16세기 말-17세기 동안 깔랑강 하구가 샤반다의 근거지였던 역할을 되풀이했다. 래플스를 수행한 수로학자들이 그린 해안 스케치에는 싱가포르강의 '싱가포르 마을'과 깔랑강 어귀의 '라야 마을(Ryat Village)'(말레이어 rakyat, 즉 평민이라는 말의 와전 형태)가 나타나는데, 이는 하구에 정착지가 있었음을 의미한다.

캄퐁 글람의 이스타나(왕궁)에서 술탄 후세인은 깔랑 하구와 그 무역을 장악했으며, 항구에 기항하는 상선들이 말레이 통치자에게 '한타르-한타란(hantar-hantaran, 선물/통행세)'을 주는 관습을 통해 영향력을 행사했다. 부는 정치권력을 움직이는 윤활유였으며, 이러한 간접적인 통행세는 술탄이 후원을 베풀고 충성을 모으며, 그의 왕권을 지탱한 필수적인 동맹과 결속을 형성하는 재정적 기반이 되었다.

싱가포르를 세 차례 방문할 때마다, 래플스는 자신이 "올바른 기반 (proper footing)" 위에 싱가포르의 정부를 두고자 했다. 임시적인 타협안은, 깜퐁 글람에 있는 후세인의 왕궁에서 그의 관할 아래 있던 깔랑 하구에 정박할 때 받는 통행세(한타르-한타란)은 현지 선박의 나코다(nak-hoda, 선장)들에게 적용하는 것이었다. 영국과 기타 유럽 선박의 선장들은 면제되었고, 단지 술탄과 테멩공에게 예의상 방문을 할 때만 예외로 두었다.

1819년 이후 상인으로 도착한 부기스인들이 모이도록 권장된 장소가 바로 이 깔랑 하구였다. 지역 이주민 가운데 두 번째로 큰 집단은 자바인으로, 금속 및 가죽 공예에 특화된 상인과 장인으로 싱가포르에 왔다. 1891년, 싱가포르에 거주하는 등록된 자바인 이주민은 8,541명이었

로처르강(Rochor River)과 깔랑 하구는 싱가포르강에 대한 대안적 항구였다. 이곳은 부기스와 다른 동남아 무역상들이 모여들던 장소였다.

으며, 이후 중부 자바의 가혹한 경제 상황과 말라야의 플랜테이션 및 주석 채굴 부문에 종사할 계약 노동자로 자바인을 적극적으로 모집한 영향으로 그 수는 더 증가했다. 일본 점령기(1942~45년) 동안, 일본이 자바에서 노동력을 징발하면서 자바인 인구는 약 1만 명 증가했다. 많은 사람들이 전쟁과 학대 속에서 생존하지 못했으며, 살아남은 일부는 결국 싱가포르에 정착했다.

가장 명망 있는 무슬림 이주민 가운데에는 아랍인들이 있었다. 페르시아만에서 남중국해까지 뻗어 있는 광범위한 아랍-페르시아 무역 네트워크는 유럽인들이 아시아에 도달하기 훨씬 이전부터 존재해 왔다. 영국 정착지가 설치된 직후 싱가포르에 도착한 최초의 아랍인들은 팔렘방 출신의 두 부유한 상인이었다. 모하메드 빈 하룬 알-주니드(Mohammed bin Harun Al-Junied)와 그의 조카 사이드 오마르 빈 알리 알-주니드(Syed Omar bin Ali Al-Junied)는 아라비아 남부 하드라마우트(Hadhramaut) 지역에 뿌리를 둔 공동체 출신이었다. 알-주니드 가문은 예언자 무함마드의 직계 후손으로 여겨졌다. 래플스는 아랍 무역과 선박이 자신의 정착지를 부유하게 만들 것이라는 믿음에서 그들의 싱가포르 정착을 장려했다. 그의 기대는 잘못된 것이 아니었다.

알카프 앤드 컴퍼니(Alkaff and Company)의 사무 직원들. 싱가포르에서 성공한 여러 아랍 무역회사 중 하나인 알카프 앤드 컴퍼니는 1860년대에 싱가포르에 도착한 두 형제, 아흐마드와 압둘 알카프(Ahmad and Abdul Alkaff)에 의해 설립되었다. 알카프 가문은 식민지 시대 싱가포르에서 가장 부유한 가문 가운데 하나였으며, 오늘날의 로버트슨 키(Robertson Quay) 인근 싱가포르강을 따라 일련의 창고들을 소유하고 있었다.

1824년, 싱가포르의 또 다른 저명한 아랍 가문의 개척자인 압둘 라흐만 알사가프(Abdul Rahman Alsagoff)는 자신의 무역 사업을 아라비아에서 싱가포르로 옮겼다. 그의 아들 사이드 아마드 알사가프(Syed Ahmad Alsagoff)는 1848년 알사가프 앤드 컴퍼니(Alsagoff and Company)를 설립했고, 번창하던 무역, 특히 향신료 무역을 수행하던 프라후 선단을 소유한 부기스 가문과 혼인 관계를 맺었다.

그 결혼은 알사가프의 상업 네트워크를 강화시켰다. 알사가프 가문의 사업은 아라비아와 유럽으로 각종 산물과 목재(고무, 사고(sago), 코코넛, 커피, 코코아, 파인애플 등을 포함)를 수출하는 것이었으며, 많은 아랍인들이 해운업에 종사했기 때문에 순례 무역도 그 일부였다.

1870년대에 이르러, 수에즈운하의 개통과 증기선 여행의 편리함은 더 많은 아랍인들이 동남아에 정착하도록 장려했다. 기록에 따르면 1880년대에는 아랍(Arab), 바그다드(Baghdad), 부소라(Bussorah), 제다(Jeddah), 무스캣(Muscat) 거리(street)로 둘러싸인 지역에 최대 800명의 아랍인이 집중적으로 거주했다. 19세기 후반에 싱가포르는 이 지역에서 가장 번성한 아랍 공동체의 중심지로 여겨졌으며, 그 수는 1940년대에 약 2,500명까지 증가했다.

알-주니드 가문은 무역에서 부동산으로 관심을 전환한 최초의 가문 가운데 하나였으며, 다른 아랍 가문들도 그 뒤를 따랐다. 1930년대에 이르면 아랍인들은 유대인들과 함께 싱가포르에서 가장 큰 부동산 소유 집단이 되었고, 주택, 호텔, 상점가 전체에 걸친 인상적인 자산 포트폴리오를 보유하고 있었다. 당시 추산에 따르면 싱가포르 아랍인의 약 80퍼센트는 주택 임대료에서 주요 소득을 얻고 있었다. 또한, 알사가프와 알카프(Alkaff) 가문은 해외 아랍 투자자들을 위한 대리 및 관리 회사도 운영했다. 1885년까지 동남아 부동산 분야에 대한 아랍인의 투자 가운데 4분의 1이 싱가포르에 집중되어 있었다.

아랍인들, 특히 초기 이주자였던 알-주니드, 알사가프, 알카프 가문은 무슬림 공동체 내에서 영향력이 있었으며, 그들의 아랍식 이름은 그

하즈(Hajj)를 떠나는 순례자들이 배에 탑승해 있는 모습. 19세기 중반까지 싱가포르는 주변 지역의 무슬림 순례자들이 모여들어, 제대로 향하는 다음 배를, 때로는 몇 달 동안 기다리는 주요 항구였다.

들에게 일정한 종교적 권위를 부여했다. 예상할 수 있듯이, 그들은 싱가포르에서 순례 중개(pilgrimage brokering) 사업을 시작했으며, 무슬림 순례자들이 메카에서 하즈(Hajj)를 수행할 수 있도록 운송을 담당했다. 세기말까지 싱가포르는 동남아 순례자들의 환승 허브로 발전했는데, 특히 네덜란드가 정치적 이유로 하즈 여행을 제한했을 때 그러했다.

동남아의 인도 연계

서아시아와의 무역 및 아랍 상인들과의 접촉을 통해, 말라바르(Malabar)와 코로만델(Coromandel) 해안의 인도인들은 가장 이른 시기의 이슬람 개종자들이며, 인도계 무슬림 상인들은 동남아에서 가장 초기의 무슬림들 가운데 포함되기도 한다. 말라카에는 터를 잡은 타밀 상인 공동체가 상당수 있었는데, 이들은 말레이 여성들과 혼인하여 자위 뻐라나칸(Jawi Peranakan) 공동체로 발전하였다. 래플스의 말레이어 서기이자 교사였던 문시 압둘라는 자위 퍼라나칸이었다. 이 공동체의 많은 구성원들은 말라카 화교들처럼 19세기 사회에서 뛰어난 지위를 얻었다.

그러나 1819년 래플스가 도착하기 이전에 싱가포르에 어떤 인도인 공동체가 있었다는 기록은 없다. 대략 120명 정도의 세포이(sepoy)와라스카(lascar, 보조 인력 또는 하인)로 이루어진 그의 수행원이 싱가포르에서 인도인 공동체의 시작이다. 군인을 제외하면, 1819년 이후 첫 몇 년 동안 약 5,000명의 전체 인구 가운데 132명의 인도인이 있었다고 기록되어 있다.

캘커타의 EIC는 싱가포르를 인도인 유배 식민지로 전환함으로써 인도 공동체를 증가시켰다. 1824년의 영국·네덜란드 조약 이후, 1825년 4월에 첫 번째 인도인 죄수 집단이 벵쿨루에서 싱가포르로 이송되었다. 벵쿨루는 인도인 유배 식민지 역할을 해왔었다. EIC는 싱가포르의 노동력 부족을 고려할 때, 죄수들이 공공 도로의 건설과 유지에 유용하게 쓰일 수 있다고 보았다. 그러한 배경 논리로는 인도인이 극히 적은 사회에서는 인도인 죄수들이 도망치기 훨씬 어렵다는 것이었다. 1860년까지 싱가포르에서 형기를 복역 중인 인도인 죄수는 2,275명에 달했고, 싱가포르는 1873년까지 계속해서 인도인 죄수를 받았다. 이러한 조치는 싱가포르 기업가들의 항의에도 불구하고 이루어졌는데, 그들은 이것을 싱

1890년경의 스리 마리암만 사원(Sri Mariamman Temple). 싱가포르에서 가장 오래된 힌두교 사원으로 여겨지는 이 사원은 피낭 출신으로 래플스와 함께 싱가포르에 온 정부 서기 나라얀 필라이(Narayan Pillai)가 19세기 초에 세운 것이다. 스리 마리암만 사원은 1970년대에 국가 기념물로 지정되었다.

가포르가 캘커타 관할에서 벗어나야 한다고 주장한 이유 가운데 하나로 삼았다.

그러나 싱가포르에는 인도인의 자발적 이주도 있었으며, 대부분은 계약 노동자로 도착했다. 1849년에 인도인 인구의 약 3분의 1이 계약 노동자로 등록되어 있었다. 많은 이들이 확장되는 항만에서 일했고, 인도인 노동력은 곧 공공사업국(Public Works Department)의 중추를 이루게 되었으며, 사실상 싱가포르의 주요 초기 건물들은 모두 인도인 노동으로 지어졌다.

싱가포르는 또한 인도인 상인들을 끌어들였는데, 그중 첫 번째는 피낭에서 래플스와 함께 인디아나호를 타고 도착한 나라얀 필라이(Narayan Pillai)였다. 그는 이곳에 머물며 마을 밖에 벽돌 가마를 세웠다. 피낭에서 목수와 벽돌공 몇 명을 불러오면서 그는 싱가포르 최초의 건축 계약자 가운데 한 사람이 되었다. 필라이는 결국 인도인 공동체의 지도자가 되었고, 싱가포르 최초의 힌두 사원인 사우스브리지로드(South Bridge Road)의 스리 마리암만 사원(Sri Mariamman Temple)을 건립하는 데 핵심적인 역할을 했다.

다른 인도 상인들, 특히 피낭 출신의 상인들이 뒤를 이었다. 1849년에는 싱가포르에 상당한 지위를 가진 인도 상인이 17명 있었으며, 1860년대까지 파르시(Parsee), 벵갈(Bengali), 신디(Sindhi), 타밀(Tamil) 상인 가문들이 이 섬에 다수 자리 잡게 되었다.

20세기가 전환될 무렵, 싱가포르의 인도인 공동체는 16,000명 이상으로, 전체 인구의 거의 9퍼센트를 차지하고 있었다. 이는 대체로 일시적 성격의 공동체였으며, 대부분이 남성이었고, 출신지에 따른 종족적 및 하위종족적 차이는 물론 직업, 종교, 교육, 언어에 의해 구분되는 다양한 집단들로 이루어진 이질적 혼합체였다.

이처럼 구획된 집단들 가운데 가장 두드러진 것은 남인도 무슬림들이었는데, 이들은 일찍이 자리를 잡았고 충분한 돈을 벌어 싱가포르 최초의 모스크를 지을 수 있었다. 이곳에서 '츄리아(Chuliahs)'로 불리는 이들은 동남아에서 오래된 무역 전통을 가진 유명한 소매상들이었다. 이들은 주로 타밀 나두 남부의 탄조르(Tanjore)와 람나드(Ramnad) 지역 출신으로, 초기 시대 무역상들도 이 지역 출신이었다. 다른 남인도 상인들로는 인도에서 전통적으로 소매업에 종사해온 공동체인 말라바르(Malabar) 무슬림 또는 모플라(Moplah)가 포함된다. 이러한 인도 상업 공동체는 광범위한 공동체 네트워크를 통해 신용, 은행, 회계 서비스를 운영하면서 자신들만의 틈새를 찾아냈다. 이러한 활동들은 항구도시의 발전과 정확히 맞아떨어졌다.

대부업 분야에서는 체티아(Chettiar)가 특히 성공적이었다. 그들의 고객은 인도인 상인들에만 국한되지 않았으며, 유럽인 플랜테이션 소유주들과 중국인 사업가들도 자주 포함되었다. 첸나이(Chennai) 남부의 람나드(Ramnad)와 푸투코타이(Puttukottai) 지역 출신의 나투코타이 체티아(Nattukottai Chettiars)는 19세기 초에 해협 식민지로 이주하기 시작했다. 당시 경제 활동은 현대적 금융 서비스의 부족으로 인해 종종 어려움을 겪었는데, 체티아들은 담보는 없지만 자본이 필요한 소규모 기업들에게 매우 소중한 신용 공급원이었다. 싱가포르의 번영하고 저명한 생필품 및 직물 소매업자였던 고빈다사미 필라이(P. Govindasamy Pillai)

(왼쪽) 싱가포르의 체티아 그룹. '체티아(Chettiar)'라는 용어는 타밀 나두의 체티나드(Chettinad) 지역 출신이었던 본래의 나투코타이 체티아(Nattukodai Chettiars) 집단을 가리키는 말이었으나, 점차로 대금업 및 금융 활동에 종사한 모든 남인도인을 통칭하는 말이 되었다.

(오른쪽) 1920년대 스튜디오 사진 속, 저명한 체티아 대금업자 수프라마니움(Rm. V. Supramanium).

는 체티아들에게서 받은 대출로 사업을 시작한 것으로 알려져 있다.

체티아들은 곧 동남아시아 농업인들에게 주요 금융 공급자로 자리 잡았는데, 이 농업인들은 마드라스 행정구와 쌀, 차, 주석과 같은 산물과 상품을 거래했다. 체티아들이 활동하는 곳이면 어디든 그들은 금융 및 신용 체계의 중요한 부분을 형성했다. 1930년대까지 이 공동체는 랑군(오늘날의 양곤)에서 사이공(오늘날의 호치민시)에 이르는 광범위하고 복잡한 금융 네트워크를 운영했으며, 그 거점은 마드라스(오늘날의 첸나이), 콜롬보, 피낭, 싱가포르에 있었다. 체티아들은 1970년대까지 대부업 기관으로 남아 있었으나, 은행 및 금융 기관의 성장과 젊은 세대들의 달라진 진로 희망에 따라 그들의 전통적 직업은 끝나게 되었다.

싱케, 해협 출신 중국인 및 그 네트워크

아랍인과 인도인처럼, 도서부 동남아(중국인에게는 난양(Nanyang) 또는 남해로 알려짐)에서 활동한 중국 상인들의 역사는 유럽인 도래 이전으로 거슬러 올라간다. 중국인 공동체는 중국 무역 네트워크의 두 가지 노선 곳곳에서 발견되었다. 하나는 필리핀을 돌아 말루쿠(Maluku, 향료제도)와 북동부 보르네오까지 갔다가 다시 필리핀으로 되돌아오는 남동 방향 경로였다. 둘째로, 수익성이 더 높은 경로는 서쪽으로 향해 말라카 해협에 이르는 항로였다.

1641년 네덜란드가 말라카를 점령하고 동남아에서 네덜란드의 세력이 확고해진 뒤, 중국 상인들은 이 지역에서 좋은 환적 기지(trans-shipment base)를 적극적으로 찾기 시작했다. 네덜란드가 통제하는 항구들은 네덜란드의 적대적 태도와 경우에 따라 중국인에 대한 박해 때문에 매력적이지 않았다. 그런데도, 19세기 초까지 바타비아는 중국 정크 무역 네트워크의 일부가 되었는데, 이는 중국 상품에 대한 무거운 네덜란드 세금 그리고 중국 화물에 유럽 상품이 포함되면 더 무거운 세금이 부과되는 상황에서도 그랬다. 바타비아에서 해협 산물을 반출하기 위해서는 중국 상인들은 수출세를 내야 했으며, 중국 정크들은 네덜란드 선박들의 필요가 먼저 충족될 때까지 해협 산물을 선적할 수 없었다.

말할 것도 없이, 싱가포르가 바타비아의 대안이 되는 자유항으로 개방되자마자 중국 정크 무역을 즉시 끌어들였다. 개항 후 불과 2년 만에, 싱가포르의 중국인 수는 약 1,200명으로 증가했는데, 이는 래플스가 처음 도착했을 때 대부분 갬비어 농장주였던 30명에서 많이 늘어난 숫자였다. 새로 도착한 중국인 가운데 많은 수가 억압적인 네덜란드 정권을 벗어나고자 했던 리아우와 말라카 출신의 해협계 화교였다.

중국 무역 공동체는 래플스의 도시 계획, 즉 싱가포르강을 중심으로 새로운 이주민들을 종족별 거주 구역에 배치한 계획에 따라 보트키(Boat Quay) 지역에 정착했고, 중국 정크 무역의 한 끝을 형성했다. 다른 한 끝은 중국 본토 상인들로 구성되어 있었다. 1821년에 처음 네 척의 정크가 중국에서 도착했고, 이후 싱가포르는 바타비아를 대신하여 동남아－중국 무역의 새로운 중심지로 성장했다. 역설적으로, 중국 무역에 대한 EIC의 독점은 싱가포르의 정크 무역을 촉진하는 데 도움이 되었다.

1819년 직후 싱가포르로 이주한 말라카 출신 중국인 탄톡셍(Tan Tock Seng)은 채소와 가금류를 파는 일로 처음 생업을 시작했다. 전환점은 그가 쇼, 화이트헤드 앤드 컴퍼니(Shaw, Whitehead & Company)의 J. H. 화이트헤드와 함께 토지 투기에 참여하면서 찾아왔다. 이 사업에서 거둔 큰 성공으로 그는 화교 사회의 유력 인사가 되었으며, 수많은 자선 사업에 기부한 후원자로도 알려지게 되었다.

싱가포르의 중국 정크들은 자유무역가에게 수익성 높은 중국 무역의 일부를 가져다주었다. 정크들은 중국산 비단, 금직물(brocades), 차를 싱가포르로 실어왔으며, 이는 다시 면직물과 아편 같은 인도산 물품을 가져온 자유무역가에게 판매되었고, 이 물품들은 다시 정크 상인들에게 판매되었다. 1833년 EIC의 독점이 폐지되고 중국 무역이 민간 상인들에게 개방되자, 수익성 높은 중국 무역에서 싱가포르가 갖던 환적 중심지로서의 중요성은 감소했다. 1842년부터는, 제1차 아편전쟁 이후 영국에 할양된 홍콩이 중국 무역의 영국 거점이 되었다. 그 전쟁에서 승리한 것은 마약 거래자들이었다.

제2차 세계대전 발발 전까지도, 싱가포르의 중국인 상인들은 유럽계 중개상들이 유럽 및 북미와의 무역을 포함한 싱가포르 전체 수입 무역에서 더 큰 몫을 누렸음에도 불구하고, 중국 및 동남아와의 무역에서 싱가포르의 주류 세력으로 남아 있었다. 또한, 중국 회사들은 유럽 중개상들과 선의의 경쟁을 통하여 일본과의 수입 무역을 발전시켰는데, 일본은 유럽의 산업 방식을 채택하여 제품을 생산한 최초의 아시아 국가였다. 싱가포르는 일본 제품이 유럽 제품보다 더 저렴했기 때문에 동남아의 일본 상품 유통 중심지가 되었다. 그러나 심각한 결과를 초래하게 되었다.

싱가포르가 중국인 무 이러한 무역 연계망은 20세기 일본의 중국 침략 이후 싱가포르의 중국인들에게역 중심지로 발전하면서, 중국인 공동체는 식민지에서 가장 큰 종족집단이 되었고, 그 구성은 주로 중국 남동부 연해 지역 출신들이었다. 1867년까지 중국인은 싱가포르 인구의 65퍼센트를 차지하며 약 55,000명에 이르렀다. 가장 큰 방언 집단은 복건인(Hokkien)이었고, 그 뒤를 이어 조주인(Teochew), 광동인(Cantonese), 객가인(Hakka) 등이 있다. 많은 객가인과 광동인은 결국 말라야의 주석 광산에서 일하게 되었다. 대부분의 중국인 이주민은 왕조 교체기 중국이 겪던 전쟁, 기근, 빈곤을 피해 도망쳐 나온 사람들이었다. 이러한 이주는 동남아에서 중국인 노동력을 둘러싼 수익성 높지만, 학대적인 상업에 의해 더욱 촉진되었다. '돼지' 장사라고 불린 이 쿨리(coolie) 무역은 싱가포르를 관문으로 삼아 건장한 중국 청년들을 값싼 노동력으로 이 지역 곳곳에 실어 나르곤 했다.

19세기에 새로 도착한 이주민들은 부를 축적하여 고향으로 돌아갈 '객(sojourners)'으로 스스로 여겼다. '싱케(sinkheh, 새 손님)'으로도 불린 이들은 종종 일시적 체류자였고 다른 지역으로 이동하는 경우도 많았다. 이에 반해, 공동체의 약 10퍼센트를 이루던 해협 태생 혹은 퍼라나칸 중국인들은 자신들을 정착민으로 인식했고, 19-20세기 공동체의 초기 지도층을 형성했다. 그들은 사회적으로는 중국인이었지만, 언어와 생활양식 면에서는 말레이인들과 유대감을 공유했다. 영어와 말레이어에 모두 능통했던 그들은 싱케뿐만 아니라 말레이인 및 유럽인과의 소통을 매개하는 데 유용했으며, 이를 통해 초기 경제적 이점을 누렸다. 거의 항상 상인이었던 해협 태생 중국인들은 유럽 무역상들의 중개인 역할을 맡았고 곧 공동체의 부유한 엘리트로 자리 잡았다. 더불어, 확장되는 경제적 기회는 중국 출신 이주민인 탄카기(Tan Kah Kee), 탄락사이(Tan Lark Sye) 등 여러 인물에게도 부를 축적하게 해주었다. 많은 중국 출신 이주민들이 결혼을 통해 해협 중국인 가문에 흡수되기도 했다.

1820년대에 건설된 호키엔로(Hok-ien Street)는 싱가포르 초기의 간선도로 중 하나였다.

    해협 태생 중국인은 말라카해협 지역 외에 다른 고향을 알지 못했지만, 그럼에도 중국성과 중국에 대한 정체성을 유지했다. 중국의 정치 상황은 싱가포르와 말라야 곳곳에 스며들었고, 중국 내 갈등 세력은 동남아에서도 축소된 형태로 나타났다. 즉, 국민당(Kuomintang) 지지파와 반대파, 혹은 좌·우파 간의 분열이었다. 공동체가 자체적으로 운영되기는 했으나, 영국의 식민지 정책과 중국 민족주의 사이에서 충돌 가능성은 늘 존재했다. 영국은 중국 민족주의를 억누르기 위해 여러 차례 개입했는데, 그중 하나는 런던이 위안스카이(Yuan Shikai)를 중국의 대통령으로 승인한 데에 대한 반발로 싱가포르에서 국민당을 금지한 사건이었다. 또 다른 사례는 1920년대에 영국이 싱가포르에서 고조되는 중국 민족주의를 억제하기 위해, 정부 지원을 받으려면 중국 학교들이 '국어(즉 표준 중국어/만다린)' 대신 방언으로 가르치도록 강요했을 때이다. 1930년대 초에는 영국이 일본의 동맹국이었던 만큼, 싱가포르 중국인의 반일 활동 역시 억압되었다.

식민 당국과 협력하여 질서와 안정을 유지하는 것이 공동체의 이익에 부합하긴 했지만, 민족적 애국심은 때론 걸림돌이 되었다. 영국과 협력하는 일은 해협 태생 중국인에게 훨씬 수월했다. 영어 교육을 일찍 받고 싱가포르 중산층에 일찍 진입한 그들은, 서구화된 정체성을 통해 식민 당국이 수용할 수 있는 존재가 되었고, 동시에 대다수 중국 출신 이주민들과 구분되는 특징을 갖게 되었다.

싱가포르의 사회 구조는 지리적 연결망과 해상 경로, 그리고 기능적 상호의존성(무역, 노동, 상품교환, 자본 흐름)과 공동체 간 연계에서 발전해 나갔다. 무역 네트워크는 식민지를 유지하는 데 필요한 자원과, 결국 싱가포르의 복합사회(plural society)를 구성하게 될 인력을 공급해 주었다. 싱가포르의 성공이 자유항이자 개방적 중개무역지라는 지위에 기반한 만큼, 식민지의 이민 정책은 제약이 없었다. 무역 중심지의 발전에서 핵심 요소는 무역상과 노동력의 자유로운 이동이었다. 그리하여 19세기 중반까지 이 항구도시는 정의된 공동체 구역으로 나뉘어 있으면서도 서로 인접해 거래하고, 상호 결혼까지 이루는 다양한 공동체의 집합지가 되었다. 싱가포르의 도시 설계는 항구도시의 세 가지 주요 관심사, 즉 상업 활동의 용이성, 상인 공동체의 정착, 이 섬에 모여든 서로 다른 종

탄지악킴(Tan Jiak Kim)은 해협 태생 중국인들을 이끌어, 자신들의 중국적 정체성을 유지하면서도 대영제국의 충성스러운 신민으로서의 이익을 도모하기 위해 '해협중국인영국협회(Straits Chinese British Association)'를 결성했다. 여기 1900년 협회 회원들의 사진에서 그 모습을 확인할 수 있다.

족과 직업 집단의 분리 등을 반영하게 되었다.

글로벌 경제혁명의 세기

세계 경제의 발전 과정에서, 영국의 산업혁명만큼 결정적인 역할을 한 것은 없다. 1700년대 후반에 시작되어 1800년대에 이르러 유럽과 미국으로 빠르게 확산된 산업혁명은 증기 및 전력을 기반으로 한 기계에 의해 대량생산이 가능해짐으로써 삶의 모든 측면에 영향을 미쳤다.

산업혁명은 지정학적 힘을 창출하여 사람들이 어디에, 어떻게 살며 가족을 꾸리고, 먹고 놀고, 서로 관계를 조직하는 방식에 이르기까지 변화시켰다. 산업혁명은 일부 국가를 제조업 국가로, 다른 국가를 제조품의 원료가 되는 1차 원료 생산국으로 만들었다. 이 혁명은 전 세계적인 가내 수공업을 붕괴시키고 노동자 계급을 형성했으며, 수 세기 동안 이어져 온 자영업, 자급농업, 전통적 수공업 중심의 생계 방식에 종말을 고했다. 현금작물 경제의 발전은 대규모 인구 이동을 불러일으켜, 한때 동질적이었던 사회들을 복합적이고 다언어적인(plural and polyglot) 사회로 바꾸어 놓았다. 산업혁명은 개인이 출생이나 후원 관계가 아니라 기업가 정신과 능력을 통해 사회적으로 상승할 수 있는 새로운 길을 열어주었다. 19세기와 20세기에 걸쳐 전 세계로 확산된 기술 혁신은 사회, 경제, 정치 발전에 엄청난 영향을 미쳤다.

아시아에서 가장 먼저 산업화를 달성한 국가는 일본이었다. 일본은 유럽의 통치 모델을 일본적 요소와 결합해 받아들였다. 1868년 메이지 유신은, 그보다 2년 앞서 일본 군주에게 권력을 되돌린 혁명적 변화에 힘입어 실현되었으며, 중공업과 함께 현대적 군사력의 필수 도구인 훈련된 군대, 최첨단 무기 및 전함과 비행기로 구성된 함대를 일본에 도입했다. 이들 모두는 20세기 초에 일본에서 자체적으로 생산된 것이었다.

이 시대는 결국 1876년에 설립된 미쓰비시와 미쓰이를 비롯해, 17세기에 설립되었으나 메이지 유신기에 재벌(zaibatsu)이 된 스미토모와 같은 대규모 기업그룹의 등장과 부상을 맞이한다. 이들 재벌은 철강, 조선, 무기, 항공기 제조 등 중공업 분야에 투자했다. 산업화된 대량생산

방식을 채택한 일본은 아시아 시장을 위한 값싼 공산품의 공급지가 되었고, 아시아의 대중시장을 놓고 서구 제조업체와 효과적으로 경쟁했다.

육지와 바다에 하드웨어 연결

항구로서 싱가포르는 1840년대 증기선의 등장으로 이미 큰 영향을 받았다. 돛단배 시대와 달리, 무역상들은 더는 바람에 의존하지 않게 되었고 항해 시간도 훨씬 단축되었다. 1869년 수에즈운하가 개통되면서 선박 운항 시간은 더욱 줄어들었고, 이는 싱가포르에 빠른 사회경제적 변화를 일으켰다. 통신, 운송, 조명 및 산업 개발 분야의 최첨단 기술들이 증기선을 타고 런던에서 신속히 도착했다.

1816년 군사 목적으로 발명된 전신은 방대한 제국(1920년 3,550만 제곱킬로미터에 달함)을 더 세밀하게 통제하기 위한 수단으로 식민행정부(Colonial Office)에 의해 채택되었다. 1880년까지 141,000km의 해저 케이블이 영국과 인도, 캐나다, 해협식민지, 호주를 연결하고 있었다.

싱가포르는 1850년 무렵 이미 번성한 환적항(entrépot)이었고, 이 거대한 통신망의 핵심 부분이었다. 싱가포르와 말라야 사이 첫 해협 횡단 케이블은 1851년에 설치되었고, 싱가포르와 바타비아를 잇는 해저 케이블은 1859년에 설치되었다. 1869년 이후 싱가포르는 영국호주전신

1869년 수에즈운하가 개통되면서 인도양과 유럽 간의 항해 시간이 단축되었고, 이는 싱가포르의 해상 교통에 큰 활력을 불어넣었다.

회사(British Australian Telegraph Company Limited)가 자바를 거쳐 설치한 케이블을 통해 호주와 연결되었다. 1929년이 되어서야 싱가포르는 마침내 런던과 직접 연결되었다. 전보 한 건이 전달되는 통신 시간은 1870년의 10시간에서 1929년에는 2초로 급격히 단축되었으며, 이는 모두 16,900km의 케이블을 거쳐 이루어졌다.

싱가포르는 자체 국내 전신망도 갖추고 있었으며, 이는 총독 관저(Government House)와 주요 경찰서 등 핵심 공공건물에 설치되었다. 이스턴텔레그래프컴퍼니(Eastern Telegraph Company)의 계열사인 이스턴 익스텐션(Eastern Extension)은 1870년 프린스 스트리트(Prince Street)에 첫 사무실을 열었다. 해협식민지의 정부 전신선은 5년 만에 다섯 배 증가하여, 1885년 209km에서 1890년에는 1,022km에 달했다. 매년 수만 건의 전보가 식민지 전역을 왕래했다.

또 다른 기술 혁신인 전화도 싱가포르에서 빠르게 자리 잡았다. 1876년 그레이엄 벨(Alexander Graham Bell)이 특허를 낸 지 불과 3년 만에, 싱가포르는 탄종 파가(Tanjong Pagar) 항구와 래플스 스퀘어의 상업 중심지를 연결하는 전화선을 갖추었다. 1894년에는 256개의 전화선

황소 수레(bullock cart)는 보통 강변과 창고에서 시내로 물품을 운반하는 데 사용되었으며, 초기 식민지 시기 싱가포르의 운송 체계에서 중요한 역할을 담당했다. 1896년 싱가포르에 자동차가 도입되면서 동물로 끄는 마차는 점차 자동차로 대체되기 시작했다.

이 운영되고 있었고, 1931년에는 British Oriental Telephone & Electric Company가 5,000개 전화선을 운영하기 위해 300명의 직원을 고용하고 있었다. 빠른 통신의 한 효과는 지역 간 상품 가격 투기의 소멸이었다. 이제 중개상들은 더 이상 '싸게 사고 비싸게 파는' 방식으로 이윤을 얻을 수 없었다.

새로운 운송 기술의 도입은 도시 경관을 변화시켰다. 1821년, 싱가포르에는 단지 24km의 불량한 자갈길이 있었고, 소달구지 교통과 쏟아지는 몬순 비로 인해 쉽게 훼손되곤 했다. 자동차의 도입으로 도로 건설 기술은 개선되었다. 자동차 등록 대수는 1915년 842대에서 1925년 4,456대로 급증했다. 이러한 증가로 더 좋은 도로에 대한 강한 수요가 생겼다. 전기 노면전차는 1886년에 도입되었지만, 1880년부터 싱가포르에 대량 유입된 일본식 인력거(rickshaw)보다 훨씬 비쌌기 때문에 경쟁이 되지 않았다. 전기 노면전차의 도입은 또한 엘리트 가정에서 전기 사용을 촉진하는 계기가 되었다.

싱가포르의 전기는 선박 증가에 대응해 부두의 작업 시간을 연장하고 시설 이용을 극대화하기 위한 민간 투자를 통해 시작되었다. 미국에서 발전소가 도입된 이후 얼마 지나지 않아, 탄종파가부두회사(Tanjong Pagar Dock Company)는 1878년에 전기설비에 투자했다. 1956년 조지 보가스(George Bogaars)가 저술한 《Tanjong Pagar Dock Company 1864 – 1905》는 다음과 같이 적고 있다.

싱가포르일렉트릭트램웨이즈(Singapore Electric Tramways Limited)는 1905년 전차 서비스를 시작했다. 회사는 여러 해 동안 고전했으나, 전면 개편과 요금 조정 작업을 통해 1923년에 마침내 흑자를 기록할 수 있었다. 그런데도, 이 사업은 곧 정리되었고, 전차는 1925년에 전기 트롤리버스로 대체되었다.

Collyer Quay, Singapore.

이 설비는 주로 도크와 작업장을 위해 설치되었지만, 부두와 도로에도 확장되었다. 발전소는 동쪽 도크 입구 바로 밖에 지어졌다. 해양 보일러가 증기를 공급했고, 이는 각각 108마력의 세 엔진을 돌렸으며, 세 발전기는 합쳐서 48만 캔들파워(candle power)를 생산할 수 있었다.

1897년 완공된 회사의 발전소는 부두에 전기를 공급해 운영 시간을 연장했다. 밤을 낮으로 바꾸는 것의 상업적 이점은 명백했지만, 공공 가로등 설치의 본래 동기는 주민 안전 강화에 있었다. 싱가포르의 거리는 1824년에 처음으로 유등(oil lamp)으로 밝혀졌다. 가스등은 1864년에 도입되었고, 1890년대에는 약 1,000개의 가스 가로등이 설치되었다. 가스 조명은 비용을 감당할 수 있는 가정에서도 사용되었다. 이들 가스등은 현대의 25와트 전구만큼 밝지는 않았지만, 유등 기술을 상당히 뒤흔들었다. 향상된 실내조명은 늦은 저녁 식사, 야간 대화, 독서를 가능하게 했다. 1901년, 지방자치단체가 칼랑가스공장(Kallang Gasworks)을 매입하면서 가스등은 대중화되었지만, 노동계급과 농촌 주민들은 여전히 유등에 의존해야 했다.

1906년, 맥켄지로드발전소(Mackenzie Road Power Station)의 건설로 중앙 싱가포르에 전기 가로등이 도입되었다. 세인트제임스발전소(St James Power Station, 1927)는 싱가포르의 더 많은 지역에 전기를 공급했다. 그러나 많은 외곽 지역은 여전히 전기가 공급되지 않았고, 결국 진취적인 사업가들이 이 공백을 메우기 위해 나서게 되었다.

현대 석유 산업은 19세기에 미국, 러시아, 유럽에서 시작되었다. 1891년 싱가포르의 에이전시 하우스 사임앤콤(Syme & Co)은 런던의 사뮤엘앤콤(M. Samuel & Co)을 위해 부카움섬(Pulau Bukom)에 등유 저장소를 설립했는데, 이는 아시아 최초였다. 6년 후 사임앤콤은 보르네오에서 유전이 발견되자, 셸(Shell Transport and Trading Company)의 이름으로 보르네오에 사업을 확장했다.

1907년, 셸은 네덜란드의 경쟁사 로열더치석유회사(Royal Dutch Petroleum Company)와 합병했다. 로열더치는 네덜란드령 인도네시아에서 유전을 발견한 상태였다. 두 경쟁사는 로열더치셸을 결성했고, 이는 20세기 아시아의 거대 석유 기업으로 성장했으며, 1930년대 후반에는 일본 군부 강경파의 주목을 받게 되었다. 부카움섬의 셸 시설은 회사의 허브였으며, 브리티시 보르네오와 인도네시아에서 유조선을 통해 싱가포르로 들어온 석유는 이곳에서 저장, 혼합된 뒤 유럽으로 재수출되었다. 싱가포르는 아시아 지역을 위한 회사의 저장기지였다. 말라야, 영국령 보르네오, 인도네시아, 태국, 인도차이나의 석유 수요도 모두 싱가포르에서 공급되었다.

··· 그리고 이 지역의 소프트웨어 활성화

19세기 말이 되자, 싱가포르는 여러 지역 공동체를 위한 지적 중심지로 발전하고 있었다. 동시에 지역의 인쇄 및 출판 허브가 되어가고 있었다. 이러한 발전은 1823년경 기독교 선교사들에 의해 도입된 인쇄기와 숙련된 조판·인쇄 인력의 존재에서 비롯되었다. 싱가포르에서 가장 초기의 인쇄물에는 미션 프레스(Mission Press) 또는 인스티튜션 프레스(Institution Press)의 인쇄 표시가 찍혀 있었다. 일본어로 인쇄된 성서의 가장 오래된 현존본 또한 1837년 싱가포르에서 출판된 것이다.

가장 초기의 말레이어 출판물은 대부분 종교 소책자였고, 초기 타밀어 출판물 역시 그러했다. 싱가포르에서 인쇄 및 출판된 초기 신문들 가운데는 최초의 말레이어 신문인 자위 퍼라나칸(Jawi Peranakan, 1876)과 지팡지빠오(Tifang Jih Pau/지방뉴스, 1845), 잇셍(Jit Sheng/떠오르는 해, 1858), 랫빠오(Lat Pau, 1881)와 같은 중국어 신문들이 있다. 가장 초기의 서적들로는 1849년 문시 압둘라의 《히카얏 압둘라》 및 1902년 식민지 싱가포르의 고전인 찰스 버튼 버클리(Charles Burton Buckley)의 《옛 싱가포르의 일화적 역사(Anecdotal History of Old Times in Singapore)》가 있다.

말레이어 읽기 자료에 대한 수요는, 문해력이 있는 해협 태생 중국인들도 이러한 자료를 읽었다는 점에서 더욱 커졌으며, 그 결과 중국 및 영어 고전의 번역 산업이 번성하게 되었다. 1822년 말라카에서 싱가포르로 이주한 문시 압둘라는 그의 대표작 《히카얏 압둘라》에서 다음과 같이 기록했다.

우리 세상이 얼마나 뚜렷하게 변하고 있는지를 보면 놀라울 따름이다. 새로운 세계가 만들어지고, 옛 세계는 사라지고 있다. 정글이 정착지로 바뀌는가 하면, 다른 곳에서는 정착지가 다시 정글로 돌아가기도 한다.

그가 이 저술을 출판한 지 반세기가 지난 후의 싱가포르는 아마도 그가 도저히 알아볼 수 없을 정도로 변화하였을 것이다.

《히카얏 압둘라》는 해협식민지에서 인쇄된 말레이 문학 중 가장 인상적인 작품 가운데 하나였다. [19]세기 중반 석판인쇄(lithography)의 발전은 서예식 문자(calligraphic text)를 석회암 판에 직접 옮겨 찍은 뒤 종이에 전사할 수 있게 해 주었다. 이로써 정교한 삽화가 포함된 필사 원고도 전통적인 손 필사 방식보다 훨씬 빠르게 복제할 수 있었다.

제6장 요약

제5장에서 지역적 발전이 싱가포르의 위상을 가렸다면, 제6장은 1819년 영국이 섬에 무역 거점을 설치한 이후 특히 영국 EIC의 유력 상관(지사)이자 네덜란드 VOC의 경쟁 지사로서 싱가포르를 다시 중심에 두고자 한다. 19세기는 영국이 세계적 강대국으로 부상하면서 무역이 성장한 시기였다. 싱가포르는 항구를 중심으로, 그 항구의 무역 활동을 지원하는 도시가 발전함에 따라 혜택을 누렸다.

싱가포르강을 따라 늘어선 창고들은 중국과 유럽 상인들이 화물을 내리던 곳이었고, 부기스와 다른 지역 상인들은 칼랑강에 모였다. 무역 활동 외에도, 19세기는 중국과 인도를 포함해 지역 및 더 먼 곳으로부터의 이주 노동력의 유입이 두드러진 시기이기도 했다. 19세기 후반부에는 싱가포르에서 증기 동력 기술이 확대되었고, 전신과 전기가 도입되었다.

제7장에서는 이러한 발전이 대공황, 두 차례의 세계대전, 합병과 분리와 같은 중단에도 불구하고 20세기에도 어떤 방식으로 지속되었으며, 1965년 이후 싱가포르라는 신생 국가의 기초를 어떻게 형성하게 되었는지를 살펴보기로 한다.

창친파이(Chang Chin Fai)의 1992년 수채화 작품은 싱가포르의 '변화하는 도시 경관'을 담아내고 있다. 그림의 중심에는 상징적인 술탄 모스크가 자리하고 있으며, 그 주변에는 캄퐁 글람(Kampong Glam) 지역의 보존된 전통 건축물들이 둘러싸고 있고, 그 뒤편 배경에는 고층 사무용 빌딩들이 솟아 있다.

20세기 전환기 무렵의 보트키(Boat Quay)를 촬영한 찰스 클라인그로테(Charles J. Klein-grothe)의 사진이다. 보트키는 이 지역에 상인과 노동자들이 정착하고 각종 무역 시설이 건설되면서 번성하였다. 이후에도 20세기 후반에 이르기까지 중요한 교역 중심지의 역할을 지속해서 유지하였다.

제7장

20세기: 글로벌 도시국가의 성립

서구 제국주의의 전진기지로서 형성되고 발전했던 아시아 국가들의 도시들은, 독립 이후에는 자국의 국민정부 아래에서 농촌을 변화시키기 위한 역동적인 근대화 과정의 전진기지로 스스로 탈바꿈시키는 역할을 맡고 있다.

싱가포르 경제학자 고켕쉬

그가 싱가포르 첫 재무장관으로 임명된 1967년에 쓴 기사에서 발췌서

갈등과 국민국가 형성

19세기가 기술적 혼란과 경제적 활력의 시대였다면, 20세기는 갈등으로 점철된 시기였다. 말레이반도 남단의 작은 섬을 대영제국 권력의 중심지로 만들었던 글로벌 세력들은 이제 싱가포르를 전쟁과 점령, 그리고 정치적 변화의 소용돌이 속으로 끌어들였다.

20세기 초가 되면 싱가포르는 경제, 금융, 정치 분야에 있어서 말레이반도와 긴밀히 통합되어 있었다. 법적으로 영국령 말라야(British Malaya)는 말레이연방주(Federated Malay States), 말레이비연방주(Unfederated Malay States) 및 피낭과 말라카를 포함한 해협식민지(Straits Settlements)로 구성되었다. 싱가포르는 형식상 해협식민지의 일부였지만, 실제로는 영국 보르네오 영토까지 포함된 이 식민지 세계 전체의 행정 중심지 역할을 했다. 여러 면에서 싱가포르는 문화적 수도이기도 했다. 최신 사상과 유행이 항구로 흘러들어왔고, 다국어 신문과 잡지를 쏟아내는 활발한 출판 산업을 통해 빠르게 확산되었다.

1923년 코즈웨이(Causeway, 초기에는 항구 도시로 주요 물품을 운송하기 위

코즈웨이가 건설되기 전에 싱가포르는 우드랜즈와 조호르 바루를 오가는 페리를 통해 말레이반도와 연결되었다.

한 철도 연결로)가 개통된 후, 싱가포르는 물리적으로 말라야와 연결되었다. 싱가포르의 철도 종착역은 케펠(Keppel) 항구 앞 탄종 파가(Tanjong Pagar)에 있었다. 말라야 내륙은 항구도시 싱가포르를 지탱해주었고, 싱가포르는 다시 항만의 무역 활동을 통해 내륙 지역을 지원했다. 싱가포르는 말라야의 주요 항구였으며, 태국, 버마, 인도차이나에서 말라야로 공급되는 물자가 통과하는 관문이었다. 19세기 말 대영제국이 세계적 강대국의 지위에 도달하자, 동남아시아 최대의 중계무역항으로서의 위상을 바탕으로 싱가포르는 상징적, 전략적 중요성을 더욱 크게 갖게 되었다.

싱가포르 경제가 영국령 말라야의 경제와 긴밀히 연결되어 있었던 것처럼, 싱가포르의 방위 또한 식민지 싱가포르가 세워졌을 때부터 말라야와 깊이 얽혀 있었다. 처음에 런던은 래플스가 싱가포르를 획득한 데 큰 관심을 보이지 않았으나, 1842년 제1차 아편전쟁이 끝난 뒤 육군부(War Office)가 홍콩을 대체할 군사 기지를 찾기 시작하면서야 비로소 공식적인 관심을 기울이기 시작했다. 그러나 싱가포르에 방위 기지

를 유지하는 데 드는 막대한 비용 때문에 이 제안은 여러 정부 사이에서 떠넘겨지는 정치적 논쟁거리가 되었고, 이는 싱가포르가 직할식민지(Crown Colony)가 된 이후 100년이 지난 1967년 영국의 싱가포르 주둔군 철수 발표에 이르기까지 계속되었다.

제1차 세계 대전 이후, 한층 일관성 있는 극동지역 방어 계획이 수립되었다. 당시 일본은 여전히 영국의 동맹이었지만, 영국 제1군사위원 젤리코(Jellicoe)경은 이를 잠재적 위협으로 보고 성장하는 일본 해군력에 걸맞게 싱가포르에 근거지를 둔 강력한 함대의 창설을 권고했다. 그러나 전쟁은 영국인들의 군사력 증강에 대한 욕구를 꺾었고 영국은 경제 회복과 군비 축소에 초점을 맞추었다. 영국과 식민지 대표들이 제국의 방위에 대해 논의하기 위해 만났던 1921년 대영제국 회의에서는 '싱가포르 전략'으로 극동 함대가 아닌 싱가포르 해군기지 구축을 결정하였다. 대신 일본이 공격하면 영국 해군이 아시아로 급파될 것이었다. 즉 식민지들은 영국 해군이 도착하는데 걸리는 6주라는 시간을 스스로 버텨내어야 했다.

싱가포르와 말레이반도의 경제 통합이 늘어나면서 조호르해협을 가로지르는 곳에 건물이 필수적이었다. 영국이 조호르 코즈웨이를 완공하자 철도와 도로 교통은 말레이반도에서 싱가포르까지 직접 연결되었다.

원래 셈바왕(Sembawang) 해군기지 설계도는 선착장 10곳과 부유식 선착장, 내부 유역, 3km가 넘는 부두, 2천여 명의 인원을 수용할 수 있는 주택 등을 포함하는 거대한 계획이었다. 그러나 막대한 건설 비용으로 인해 초기 계획은 폐기되고 보다 적정한 규모로 재수립되었다. 건설하는 데만 15년이라는 긴 세월이 걸렸다. 떠오르던 일본 군국주의로 인해 1923년 계획 발표 이후 5년 만에 건설이 시작되었으나 1929년 미국 월가의 붕괴와 1930년대의 대공황 이후, 미국 경제뿐만 아니라 전 세계 경제도 마비되면서 건설은 지연되었다. 싱가포르는 고무와 주석과 같은 주요 소모품에 대한 수요가 정체되어 어려움을 겪었다. 게다가 그때까지 미국은 영국을 대체하는 싱가포르의 최고 시장이었다.

1938년 마침내 공사가 완료되었지만, 기지는 방어 함대 없이는 빈 포탄에 지나지 않았다. 그런데도, 영국은 싱가포르를 '불가침 요새'라고 선언하였다. 이와 같은 선전은 일본인들을 저지하기 위한 것이었지만, 아이러니하게도 싱가포르인들을 안심시키는 결과를 초래하였다.

일본과 제2차 세계대전으로 이어지는 사건들

제1차 세계대전 이전 아시아의 대영제국 방위의 초석은 1902년 창설되어 1905년과 1911년에 갱신된 영일동맹이었고 이들은 러시아를 공동의 적으로 간주하였다. 영국은 유럽 내에서 독일 해군의 위협을 억제하는 데 몰두하고 있었는데 이 또한 영국이 아시아 이익을 보호하는 데 있어 영일동맹에 의존하는 이유이기도 하였다. 1919년 이후 동아시아의 세력 균형이 점점 일본에 유리하게 변화되고 있다는 사실이 갈수록 명백해졌다.

19세기 동안 일본에서는 메이지 유신이 시작되어 세기말에 이르러서는 팽창주의적 야망을 품은 아시아 강국으로 변모하였다. 1895년에 일본은 제1차 중일전쟁(1894-95년)을 종식한 시모노세키 조약(Treaty of Shimonoseki)의 일환으로 대만(당시 포모사(Formosa))을 획득했다. 일본은 러일전쟁(1904-5년)에서 러시아를 격파하고 아시아 국가로는 처음으로 아서(Arthur) 항이 있던 요동 반도와 남만주 철도, 사할린섬의 절반을 손에 넣었다. 1910년, 일본은 19세기 후반에 시작된 긴 통제의 마지막 단계로 한국을 병합했다. 5년 뒤 일본은 중국 시장을 일본 상품에 개방하려는 내용의 '21개 조 요구'를 중국에 제시했으며, 이는 일본이 중국에서 유럽의 경제적 이익과 경쟁하는 존재가 되었음을 분명히 보여주었다.

1919년 베르사유조약(Treaty of Versailles)은 일본에게 태평양의 마리아나(Mariana), 캐롤라인(Caroline), 마셜(Marshall) 제도에 대한 국제연맹 위임통치권을 부여했다. 이 무렵 일본 해군은 세계에서 세 번째로 강력한 해양 세력이었다. 서구 열강은 일본의 해군 증강을 제한하고 군비 경쟁을 완화하기 위해 1921년 워싱턴해군군축조약(Washington Naval Agreement)을 추진했다. 이 조약은 영국의 해군 규모를 제한함으로써 영일동맹을 해체하였다. 영국은 더 이상 유럽과 아시아 해역에서 동시에 해군 작전을 수행할 수 없었고, 자국의 식민지를 지켜줄 아시아 동맹국도 없었다. 더 나아가 일본과의 전쟁은 일본 제국 해군과의 충돌을 의미했으며, 이는 영국 본토에서 자국 해군을 파견해야 한다는 부담을 주었다.

1937년 마르코 폴로 다리(Marco Polo Bridge) 사건 이후 일본이 중국을 침공하여 제2차 중일전쟁이 발발하였다. 그러나 중국은 일본이 상대하기에는 너무 컸다. 1937년 12월 난징 대학살의 참상은 물론 마오쩌둥이 이끄는 인민해방군과 장제스가 이끄는 국민당 사이의 내전에 휘말렸

영국군은 1930년대 중반 싱가포르에 대한 일본의 공격을 예상하고 섬 서부 해안가를 따라서 레브라도라와 유사한 형태의 총포를 무장하여 해상 방어를 강화했다.

1941년 11월, 인도 방면군 총사령관이었던 아치볼드 웨이벨(Archibald Wavell) 장군(오른쪽에서 세 번째)이 싱가포르의 요새와 인도군을 시찰하고 있다. 웨이벨은 1942년 1월 극동군 총사령관으로서 퍼시벌 장군(General Percival)의 상위 지휘권을 갖고 싱가포르로 돌아오게 된다. 전투의 마지막 다섯 주 동안 웨이벨이 싱가포르의 함락을 막기 위해 할 수 있는 일이 많았을지는 의문이다. 그러나 그가 내렸거나 내리지 않은 결정들이 싱가포르의 항복을 앞당겼는지는 여전히 논란이 남아 있다.

음에도 불구하고 중국은 버텼다. 일본은 승산이 없는 상황에 놓이게 되었다. 전쟁을 끝내기 위한 시도로 1938년 미국은 일본에 공산품 수출 금지를 조치하였다. 1940년에는 석유 수출 금지로 확대되었다. 일본은 중국으로부터 철수하여 수출 금지 조치를 끝내거나 체면을 세워 협상을 타결할 때까지 전쟁을 계속할 수도 있었다. 일본 강경파들이 중국과의 전쟁을 지속하기 위한 본질에 초점을 맞추면서, 네덜란드령 동인도 제도와 영국령 보르네오 유전을 점령하는 '남방 진출(Southern Road)' 전략이 1941년 도쿄의 유일한 선택이 되었다.

싱가포르 방어와 충성심의 충돌

싱가포르 방위에서 영국령 인도군이 수행한 역할은 전쟁 전 싱가포

동방판 바운티호 반란*

(*역주-1915년 싱가포르 세포이 반란을 1789년에 발생했던 영국 해군 바운티호(HMS Bounty) 반란에 빗댄 제목. 바운티호의 선장 블라이(Bligh)의 엄격하고 가혹한 규율과 모욕적 언행으로 선원들의 반감이 쌓여 선상 반란이 발생했다고 한다.)

19세기 중반부터 싱가포르는 서양과 전 세계에 동방 해양의 먼 지역에 있는 번잡하고 이국적인 항구 도시의 이미지를 구축하였다. 싱가포르는 영국이 이전과는 비교할 수도 없는 세계적 제국주의 활동을 하는데 자금을 지원했던 값진 해양 요충지였다. 그러나 불과 10일 만에, 영국의 지배 아래 지난 4년간 평화로웠던 이 조그마한 동남아의 비싼 진주였던 싱가포르의 이미지는 오늘날에도 잘 알려진 반란에 의해 산산조각이 났다.

싱가포르의 주력 부대인 제5벵골경보병대는 알렉산드라 병영, 탕린 병영, 케펠 항, 파시르 판장에서 광란의 흔적을 따라 출발했다. 유럽인들은 눈앞에서 총을 맞았다. 영국군은 완전히 허를 찔렸고, 반란군 병사들을 공격하기 위해 경찰과 자원봉사자들로 구성된 프랑

스, 러시아, 일본 해병대를 보충해야 했다.

불과 몇 달 전, 시뷰호텔(Sea View Hotel)에서 열린 크리스마스 이브 만찬과 댄스파티에서 피로연과 세레나데를 즐겼던 유럽인들에 대해 이러한 반감을 불러일으킨 것은 무엇일까? 특별조사위원회에 따르면, 반식민주의적 요소들로 불화의 감정이 형성되었다고 한다. 첫 번째 오보의 원천은 알렉산드라 병영 근처에 사는 커피숍 주인 카심 만수르(Kassim Mansoor)였다. 또 다른 이는 캄퐁자바모스크(Kampong Java Mosque)의 카리스마 넘치던 지도자 누르 알람 샤(Nur Alam Shah)였다. 두 사람 모두 1915년 2월 19일 동시에 제국 전체에 대한 봉기를 꾀한 가드르(Ghadr) 운동의 지지자였다. 불신과 잘못된 정보는 특히 안보 문제에 있어서 가뜩이나 안일한 영국 식민지 행정부에 대한 신뢰를 효과적으로 무너뜨렸다. 반식민주의 공작원들은 병사들에게 그들이 곧 유럽으로 보내질 것이며 영국에 대항하며 제1차 세계대전에 막 참여한 무슬림 동포 오스만과 싸우게 될 것이라고 알렸다. 실제로 병사들은 홍콩으로 보내지고 있었다.

반란이 해결된 후 반란군에 대한 처벌은 신속하고

르 사회가 안고 있던 여러 문제를 잘 보여준다. 가장 핵심적인 문제는 종족성과 국적이 뒤얽힐 때 발생하는 충성의 갈등이었다. 전쟁 이전 싱가포르의 이주민 공동체(해협 출생(Straits-born)을 포함한 중국인과 인도인)는 각자의 가상 조국(putative homeland)의 정치와 긴밀히 연결되어 있었다. 지역 섬들 및 말레이반도에서 유입된 이주민으로 구성된 말레이 공동체에서는 이러한 문제를 분리해 내는 일이 더욱 어려웠다. 인도의 독립운동과 중국에서의 일본의 침략이 각각 해외의 인도인과 중국인 공동체에 영향을 미친 것은 어찌 보면 자연스러운 일이었다.

인도군은 18세기 인도 식민지화 과정에서도 대영제국 권력의 핵심 구성 요소였다. 래플스가 싱가포르에 도착했을 때 그는 벵골토착보병대

비참했다. 훨씬 더 불길했던 것은, 영국이 제재를 위해 모든 인종을 조사하였다(아이러니하게도 그들 대다수가 영국 지배로 인해 싱가포르로 몰려들었던 인도인 거주자였음). 모든 인도 거주민은 식민지 당국에 등록해야 했다. 사실상 하룻밤 사이에, 영국인과 싱가포르에 거주하는 모든 사람은 빠르게 변화하고 더 위험해진 세계에 발을 들여놓게 된 것이다.

이 반란 사건은 해협식민지 정부로 하여금 특수지부(Special Branch)를 설립하도록 자극했는데, 이는 식민 정부가 위험하거나 선동적이거나 불법 무기 밀매나 위조여권 제작에 관여한다고 판단한 반식민지적 요소들을 대상으로 한 체계적인 비밀 감시, 조사, 체포 활동 기관의 전신이었다. 잘못된 정보와 테러리즘이 상호 연결되고 세계적 차원에서 작동한다는 점을 인식한 특수지부는 다른 치안 기관들과 정치 정보를 공유하기도 했다. 또한 특수지부는 지하정치 조직들이 어떤 종류의 단체든 그 명의를 전면에 내세워 활동을 위장할 수 있다는 사실을 빠르게 파악했다. 이에 대응하여 그들은 모든 단체에 침투하는 정보원 네트워크를 구축했다.

영국 식민 통치의 중추적 안보 세력에 의해 벌어진 1915년 반란은 오늘날 거의 잊힌 사건처럼 보일지 모르지만, 그 여파(행정적 안일함, 국경을 넘나드는 종교적·감정적 민족 감정의 악용, 그리고 대체로 무고한 거주민 공동체에 대한 식민 당국의 과도한 인종적 보복)는 오늘날 전 세계적으로 연결된 안보 위협의 시대가 직면한 우려와 깊이 맞닿아 있다.

세포이 반란 가담자 공개처형 장면

(Bengal Native Infantry) 소속 세포이(sepoy) 120명을 동반했다. 술탄 후 세인과의 조약 체결 이후 네덜란드의 적대 가능성이 커지자, 이 병력은 피낭에서 200명 이상, 벵쿨루(Bengkulu)에서 485명이 증원되었다. 나폴레옹 전쟁 시기 인도군의 규모는 무려 15만 명에 달해, 세계에서 가장 큰 상비군 중 하나였다.

이 병력의 해외 배치는 영국이 제국을 방어하고 세계적 영향력을 행사하는 데 중요한 역할을 했다. 비록 지휘관은 영국인이었지만, 인도군은 대부분이 영국 왕실에 대한 애정 때문이 아니라 군 경력을 원하거나 단지 생계를 위한 급여 때문에 입대한 용병적 성격의 군대였다. 인도군 연대들은 종족적으로나 종교적으로 매우 다양했지만, 하층 카스트 힌두교도는 입대가 금지되었다. 1915년 싱가포르 반란(Singapore Mutiny)에 관여하게 되는 제5경보병연대(Fifth Light Infantry Regiment)는 파탄족(Pathans), 라즈푸트족(Rajputs) 및 힌두교도와 무슬림으로 구성된 부대였다.

1915년 반란은 세계적 사건들이 싱가포르에 미친 영향을 여실히 보여주었으며, 반란 가담자들은 초국적 혁명 사상과 제1차 세계대전 동맹 구도에 기반한 전선에 의해 동기가 부여되었다. 2월 15일, 최근 나포된 독일 군함 엠덴(Emden)의 독일인 전쟁포로를 감시하던 병사들 일부가 반란을 일으켰다. 이들은 자신들이 오스만 술탄이 독일·오스트리아-헝가리·이탈리아로 구성된 삼국동맹에 합류하여 영국·프랑스·러시아의 삼국협상에 대해 지하드(성전)를 촉구한 터키 전선으로 파병된다는 소문에 동요하고 있었다. 반란 가담 군인들은 자신들을 지휘하는 영국 장교들에 대한 충성과 오스만 칼리프의 권위 아래 있는 더 넓은 무슬림 우마(ummah, 공동체)에 대한 충성 사이에 갈라진 채 갈등하고 있었다. 이러한 충성의 충돌은 인도 내 급진적인 가다르당(Ghadr Party)이 촉발한 인도 민족주의 담론을 더욱 부추겼다.

대영제국 내 남아시아 2류 시민권 이슈가 주목받으면서 인도 내 반영 감정도 발생하였다. 1914년 제1차 세계대전 전날, 캐나다로 이주하려던 코마가타마루호(SS Komagata Maru)에 탑승한 한 무리의 인도인들이 밴쿠버에서 입국을 거부당했다. 콜카타(Kolkata)로 돌아오는 길에, 그들 중 19명이 영국 경찰에 의해 살해되었다.

영국은 결국 항구에 있던 일본, 프랑스, 러시아 선박의 민간인과 선원으로 구성된 국제의용단의 힘을 빌려 싱가포르 반란을 진압했다. 많은 인도군 병력이 개입되지 않았고 싱가포르의 시크교 경찰들 역시 반란군에 맞서 싸웠지만, 이 사건으로 영국은 인도 군인과 인도 사회에 대한 의심을 두게 되었다. 인도군의 해협 정착촌 배치는 중단되었고, 성인 남성이자 영국 시민권자들을 위한 싱가포르의용대(Singapore Volunteer Corps)가 결성되면서 의무 병역제가 도입되었다. 인도군은 제2차 세계대전이 발발할 때까지 싱가포르에 배치되지 않았다.

또한, 영국은 식민지 당국에 등록해야 했던 인도 주민들에 대한 더 강력한 감시를 시작하였다. 인도 이슬람 민족주의 출판물에 대한 엄격한 검열을 위해 선동적인 출판물금지조례(1915년)가 통과되었다. 체티아르(Chettiars, 고리대금업자)와 시크교도를 포함한 모든 인도인은 더 이상 충실한 신하가 아니라 불신받는 타인으로 여겨졌다. 인도인 공동체는 대규모 집회를 조직하여 반란군을 비난하면서 왕과 국가에 대한 그들의 충성심을 보여주기에 애를 먹었다.

1928년 셀러타 캠프에서 찍은 싱가포르 의용군 장교 단체 사진

소수의 동포가 벌인 행동으로 인해 다수의 인도인이 영국의 공격 대상이 되었다면, 동남아의 중국인 공동체도 항일 행동에 대한 대가로 일본의 보복을 받았다. 인도인들과 마찬가지로, 해협 출생을 포함한 동남아의 화교들도 조국의 정치적 전개를 주시하고 있었다. 중국을 침략하는 일본의 공격적 행위는 그들의 애국심을 불러일으켰으며, 이는 일본제품 불매운동뿐 아니라 일본 상품을 취급하는 중국 기업이나 일본 제품 구매자들에 대한 공격으로까지 나타났다.

더욱 공격적인 항일 운동가 중에는 중국 공산당 이후 9년 만인 1930년에 창당한 말레이공산당(MCP, Malaysian Communist Party)의 당원들이었다. MCP 당원들과 동조자들은 영국 정보국의 전신인 영국 특수작전 집행부의 도움을 받아 이후 대일 저항의 핵심부가 되었다.

탄카기(Tan Kah Kee)가 이끄는 핵심 중국 단체는 중국 구호 기금을 결성하여 중국에서 발발한 전쟁을 돕기 위해 모금했다. 애국심이 강한 중국 젊은이들이 일본에 맞서 싸우기 위해 중국으로 돌아갔다. 당시 일본은 여전히 영국의 동맹이었으므로 일본이 추축국에 가입했던 1940년까지 반일행동은 식민지 행정부에 문제를 일으켰다.

1942년 싱가포르가 일본에 함락됐을 때 일본군이 가장 먼저 한 일 중 하나가 숙청이라는 무차별 검문 과정에서 중국인을 골라낸 것이다. 이 숙청 대학살로 수만 명의 사람들이 목숨을 잃었는데 이들은 섬의 외딴 지역으로 끌려가 처형되었다. 실제 몇 명이 처형되었는지는 알려지지 않았다. 유라시아인(Eurasians)은 영국에 대한 충성심으로 인해 덜 영향을 받았다. 비록 남성들이 선별적으로 살해되지는 않았지만, 그들은 표식을 달아야 했고 통행금지를 지켜야 했다. 일부는 일본 점령이 끝날 무렵까지 억류되기도 하였다.

영국의 붕괴, 시오난 및 정치적 의제의 대두

영국과 일본의 전쟁은 유럽에서 전쟁을 피했거나 식민지에서 간신히 살아남은 부대와 장교들의 싸움이었다. 1935년부터 싱가포르 수비대는 3,000명 이상의 장교와 병력으로 성장했다. 셈바왕과 창이 사이에

탄카기가 이회허안클럽(Ee Hoe Hean Club)에서 열린 중국 공동체 지도자 모임에서 연설하고 있다.

콘크리트 포대, 비행장, 격납고 등 일련의 방어 시설이 빠르게 건설되었다. 29개의 총으로 구성된 포병 방어 태세가 갖추어졌다. 그러나 싱가포르를 '불가침 요새'라고 하는 영국과 싱가포르 언론 보도는 허풍에 불과했다. 해군기지는 비어 있었고, 비행장은 인원이 부족했으며, 노후화된 항공기를 보유하는 등 제대로 갖추지 못했다. 몇 대 안 되는 항공기 버팔로와 브루스터는 최첨단 일본 제로 항공기에 상대가 되지 못했다. 1941년 말까지는 병력 증강이 이루어졌지만 대부분 호주와 뉴질랜드에서 온 신병들과 인도 육군으로 구성되었다.

사실 초기에는 말라야와 싱가포르는 유럽 전쟁에 영향을 받지 않았으며 오히려 수익이 늘고 번영하였다. 1939년 말라야는 세계 고무의 거의 40%와 거의 60%에 달하는 주석을 공급하고 있었다. 싱가포르 경제는 호황을 누리고 있었다. 상인 공동체의 유일한 고통은 1941년 2월 유럽 전쟁 자금을 마련하기 위한 소득세의 도입이었다.

1940년, 미국의 석유 수출 금지령 조치 이후, 일본 정부는 '남방 진

싱가포르 대법원 앞을 지나가고 있는 일본 전차

예술가 류강은 그의 작품 찹수이 (Chop Suey)의 일본군 스케치에 다음과 같은 캡션을 달았다. "일본군이 1942년 2월 15일 정복자로 싱가포르에 입성했다. 그들의 오만 불손한 행동은 가관이었다. 자신들이 언젠가 패배자가 될 것이라고는 생각지도 않았다."

출' 전략을 검토하기 시작했다. 동남아 유전으로 접근하려면 필리핀의 미군 및 홍콩, 말라야, 싱가포르의 영국군 그리고 동인도 제도의 네덜란드군과 싸워야 했다. 미국의 영향을 줄이기 위해 하와이 진주만에 있는 미 해군기지를 폭격하는 것도 전략의 일환이었으나, 이는 곧 고립주의 외교정책을 펴던 미국이 유럽과 태평양에서 전쟁에 참여하도록 강요한 셈이 되었다.

일본의 말라야 작전은 1941년 12월 8일 새벽 태국 남부의 싱고라 (Singora, 현재의 파타니)와 북부 말라야 지역의 코타바루(Kota Bharu)에 상륙하고, 싱가포르를 폭격하였고, 국제 날짜 변경선을 넘어 12월 7일 아침 진주만을 공습하면서 시작되었다. 야마시타 토모유키(Yamashita To-moyuki) 장군의 제25군이 말라야를 점령하고 싱가포르로 남하한 속도는 일본의 기대를 뛰어넘었으며, 결국 1942년 2월 15일 영국은 싱가포르를 내어주고 항복하게 되었다. 윈스턴 처칠 영국 총리는 싱가포르 함락을 '영국 역사상 최악의 재앙이자 최대의 항복'이라고 묘사하였으며, 말라야 작전은 결국 단 70일 만에 끝나버렸다.

싱가포르는 '남쪽의 빛'이라는 뜻의 쇼난(Syonan, 昭南)으로 개명되었으며, 42개월간의 억압과 고난에 직면하였다. 싱가포르가 함락된 지 불과 며칠 만에 앞서 언급한 숙청 대학살이 일어났고, 몇 주가 몇 달이 되면서, 일본 점령은 황폐화를 불러와 평범한 생활에 큰 지장을 초래했고, 경제를 파괴했으며, 전후 싱가포르 사회에 범죄, 부패, 질병, 노숙, 무너진 사회기반시설, 손상된 건물 등과 같은 여러 문제를 불러일으키게 되었다.

　또한 정치적으로 혼란한 상태가 도래되었다. 일본 점령은 싱가포르에 지속적인 공동체 간 민족주의 부활의 씨앗이 되지는 않았지만, 전쟁의 트라우마는 현지인들의 정치적 각성을 자극하였다. 인도의 민족주의는 일본의 적극적인 지지를 받게 된다. 카리스마 넘치던 강경파 수바스 찬드라 보세(Subhas Chandra Bose)가 이끄는 인도국민군(INA, Indian National Army)이 쇼난에 뿌리를 내렸다. 인도군 포로들과 여성들을 포함한 민간인들로 구성된 INA는 일본군의 사주를 받아 영국군을 추방하기 위해 인도로 향했다. 인도-일본군은 1945년 초 연합군이 그들을 격퇴했던 인도 북동부 임팔(Imphal)까지 진격했다. 그해 8월 보세의 죽음으로 INA 시대는 막을 내린다.

　직간접적으로 일본의 전쟁은 아시아에 민족주의 열기와 반식민주의적인 태도를 불러일으켰다. 아시아 강대국에 의한 유럽인들의 패배, 인도에서 민족주의 운동 탄력 증대, 중국 내전, 동남아 전역에 걸친 민족주의 운동의 등장 이 모든 것은 아시아에서의 식민주의의 종말이 임박했다는 것을 보여준다.

1943년 10월 21일 수바드 찬드라 보세는 싱가포르 캐세이 빌딩에서 아자드 힌드(자유 인도)의 주 정부 구성을 선언했다.

혼돈에서 벗어난 공산주의자들

싱가포르에서는 사회 혼란과 불안정이 팽배해지면서 정치적 변화를 일으킬 수 있는 비옥한 토대가 형성되었다. 반식민주의 태도와 행동을 전개할 수 있는 여건이 무르익었고, 지속적인 식민주의의 정당성에 도전할 수 있는 주요 정치세력은 MCP였다. 136부대, 즉 말레이인민항일군(MPAJA, Malay People's Anti-Japanese Army)에서 항일 저항 세력이었던 공산주의자들이 가장 명확한 의제를 가진 잘 조직된 정치 집단으로 부상했다. MCP는 중국인 옹호 세력을 포함했을 뿐만 아니라 영국으로부터 반일 노력을 인정받았다는 사실이 MCP의 정당성을 입증했다. 강경파 지도자 중 한 명인 친펭(Chin Peng)은 영국 훈장을 받기도 하였다. 합법적 정치 단체로서 MCP는 전후의 궁핍과 피해를 해결하기 위해 구성된 공식위원회에도 참여했다.

MCP는 싱가포르와 말라야의 주요 도시들에서 존재감을 과시했으며, 자치권을 요구하는 공개 전위 조직을 결성하고, 노동계급을 끌어들이기 위해 노동조합에 침투했으며, 중국어 교육을 지원하기 위해 중국계 학교와 문화단체들을 옹호했다. 영국이 귀환하기도 전에, MPAJA 부대들은 일본군 협력자로 여겨진 말레이 경찰들을 살해하고 말라야공산당 깃발을 게양함으로써 말라야 각 도시에서 자신들의 의제를 분명히

복귀하는 영국 군사 행정부는 처음에는 말레이와 싱가포르의 일본 점령에 대한 지하 저항을 지속한 신흥 MCP의 기여를 인정하려고 했다. MCP는 MPAJA 지휘관들이 영국의 상을 받도록 함으로써 보답했다. 친펭은 1946년 1월 6일 파당에서 마운트배튼 제독의 훈장을 받은 MPAJA 지도자 중 한 명이다. 그러나 이후 영국은 MCP를 탄압하기 시작했고, 12년간 친펭은 무장투쟁 전략을 채택함으로써 이에 보복했다.

드러냈다. 이러한 행동들은 말레이와 중국계 공동체 사이의 갈등을 심화시켰고, 동시에 말레이인들의 반공 태도를 더욱 강화하는 결과를 낳았다.

초기 MCP의 전술에는 파업과 산업 행동, 공개적인 전위 정치 활동 및 1945년 12월에 창당된 싱가포르 최초의 비공산정당인 말라야민주동맹(MDU, Malayan Democratic Union)에의 참여가 포함되었다. MDU의 목표는 '영연방 내에서 싱가포르를 포함한 자치적 통일 말라야'였다. 그러나 MCP의 정치적 목표는 공산주의 말라야였으며, 친펑이 지도부를 맡게 되자 공개 전위 전략은 변화했다. 무장 혁명의 신봉자였던 친펑은 영국과 일본 양쪽의 이중간첩이었으며 당 자금을 가지고 도주한 것으로 의심된 라이텍(Lai Teck)의 뒤를 이었다.

친펑의 지도력에 의해 MCP는 더욱 강경해졌다. 파업은 증가했고 더욱 난폭해졌다. 노조가 임금 인상과 노동자의 권리, 해고에 대한 보호를 압박했는데도 노조 지도부의 명령에 따르지 않은 노동자들은 협박과 폭행, 심지어 살해까지 당했다. 동시에, 비밀 당 지도부 핵심 인물들과 게릴라들은 숨겨둔 전쟁 무기들로 무장한 채 말레이시아 밀림 속으로 후퇴했다. 1945-46년에 새로 취임한 영국 군사행정부는 이 저항군들을 무장 해제하는 데 부분적으로만 성공했다.

비상사태를 가장한 12년간의 게릴라전

MCP는 반식민지 선동, 파행 파업, 중국 학교 시위 등으로 싱가포르를 공격했고 1948년부터 말라야에서 무장 테러를 일으켰다. 반란군은 말라야 경제를 약화시킬 목적으로 고무 농장을 공격했다. 반란이 한창이던 1951년 말라야고등판무관 헨리 거니(Henry Gurney)가 프레이저힐(Fraser's Hill)에서 매복 공격을 받아 사망했다. 보험 수령 관련 이유로 인해 '비상사태'라고 불리는 이 사건은(말라야 고무공장주들은 런던의 로이드 보험회사가 전쟁 손실에 대한 보험을 인정하지 않았기 때문에 이 사건을 전쟁이란 말을 사용하지 않음) 사실 공식적으로 1960년에 끝난 12년간의 게릴라전이었다.

영국인은 4페이지 분량의 팜플렛을 인쇄하여 지역 주민들에게 비상규정을 간략히 설명 또는 경고했다. 팜플렛에는 집회, 홍보, 재산, 구금, 수색, 체포, 통행금지, 처벌, 무기류에 관한 부분이 있었다. 그림처럼 뒷면은 정보 제공에 대한 보상을 알려주고 있다.

영국은 MCP를 금지하고 저항 세력과 싸우기 위해 일련의 규제를 가했는데 그중 가장 심각한 것은 말라야와 싱가포르에 적용되었던 긴급조치(Emergency Regulations)이었다. 총기 소지에 대해 사형, 최대 1년간 재판 없이 구금, 영장 없이 개인과 시설 수색, 영장 없이 소지품 압류, 통행금지 발령, 개방 전선 조직 폐쇄 등의 규정이 적용되었다.

특무부는 수백 명을 체포했다. 신분증 휴대 의무화는 공산주의자의 침투를 막기 위해 12세 이상의 모든 주민을 등록하도록 한 규정에서 비롯되었다. 신분증은 다른 모든 형태의 신분증을 대체했으며, 그 중 첫 번째 신분증은 출생과 사망 등록이 의무화된 1938년에 도입되었다. 1948년 이후 신분증을 제시하지 않으면 공산주의 테러범으로 체포될 수 있다. 긴급조치는 공론화와 반대의견을 위축하여 시민사회의 발전을 저해했다. 반식민주의 정치가는 더 쉽게 친공산주의자로 낙인찍혔다. MDU는 결국 와해하였다.

제럴드 템플러 장군은 말라야 주재 고등판무관과 작전국장으로서 2년 동안 말레이 공산당 게릴라들을 격퇴한 공로를 인정받았다. 그는 "정글에 더 많은 군대를 쏟아붓는 것이 아니라 사람들의 마음과 마음을 얻는 데 답이 있다."고 명언을 남겼다.

정당 및 여론조사

싱가포르는 아프리카와 아시아 내의 유럽 식민지를 휩쓸고 있는 정치적 변화에서 제외될 수 없었다. 그러나 식민지 통치를 대체하는 것은 영국이 수용할 수 있는 정당이어야 했다. 헌법의 권력 이양과 선거 개혁의 약속으로 몇몇 새로운 정당이 생겨났고, 이 정당들은 1948년 입법위원회의 첫 의석을 차지하기 위해 경쟁했다. 싱가포르진보당(Singapore

Progressive Party) 같은 정당은 민중의 반식민지 정서를 반영하지 않은 보수 엘리트들로 구성됐다. 1948년과 1952년의 선거 정치는 서구 교육을 받은 소수의 전문가 집단에 국한된 일종의 실험이었다.

영국 식민 정부의 아주 엄격한 통제는 1950년대 초까지 싱가포르를 휩쓸고 있는 급진적인 정치 활동을 막지 못했다. 당시 잠행하던 MCP는 마르크스-레닌주의, 반식민주의, 중국 우월주의, 사회주의가 뒤섞인 이념을 펼치며 분열적인 산업 선동과 중국 학교 운동과 같은 전술을 이어 갔다. 노동자들 사이의 열악한 사회경제적 여건, 그리고 대부분 교육을 받지 못한 젊은이들에게 제한된 경제적 기회와 함께 삭막한 불평등은 반식민주의적인 감정을 불러일으켰다. 인기 없는 식민지 정책에 대항하는 조직적인 행동, 높아진 정치의식, 그리고 중국어 교육과 영어 교육을 받은 대학생들 사이에서 증가하는 학생 운동 등이 있었다.

1953년 2월 말라야대학의 사회주의클럽(Socialist Club)은 반식민 운동을 하는 학생들로 결성되었다. 반식민주의적 어조로 작성된 동아리 출판물인 파자르(Fajar)는 영국 식민 당국이 조처하도록 자극했다. 1954년, 파자르의 편집위원들은 논란의 소지가 있는 폭동 선동이라는 명목 아래 체포되어 기소되었다. 법정에서 그들의 변호사는 젊은 변호사 리콴유(Lee Kuan Yew)의 도움을 받은 프리트(D.N. Pritt)라는 여왕 고문이었다. 편집자들은 무죄를 선고받았고, 이 사건을 둘러싼 여론으로 인해 동아리와 리콴유의 반식민지적 자질은 빛을 내게 되었다.

1954년 5월, 수백 명의 학생들이 국가복무조례에 반대하는 시위를 벌였고, 그 다음 3주 동안, 몇몇 중국 중학교 수천 명의 학생들이 국가복무제 면제를 요구하며 시위를 벌였다. 1년 후 싱가포르 버스 노동자 조합은 대규모 해고 사태에 대응하여 파업을 조직하고 하크 리(Hock Lee) 버스 회사에 대항한 피켓 시위를 벌였다.

1955년 싱가포르는 저명한 형사 변호사인 데이비드 마샬(David Marshall)을 초대 수상으로 선출했다. 노동전선(Labour Front)을 이끌었던 마샬은 1957년 독립을 앞둔 말라야연방(Federation of Malaya)과 정치적 통합을 통해 싱가포르의 독립을 약속했다. 카리스마가 있고 인기가 많았던 그는 현재 상황을 통제하지 못한다면 식민 통치를 끝낼 희망이 없다고 보았다. 좌파 세력은 자신들의 정치적 기세를 몰아넣어 노동계의 불안과 폭동이 계속되자 마샬은 독립 후 엄격한 긴급조치의 폐지를 약속하는 공공치안조례(Public Security Ordinance)를 포함한 일련의 보안법들을 제정했다. 그러나 런던에서 열린 헌법 회의에서 그의 메르데카 의제(Merdeka agenda, 역주-메르데카는 말레이어로 자유라는 의미로 싱가포르의 완전한 자치를 주장함)의 추진이 막히자 1956년 사임했다.

그의 후임자인 림예혹(Lim Yew Hock)은 좌파 세력에 대한 강경한 보안 조치를 취하기 위해 영국과의 협력을 적극 도모하였다. 1956년 9월과 11월 사이에 거의 300명의 활동가들이 체포되었고, 여러 노동조합, 문화 단체, 중학교 노동조합이 해산되고 출판이 금지되었다. 이러한 조치로 중국 중학생들의 총파업이 촉발되었고, 3일간의 폭동이 뒤따랐으며, 이에 경찰은 최루탄 공격과 시 전역 통행금지로 대응했다. 경찰은 노조 사무실을 급습해 림친숭(Lim Chin Siong) 노조위원장과 방쉬수안(Fong Swee Suan), 데반 나이어(Devan Nair) 등 유명한 좌익 인사들을 검거했다. 1956년 렌델(Rendel) 헌법(역주-싱가포르의 정치구조를 식민지 행정에서 자치정부로 전환한 헌법으로 헌정위원회 의장인 조지 렌델의 이름에서 비롯됨)

화가 탄티치(Tan Ti Chie)는 1955년 호크리 버스 폭동으로 확대된 동료 직원의 해고에 반대하는 호크리 버스 회사 직원들의 분위기를 포착했다.

의 채택과 군중에 기초한 선거 정치의 도입이 정치 풍토를 변화시켰다. 새로운 시민권 규제는 선거 기반을 크게 넓혔으며, 유권자들에게 구애할 방법을 고안하는 것이 싱가포르의 정치 발전의 다음 단계가 되었다.

냉전, 공동체 정치, 연방 사상

제2차 세계 대전에서 연합군의 승리는 세계를 새로운 갈등으로 몰아넣었다. 그것은 스파이와 선전을 무기화하는 경쟁 정치 이념들의 은밀한 전쟁이었다. 냉전은 독일의 항복 및 공산주의 소비에트 연방과 자본주의 미국·영국의 불안한 동맹이 해체된 직후 나타났다. 1948년에 이르러 유럽은 이념적 철의 장막으로 분리된 동구와 서구로 나뉘었다. 동구는 소련군에 의해 해방된 나라들과 소비에트 러시아가 공산주의 정권을 설립한 나라들로 구성되었다. 미군에 의해 해방된 국가로 구성된 서구(민주주의 세력)는 1949년 미국의 마셜 플랜(Marshall Plan)의 지원을 받아 소련에 대응하기 위해 북대서양조약기구(NATO, North Atlantic Treaty Organization)를 구성했다. 연합국 간에 합의된 바와 같이 독일은 서독과 동독으로 나뉘었고, 전쟁 기간 수도였던 베를린도 베를린 장벽에 의해 서쪽과 동쪽으로 분리되었다.

냉전의 지정학적 긴장은 아시아 반식민 민족주의의 고조된 흐름으로 이어졌으며, 이는 싱가포르에서도 마찬가지였다. 한반도는 38선을 경계로 남북으로 분단되었다. 동유럽과 마찬가지로 소련은 김일성이 이끄는 공산정권을 수립해 북한을 만들었다. 소련군 대위였던 김일성은 일본군과 싸우기 위해 입대했었다. 1949년, 중국은 공산주의 공화국으로 부상했고 해외의 젊은 화교들에게 이념적 등불이 되었다. 중국 우월주의와 공산주의는 쉽게 융합되었다.

전후 연합군이 일본을 점령하는 동안, 냉전 전략은 더글러스 맥아더(Douglas MacArthur) 장군이 일본의 전시 정부에 유일하게 저항했던 일본 공산주의자와 사회주의자들을 대하는 데 영향을 주었다. 히로히토 천황을 왕위에 그대로 두기로 한 것은 우파 보수를 굳건히 하고 좌파의 부상을 막기 위한 전략의 일환이었다.

호찌민은 1945년 베트남민주공화 국에 공산주의 통치를 수립하였 고, 1954년 디엔비엔푸에서 프랑 스 식민군을 물리친 후 베트남 통 일을 위해 미국이 지원하는 남베트 남에서 싸웠다. 싱가포르는 냉전시 대 비동맹 정책을 펼쳤지만, 결국 베트남 사태가 싱가포르에 영향을 미치는 '도미노 효과'를 불러일으킬 수 있다는 우려가 나왔다.

베트남에서는 좌익 성향의 호찌민(Ho Chi Minh)이 주도한 독립 전쟁 이 공산주의의 진보를 굳건히 하기 위해 미국의 지지를 받는 우익 베트 남인들과 벌이는 전쟁이 되어가고 있었다. 1954년 베트남 공산군이 디 엔비엔푸(Dien Bien Phu) 전투에서 프랑스군을 격파한 뒤 미국은 냉전 전략의 일환으로 베트남전에 참전하게 되었다. 버마(현 미얀마)와 인도네 시아공산당(PKI, Partai Kommunis Indonesia)이 막강했던 인도네시아의 정치적 불안은 동남아가 공산주의로 붉게 물들기 직전이라는 믿음을 심 어주었다.

전후 아시아는 냉전의 긴장과 강력한 권력 경쟁으로 경련을 일으켰 고, 이에 따라 영국은 이 지역에서의 자국 이익이 위험에 빠질 것을 우 려했다. 영국은 정치를 통제하고 권력을 잡으려는 MCP와 그 비밀 조직 의 시도에 경각심을 가지게 되었다. 제2차 세계대전 이후 쇠퇴한 위상 과 광대한 제국을 계속 유지할 수 없는 상황을 받아들이면서 영국은 냉 전의 긴장으로 인해 서구권 내에서 새롭게 독립한 국가들을 유지하는 방식으로 식민지를 떨쳐버리게 되었다. 싱가포르와 말라야에 있어서 공 동 정치는 냉전 전략과 뒤섞이게 되었다.

공동 정치는 1946년 말라야연합(Malayan Union) 계획이 발표되면 서 나타났다. 그것은 영국이 탈식민지화 이후 이 지역에서 전략적, 경 제적 이익을 보호할 수 있는 안정적인 연방제를 만들려는 열망에 바탕 을 두고 있었다. 이 계획은 말라야에서 싱가포르를 분리하는 것이었지 만, 애초 구상대로 이는 일시적인 구도였다. 그러나 코즈웨이 양측의 정 치적 발전은 두 영토의 재통합을 점점 더 어렵게 만들었다. 예상했던 대 로 비말레이인에 대한 자유주의적 시민권 조항과 말레이 통치자들의 주 권 종식 권고로 이 계획은 말레이 민족주의자들의 큰 반대에 부딪혔다. 그들은 말레이인의 권리와 명성이 위험에 처했다고 판단하고, 말라야의 첫 정당인 통일말레이국민조직(UMNO, United Malay's National Organisa- tion)을 설립했다.

1948년 말라야연방(Malayan Federation)은 말레이인 주도권을 확실 히 하기 위한 계획을 세웠는데, 이는 말라야연합을 비난하는 사람들이 제기하는 우려를 해소하기 위한 것이었다. 두 계획 모두 싱가포르의 위치를 바꾸지 못했다. 중국인이 대다수를 이루는 이 항구도시는 말레이인이 주도하는 연방 안에서 자리를 찾을 수 없었다. 그러나 싱가포르와 말라야의 합병 문제는 여전히 남아 있었다. 싱가포르가 연방 밖에서 독자적으로 생존할 수 있다는 생각은 결코 현실적인 것으로 여겨지지 않았기 때문이다. 싱가포르에서는 항구도시가 결국 옛 말라야 내륙지대에 포함되어 정치적 연합의 경제적 이점을 되찾을 것이라는 전망이 지배적이었다.

1950년대 내내 싱가포르는 급속한 인구 증가와 중계 무역 감소로 인한 경제적 문제와 씨름했다. 주변국들의 보호무역주의 정책과 직접무역의 증가로 인해 이 지역에 대한 수출은 크게 감소하였다. 싱가포르는 빠르게 성장하는 젊은 연령층을 위한 충분한 일자리를 창출하고 중계무역 의존도를 낮추기 위해 급속한 산업화 과정에 착수해야 했다. 제조업에 충분한 내수시장을 조성하기 위해서는 말라야 내륙과의 통합이 필수적이었다.

1955년과 1959년 싱가포르 지방정부 선거에서 1957년 이후 새롭게 독립한 말라야 연방과의 정치적 통합 주제가 대거 등장했다. 이러한 움직임은 싱가포르가 영국에게 독립을 허가하도록 설득할 수 있는 유일한 방법으로 널리 받아들여졌다. 1955년 결성된 노동전선 연립정부와 1959년 집권한 인민행동당(PAP, People's Action Party)은 말라야와의 정치적 통합을 통해 싱가포르 독립을 달성하겠다고 공약했다. 노동전선 정부 수상을 지낸 데이비드 마셜, 임유호크, PAP 정부 수장인 리콴유 등 각 정부의 지도자들은 통합 문제에 대해 말라야 총리이자 UMNO 대표인 툰쿠 압둘 라만(Tunku Abdul Rahman)에게 거듭 제의했다.

그러나 툰쿠는 이와 같은 움직임에 전혀 관심을 보이지 않았다. 싱가포르와의 직접적인 합병과 100만 명의 중국인을 연방에 추가하는 것은 말라야의 인종적, 정치적 균형을 뒤엎고 그의 당내 우익 세력이 자신의 지위를 떨어뜨리는 연료가 될 것이라고 보았다. 툰쿠는 싱가포르가 급진 좌파에게 점령당할 위기에 처해 있어 이는 강력한 반공산주의 연

PAP 당원들이 1959년 투표일에 앞서 선거운동을 하고 있다.

합에 우려를 낳게 한다는 점을 예리하게 인식하고 있었다.

합병을 위한 험난한 노력

PAP는 1954년 툰쿠가 직접 창립식에 참석한 가운데 반식민 사회주의 정당으로 결성됐다. 애초 PAP는 역사학자 여김와(Yeo Kim Wah)와 앨버트 라우(Albert Lau)를 인용하면서 "양립할 수 없는 목적과 수단을 가진 이념적으로 다양한 두 파벌로 나뉘었다."라고 말했다. 경제학자이자 공무원인 고켕쉬 박사, 대학강사 토친차이(Tho Chin Chye) 박사, 공무원 번(K.M. Byrne), 언론인 라자라트남 등 리콴유와 함께 영어로 교육 받은 민주사회주의자 집단은 영국과의 헌법 협상을 통해 싱가포르 독립을 쟁취하기 위해 헌신했다.

그러나 같은 독립에 대한 열망을 가진 PAP 내 파벌은 각기 다른 이념과 방법을 통해 독립을 성취할 것이라고 믿었다. PAP 지도부의 일원이기도 한 후자 그룹에는 림친숭, 방쉬수안(Fong Swee Suan), 데반 나이르(Devan Nair), 바니(S.T. Bani) 등 주로 노동계급 노조원들이 대거 포함되어 있었다. 식민지 당국은 이 단체를 '극좌파'로 보고 공산주의자들이거나 적어도 국제공산당(Comintern)의 혁명적 반식민주의 이념에 동조하는 것으로 믿었다.

중국어 교육을 받은 지도부가 포함되지 않은 정당은 렌델 헌법 이후 정치 상황에서 살아남지 못했으며 PAP도 예외는 아니었다. 이는 대폭 확대된 중국인들의 투표를 고려할 수밖에 없었다. 반면 중국어 교육을 받은 좌파 지도부는 영국인들이 받아들일 수 없었을 것이다. 1949년 공산주의 중국이 출현한 이후 중국어 교육을 받은 집단의 공산주의 안건에 대한 영국의 의혹은 더욱 고조되었다. 이는 말라야에서 진행되던 비상사태에 도움이 되지 않았다. 1950년대 영어 교육과 중국어 교육의 깊은 격차는 영어 교육 쪽이 취업과 승진에 가장 좋은 수단이었던 식민사회에서 중국어 교육을 받은 이들에 대한 차별을 불러일으켰다. 이러한 분열은 영어 교육을 받은 정당 지도부라면 고려해야 할 투표에 미치는 한 요인이었다.

1959년 창이 교도소에서 석방된 임친시옹(Lim Chin Siong). 1959년 선거에서 승리한 후 PAP가 임친시옹을 비롯한 정치범들의 석방을 요구하며 식민지 당국을 당혹하게 했다. 식민지 당국은 PAP에게 양보해야 할지 아니면 단호히 PAP와의 대치를 무릅쓰고라도 정권 이양을 거부하고 선거를 무효화시켜야 할까?

PAP가 자치정부의 실권을 장악한 1959년까지 좌파 정치, 경제 문제, 중국 우월주의의 인기에 힘입어 당의 좌익 세력은 강화되었다. 냉전의 긴장 상태는 영국의 전략적, 정치적 이익을 보호하기 위해 식민지 내 권력 이양을 통제하고 영향력을 행사하기 위한 전략 '그랜드 디자인'을 실현하려고 했다. 말라야연방은 '비상사태' 이후 확고한 반공산주의 신념을 가지고 싱가포르에서 점점 더 강력해지는 좌파 정당에 완벽한 균형을 이루었다.

동시에, 영국은 좌익의 승리를 허용하지 않는 방식으로 보르네오에 대한 식민지 책임 벗기를 원했다. 자원이 풍부한 사바(Sabah, 당시 북부 보르네오), 사라왁(Sarawak) 및 비중국인 다약족(Dayaks)과 이반족(Ibans)은 중국계 싱가포르를 말라야연방으로 편입시키기 위한 완벽한 재원이 되었다. 말레이계 인구가 많으면서도 석유가 풍부한 브루나이는 말라야 지도자들이 훨씬 더 잘 받아들일 수 있었을 것이다.

1961년 5월 툰쿠는 싱가포르, 브루나이, 사바, 사라왁과 말라야연방의 정치적, 경제적 연결 가능성을 제기했다. 그는 싱가포르가 '리틀 쿠바'가 될 수 있는 위험을 언급하며 합병 근거를 분명히 밝혔다. 그는 싱가포르에서 공산주의에 전염되는 것을 두려워했다.

1955년에서 1959년 사이에 여러 합병에 대한 정치적, 경제적 요구가 나타나자, 리콴유는 PAP의 좌파들에게 인기 없는 조치를 지지하면서 연방 정부와 협력하겠다는 의지를 보여주었다. 영국, 말레이시아, 싱가포르 대표로 구성된 합동안전보장이사회(ISC, Internal Security Council)가 싱가포르의 보안을 통제하기 위해 창설된 것도 이런 조치 중 하나다. PAP 좌파는 사법권 유지가 식민지 지배로부터의 진정한 자유에 대한 모욕이라고 언급하며 이를 크게 미심쩍어했다. 입법회에서 리콴유의 주장은 PAP의 궁극적인 목적이 싱가포르와 말라야 간의 합병이었으므로, "말라야연방이 보안을 포함한 싱가포르 문제에 있어서 결정적 발언권을 갖는 것이 논리적"이라는 것이었다.

1959년부터 리콴유는 싱가포르에서 "연방의 모범적인 말레이인처럼 말하고 생각하고 행동하는 말레이화된 싱가포르인"을 만들겠다는 희망으로 범말레인 사고를 장려하는 조치를 내놓기도 하였다. 싱가포르의 다수 중국인들을 말라야 내륙으로 이끄는 사회적 통합을 촉진하고, UMNO가 이끄는 쿠알라룸푸르에 깊은 인상을 주기 위해 말레이어가 싱가포르의 국어로 정해졌고, 말레이인 국가원수(Yang di-Pertuan Negara)가 취임했다. 1959년에 말레이어교육자문위원회가 설립되었고, 말레이어 학교의 교육과정이 도입되었다.

1961년 툰쿠의 제안은 PAP를 분열시켰다. 당내에서는 이미 위기가 일어나고 있었다. 툰쿠가 합병에 반대하며 오래 버틸수록 리콴유의 입장은 여러 방면에서 약화되었다. 합병이 없었다면 싱가포르의 경제적 어려움은 해결될 수 없었을 것이다. PAP의 통합과 독립에 대한 선거 공약을 이행하지 못한 채, 리콴유는 유권자들에게 신뢰받을 수 없었다. 합병 가능성이 희박해 보이는 한, 좌파 진영은 말라야와의 재결합을 지지하는 것이 정치적 방편이라고 판단했다. 반식민주의자로서 좌파들은 싱가포르와 말라야의 분열을 정치적으로 시정되어야 하는 식민주의적 결정이라고 보았다. 하지만, 일단 합병 계획이 확연해지자 좌파 성향의 합병 반대론이 불거졌다. 주요 이유는 합동안전보장이사회와 반공 성향의 말라야 정부가 좌익에게 심각한 위협을 가했기 때문이었다.

1961년 PAP 좌파들이 바리산 소시알리스(Barisan Sosialis, 사회주의

1950년대의 변화하는 정치적 분위기가 화가 추아미아티(Chua Mia Tee)의 작품인 신생 싱가포르의 국어인 말레이어를 배우는 중국 학교 학생들에게서 보인다.

전선)를 결성하고 의회에서 야당에 합류하자, PAP 정부는 합병과 관련하여 강경한 말라야협상가를 포함한 국내의 반대에 직면했다. 리콴유는 '합병 투쟁' 회담으로 알려진 일련의 합병 찬성 라디오 연설로 국내 반대에 맞섰다. 그는 또한 모든 유권자가 기본적으로 합병에 찬성하고 있으며, 그래서 실제 투표는 어떤 형태의 합병을 할 것인가를 묻는 국민투표 실시를 요구했다. 좌파 진영이 합병에 대한 반대 의사 표시로 백지투표 운동을 벌이자, 리콴유는 백지투표는 모두 합병 찬성으로 간주하되, 합병 방식은 정부가 결정하도록 맡기겠다는 의미로 처리될 것이라고 반박했다. 그러나 싱가포르의 생존이 합병에 달려 있다고 굳게 믿었던 당시 분위기 때문에, 백지투표는 최종 결과에 거의 영향을 미치지 못했다.

브루나이, 사라왁, 사바 등 보르네오 3개국은 합병에 대해 그다지 호의적이지 않았다. 막판의 좌익 세력의 선동으로 인해, 말레이시아 국민의 의사를 확인하기 위한 유엔 회부가 이루어졌고, 말레이시아의 날 선포도 연기되었다. 브루나이는 결국 막판에 합류를 철회했지만, 그 이전에 대말레이시아(Greater Malaysia) 구상에 대한 정치적 저항이 1962년 12월 무렵 무력 반란으로 폭발했다. 이 반란은 브루나이인민당(Parti Rakyat Brunei)의 아자하리(A.M. Azahari)가 주도했다. 비록 브루나이 반란 자체는 단기간에 진압되었지만, 그 파장은 매우 컸다. 이 사건은 싱가포르와 말라야에서 급진 좌파에 대한 대대적인 탄압을 촉발했는데, 좌파의 영향력 확대와 선거 기반의 성장에 대해 쿠알라룸푸르는 깊이 우려하고 있었다. 툉구가 싱가포르의 말라야연방 가입 조건으로 제시한 것 중 하나도 싱가포르 내 급진 좌파의 체포였다. 영국 역사학자 하퍼(T.N. Harper)는 "좌파, 특히 림친숭(Lim Chin Siong)의 구금은 싱가포르가 말레이시아 안에서 독립을 얻기 위해 치러야 할 대가였으며, 그 독립을 앞당기는 데에도 적지 않은 역할을 했다."라고 주장한다.

브루나이 반란 직전, 림친숭은 아자하리와 만난 바 있었다. 이 만남과 더불어, 반란 이후 바리산소시아리스가 반란을 지지한다는 태도를 밝힌 사실은, PAP 정부에 의해 "외부 세력에 동조하는 공산주의자들의 전복과 폭력 행위"로 강조되었고, 따라서 싱가포르의 안보를 위협하는 행위로 규정되었다. 싱가포르 특무부는 브루나이 반군이 바리산 인사들에게 접근해, 브루나이 밖에서도 반란을 지지하는 여론을 조성하려 했다는 정보 보고를 입수했다. 이는 싱가포르의 좌파 세력이 외부 세력과 연계하여 말레이시아 구상을 저지하는 전복 활동을 계획하고 있다는 우려를 낳았다.

1963년 2월 2일 새벽, 싱가포르, 말라야, 영국의 합동안전보장이사회의 명령에 따라 암호명 콜드스토어 작전(Operation Coldstore)인 급습 체포가 개시되었다. 체포된 130명 중에 림친숭이 있었다. 억류자 중에는 정치 지도자, 노동조합원, 학생 지도자들도 포함되어 있었다. 두 달 전 말레이시아 특무부는 비슷한 작전을 개시해 공산주의자로 의심되는 50명을 체포했다. 콜드스토어 작전은 여러 지도자들을 체포하여 감피를 못잡고 있는 바리산소시알리스에 큰 충격을 주었다. 리콴유에 대한 정치적 긴장이 완화되면서 그는 말라야연방과의 합병 협상의 마지막 단계를 진행할 수 있게 되었다.

단일 국가, 2개 시민권
말라야와의 협상은 더욱 어려워졌다. 시민권과 투표권을 둘러싼 이슈는 해결하기 쉽지 않은 문제였다. 툰쿠는 말라야와 싱가포르의 통합을 준비하면서 자국민 통합에는 크게 치중하지 않았다. 말라야 총리는 주로 연방의 인종 균형에 미치는 영향과 말레이인의 정치적 우위에 미치는 영향을 우려했다. 그는 싱가포르에 대해 정치적으로 더 안전한 제한적 시민권 부여를 통한 배제 정책을 선호하여, '싱가포르 시민이기도 한 말레이시아 시민'과 '싱가포르 시민이 아닌 말레이시아 시민'이라는 구분을 도입했다.

차별화된 시민권과 그에 따른 투표권은 말레이 선거의 우위를 지키기 위한 고안이었다. 1957년 독립 이후, 말라야는 비말레이인을 대상으로 한 엄격한 시민권 정책을 시행했으며, 이는 말라야 비상사태 기간에 더욱 강화되었다. 당시 비상사태에서는 중국인이 크게 관여했으며, 이로 인해 중국인과 말레이인 사이의 공동체 갈등도 심화되었다. 툰쿠는 싱가포르의 중국인이 연방의 정치적, 인종적 균형을 흔들지 않도록 확실히 조치하고자 했다.

보르네오 지역과 싱가포르의 시민권 권리의 차이가 알려지자, 이는 PAP와 바리산 소시아리스 사이뿐 아니라, 추가로 130만 명의 싱가포르인에게 말레이시아 시민권을 부여하지 않겠다고 굳게 마음먹은 툰쿠와의 관계에서도 가장 풀기 힘든 문제 가운데 하나가 되었다. 말라야연방 헌법의 시민권 조항과 달리, 싱가포르 시민권 조례(1957년)는 훨씬 더 관대했다. 어떤 사람의 부모가 이미 시민일 경우 그 사실만으로 손쉽게 싱가포르 시민권을 취득할 수 있었고, 말라야연방이나 영연방 국가에서 출생했거나 싱가포르에서 총 12년 거주했을 경우 등록을 통해 시민권을 얻을 수 있었다. 또한, 이전 12년 가운데 총 10년을 싱가포르에서 거주했고 그중 3-4년을 싱가포르에서 군 복무로 채웠다면, 그는 귀화 시민이 될 수 있었다.

이런 갈등을 누그러뜨리기 위해, 리콴유는 용어 변경을 제안했다. 즉, 싱가포르 시민을 '연방 시민(Federation citizens)', '신연방(싱가포르) 시민', 혹은 '신연방 국민'이라고 부르자는 것이었다. 1962년 런던 시민권 협정은 이러한 정치적 타협의 산물이었다. 툰쿠가 리의 용어 변경 요청을 받아들인 것은, 자신이 실질적인 정치적 양보를 하지 않는다는 사

리콴유는 툰쿠 압둘 라만과 친하면서도 사실 어려운 관계였다.

실을 잘 알고 있기 때문이었다. 싱가포르 시민을 무엇이라고 부르든, 그들의 선거권은 싱가포르 내부로 제한되었고, 두 지역의 정치 또한 계속 분리되어 있을 것이기 때문이다. 이것이 툰쿠가 구상한 계획이었으나, 합병 이후의 사건들이 입증하듯 그 계획은 실현되지 않았다.

재정 통제, 세수 배분, 공동시장 문제를 둘러싼 협상도 마찬가지로 어려웠다. 쟁점 중 하나는 사바와 사라왁의 개발 사업을 위해 싱가포르가 제공하기로 한 1억 5천만 달러의 대출이었다. 이 중 1억 달러는 5년 동안 무이자일 예정이었다. 서명 전날 밤, 툰쿠와 리는 봉투 뒷면에 50퍼센트의 개발 인력을 싱가포르에서 충원한다는 내용에 합의하고 서명했다. 그러나 인력 배치 조건과 5년 후 부과될 이자 문제에서 난항이 생기면서 이 대출은 결국 이루어지지 않았다. 싱가포르는 공동시장을 향한 말라야의 보다 명확한 약속 없이, 이처럼 거대한 규모의 대출 조건을 논의할 생각이 없었다.

툰쿠는 싱가포르의 좌파 다스리기를 요구하는 것 외에도 연방의회에서 싱가포르의 대표직을 인구 규모에 비해 10명 적은 15명으로 줄이기를 원했다. 그 대가로, 그는 다른 연방 회원국들보다 더 광범위한 지역 권력 유지권을 싱가포르에 양보할 준비가 되어 있었다. 바로 노동과 교육에 대한 통제였다. 식민지 시대에도 오랜 이슈였고 PAP의 주요 관심사였던 중국어 교육은 정치적 의제를 강화하기 위해 좌익에 의해 장악되었다.

이와 같은 차이점들은 서류로 마무리되었고 1963년 7월 9일 런던에서 말레이시아연방(Federation of Malaysia)의 공식 출범을 기념하는 말레이시아협정(Malaysia Agreement)이 체결되었다. 말레이시아의 창설은 상이한 역사와 민족 구성을 가진 정치, 경제 발전의 다양한 단계에 있는 이질적인 영토 주체를 한데 모은 야심찬 프로젝트였다. 보르네오 지역은 심지어 다른 시간대에 있었다. 그들 사이의 유일한 공통점은 영국 지배의 경험이었다.

연방에 대한 지역적 반대

말레이시아연방의 탄생은 지역 내 반발을 불러일으켰다. 필리핀과 인도네시아는 보르네오해 연안에 기득권을 갖고 있어 합병에 반대했다. 마닐라는 1962년 사바에 대한 영유권을 주장했고 인도네시아는 분쟁지역이었던 네덜란드령 서부 뉴기니(Dutch West New Guinea, 오늘날 인도네시아의 자치주인 파푸아(Papua))를 점령했다.

가장 심각한 반대는 싱가포르의 남부 내륙 지역이자 중요한 무역상대였던 인도네시아였다. 수카르노(Sukarno) 대통령에게 영향력을 행사한 민족주의 PKI에 자극받아 말레이시아는 '신식민주의(neo-colonialist) 음모'로 낙인찍혔고 인도네시아는 이미 미약한 상태인 말레이시아연방의 해체를 위해 군사적 대응(Konfrontasi)에 나섰다. 첫째, 인도네시아는 말레이시아와의 무역을 금지했다. 이는 심각한 영향을 주기는 했으나, 인도네시아 섬과의 수백 년 된 물물교환이 중단되지는 않았다. 그 후, 공작원들이 싱가포르, 말라야, 사바, 사라왁에서 테러를 자행하기 위해 파견되었다. 군사적 대응은 1966년 인도네시아 육군이 수카르노와 PKI를 정복하기 위한 쿠데타를 일으켜 육군 대장 수하르토(Suharto)가 집권한 이후에야 막을 내렸다.

'말레이시아 데이' 선포의 실제 일자는 사바와 사라왁 주민들의 합병에 관한 유엔 보고서 결과가 나올 때까지인 1963년 9월 16일로 연기되었다. 날짜가 지연되면서 리콴유는 스스로 문제를 해결하게 되었다. 말라야연방의 독립일인 1963년 8월 31일, 그는 말레이시아 연대의 날(Malaysia Solidarity Day) 대규모 집회와 파당(Padang)에서 행진을 벌였다. 그곳에서 그는 사실상 싱가포르 독립을 선언하는 연설을 했다:

> 우리는 이 보름 동안 우리 자신을 연방 정부의 신탁 통치자로 간주한다. 우리는 말레이시아를 위해 이러한 권한을 행사할 것이다. 오늘 이 선언은 자유에 대한 우리의 권리 주장이다.

툰쿠는 "누가 불평을 해야 한다면 그건 우리와 영국이다. 우리가 이곳을 지배한다."라고 반격하며 리콴유를 질책했다. 싱가포르의 영국 대

1965년 3월 10일 오차드로의 맥도날드 하우스 안에 인도네시아인 2명이 설치한 폭탄이 폭발하여 3명이 사망하고 33명이 다치는 사고가 터졌을 때, 싱가포르는 인도네시아의 말레이시아연방에 대한 반대 여론의 분노를 체험했다. 범인들은 체포되어 유죄 판결을 받고 사형 선고를 받았다. 싱가포르 정부가 범인 2명의 목숨을 구해달라는 인도네시아의 호소를 거부하면서 1973년까지 관계가 냉각되었다.

표인 셀커크 경(Lord Selkirk)은 침묵을 선택하였다. 하지만, 그 날카로운 설전은 앞으로 잇따라 벌어질 많은 일들의 불길한 전조였다.

싱가포르의 예외주의

PAP 정부는 싱가포르를 말레이시아의 다른 구성 주들과는 다른 특별한 정치적 존재로 보았다. 우선, 싱가포르는 1억 달러의 예비금을 보유한 독자적으로 부유한 지역이었고, 이는 새로운 연방 경제력의 약 40퍼센트를 차지하는 규모였다. 이러한 부를 활용하려는 말레이시아 재무장관 탄시우신(Tan Siew Sin)의 시도는 싱가포르와의 관계를 더욱 악화시켰는데, 그가 싱가포르 재무장관 고켕쉬의 사촌이자 경쟁자였다는 사실도 관계 개선에 도움이 되지 않았다.

말레이시아협정(Malaysia Agreement) 서명 직전까지도 재정 문제는 해결하기 어려운 쟁점이었다. 난점 중 하나는 싱가포르 세금을 중앙정부가 직접 걷어야 한다는 탄 장관의 요구였다. 이는 싱가포르가 세금을 징수하되, 그중 40퍼센트를 중앙정부에 제공하여 중앙정부의 공공서비스 비용으로 사용하도록 하는 방식으로 타협이 이루어졌다. 국방, 국내 안보, 재정은 중앙정부의 관할 아래에 놓였다. 말레이시아협정이 서명될 때조차 말레이시아 공동시장 문제는 해결되지 않았다. 공동시장을 도입하는 대가로, 싱가포르는 말라야가 이미 시행 중이던 각종 관세를 도입하는 데 동의해야 했다. 공동시장 문제는 결국 탄 장관의 싱가포르에 대한 재정 계획의 인질이 되어버렸다. 연방 예산을 균형 있게 맞추기 위해 탄 재무장관은 싱가포르의 중앙정부 기여금을 세수의 40퍼센트에서 60퍼센트로 상향하기를 원했다.

처음 말레이시아 예산에서 싱가포르 재무부와 협의하지 않은 탄 장관은 새로운 매출세와 급여세를 도입해 일방적으로 수익을 올렸다. 이는 싱가포르의 노동집약적 산업에 영향을 미칠 수 있었다. 탄 장관의 다른 조치들은 싱가포르의 산업화 프로그램을 저해하기 위해 고안된 것으로 보였다. 싱가포르가 새로운 공장에서 전구 생산을 시작하려 하자 말라야는 보호해야 할 전구 공장도 없었으며 싱가포르가 말레이시아의 일부임에도 불구하고 탄 장관의 정부는 전구에 대한 수입세를 도입하고 싱가포르산 전구를 수입품으로 지정했다.

영국이 자국의 섬유 산업을 보호하기 위해 섬유 쿼터 제도를 도입하자, 말레이시아 섬유 산업의 상당 부분이 싱가포르에 기반을 두고 있었음에도 불구하고, 싱가포르의 배정 몫은 말레이시아 합병 이전보다도 적은 수준으로 축소되었다. 이러한 급격한 쿼터 삭감은 50개의 추가 의류 공장 설립 계획을 무산시키고, 싱가포르인들에게 제공될 수 있었던 1만 개의 잠재적 일자리 기회를 날려버렸다. 당시 고켕쉬의 최우선 관심사는 증가하는 인구를 위한 고용 확대였기에, 그는 영국 상품에 대한 보이콧을 경고하며 대응했고, 이는 쿠알라룸푸르를 불편하게 만들었다. 경제 전략과 재정 문제에 대한 양측의 견해 차이는 더욱 깊어졌고, 쿠알라룸푸르 – 싱가포르 간 긴장은 한층 고조되었다.

말레이시아 재무장관 툰탄시우신 (왼쪽에서 네 번째)은 1964년 싱가포르 재무장관 고켕쉬(왼쪽에서 다섯 번째) 박사와 함께 주롱산업단지를 방문했다. 고켕쉬가 꿈꾸었던 싱가포르와 말레이시아 공동시장은 툰탄시우신의 반대로 무산되었다.

해결 불가능해 보이는 더 많은 차이점들도 드러났다. 1963년 9월, 말레이시아 합병 이후 처음 치러진 싱가포르 총선 기간, 툰쿠는 싱가포르를 방문해 UMNO 싱가포르 후보의 선거 운동을 지원했다가, 남아프리카공화국이 싱가포르에 영사관을 두고 있다는 사실을 알게 되었다. 말라야는 남아공의 인종차별 정책(apartheid policy)을 이유로 국제적 무역 보이콧을 강하게 지지해 온 국가였다. 툰쿠는 또한 중국은행(Bank of China)과 인도네시아은행(Bank of Indonesia)이 싱가포르에서 여전히 영업 중이라는 사실을 알고 더욱 충격을 받았다. 공산주의에 반대하던 말라야는 공산 중국과 정식 외교 관계가 없었을 뿐 아니라, 중국은행을 지역 내 공산주의 전복 활동의 자금 경로로 오랫동안 간주해 왔다. 중국은행의 폐쇄 명령은, 싱가포르 내 수천 개의 화상 기업에 영향을 미칠 오랜 전통적 중국 본토와의 연결고리를 끊어내려는 시도였다. 그러나 고켕쉬는 말레이시아협정에 따라 싱가포르에 주재하던 기관들은 합병 이후에도 영업을 계속할 수 있다는 조항을 근거로 중국은행 폐쇄 요구를 거부했다. 그런데도, 말레이시아 재무부는 결국 중국은행을 장악하고 폐쇄 절차에 착수했다.

분리 임박에 따른 다인종주의의 관리

정치적 차이도 끓어오르고 있었다. 싱가포르와 말라야는 표면적으로는 다인종 사회라는 점에서 비슷했지만, 이러한 사회를 관리하는 그들의 정치 방식은 크게 달랐다. 싱가포르에서의 투표는 비공산당 노선의 정당으로 진행되었지만, 말라야에서는 소수 공동체 정당인 말라야중국인협회(MCA, Malayan Chinese Association)와 말라야 인도인 연합(MIC, Malayan Indian Congress)가 연방 정부를 구성하기 위해 다수 공동체 정당인 UMNO와 연합했다.

1963년 싱가포르 총선에서는 말라야 연합정부의 정당들이 싱가포르 인민동맹(People's Alliance)과 손을 잡고 선거 결과에 이의를 제기했다. 툰쿠와 쿠알라룸푸르에 본부를 둔 UMNO 정치인들이 UMNO 싱가포르 후보들을 위한 선거 운동을 펼쳤음에도 불구하고 연합측 후보들은 거의 탈락하였고, PAP는 말레이인이 우세한 3개 선거구에서 승리했다. 싱가포르와 쿠알라룸푸르 간의 관계는 이번 선거 패배 이후 악화되었다.

말레이 극단주의자들이 싱가포르 말레이인에 대한 PAP의 탄압과 말레이인의 특권을 훼손하려는 시도를 비난하면서, 공동체의 긴장이 고조되었다. 설전은 인종적 측면에서 더욱 치열해졌고, 리콴유를 "초국가주의자(ultras 또는 ultranationalists)"라고 불렀던 UMNO의 강경한 사무총장 사이드 자파르 알바르(Syed Ja'afar Albar)가 이끄는 UMNO 극단주의자들은 중국계와 말레이계 싱가포르인들 사이에 공동체 대립을 조성할 기회를 노렸다. 말레이계 신문인 우투산 믈라유(Utusan Melayu)는 리콴유에 대한 증오 캠페인을 계속했다. 1964년 7월 12일 싱가포르 UMNO 주최로 열린 대회에서 사이드 자파르 알바르는 열변을 토하며 친공산주의 성향인 리콴유의 체포를 요구했다.

나는 오늘 싱가포르에 있는 우리 말레이인과 무슬림들이 단결된 모습을 보여주고 우리의 인종과 우리의 미래세대를 위해 함께 살거나 죽을 준비가 되어 있어서 기쁘다. 이 세상에 어떤 힘도 우리를 짓밟을 수 없다면, 어떤 힘도 우리를 모욕할 수 없고, 어떤 힘도 우리를 경시할 수 없다. 리콴유 한 명이 아니라 천 명이라도... 우리가 끝낼 수 있다.

PAP는 7월 19일 싱가포르의 103개 기관을 대표하는 900명의 말레이인이 참석한 가운데 대책회의를 열었다. 리콴유는 이날 회의에서 "말레이인들이 교육, 고용, 주거 문제를 극복할 수 있도록 노력하고 있지만, 싱가포르 정부는 싱가포르계 말레이인들에게 연방의 헌법 조항을 철회하고 특권을 도입하지 않을 것"이라고 말했다. 그러나 싱가포르계 말레이인들은 다른 지역사회가 누리지 못한 한 가지 차별적 특권을 가지고 있었는데, 그것은 자격을 갖추면 대학까지의 무료 교육이었다. 경제적 사다리로써 교육의 원칙에 입각한 말레이 공동체를 선진화하는 것이 목표였다.

선동적인 연설과 극단주의 언론들은 1964년 7월 21일 예언자 무함마드(Muhammad)의 생일을 축하하기 위한 집회에서 발생한 집단 폭동의 분위기가 무르익도록 만들었다. 통행금지에도 불구하고, 폭력은 일주일 동안 계속되어 23명이 사망하고 454명이 부상 당했다. 9월에는 13명이 사망하고 106명이 부상 당하는 인종간 폭력이 지속되었는데, 이는 인도네시아 공작원들이 두 지역사회에 고조된 긴장을 악용하면서 촉발한 것으로 알려져 있다.

리콴유, 툰쿠 및 싱가포르와 쿠알라룸푸르의 장관들이 친선위원회를 꾸리고 섬을 순회하며 평온을 회복하는 동안, 극단주의 언론은 폭동의 책임을 리콴유에게 돌리며 독설을 퍼붓는 반리콴유운동을 계속 선동했다. 1969년 말레이인과 중국인 사이에 폭동이 쿠알라룸푸르에서 일어났을 때, 공동체적 긴장감이 싱가포르로도 확산되었다. 이 사고로 중국인 1명과 말레이인 3명이 숨지고 중국인 11명, 말레이시아인 49명이 다쳤다. 이것이 싱가포르에서의 마지막 집단 폭동이 되었다.

툰쿠는 자신의 정당 내 더 급진적인 인사들을 통제하지 않았거나 통제할 수 없었고, 싱가포르의 정치를 말라야의 정치와 분리하려는 그의 시도는 곧장 무너졌다. 1964년 3월, 리콴유가 다른 전략을 시도해 UMNO와 협력하여 MCA를 연정에서 대체하려 하자, 툰쿠는 끝까지 MCA에 충성심을 보였다. 리의 이러한 움직임은 1964년 3월 말라야 총선에서 PAP가 선거에 참여하려는 시도와 보조를 맞춘 것이었다. PAP는 기술적으로 말라야 선거에 출마가 금지되어 있었지만, 이를 우회하기 위해 민주행동당(DAP, Democratic Action Party)을 창당했다. PAP가 연방의회 내 존재감을 확대하려 한 동기 가운데 하나는, 연방의회에서 더 큰 발언권을 확보하고 그 과정에서 싱가포르의 이익을 보호하기 위함이었다. 그런데도, 방사르(Bangsar)의 데반 나이어를 제외하고, DAP는 유세장에 대규모 군중을 끌어모았음에도 출마한 모든 지역에서 패배했다.

1965년 4월, 인종 긴장이 여전히 해소되지 않은 가운데, 연방의회 내 싱가포르 대표들(말라야 출생인 토친차이(Toh Chin Chye)와 라자라트남, 그리고 싱가포르 출생인 리콴유)은 연방의회에서 연정 정부에 맞서기 위한 공동 전선을 구축하려 했다. '말레이시안 말레이시아(Malaysian Malaysia)'를 추진하기 위한 말레이시아연대회의(Malaysia Solidarity Convention)는 공동체 기반의 정치를 추구하지 않는 비말레이 정당들의 연합체로 기획되었다. PAP 외에도 사라와 정당들을 포함한 네 개의 말레이시아 야당이 참여했다. 연대회의는 다음과 같이 선언했다:

> 말레이시안 말레이시아란, 국가와 정부가 특정 공동체나 인종의 우월성·안녕·이익과 동일시되지 않는다는 것을 의미한다. 말레이시안 말레이시아는 말레이인 말레이시아, 중국인 말레이시아, 다약 말레이시아, 인도인 말레이시아 또는 카다잔 말레이시아의 정반대 개념이다. 각 공동체의 특별하고 정당한 권리는 모든 인종의 집단적 권리·이익·책임의 틀 안에서 보장되고 증진되어야 한다. 말레이시아 국민은 어느 한 공동체의 패권을 보장하는 말레이시아에 표를 던진 적이 없다. 하물며 그처럼 무의미한 말레이시아를 유지하기 위해 싸울 준비가 되어 있을 리도 없다.

이는 결정적인 전환점이 되었다. 말레이시안 말레이시아(Malaysian Malaysia)라는 개념은 말레이시아 민족주의를 재정의했고, 원주민과 이주민의 권리 그리고 시민권 문제를 새롭게 제기하였다. 비말레이인 정당들을 하나로 묶어낸 연대회의(Convention)는 말레이인 우위 구조에 대한 비말레이계의 불만에 주목하게 만들 잠재력을 지니고 있었고, 비말레이계로부터 더 많은 지지를 끌어내는 데 성공한다면 권력 균형을 비말레이계 쪽으로 기울게 할 수도 있었다. 이 회의가 지닌 엄청난 잠재력이 점점 줄어들면서, 극단주의자들은 리콴유의 체포를 요구하기 시작했고, 곧 체포될 것이라는 소문도 돌았다. 1962년에 툰쿠는 자신이 "평화와 인종 간 조화를 굳게 믿으며, 이를 파괴하려는 어떤 세력과도 싸울 것"이라고 말한 바 있다.

> 싱가포르와의 합병에서 문제가 생기고 유혈사태가 발생할 가능성이 크다면, 독립 싱가포르가 연방에 가져올 잠재적 위험에도 불구하고 싱가포르를 내버려두고 싶다.

1965년 3월, 리가 호주와 뉴질랜드를 순방하며 싱가포르-쿠알라룸푸르 관계에 대한 자신의 견해를 공개적으로 밝히자, 툰쿠는 크게 분노했다. 툰쿠는 말레이시아가 번영을 누리며 인종 조화 속에 사는 나라로 비치기를 원했기 때문이다. 5월, 리는 아시아 여러 나라 순방을 마치고 귀국하는 길에 공항에서 다음과 같이 말했다. "지금의 형태로는 말레이시아가 작동하지 않는다고 판단되면, 우리는 다른 방안을 마련할 수 있습니다." 이에 말레이시아 재무장관 탄슈신은 싱가포르가 혼자서는 생존할 수 없다며 다음과 같이 경고했다. "말레이시아에서 분리한다고 해서, 이 지역에서 150만 명도 되지 않는 중국계가 1억 명이 넘는 말레이계 인구로 둘러싸여 있다는 사실이 사라지는 것은 아니다." 6월 6일 열린 의회에서 벌어진 격렬한 논쟁 속에서 탄은 이렇게 말했다. "리가 싱가포르의 총리로 남아 있는 한, 싱가포르와의 협력은 있을 수 없다."

7월, 인종 폭동이 일어난 지 1년이 지났지만, 정치적 긴장은 가라앉지 않은 가운데, 고켕쉬는 쿠알라룸푸르에서 말레이시아 부총리 툰 아브둘 라작(Tun Abdul Razak) 및 일부 말라야 지도자들과 비공개로 만나 문제 해결 방안을 논의하였다. 이 자리에서 싱가포르의 연방 탈퇴 결정이 내려졌다. 싱가포르의 말라야와의 정치적 합병은 결국 불안정하고 파란만장한, 단 1년 11개월로 끝나는 짧은 실험에 불과했다.

분리와 그 여파

싱가포르의 독립은 하룻밤 사이에 이루어졌는데, 1965년 8월 9일에 이 소식이 전해졌을 때 충격과 불신으로 가득 차 있었다. 1965년 8월 10

일 스트레이츠타임스(The Straits Times)에 실린 강한 어조의 사설은 '분리는 대중의 가장 마지막 기대'였다고 선언했다. 싱가포르는 1963년 9월 말레이시아 연방에 가입했고, 정치적 합병을 둘러싼 고도의 쟁탈전이 아직도 생생하게 기억되고 있었다. 사설은 다음과 같이 이어진다.

분리의 위험이 사라진 것은 아니다. 통합이 주는 경제적 이점이 줄어든 것도 아니다. 이렇게 시곗바늘이 거꾸로 돌아가게 된 것은 참으로 안타까운 일이다.

말레이시아 출범 이전부터 이어져 온, 말라야 없이는 싱가포르가 쇠퇴할 것이라는 정치적 서사는 아주 효과적이었다. 싱가포르의 생존이 연방에 달려 있다는 시각이 지배적이었고, 탈퇴 결정은 싱가포르의 미래에 심각한 실존적 위협으로 비쳐졌다. 합병이 싱가포르에 경제적으로 불리하다는 것은 일찍부터 알려진 것이었다.

싱가포르 국기는 1965년 9월에 처음으로 유엔에 게양되었다. 2년 후, 동남아시아국가연합(ASEAN)의 설립은 싱가포르와 이웃 국가에게 지역 안정과 협력의 새로운 시대를 열었다.

PAP의 좌파 반대 세력을 일소함으로써 온건파 세력의 실권을 공고히 했지만, 경제 측면에서 합병은 실패로 돌아갔다. 1961년부터 1984년까지 싱가포르 정부의 경제 자문역을 맡았던 네덜란드 경제학자 알버트 윈세미우스(Albert Winsemius) 박사는 1982년 싱가포르국립기록원(National Archives of Singapore)과의 인터뷰에서 "말레이시아 시절 싱가포르에서 프로젝트를 착수하는 것은 사실상 불가능했다. 모든 것을 내려놔야 했다."라고 회상했다.

1950년대 내내 싱가포르는 폭발적인 인구 증가와 수출 감소로 인해 경제적 압박이 가중되었다. 영국을 포함한 많은 나라들이 자국 산업을 보호하기 위해 부과한 수입 할당량 때문에 수출이 크게 줄어들었다. 싱가포르의 생명줄인 수출 무역은 직거래 증가로 위협을 받았다.

전쟁 전 싱가포르는 소규모 산업 부문이 말라야 내륙에서 보내오는 주요 상품의 생산과 연계되어 있었다. 주석 제련도 그중 하나였다. 싱가포르 최초의 현대식 주석 제련소는 유럽의 투자로 1890년 스트레이츠 무역회사(Straits Trading Company)에 의해 풀라우 브라니(Pulau Brani)에

주석은 싱가포르에서 제련되었다. 싱가포르는 1980년대까지 주석, 고무, 목재 및 기타 생산품을 가공하는 중요한 항구 역할을 했다.

세워졌다. 이러한 유럽 투자 이전에, 중국 주석 제련소는 자국의 광석에서 주석 60%만을 추출할 수 있었다. 풀라우 브라니 제련소 주석은 해협 주석으로 시판되었고, 그 품질이 좋아 인접한 네덜란드 동인도제도의 방카, 벨리퉁(Belitung)뿐만 아니라 알래스카, 호주, 남아프리카와 같은 먼 지역의 주석 광석을 제련하기 시작했다.

그 외 전쟁 이전의 산업으로는 파인애플 통조림, 벽돌, 목재 가공, 단순 고무제품 제조 및 간장, 면류, 식용유 등 다양한 식품 기업이 있었다. 싱가포르 산업 인구 조사는 1960년에 최초로 실시되었다. 1950년대에는 농가들이 닭, 오리, 돼지를 사육하고, 섬에 달걀을 공급하는 시장원예업(market gardening) 분야도 있었다. 그러나 이들 산업 중 어느 것도 전후 베이비붐에 도움이 될 만한 충분한 일자리를 창출하지 못했다.

1954년 초에 싱가포르와 말라야의 경제를 조사하기 위해 초청된 세계은행 전문가 팀은 산업화를 일자리 창출의 지름길로 여겼다. 한 가지 제안은 산업 진흥에 필요한 기구를 설립하는 것이었다. 경제개발원(EDB, Economic Development Board)의 전신인 산업진흥원(Industrial Promotion Board)은 1957년부터 이듬해까지만 존속하였다. 싱가포르제조업협회의 회장이었던 데이비드 리(David Lee)는 100만 달러라는 적은 예산으로 산업 설립과 경제 발전 촉진이 불가능하다는 이유로 좌절감에 사임했다. 그는 1천만 달러 예산과 차입 권한을 부여받은 산업개발금융공사를 제안했다.

1960년, 두 번째 유엔팀이 산업화 가능성을 알아보기 위해 싱가포르를 방문했다. 이 팀은 네덜란드 재무부 산업개발국장을 역임하고 네덜란드 전후 복구를 감독한 윈세미우스가 이끌었다. 이 팀의 안건은 고캥쉬의 아이디어인 주롱산업단지(Jurong Industrial Estate) 계획에 대한 검토였다. 고캥쉬는 황야에 산업단지를 조성한다는 대담한 전제 때문에 자칫 이 계획이 '고의 어리석음(Go's Folly)'으로 치부될 수도 있다고 반쯤은 농담으로 말했다.

경제개발원(EDB)은 1961년 1억 달러의 예산으로 설립되었다. 산업

진흥원과 달리 EDB는 실행할 수 있는 산업 프로젝트의 지원을 위해 자본의 차입과 대출이 가능했다. 1968년에 EDB의 산업 금융 활동은 싱가포르산업은행(Development Bank of Singapore, 오늘날 DBS Bank)이 담당하였다. EDB가 제공하는 많은 유인책과 쉽게 구할 수 있는 공장 대지는 투자자들을 주롱으로 끌어들였다. 투자자들은 최소한의 절차로 싱가포르에 매장을 차리도록 개척자인증제도(Pioneer Certificates, 역주-법인세 5년간 면제를 포함한 해외투자기업에 제공했던 혁신적 인센티브 제도), 세금 감면 및 공식 지원을 받았다. 이러한 원스톱 허가 방식은 결국 EDB와 전반적인 싱가포르 투자의 특징이 되었다.

주롱의 맹그로브 늪지대를 산업단지로 탈바꿈시킨 것은 알버트 윈세미우스 박사가 이끈 1960년 유엔조사단에 의해 처음 제안되었다. 경제개발원은 주롱 개발에 착수하여 1967년 주롱 1단계 개발을 완료하였다. 1990년대에 주롱타운주식회사 하에 주롱은 더욱 발전하여 중국과 인도의 산업단지 모델이 되었다.

초기 산업화 프로그램은 수입 대체 모델을 기반으로 했는데, 수입 대체 모델에서는 국내 시장을 위한 산업과 이러한 산업을 보호하기 위해 관세가 부과되었다. 싱가포르의 작은 국내 시장을 고려할 때, 말라야 연방 경제와의 통합과 훨씬 더 큰 시장으로의 접근은 이 모델의 작용에 있어 중요한 것이었다. 고켕쉬는 "우리 경제의 주요 변화는 싱가포르와 연방이 하나의 경제로 통합돼야 가능하다"고 언급하면서 이를 분명히 했다.

네덜란드에서 온 흑조

알버트 윈세미우스(1910~96년) 박사는 셔츠와 잠옷의 제조를 시작하였을 때 대범하게도 여성들이 수출용 의복 재봉을 위해 공장 일꾼으로 고용되어야 한다고 주장했는데, 이것은 여성, 특히 아시아 여성이 전통적으로 가정에 갇혀 있던 시대에 과히 혁명적인 개념이었다. 그가 약 23년 후 수석경제고문직을 내려놓았을 즈음, 이 네덜란드인 경제학자는 경제적 및 사회정치적 선지자로 드러났다. 그가 처음 제시한, 싱가포르를 저개발의 침체 상태에서 탈피하여 '제3세계에서 제1세계로' 끌어올리기 위한 5단계 청사진은 오늘날까지도 빛을 발한다.

윈세미우스는 리콴유, 고켕쉬, 혼수이센(Hon Sui Sen), 림김산(Lim Kim San), 하우윤총(Howe Yoon Chong) 등 싱가포르 건국의 아버지들이 국가 발전을 위한 청사진을 개발하는 데 핵심적인 역할을 했다. 그는 1960년 UN 특별위원회를 이끌면서 싱가포르에 전문가적인 경제 지원을 요청하였다. 8개월 뒤, 그는 싱가포르 예외주의의 상징적인 특징 지표를 식별하는 데 도움이 되는 상세한 보고서를 발표했다.

윈세미우스는 정부에 다음과 같이 권고했다.

(1) 국민의 높은 재능을 활용한다. (2) 국가 차원의 건설 프로젝트에 가족을 연계하여 모든 이가 집을 가질 수 있도록 한다. (3) 기술력이 아직 초기이므로 기술교육을 도입한다. (4) 싱가포르를 금융 중심지로 만든다. (5) 싱가포르를 컨테이너 해운 및 항공 허브로 성장시키되(초기에는 그 터미널이 사실상 애물단지가 될 것이라는 예상 속에서), 처음부터 관세나 항공의 착륙권과 같은 어떤 형태의 보호조치도 모두 제거한다.

윈세미우스는 직감적이고 독특하며 냉철한 외부인이었다. 그의 경제 현대화에 있어 철저한 도구에 대한 청사진은 인상적이었지만, 어떤 사람들은 그의 가장 중

말레이시아 공동시장 설립 구상은 말라야와의 합병을 위한 경제적 유인책이었다. 그러나 고켕쉬는 말레이시아인들이 공동시장 계획을 추진하지 않을 것이라는 비관적인 의견을 윈세미우스와 공유했다. 그는 싱가포르의 개발계획이 말레이시아 재무장관 탄시우신에 의해 난항을 겪을 것이라고 예상하였다. 1963년 합병을 앞두고 EDB는 많은 개척 산업 창업 신청을 가능한 한 빨리 통과시켰다고 당시 EDB의 젊은 직원이었던 다나발란(S. Dhanabalan)이 말하였다.

일단 말레이시아 재무부가 맡게 되면 모든 것이 느려질 것이라는 사실

요한 공헌 중 하나의 기본적 황금율에 충실한 사회정치적 기민함이었다고 주장할 것이다. 그 황금율이란 경제적으로 개발이 되지 못한, 사회정치적으로 불안정한 버림받고 미성숙한 국가를 성장시키기 위해 싱가포르가 입을 옷을 재단하는 것이다.

무엇보다 먼저 그가 정부를 위해 했던 두 가지 중요한 조언은 공산주의자들의 입을 다물게 하는 것과 식민주의의 상징인 래플스의 동상을 그대로 유지하라는 것이었다. 이는 개방된 무역국경보다 보호무역주의를 선호했던 당시 신생 독립 국가의 정치적, 경제적 신념과 관행에 반하는 충고였다.

많은 신생 국가들이 역사와 흐름이 불가피하게 공산주의로 변할 것이며 그것이 좋은 일이라 믿었던 상황에서 윈세미우스는 그 이념이 경제적 황폐화를 불러올 것이라 진단했다. 특히, 힘겹게 투쟁하고 있는 나라에 분별없는 파업과 중단은 감당할 수 없는 일이라는 것이다.

그래서 많은 신생 국가들이 식민지 과거의 흔적을 의롭게 철거했을 때, 젊은 국가가 현대의 부유한 서구 투자 국가들을 안심시키고 끌어들이기 위해 신뢰성과

신용도의 암묵적 표지로서 래플스 동상을 눈에 띄게 전시하는 실용성에 관한 그 네덜란드인의 조언을 싱가포르의 지도자들은 기꺼이 받아들였다.

감상(sentiment)보다는 감성(sensibility)이 그의 전문적 조언을 강조한 것이었다. 역사 감각을 지닌 싱가포르인들에게는 아마도 이 아이러니를 피하기 어렵다. 즉, 영국이 식민지화의 구도에서 네덜란드를 배제하고 싱가포르를 거의 150년 동안 지배했지만, 정작 탈식민 싱가포르의 경제적 각성을 설계하도록 도움을 주기 위해 이곳에 찾아온 사람은 네덜란드인이었다는 사실이다. 그는 정식 협정도 없이, 짧은 시간적 여건 속에서 일을 해냈다. 매년 2주 동안 싱가포르에 돌아와 국가의 성장을 구상하는 데 기여한 것이다.

윈세미우스의 유산은 그가 싱가포르 경제를 견고하게 구축하는 데 필요한 '하드웨어'를 설계하는 데 도움을 준 것뿐만 아니라, 그보다 더 나아가 그 '소프트웨어'인 문화와 정치에도 깊이 몰두했다는 점이다. 그는 가장 잘 구상된 경제계획조차도 쉽게 탈선시킬 수 있는 복잡하고 섬세한 다민족과 다종교 뉘앙스를 헤쳐 나갈 필요성을 이해하고 있었다.

을 알고 있었다. 실제로 (싱가포르와 합병 후인) 말레이시아에서 2년 동안 단 2건의 신청서만 승인되었고, 실행 불가능한 조건을 내세웠다. 우리가 말레이시아 성립 이전 신속하게 승인했던 것들이 그동안 우리를 유지해 주었다.

수년이 지난 뒤인 1996년 고켕쉬는 인터뷰에서 두 정부 사이의 난해한 차이점에 대한 해결책으로 싱가포르의 분리를 제기한 장본인이 자신이라고 밝혔다. 정치적 통합이 어려운 상황이라면 경제 통합도 마찬가지였고 싱가포르 재무장관만큼 어려움을 잘 아는 사람도 없었다. 합

병을 통해 싱가포르 경제가 발전할 수 없다면 합병 취지는 부정되어야
했다.

경제적 타당성에 이르는 반직관적인 길

독립 이후 싱가포르가 하나의 국가로서 생존할 수 있는지는 경제적
타당성을 확보할 수 있는가에 달려 있었다. 경제적 타당성을 발전시키
지 못한다면 그 생존은 유한할 수밖에 없었다. 이 지역 과거의 위대한
항구도시들은 모두 무역항으로서의 경제적 타당성을 상실했을 때 쇠퇴
했고, 그러한 일은 과거 수 세기 동안 싱가포르에서도 이미 발생한 바
있었다.

고켕쉬는 배후지에 관한 문제를 반직관적으로(counter-intuitively) 생
각했다. 도시가 주변 농촌의 산물이라는 전통적 인식과 달리, 그는 도시
가 오히려 배후지와 농촌을 만들어 낸다고 주장했다. 그는 말레이반도
를 예로 들며, 1967년의 한 글에서 다음과 같이 밝혔다. 영국 식민지 시
기 싱가포르의 배후지였던 말레이반도는 싱가포르 자본으로 재정 지원
을 받고, 싱가포르의 행정과 기술로 육성됐으며, 이는 말레이시아뿐 아
니라 인도네시아의 칼리만탄과 수마트라에 이르기까지 1967년까지 지
속되었다는 것이다. 고는 이렇게 설명했다.

> 서구 제국주의의 교두보로 설립되어 발전한 아시아 국가의 도시들이 독
> 립 후 국가 정부 아래에서 수행해야 할 역할은, 역동적 근대화 과정을 이
> 끌어 농촌을 변화시키는 교두보로 자신을 변모시키는 것이다.

하룻밤 사이에, EDB는 당시의 산업화 전략을 수입대체 방식에서 다
국적 기업(MNCs, Multinational corporations)을 통한 수출주도 산업화로
전환하였다. 이 새로운 전략에서 싱가포르는 세계 시장을 대상으로 제
품을 생산하며, 전 세계를 자국의 배후지로 삼게 된다. 이러한 조치는
싱가포르의 초기 역사에서 그 경제적 타당성이 역내(regional) 차원에
서 형성되었던 점을 고려하면 자연스러운 글로벌화의 방향성이기도 했
다. 그러나 1960년대 선진국과 개발도상국들이 모두 수입대체 모델을
기반으로 보호관세 장벽을 세우며 자국 산업을 보호하던 상황에서 이는

매우 대담한 결정이었다. 싱가포르의 수출주도 산업화는 곧 도래할 산업 관행의 대전환(sea change, 역주-셰익스피어의 템페스트에 등장하는 표현으로 질적이고 구조적인 급격한 전환을 의미함), 즉 선진 공업국의 제조업체들이 개발도상국의 저임금을 활용하게 되는 흐름을 예견한 것이었을지도 모른다.

수출 중심 제조업으로의 전환과 다국적 기업 유치는 다면적인 도전 과제를 제기했다. 그중 하나는 생산의 모든 단계에서 숙련된 인력이 필요하다는 점이었다. 이는 더 많은 폴리테크닉 및 훈련기관의 설립과, 한층 정교한 고등교육 체계의 구축을 요구했다. 싱가포르폴리테크닉(Singapore Polytechnic)은 산업화 계획이 처음 제기되자마자 1954년에 설립되었다.

또 다른 과제는 국제시장의 기준과 수요를 충족하는 제품을 만드는 일이었다. EDB는 1963년 뉴질랜드의 콜롬보계획(Colombo Plan) 지원을 받아 산업연구유닛(Industrial Research Unit)을 설립하였다. 싱가포르 폴리테크닉과 싱가포르대학교의 엔지니어와 과학자들의 지원을 받은 이 조직은 1969년 싱가포르표준·산업연구소(Singapore Institute of Standards and Industrial Research)로 발전하게 되었다. 1961년 EDB의 1억 달러 예산에는 지역 기업가들에게 제공되는 금융 지원뿐 아니라 기술 지원도 포함되었다. 새로운 기술을 따라잡고, 다국적 기업의 요구를 충족하며, 그들의 가치 높은 공급망에 참여할 수 있는 역량은 싱가포르 제조업이 활력을 유지하도록 한 핵심 요인이었다. 이는 제조 기준을 높이고 제품 품질을 향상하기 위해 투입된 엔지니어와 과학자들의 공이 매우 컸다.

싱가포르가 모든 분야에서 빠르게 발전할 수 있었던 것은 양질의 인력풀 덕분이며, 여기에는 콜롬보계획이 매우 중요한 역할을 했다. 1950년 실론(현 스리랑카)의 콜롬보에서 열린 영연방(Commonwealth) 회의에서 구상된 콜롬보계획은, 영연방의 선진국들이 신생 독립 국가들과 인적 자원 개발, 기술 및 장비 이전, 훈련과 자문 등을 통해 개발 문제의 해법을 공유하기 위한 틀을 제공한 것이었다. 싱가포르는 1959년 자치정부가 수립되자 곧바로 콜롬보 계획에 가입했다.

1971년까지 1,200명 이상의 싱가포르인이 콜롬보 계획 장학생으로 해외에서 대학교육과 훈련을 받았고, 그중 다수가 엔지니어와 과학자로 양성되었다. 숙련된 인력은 이후 외국인 직접투자를 유치하기 위한 필수 기반 시설, 즉 안정적 전력 공급, 깨끗한 물, 양질의 주택, 교통시설, 금융 시설 등을 구축하는 일들을 수행했다. 1971년이 되자 싱가포르는 콜롬보계획의 기술 이전 과정에 역으로 기여하는 국가가 되어, 다른 개발도상국을 위해 유학 및 훈련 프로그램을 제공하기 시작했다(역주-싱가포르는 1980년대 초반 무렵 조용히 탈퇴한 것으로 알려짐).

로열더치셸(Royal Dutch Shell)은 싱가포르에 투자를 확대한 최초의 다국적 기업 가운데 하나였다. 뛰어난 해운 시설을 갖춘 전쟁 이전의 싱가포르는 이 기업의 석유 저장 시설이었는데, 1961년 셸은 아시아 최초의 정유공장을 이곳에 건설했다. 이는 싱가포르에서 플라스틱 및 화학 산업이 발전하는 계기가 되었다. 또 다른 초기 투자 기업은 네덜란드의 다국적 기업 필립스(Philips)였다. 윈세미우스는 싱가포르의 입지를 호소하기 위해 직접 에인트호번(Eindhoven)의 필립스 본사를 방문하기도 했다. 조선 및 선박 수리는 1960년대 후반 일본계 다국적 기업들과 함께 도입되었다. 싱가포르 최초의 중공업 프로젝트는 1961년의 내셔널아이언앤드스틸밀스(National Iron and Steel Mills)였다. 전적으로 현지 사업가들에 의해 운영된 이 기업은 1963년 8월 주롱산업단지에 설립된 최초의 대규모 산업 기업이었다.

1960년대 산업화 프로그램의 초점은, 베이비붐 세대에게 일자리를 제공하기 위한 노동집약적 산업에 있었다. 의류 생산에서 직물 제조에 이르는 섬유산업은 일자리 창출에 매우 중요한 분야였다. 모기향, 전구 같은 저기술 소비재 공장이 곳곳에 들어섰고, 1965년 이후에는 TV 조

라이퀴이팡(Lai Kui Fang)의 '쉬어즈교(Sheares Bridge) 건설'은 마리나 사우스 매립지 개발의 시작을 기록하고 있다. 간척 사업은 19세기에 해변로에 걸친 해안 간척과 함께 시작되었다. 1960년과 1990년 사이에 체계적인 간척 프로그램은 싱가포르의 국토 면적의 7.6% (44km²)를 증가시켰다. 그 이후 싱가포르는 2030년까지 토지 면적을 7% 더 늘릴 계획으로 토지를 계속 매립하고 있다.

립과 소형 가전제품 생산이 뒤따랐다.

고켕쉬는 모든 공장 준공식에 참석했고, 이러한 행사는 정치적 효과를 위해 항상 대대적으로 홍보되었다. 유권자들이 일자리가 실제로 창출되고 있다는 것을 보아야 했기 때문이다. 1965년 이후 싱가포르의 경제 발전 속도는 매우 빨라서, 1971년 영국군 철수와 싱가포르 내 군사기지 폐쇄는 예상과 달리 커다란 충격 없이 지나가 버렸다. 영국군 철수가 4년 전에 발표되었을 때는, 영국군 주둔이 싱가포르 경제의 20%를 차지하고 있었던 만큼, 심각한 경기침체가 올 것이라는 두려움이 존재했다. 군 기지는 약 3만 명의 민간인을 고용했고, 수천 명의 여성들이 영국군 가족들의 가사도우미로 일했으며, 많은 상점, 술집, 식당은 군인들의 후원에 의존했다.

이분왕(Lee Boon Wang)의 그림에 나타난 셈바왕 조선소의 노동자들.

그러나 1971년이 되자 싱가포르는 사실상 완전고용 상태에 도달해 있었다. 1960년대의 경제 전략이 노동집약적 산업에 초점을 두었다면,

1970년대는 기술집약적 산업, 1980-90년대는 자본집약적 산업 및 지식 기반 경제로 무게중심이 이동하였다. 21세기에 들어서 과학기술 촉진 기관들과 과학 및 공학 교육에 대한 초기 투자 덕분에 지식 기반 경제는 새로운 단계로 도약했고(특히 싱가포르 과학기술연구청(Agency for Science, Technology and Research)의 주도), 연구개발에 대한 대규모 투자가 이루어졌다. 오늘날의 산업 부문은 모기향 제조가 큰 뉴스가 되던 1960년대 경제와는 전혀 비교할 수 없는 모습이다.

2015년 싱가포르 통화청(Monetary Authority of Singapore)의 라비 메논(Ravi Menon) 총재는 싱가포르 경제리뷰컨퍼런스 기조연설에서 다음과 같이 말했다.

> 1965년 싱가포르의 명목 1인당 GDP는 약 500달러였다. 당시 우리는 멕시코와 남아프리카공화국과 같은 수준이었다. 1990년에는 약 13,000달러로 상승하여 한국, 이스라엘, 포르투갈을 앞질렀다. 2015년에는 약 56,000달러에 도달했다. 우리는 독일과 미국을 따라잡았다.

독립 이후 싱가포르의 경제적 타당성은 더 이상 문제가 되지 않았다. 이 타당성을 보존하고 발전시키는 일이야말로 지금의 도전이다.

제7장 요약

제7장은 20세기 속에서 전개된 싱가포르의 궤적을 서술함으로써 지난 7세기에 걸친 싱가포르 역사의 이야기를 마무리한다. 크게 보아 이는 두 개의 연속된 절반으로 나눌 수 있는데, 이는 싱가포르의 두 가지 주요 역할을 검토하는 방식이다. 첫째는 영국의 최고 요충지이자 말레이반도의 주력 생산물인 주석과 고무 등이 가공되어 수출되던 항구도시로서의 역할이며, 이는 일본 점령기 동안 중단되고 황폐화되었다. 둘째는 전후의 도시로서 탈식민 시대에 새로운 헌정 체제를 모색해야 하는 도전에 직면하면서도, 지역을 위한 항구도시로서의 기능을 계속해 나가야 했던 역할이다. 그러나 1965년 말레이시아와의 분리 및 지역적 갈등은 이러한 미래를 좌절시켰고, 싱가포르가 항구도시 기

능을 다국적 기업을 위한 국제화 방향으로 전환하면서 지역과의 연결을 축소하도록 만들었다.

21세기에 들어 질문은 다음과 같이 등장한다. 싱가포르의 지역적 연결을 축소하는 이러한 방향이 여전히 유효한가? 아니면 이제 싱가포르의 역사를 더 긴 말레이 세계와 아시아 전체의 역사 속으로 다시 연결해야 할 때인가? 각 장에서 분리되어 논의된 여러 실타래는 이 책의 마지막 장인 결론에서 다시 하나로 모일 것이다.

현재 싱가포르 항구는 케펠, 브라니, 탄종 파가, 파시르판장, 주롱, 셈바왕 등 6개 지역으로 구성되어 있다.

결론

싱가포르의 도전

싱가포르의 미래는 어떻게 될까? 도시국가들의 생존 기록은 그렇게 좋지 않다. 그리스 도시국가들은
더 이상 존재하지 않는다. 대부분 물리적으로 사라진 것이 아니라, 더 큰 집단으로 흡수되었다.

리콴유 싱가포르 초대 총리 회고록 마지막 구절

싱가포르 역사 구성하기

싱가포르의 역사는 14세기 섬에 정착했다는 최초의 물질적 증거로부
터 시작되어 7세기라는 긴 시간 동안 오늘날에 이르는 딜레마를 긴 시간
의 순환 속에서 되풀이되는 현상으로 맥락화하려는 시도이다. 이는 시간
의 궤적이 전쟁과 갈등의 격동, 그리고 무역·상업 경쟁으로 인해 끊임없
이 교란되어 온 역사이기도 하다. 오늘날 싱가포르의 과제는, 경제 발전이
라는 유형적 역사의 국가적 서사와 글로벌화라는 무형의 순환 사이를 어
떻게 연결할 것인가를 모색하는 데 있다.

이 책은 지난 700년간 항만 정착지 또는 항만도시로서의 싱가포르 역
사를 선형-순환적 구조(linear-cyclical)로 바라볼 것을 주장한다. 싱가포르
역사의 연속성은 섬의 정착지 존재 여부에 있지 않고, 오히려 남중국해와
벵골만 사이를 오가는 항해자와 상인들이 반드시 지나야 했던 싱가포르
주변의 항로에 달려 있을지도 모른다.

따라서 이 장기 순환적(long-cycle) 싱가포르 역사에서 중요한 초점 가
운데 하나는 싱가포르 주변 해역에 관한 우리의 지식을 문서화하는 일이
었다. 싱가포르와 조호르 사이의 테브라우 해협, 싱가포르와 현재의 센토
사 사이의 케펠 해협 수로, 센토사 남쪽의 항로, 그리고 싱가포르 해협(과

거 거버너저 해협으로 불림)을 포함한 네 개의 항로를 안전하게 통과하기 위한 항해 지침을 담은 지도, 해도, 루터 속에서야 비로소 싱가포르의 연속된 역사를 발견할 수 있다.

이 바닷길들이 번갈아 사용하게 했던 결정적 사건들은 무엇이었는가? 17세기에 포르투갈과 네덜란드가 왜 센토사와 창이에 요새 건설을 제안했는가? 만약 이러한 제안이 실제로 실행되었다면 싱가포르의 정착 역사는 전혀 다른 궤도로 전개되었을 것이다. 본서는 이러한 해상로의 사용을, 17세기 이후 유럽 열강의 세력 정치를 둘러싼 장기 순환 속에서 동인도회사들 사이에 전개된 경쟁 맥락 속에서 검토해 왔다.

이 점에서 래플스가 싱가포르에 '영국 기지'를 세우고자 한 목적은, 빈탄의 네덜란드인들이 영국 선주와 상인들이 중국으로 오가는 길에 싱가포르 주변의 해상로를 차단하는 것을 막기 위한 것이었다. 그는 네덜란드를 사악하고 위협적이라고 보았고, 현지 교역상들과 함께 그들이 영국을 위해 해상로를 봉쇄하려 한다고 결론지었다. 그러나 래플스는 이것이 리아우 해역을 모든 이들에게 자유로운 항해로 보장한 1784년 파리조약을 위반하는 일이었음을 알지 못했거나 잊고 있었던 것으로 보인다.

래플스가 건설한 기지는 이후 고유한 진화를 겪으며, 프랑스혁명 이후 18세기 말 유럽 세력 정치의 장기 순환에서 영국이 지배적 지위로 부상하는 흐름을 타고 번영하는 항구도시로 변모했다.

따라서 싱가포르의 항구도시로서의 역사는 다른 항구도시들과 마찬가지로, 항구 뒤편의 도시와 육지가 항구 앞의 해양 세계와 어떻게 연결되고 통합됐는지를 보여주는 역사이다. 이는 또한 해상 교역을 유치하고 지원하는 활력 있는 해안(waterfront)을 형성하기 위해 아시아와 유럽의 상인 공동체가 어떻게 상호작용을 했는가의 역사이기도 하다.

식민지 이전 시대의 잔상
14세기의 테마섹은 10세기에서 13세기 사이 장주기(long cycles)의 시간 속에서 발생한, 이른바 '아시아 해상교역 호황' 또는 '아시아 상업권'의 말미에 이르러 두각를 나타냈다. 아시아 해상 무역의 이 같은 상승세는 송대 중국에서 일어난 경제혁명에 의해 촉진되었고, 이러한 흐름은 원대까지 이어졌다. 그러나 14세기에 발생한 일련의 환경적 위기와 기후변화로 인하여 중국과 서아시아가 대외 팽창을 중단하고 내부로 수렴하도록 만들었다.

기후변화의 일련의 국면들은 1324년에서 1330년 사이, 그리고 다시 1339년부터, 원나라에 가뭄과 기근, 메뚜기 떼의 습격을 초래했다. 중국 기록에 따르면, 일련의 '용(dragons)' 현상이 홍수를 불러왔고, 그 뒤를 이어 가뭄과 기근이 뒤따랐으며, 극심하게 추운 겨울이 겹쳤다고 한다. 결국 팬데믹 수준의 역병이 1368년 원 왕조의 종말을 가져왔다. 동시에 유럽에서는 흑사병이 인구의 약 30퍼센트를 몰살시켰고, 서아시아까지 확산하면서 인도양 교역 역시 침체하였을 것이다.

이러한 중국 시장의 상실과 벵골만 지역의 교역 쇠퇴는 14세기 말 테마섹의 몰락으로 이어졌을 가능성이 있다. 제2장이 보여주었듯이, 테마섹(또는 싱가푸라)은 독자적 교역 정착지로서의 위치를 잃고, 말라카 술탄국의 시대에는 술탄들의 해상유목전사(오랑라웃)의 주요 전진기지로 전락하며 가려지게 되었다.

싱가포르가 두 번째로 부상할 기회는 16세기 말에 찾아왔다. 이 시기에 섬은 조호르 술탄들의 강변경제로 들어가는 관문항이 되었는데, 그들의 이동식(游動的) 왕도는 조호르강 상류 여러 곳으로 옮겨 다녔다(제3장). 싱가포르의 이 교역 정착지는 조호르 술탄을 대리하여 활동한 샤반다의 관할 아래 있었고, 중국의 명과 청 및 말라카해협의 여러 항구와의 조호르 교역을 기반으로 번영하였다.

그러나 18세기 초, 조호르 술탄의 새로운 왕조가 수도를 빈탄 섬으로 옮기면서 싱가포르는 버려졌다. 싱가포르는 또다시 가려졌고, 이번에는 이라눈(Iranun, 역주-술루해, 보르네오와 말레이 제도 전역에서 활동하던 해양 전사 또는 해적 집단)의 습격으로 인해 사실상 인구가 사라졌다(제5장).

유럽의 제국 시대

1500년대의 포르투갈인 그리고 1600년대의 네덜란드인과 영국인은 중국 명나라, 인도의 무굴 제국, 페르시아의 사파비드 왕조, 서아시아의 오스만 제국 등 일련의 거대한 아시아 제국들이 지배하던 아시아 상업 세계로 진입했다. 16세기와 17세기의 대부분 동안, 육상 정복 대 해상 정복, 경제 경쟁을 현지화하는 방식, 전쟁 수행의 필요성 등 각기 상이한 전략과 선호 덕분에 포르투갈은 물론 네덜란드와 영국의 동인도 회사들도 서로 경쟁하면서도 아시아 제국들과 공존할 수 있었다. 그러나 이러한 질서는 18세기 후반 새로운 제국의 시대 속에서 재편되기 시작했다.

이 시기에는 16세기의 포르투갈 주기를 이어받았던 유럽의 네덜란드 주도 세계 패권 주기가 약화하고 있었다. 동시에 영국은 새로운 유럽의 강대국으로 부상하면서, 더 높은 수준의 기술, 연결성, 상호의존 등을 기반으로 한 글로벌 교역과 정치의 새로운 순환을 이끌었고, 그 과정에서 이른바 '근대적 세계'가 형성되었다.

래플스가 도착했을 때 이 섬은 이미 인구가 거의 없는 상태였고, 그는 싱가포르의 세 번째 정착 주기를 가속하였다. 한 세기 후, 섬 주민들은 그에게 모든 것을 빚지고 있는 영웅이라며 찬사를 보냈다. 래플스는 동인도 지역을 영국화하려는 신화적 영웅의 전형이었으며, 그 꿈을 실현하기 위해 계산된 위험을 감수하여 이 섬에 영국 기지를 세움으로써 역경에 맞섰다. 그러나 비극적이게도 싱가포르는 래플스의 '아이'였음에도 환영받지 못했으며, 어쩌면 원치 않는 존재이기까지 했다. 만약 1919년의 싱가포르인들이 상속한 '교역가이자 정치가', '교역가이자 전사'가 없었다면 이 도시는 생존하지 못했을지도 모른다.

체스 용어로 말하자면, 래플스는 기물 중 나이트(knight)에 가까웠다. 그는 인간적, 자연적, 인위적 장애물을 뛰어넘는 비범한 능력 덕분에 근접전에서 빛을 발하는 존재였다. 18세기 후반의 세계 권력 변화가 그에게 기회를 제공하여, 래플스는 이를 바탕으로 기민하게 움직이며 자신의 목표를 실현할 수 있었다(제5장). 인도양의 권력 구조를 지탱하던 무역·상업의 순환은 대변혁의 문턱에 서 있었다.

래플스가 세운 영국 기지가 생존하고 번영할 수 있었던 것은, 포르투갈의 에스타두 다 인디아(Estado da India), 네덜란드 VOC, 영국 EIC와 같은 상인 제국 중심의 무역 지배가 개인 또는 지방 무역업자들에게로 이동한 덕분이었다. 싱가포르는 설립 후 30년 만에 지배적인 지위에 올랐는데, 이는 행정 지원도 자금도 거의 제공하지 않았던 EIC를 고려하면 놀라운 성취였다. 그러나 앞선 두 차례의 정착 주기와 달리, 싱가포르는 단지 100주년을 넘기고 50년을 더 버텼을 뿐 아니라, 거센 위기도 극복하고 현대 아시아 도시국가로서 네 번째 정착 주기로 전환하는 데 성공했다.

영국 통치의 화살과 주기

단선적 시간축에서 보면, 싱가포르의 세 번째 정착기인 영국 식민지 항구도시는 네 번째 정착기인 현대 도시국가와만 연결된다. 세 번째와 네 번째 정착기를 앞선 두 차례의 정착과 연결할 수 있는 미시적 변화가 존재하지 않는다고 해서, 이것이 단절된 역사라는 결론으로 이어지는 것은 아니다. 오히려 이는 싱가포르 역사를 '시간의 화살(time's arrow)'이라는 선형적 궤도로 바라보는 데 따르는 한계를 드러낸다.

시간의 화살은 진보를 향해 위로만 휘어지는 것이 아니라, 14세기 테마섹이나 16-17세기의 샤반다리아가 그랬던 것처럼 쇠퇴와 퇴락을 향해 아래로도 굽어질 수 있다. 사회적 응집력이 경제적 '행운'의 상실이나 정치 질서의 붕괴로 인해 해체될 수 있다는 생각은 많은 사회에서 널리 퍼져 있었으며, 이는 유럽 계몽주의의 진보 관념보다 훨씬 이전에 존재해 왔다. 논쟁적이긴 하지만, 바로 이러한 도시국가의 쇠퇴 가능성과 그 방지에 대한 고민이 플라톤의 대표작《국가(The Republic)》를 관통하는 문제의식이라고 할 수 있다.

쇠퇴는 조반니 바티스타 비코(G. Vico, 1668 - 1744년)와 에드워드 기번(E. Gibbon, 1737 - 1794년)의 저술에서 보이듯, 근세 유럽사에서 반복되는 주제로 자리 잡았다. 한편, 1919년의 영국인들이, 잠시뿐이었지만,

낙관적 전망을 품었던 것과 달리, 독일인들은 더 비관적이었고, 이는 철학자 오스발트 슈펭글러(Oswald Spengler)의 《서구의 몰락(The Decline of the West)》에 그대로 반영되어 있다.

아이작 뉴턴(Isaac Newton)은 《프린키피아(Principia)》 서두에서 시간의 화살을 "외부와 관계없이 그 자체의 본성에서 고르게 흘러가는 절대적, 참된, 수학적 시간"으로 규정했다. 그러나 이처럼 시간의 흐름이 외부와 아무런 관계 없이 존재한다면, 그것을 어떻게 감각하고 측정할 수 있는가? 이것은 뉴턴이 인식한 문제였고, 그는 자신의 생애 마지막 30년을 시간의 흐름을 공간 속 특정 사건들에 고정하는 데 바쳤다. 다시 말해, 시간의 화살을 느끼기 위해서는 공간 속 한 지점에 고정되어야 한다는 것이다. 뉴턴은 《프린키피아》의 추상적 물리 세계를, 그의 사후에 출판된 《고대 왕국 연대기(Chronology of Ancient Kingdoms)》와 《다니엘서와 요한계시록에 대한 관찰(Observations upon the Prophecies of Daniel and the Apocalypse of St. John)》에서 인간 세계와 연결하고자 했다.

이러한 시간 개념이 싱가포르의 과거를 이해하는 데 갖는 함의는, 싱가포르와 관련된 공간 속에서 특정한 행위나 활동을 고정할 수 없다면, 래플스가 도착해 연대기를 다시 시작하기 전까지 인구가 거의 없는 섬 위로 시간과 역사가 균일하게 흘러 지나가 버린다는 점이다.

그러나 싱가포르 역사에는 또 다른 시간 경험이 존재한다. 이는 1819년에서 시작해 일련의 연결된 사건들을 거쳐 오늘에 이르는 경험의 시간이다. 우리가 경험하는 시간은 순환적이기도 하며, 과거의 사건들이 반복되는 것으로 인식될 때, 그리고 과거의 무형적 리듬이 현재까지 지속될 때 그러하다.

지난 7세기의 사건들은 오늘에 이르는 단선적이며 인과적인 연속성을 형성하지 않는다. 대신, 이 사건들은 정착의 주기적 반복, 싱가포르를 지나치는 해상로의 교차적 사용, 교역과 상업의 순환적 되풀이 속에서 진동한다. 이러한 방식으로 싱가포르의 과거를 구성해 보면, 섬에서 사건이 발생했던 시기들과 아무 일도 일어나지 않은 듯 보이는 '공백기

(empty phases)'가 어떻게 선형적 시간축 위에서 서로 연결될 수 있는지 더 명확히 이해할 수 있다.

미르체아 엘리아데(Mircea Eliade)는《영원회귀의 신화(The Myth of the Eternal Return)》에서 시간의 화살과 시간의 순환을 분석하며, 대부분의 문화에서 사건은 선형적이고 진보적인 역사 구성물이 아니라 원초적 원형(archetype)이 창조적으로 반복된 총체로 여겨져 왔다고 설명한다. 순환적 시간은 더 안정적이고 안심되는 미래를 제공하지만, 선형적 시간에서는 인류가 역사의 진로를 스스로 조정할 수 있다고 믿더라도, 실제로는 인간의 행동이 초래할 수 있는 파괴적 힘을 예측하지 못해 공포스러운 미래를 맞이할 수 있다. 엘리아데에게 이것이 바로 '역사의 공포(the terror of history)'이다.

1919년 싱가포르의 영국인 거주민들은 현재의 번영이 한 세기 동안의 개선과 진보의 결과라고 보았고, 1824년 인도총독부의 속령(Dependency)에서 1867년 직할식민지(Crown Colony)로 발전해 간 싱가포르의 역사적 궤적에 근거해, 또 다른 한 세기의 번영을 낙관적으로 기대하고 있었다.

팍스 브리태니카의 충격적 현실 자각

1919년이 되었을 때, 싱가포르의 영국인 상인, 은행가, 식민 관료들은 래플스의 싱가포르 도착 100주년을 정당한 자부심과 함께 기념할 수 있었다. 영국은 제1차 세계대전에서 승전국이 되었고, 4년 전에는 이 식민지를 위협했던 인도군의 반란도 진압한 상태였다. 싱가포르는 이미 영국령 말라야의 수도이자 보석으로 부상해 있었다. 싱가포르는 말레이반도의 주석, 고무 및 각종 물산이 가공되어 수출되는 핵심 항구였을 뿐 아니라, 리아우와 동부 수마트라 산 석유가 처리되는 항구이기도 했다.

경축 기념 서적인《싱가포르 100년(One Hundred Years of Singapore)》이 출간되었는데, 그 책은 '거칠게 갈라진 밭고랑에 제국의 씨를 뿌린 교역가이자 정치가와 교역가이자 전사'에게 헌정되었다. 당시 영국인 거주민들은 자신들의 시간적 지점에서, 싱가포르가 두 번째로 번영된 세기를 맞이하리라 낙관할 수 있었다. 이 책의 편집자들과 필자들에게 이곳은 '해가 지지 않는 제국'으로 부활하는 대영제국의 일부로서 찬란한 미래를 향해 질주하는 식민지였다.

인류 사회가 지속적으로 향상하고 발전한다는 이러한 역사관은 18세기 계몽주의 시대 이후 형성된 유럽적 세계관의 기본 전제였다. 이는 이성과 경험의 우위를 믿고, 사회와 윤리를 공리주의적으로 이해하며, 이러한 관점이 결국 사회의 지적, 물질적 진보를 이끌 것이라는 낙관론에 기초하고 있었다.

교육은 이러한 진보를 실현하는 핵심으로 여겨졌으며, 이러한 관점 속에서 교육의 진흥은 100주년 기념행사의 주요 주제가 되었다. 실제로 기념행사에서 고등교육 기관 설립 제안이 등장했고, 이는 1928년 래플스예술·과학대학(Raffles College of Arts and Sciences)의 설립으로 실현되었다. 제2차 세계대전 이후 이 대학은 1905년 설립된 킹 에드워드 7세 의과대학(King Edward VII Medical College)과 합병하여 말라야 대학(University of Malaya)이 되었다.

돌이켜보면, 1919년 싱가포르의 미래에 대한 낙관은 19세기 말부터 시작된 글로벌 무역 및 기술 혁신의 상승 주기에 힘입은 면이 있었다. 그러나 오스트리아 대공 프란츠 페르디난트의 암살을 둘러싼 예기치 못한 일련의 사건들이 그 선순환을 깨뜨렸고, 이는 결국 제1차 세계대전이라는 격동을 촉발했다. 전쟁의 종결은 팍스 브리태니카(Pax Britannica)의 황혼이 시작된 순간이며, 세계 정치·경제 권력이 미국으로 이동하는 전환점이었다.

그러나 1919년 말라야의 영국인 거주자들은 자신들의 궤적이 이미 정점에 이르렀고 이제 급격한 하강 국면으로 접어들고 있었다는 사실을 알지 못했다. 대영제국의 해는 서서히 저물고 있었다. 그들은 존 젤리코 경(Viscount John Jellicoe)이 일본의 위협을 평가하기 위해 실시한 실태 조사에 대해 알고 있었을지 모르지만, 젤리코의 당시 논란 많았던 권고, 즉 떠오르는 일본에 대응하기 위해 극동에 대규모 해군력을 구축해야 한다는 제안은 결국 싱가포르에 해군기지 건설로 이어져, 이 기지가 영국령 말라야의 수도이자 보석뿐 아니라 인도, 호주, 뉴질랜드 등 영국령(Dominions)을 방어하게 되리라는 점까지는 예견하지 못했다.

그러나 싱가포르 방어를 위한 이러한 계획과 준비는 1942년 2월 15일 참혹한 결말을 맞았다. 싱가포르 거주민들에게 있어 시간의 화살은 이날 오후 5시 30분, 퍼시벌 장군이 부킷 티마의 포드 공장에 도착해 야마시타 도모유키 장군에게 항복하면서 산산이 부서졌다. 싱가포르는 이후 3년 6개월 동안 시간이 의미를 잃는 과도기(liminal period)로 들어갔다.

제2차 세계대전으로 이어지는 과정은 팍스 브리태니카의 정당성이 이미 상실되었음을 확인시켜 주었고, 동시에 새로운 글로벌 권력, 연계성, 경제 질서의 순환이 시작되었음을 보여주었다. 이후 미국은 자신이 주도한 국제기구들, 특히 브레턴우즈 체제(Bretton Woods system)와 세계은행을 30여 년 동안 장악하며 세계 질서를 주도하게 되었다. 쇠퇴해가는 팍스 브리태니카와 냉전에서 소련과 경쟁하며 부상한 미국의 초강대국적 힘이 맞물리는 이러한 역사적 순환이 바로, 1950년대 싱가포르가 미래를 모색하는 과정에서 등장한 경쟁적 서사를 형성하였으며, 궁극적으로 1963년 말레이시아의 탄생으로 이어지게 된 것이다.

전후의 난제 풀기

영국은 1945년 말라야에 다시 돌아와 식민 통치를 재개할 의도를 갖고 있었다. 그러나 싱가포르 거주민들에게 시간이 멈추고 미래가 불투명했던 일본 점령 42개월의 충격은 이미 엄청난 변화를 초래해 놓았다.

싱가포르가 직면한 과제는 말레이반도의 주요 항구로서 지닌 역사적 연속성을 인정함과 동시에 식민주의가 전제한 탈식민화의 틀을 거부하는 새로운 미래를 모색하는 일이었다. 그래서 영국이 설계한 '대구상(Grand Design)' 즉, 말레이반도, 사라왁, 사바, 싱가포르를 아우르는 연방이 두 목표를 조화시키는 방안으로 채택되었다. 이 연방이 시간의 화살을 타고 영광스러운 미래로 나아가기를 기대한 것이다. 그러나 싱가포르에게 그 미래는 1965년 8월 9일 갑작스러운 붕괴로 돌아왔다.

324 700년의 싱가포르 역사

1965년 이후 싱가포르가 생존하고 번영할 수 있었던 것은, 상당 부분 미국 초강대국성(hyper-power)의 순환과 전략적으로 정렬한 덕분이었다. 그러나 1986년 플라자 합의(Plaza Accord)는 일본 엔화를 달러에서 자유 변동시키면서, 미국 초강대국 주기조차도 약해지기 시작했음을 보여주는 신호였다. 물론 이는 사후적 통찰이다. 1989년 소련 붕괴는 미국의 자유주의 질서가 승리했다는 평가를 가져왔고, 미국 지식인 프랜시스 후쿠야마(Francis Fukuyama)는 이를 "역사의 종말(the end of history)"이라고 선언했다.

경제학자인 고켕쉬는 경제가 순환적이라는 점을 잘 알고 있었다. 그는 1975년 발표한 이론적 논문 "경제성장의 몇 가지 미해결 문제들(Some Unsolved Problems of Economic Growth)"에서, 자본주의 경제가 60년 주기로 순환한다는 러시아 경제학자 콘드라티예프(N.D. Kondratieff)의 분석을 검토했다. 오스트리아의 정치경제학자 요제프 슘페터(Joseph Schumpeter)는 이 분석을 보완해, 기업가 정신과 기술 혁신이 경기 순환을 견인한다는 이론으로 발전시켰다.

고켕쉬는 19세기 말에 시작된 새로운 경제 주기에 대한 슘페터-콘드라티예프의 분석을 추적할 수 있었다. 따라서 제2차 세계대전 이후 새로운 순환이 시작되었고, 이 주기는 1975년에 하강 국면에 들어섰다는 해석이 가능했다. 그러나 1975년 당시 그는 자신이 그 하강 국면의 어디에 서 있는지, 그리고 슘페터가 말한 새로운 기술 혁신이나 기업가 정신의 조짐이 어디서 나타나는지 감지할 수 없었다. 실제로 그 순환은 1990년대, 새로운 정보통신기술(ICT)과 인터넷이 등장하면서 비로소 시작되었고, 이는 새로운 콘드라티예프 순환을 촉발했다.

흥미로운 질문은 다음과 같다. 1990년대 이후 21세기로 이어지는 60년의 이른바 '글로벌화' 속에서, 미국은 정보통신기술의 지배력을 기반으로 새로운 상승 국면을 누리고 있는 것인가? 아니면, 제1차 세계대전 이후의 영국처럼 이미 긴 쇠퇴 국면에 들어섰고, 그 자리를 중국의 부상, 인도의 동진(Looking East) 등 아시아 르네상스가 대체하고 있는 것인가? 또는 1997년 아시아 금융위기, 2008년 리먼 브라더스(Lehman

Brothers) 사태 이후의 글로벌 금융위기가 '탈글로벌화(deglobalisation)'
주기의 시작이었는가?

싱가포르가 말레이시아 내부에서 주요 항구로 기능하며 일종의 공
동시장 메커니즘을 유지하는 미래 구상은 폐기될 수밖에 없었다. 배후
지가 없는 싱가포르는 실패할 것이라는 믿음 때문이었다. 리콴유는 회
고록 제1권에서 이 미래를 냉혹하게 묘사했다. 싱가포르는 결국 말레이
시아로 기어 돌아가야 할 수도 있다, 그러나 자신과 동료들은 그런 미래
를 단호히 거부했다고 그는 썼다.

싱가포르는 식민시대 및 전식민시대의 과거를 잊고 단절해야 했다.
라자라트남은 1987년에 이렇게 회고한다.

아주 최근까지 싱가포르의 과거는 대부분의 싱가포르인에게 극도로 무
관심의 대상이었다. 그 이유는 이 섬이 기억할 만한 역사를 지녔다고 믿
지 않기 때문이다... 146년의 수치를 지워버리기 위해 일종의 집단적
전두엽 절제술을 시행해야 한다고 애국심은 요구했다.

라자라트남의 래플스, 고켕쉬의 잊혀진 보석
다른 글에서 라자라트남은 자신과 동료들이 싱가포르의 창건자를
래플스로 격상시키기로 선택한 이유를 설명한다. 그것은 "중국, 인도,
스리랑카, 중동, 인도네시아 등 조상들이 이주해온 땅으로 우리의 계보
를 거슬러 올라가 더욱 화려하고 눈부신 족보를 꾸며내는" 대신 래플스
를 창건자로 삼은 이유였다. 그는 이렇게 말했다.

한층 더 인상적인 족보를 얻기 위해 우리가 치러야 할 대가는, 싱가포르
를 끝없는 인종적, 공동체적 갈등의 피비린내 나는 전장으로 만들고, 싱
가포르인들이 이주해 온 더 크고 강한 국가들의 간섭 정치에 휘말리게
되는 것이었다.

현재와 연결되는 과거가 없었던 라자라트남과 그의 동료들에게 남
은 선택은, 미래를 향해 시간의 화살이 긍정적 궤적을 그리도록 준비하

는 것뿐이었다. 1965년 이후 20년은 싱가포르가 독립 도시국가로 홀로 설 수 있는 새로운 미래를 구축하는 과정이었다. 싱가포르의 건국 지도자들은 미래의 역사적 유비(analogies)를 근대 초기 베네치아 도시국가와 고대 아테네 도시국가에서 찾았다. 1988년 조지 여(George Yeo) 준장은 싱가포르군을 떠나 정계로 나가기 전 고별 연설에서, 시간의 흐름을 견뎌낸 도시국가 베네치아를 싱가포르가 배워야 할 교훈으로 제시했다.

베네치아 역사 연구는 주로 고켕쉬가 공무원대학(Civil Service College)에서 진행한 세미나를 통해 이뤄졌다. 그는 또한 싱가포르의 도시적 미래에 대한 현대적 유비를 모색했다. 이제는 거의 잊힌 1967년 한 글에서 그는 "배후지가 도시를 만든다"라는 정설에 반기를 들며, 그 반대도 참일 수 있다, 즉 도시가 배후지를 창조한다고 주장했다.

그는 말레이반도가 싱가포르의 경제적 배후지로 발전한 것이 "싱가포르 자본으로 재정 지원을 하고, 싱가포르의 경영 능력으로 육성된 것"이라고 설명했다. 그리고 1967년 당시에도 싱가포르는 말레이시아와 인도네시아의 칼리만탄과 수마트라의 '자연적 무역 중심지'로서 같은 역할을 계속 수행하고 있었다. 그는 다음과 같이 말했다.

> 아시아 국가들의 도시는 서구 제국주의의 교두보로 설립되었으나, 독립한 국가 정부 아래에서는 농촌을 변화시키는 역동적 근대화 과정의 교두보로 자신을 탈바꿈해야 한다.

1919년 싱가포르의 식민 총독과 관리들은 자신들의 현재를 과거에 연결할 수 있었지만, 반세기 후 고켕쉬와 그의 동료들은 그러지 못했다. 대신 그들은 현재를 가능한 미래들과 결합해야 했다. 1972년 라자라트남은, 싱가포르가 반도적 배후지에 의존하는 한 멸망할 것이라는 비관적 역사 논리는 싱가포르가 글로벌 도시로 떠오르면서 반박되고 있다고 주장했다. 그의 주장은 시대를 20년 앞섰다. 싱가포르는 냉전이 끝난 뒤에야 비로소 경제를 지역화하고, 런던, 뉴욕, 도쿄 등 도시에 의해 주도되는 새로운 글로벌 무역, 금융, 서비스 네트워크에 참여할 수 있게 되었다.

1997년 이후 전개된 싱가포르의 역사 서사는 1819년 래플스가 세운 영국 기지가 선형적 시간 속에서 성장하여, 1919년에는 영국령 말라야의 수도이자 보석으로 발전했고, 이후 50년 뒤에는 실패가 예상되었던 도시국가로 전환되었으나 오히려 생존하고 번영하며, 결국 글로벌 도시를 지향하는 국가로 발돋움한 이야기이다.

두 번째이자 마지막 단어

리콴유는 회고록의 마지막 장에서 다음과 같은 숙연한 가설을 제기했다.

아테네 도시국가는 사라졌지만, 아테네라는 도시는 여전히 그리스에 남아 있으며 파르테논은 고대 아테네인의 업적을 증언하고 있다. 대국들의 도시들은 약탈되고 파괴되었고, 사람들은 몰살되거나 흩어졌지만, 그 도시들이 속했던 국가는 살아남고 새로운 사람들이 재정착하여 도시를 재건했다. 그렇다면 싱가포르라는 독립 도시국가는 사라질 것인가? 섬으로서의 싱가포르는 사라지지 않겠지만, 세계 속에서 제 역할을 수행할 수 있는 주권국가로서의 싱가포르는 사라질 수도 있다.

리콴유는 싱가포르의 탈식민 운명을 선형적 시간 속 진보와 발전이라는 유럽중심적인 목적론(Eurocentric telos)으로 바라보며, 싱가포르는 실제로 비틀거리다, 넘어지고, 사라져 다시는 부활하지 못할 수도 있다고 경고했다. 그러나 이 책이 다룬 700년의 역사는 싱가포르가 항구도시로서 등장했다가 적어도 세 번은 소멸했다가 다시 등장했음을 보여준다.

이 긴 주기 속에서, 싱가포르는 리콴유가 우려했듯 다시 한번 쇠퇴할 수도 있다. 그러나 동시에, 또 다른 시대, 또 다른 형태로, 새로운 엘리트 집단이 이 섬의 중심성을 회복하여 서비스 및 교역 국가로 재창조하는 미래의 세계화 주기 속에서 다시 부상할 수도 있다.

참고문헌

서론

Ban, Kah Choon, Anne Pakir, & Tong Chee Kiong. (2004). *Imagining Singapore*. Singapore: Eastern Universities Press.

Borschberg, Peter. (2017). Singapore in the cycles of the longue duree. *Journal of the Malaysian Branch of the Royal Asiatic Society, 90*(1), 29-60.

Borschberg, Peter. (2019). The strategic location of Singapore in the longue duree (c. 1290-1824): An alternative analytical framework. In Hui Y.F. & Linda Y.C. Lim (Eds.), *Singapore: The future of a legacy*. Singapore: ISEAS-Yusof Ishak Institute.

Borschberg, Peter, & Benjamin Khoo. (2018). Singapore as a port city, c. 1290-1819: Evidence, frameworks and challenges. *Journal of the Malaysian Branch of the Royal Asiatic Society, 97*(1), 1-27.

Chew, Ernest Chin Tiong, & Edwin Lee. (1996). *A history of Singapore*. Singapore: Oxford University Press.

Chiang, Hai Ding. (1978). A history of Straits Settlement foreign trade 1870-1915. *Memoirs of the National Museum* (No. 6). Singapore: National Museum.

Cleary, Mark, & Goh Kim Chuan. (2000). *Environment and development in the Straits of Malacca*. London: Routledge.

Coclanis, Peter A. (2006). *Time's arrow, time's cycle: Globalization in Southeast Asia over la longue durée*. Singapore: Institute of Southeast Asian Studies.

Hack, Karl, Jean-Louis Margolin, & Karine Delaye (Eds.). (2010). *Singapore from Temasek to the 21st century: Reinventing the global city*. Singapore: NUS Press.

Heng, Derek. (2009). From political rhetoric to national narrative: Bi-culturalism in the construction of Singapore's national history. In Derek Heng, & Syed M. Khairudin Aljunied (Eds.), *Reframing Singapore: Memory, identity and trans-regionalism*. Amsterdam: Amsterdam University Press.

Heng, Derek. (2010). Casting Singapore's history in the longue duree. In Karl Hack, Jean-Louis Margolin, & Karine Delaye (Eds.), *Singapore from Temasek to the 21st century: Reinventing the global city*. Singapore: NUS Press.

Hong, Lysa, & Huang Jianli. (2008). *The scripting of a national history: Singapore and its past*. Singapore: NUS Press.

Kwa, Chong Guan. (2004). From Temasik to Singapore: Locating a global city-state in the cycles of Melaka Straits history. In John N. Miksic, & Cheryl-Ann Low Mei Gek (Eds.), *Early Singapore, 1300s-1879: Evidence in maps, text and artefacts*. Singapore: Singapore History Museum.

Kwa, Chong Guan. (2006). Writing Singapore's history: From city-state to global city. In Kwa Chong Guan, 5. *Rajaratnam on Singapore: From ideas to reality*. Singapore: World Scientific & Institute of Defence and Strategic Studies.

Kwa, Chong Guan. (2018). Introduction. In Kwa Chong Guan & Peter Borschberg (Eds.), *Studying Singapore before 1800*. Singapore: NUS Press.

Kwa, Chong Guan, & Peter Borschberg (Eds.). (2018). *Studying Singapore before 1800*. Singapore: NUS Press.

Lee, Geok Boi. (1998). *Singapore: Journey into nationhood*. Singapore: National Heritage Board.

Lee, Kuan Yew. (2015). *From third world to first: The Singapore story, 1965-2000: Memoirs of Lee Kuan Yew*. Singapore: Marshall Cavendish Editions & Straits Times Press.

Rajaratnam, S., Chan Heng Chee, & Obaid ul Haq. (1987). *The prophetic & the political: Selected speeches & writings of S. Rajaratnam*. Singapore: Graham Brash.

Reid, Anthony. (2010). Singapore between cosmopolis and nation. In Karl Hack, Jean-Louis Margolin, & Karine Delaye, *Singapore from Temasek to the 21st century: Reinventing the global city*. Singapore: NUS Press.

Reid, Anthony. (April 2014). Cosmopolis and nation in central Southeast Asia (ARI Working Paper, No. 22). Retrieved from www.nus.ari.edu.sg/pub/wps.htm.

Tarling, N. (Ed.). (2012). *Studying Singapore's past: CM. Turnbull and the history of modern Singapore*. Singapore: NUS Press.

Tregonning, K.G. (1969). The historical background. In Ooi Jin Bee, & Chiang Hai Ding (Eds.), *Modern Singapore*. Singapore: University of Singapore Press.

Turnbull, Constance Mary. (2009). *A history of modern Singapore, 1819-2005*. Singapore: NUS Press.

Wee, C.J. W.-L. (2003). Our island story: Economic development and the national narrative in Singapore. In Abu Talib Ahmad & Tan Liok Ee (Eds.), *New terrains in South East Asian history*. Singapore: Singapore University Press. Also in Wee, C.J. W.-L. (2007), *The Asian modern: Culture, capitalist development, Singapore*. Singapore: NUS Press.

Wong, Lin Ken. (1981) A view of our past. In Lee Yik, & Chang Chin Chiang (Eds.), *Singapore in pictures.* Singapore: Sin Chew Jit Poh & Ministry of Culture.

Wong, Lin Ken. (1991). Commercial growth before the Second World War. In Ernest C.T. Chew, & Edwin Lee (Eds.), *A history of Singapore.* Singapore: Oxford University Press.

제1장: 14세기

Bellina, Berenice, et al. (2014). The early development of coastal polities in the upper Thai-Malay peninsula. In Nicolas Revire, & Stephen A. Murphy, *Before Siam: Essays in art and archaeology.* Bangkok: River Books, The Siam Society.

Bronson, Bennet, & Jan Wisseman. (1976). Palembang as Srivijaya: The lateness of early cities in Southeast Asia. *Asian Perspectives: The Bulletin of the Far-Eastern Prehistory Association,* 79(2), 221-39.

Brown, C.C. (1970). *Sejarah Melayu; or Malay annals.* London: Oxford University Press.

Buckley, Brendan M., Roland Fletcher, Wang Shi-Yu Simon, Brian Zottoli, Brian, & Christophe Pottier. (2014). Monsoon extremes and society over the past millennium on mainland Southeast Asia. *Quaternary Science Reviews,* 95, 1-19.

Crawfurd, John. (1830). *Journal of an embassy from the Govenor-General of India to the courts of Siam and Cochin China.* London: H. Colburn and R. Bentley.

Hall, Kenneth R. (2011). *A history of early Southeast Asia: Maritime trade and societal development, 100-1500.* Lanham: Rowman & Littlefield.

Heng, Derek. (1999). Temasik as an international and regional trading port in the thirteenth and fourteenth centuries: A reconstruction based on recent archaeological data. *Journal of the Malaysian Branch of the Royal Asiatic Society,* 72(1), 113-24.

Heng, Derek. (2001). The trade in lakawood products between South China and the Malay world from the twelfth to fifteenth centuries AD. *Journal of Southeast Asian Studies,* vol. 32, no. 2, 133-49.

Heng, Derek. (2002). Reconstructing Banzu, a fourteenth-century port settlement in Singapore. *Journal of the Malaysian Branch of the Royal Asiatic Society,* vol. 75, part 1, 69-90.

Heng, Derek. (2004). Economic exchanges and linkages between the Malay region and the hinterland of China's coastal ports during the 10th to 14th centuries. In John N. Miksic, & Cheryl-Ann Low (Eds.), *Early Singapore 1300s-1819: Evidence in maps, text and artefacts.* Singapore: Singapore History Museum.

Heng, Derek. (2006). Export commodity and regional currency: The role of Chinese copper coins in the Malacca Straits region, tenth to fourteenth centuries. *Journal of Southeast Asian Studies,* 37(2), 179-203.

Heng, Derek. (2011). Situating Temasik within the larger regional context: Maritime Asia and Malay state formation in the pre-modern era. In Derek Heng, & Syed Muhd Khairudin Aljunied (Eds.), *Singapore in global history.* Amsterdam: Amsterdam University Press.

Heng, Derek. (2012). *Sino-Malay trade and diplomacy from the tenth through the fourteenth century.* Singapore: Institute of Southeast Asian Studies.

Hsu, Yun-Tsiao. (1948). Notes on the Malay Peninsula in ancient voyages. *Journal of the South Seas Society,* 5(2), 1-16.

Lim, Chen Sian. (2017). Preliminary report on the archaeological investigations at the National Gallery Singapore. *Nalanda-Sriwijaya Centre Archaeology Unit Archaeology Report Series* (No. 5).

Lim, Chen Sian. (2019). Preliminary report on the archaeological investigations at the Victoria Concert Hall. *Nalanda-Sriwijaya Centre Archaeology Unit Archaeology Report Series* (No. 9).

Low, James. (1848). An account of several inscriptions found in Province Wellesley, on the peninsula of Malacca. *journal of the Asiatic Society of Bengal,* 77(2), 62-66.

Manguin, Pierre-Yves. (2002). The amorphous nature of coastal polities in insular Southeast Asia: Restricted centres, extended peripheries. *Moussons: Recherche en sciences humaines sur l'Asie du Sud-Est, 5,* 73-99.

Miksic, John N. (2013). *Singapore and the Silk Road of the sea, 1300-1800.* Singapore: NUS Press.

Perret, Daniel, & Heddy Surachman. (2014). *History of Padang Lawas, North Sumatra: I, The site of Si Pamutung (mid-ninth-thirteenth century CE),* (Cahier d'Archipel 42). Paris: Association Archipel. Robson, Stuart (Trans.). (1995). *Desawarnana (Nagarakrtagama) by Mpu Prapanca.* Leiden: KITLV Press.

Su, Jiqing. (1981). *Daoyi zhilue jiaoshi.* Beijing: Zhonghua shuju.

Wheatley, Paul. (2010). *The Colden Khersonese: Studies in the historical geography of the Malay Peninsula before A.O. 1500.* Singapore: NUS Press.

Winstedt, R.O. (1928). Gold ornaments dug up at Fort Canning, Singapore. *Journal of the Malayan Branch of the Royal Asiatic Society,* 6(4), 1-4.

제2장: 15세기

Ahmat Adam. (2016). *Sululat u's-salatin yakni per[tu] turan segala raja-raja: Dialih aksara dan disunting degan kritis serta diberi anotasi dan pengenalan.* Kuala Lumpur: Yayasan Karyawan.

Ahmat Adam. (2016) *Antara Sejarah dan mitos: Sejarah Melayu & Hang Tuah dalam historiografi Malaysia.* Petaling Jaya: Strategic Information and Research Development Centre.

Andaya, L.A. (2008). *Leaves of the same tree: Trade and ethnicity in the Straits of Melaka.* Honolulu: University of Hawai'i Press.

Barnard, T.P. (2007). Celates, Rayat-Laut, Pirates: The orang laut and their decline in history. *Journal of the Malayan Branch of the Royal Asiatic Society,* 80(2), 33-50.

Brown, C.C. (Trans.). (1952). Malay Annals: A translation of Raffles MS 18 in the Library of the R.A.S. London. *Journal of the Malayan Branch of the Royal Asiatic Society,* 75(2-3), 1-276.

Cheah, Boon Kheng (compiler), & Abdul Rahman Haji Ismail (transcriber). (1998). *Sejarah Melayu: The Malay Annals* (Ms Raffles No. 18, new romanised edition, reprint No. 17). Kuala Lumpur: Malaysian Branch of the Royal Asiatic Society.

Dunn, F.L. (1975). *Rain-forest collectors and traders: A study of resource utilization in modern and ancient Malaya* (Monographs No. 5). Kuala Lumpur: Malaysian Branch of the Royal Asiatic Society.

Cheah, Boon Kheng. (1998). The rise and fall of the great Melakan empire: Moral judgement in Tun Barn bang's 'Sejarah Melayu'. *Journal of the Malayan Branch of the Royal Asiatic Society,* 77(2), 104-21.

Cortesao, A. (Ed. and trans.). (1944). *The Suma Oriental of Tome Pires: An account of the East, from the Red Sea to Japan, written in Malacca and India in 1512-1515 and the Book of Francisco Rodrigues: Rutter of a voyage in the Red Sea, Nautical rules, almanack and Maps, written and drawn in the east before 1515.* London: Hakluyt Society. New Delhi: Asian Educational Services (1990 reprint).

Hashim, Muhammad Yusoff. (2018). The Seri Bija Diraja in the tradition of the Great Lords of Melaka in the fifteenth and sixteenth centuries. In Kwa Chong Guan & Peter Borschberg (Eds.), *Studying Singapore before 1800.* Singapore: NUS Press.

Hooker, Virginia M., & M.B. Hooker (2001). Introductory essay, John Leyden's *Malay Annals*

(Reprint 20). Kuala Lumpur: Malaysian Branch of the Royal Asiatic Society.

Kwa, Chong Guan. (2010). Singapura as a central place in Malay history and identity. In Karl Hack, Jean-Louis Margolin, & Karine Delaye (Eds.), *Singapore from Temasek to the 21st century: Reinventing the global city.* Singapore: NUS Press.

Kwa, Chong Guan, & Peter Borschberg (Eds.). (2018). *Studying Singapore before 1800.* Singapore: NUS Press.

Lapian, A.B. (1979). Le role des orang laut dans l'histoire de Riau. *Archipel, 18,* 215-22.

Lombard, D. (1988). Le sultanat malaise comme model socio-économique. In D. Lombard & J. Aubin (Eds.), *Marchands et homme d'affaires asiatiques dans l'Océan Indien et la Mer de Chine, XIII-XXe siècles.* Paris: École des Hautes Études en Sciences Sociales.

Lowey-Ball, Shawna Kim. (2015). *Liquid market, solid state: The rise and demise of the great global emporium at Malacca, 1400-1641.* Unpublished Yale University doctoral dissertation, 2015. Ann Arbour, Ml: ProQuest.

Raimy Che-Ross. (2004). The 'Lost City' of Kata Gelanggi: An exploratory essay based on textual evidence and an excursion into 'Ariel archaeology'. *Journal of the Malaysian Branch of the Royal Asiatic Society,* 77(2), 27-58.

Reichle, N. (2007). *Violence and serenity: Late Buddhist sculpture from Indonesia.* Honolulu: University of Hawai'i Press.

Rouffaer, P.G. (2018). Was Melaka an emporium named Malayur before 1400 CE? And where was Wurawari, Ma-Hasin, Langka and Batu Sawar? In Kwa Chong Guan & Peter Borschberg (Eds.), *Studying Singapore before 1800.* Singapore: NUS Press.

Salleh, Muhammad Haji (Ed.). (1997). *Sulalat al-Salatin ya'ni perteturan segala Raja-Raja (Sejarah Melayu).* Kuala Lumpur: Yayasan Karyan & Dewan Bahasa dan Pustaka.

Sinclair, W.F., & D. Ferguson (Eds.). (1967). *The travels of Pedro Teixeira; with his "Kings of Harmuz" and extracts from his "Kings of Persia".* Nendeln: Kraus Reprint.

Snellgrove, D. (2010). *The Hevajra Tantra: A critical study* (2nd ed.). Bangkok: Orchid Press.

Sopher, D.E. (2018). Boat people in the western archipelago during the Portuguese period. In Kwa Chong Guan & Peter Borschberg (Eds.), *Studying Singapore before 1800.* Singapore: NUS Press.

Thomaz, Luis F.F.R. (1993). The Malay sultanate of Melaka. In A. Reid (Ed.), *Southeast Asia in the early modern era: Trade, power, and belief.* Ithaca: Cornell University Press.

Virunha, Chuleeporn. (2002). Power relations between the orang laut and the Malay kingdoms of Melaka and Johor during the fifteenth to seventeenth centuries. In Sunait Chutintaranond and C. Baker (Eds.), *Recalling local pasts: Autonomous history in Southeast Asia.* Chiang Mai: Silkworm Books.

Wolters, O.W. (1967). *Early Indonesian commerce: A study of the origins of Srivijaya.* Ithaca: Cornell University Press.

Wolters, O.W. (1970). *The fall of Srivijaya in Malay history.* London: Lund Humphries; Kuala Lumpur: Oxford University Press.

제3장: 16세기

Albuquerque, B. de. (1875-95). *The commentaries of the great A. Dalboquerque, second viceroy of India* (tr. Walter de Gray Birch, 4 vols.). London: Hakluyt Society.

Albuquerque, B. de. (1973). *Comentarios de Afonso d'Albuqerque* (J. Veríssimo Serrão, ed. and int., text of the 2nd edition of 1576, 2 vols.). Lisbon: lmprensa Nacional-Casa de Maeda.

Alves, J.M. dos Santos. (1999). *0 domfnio do norte de Samatra: A história dos sultanatos de Samudera-Pacém e de Achém, e das suas relações com os Portugueses (1500-1580).* Lisbon: Sociedade Histórica da lndependência de Portugal.

Barnes, W.D. (1911). Singapore Old Straits and New Harbour. *Journal of the Straits Branch of the Royal Asiatic Society,* 60, 24-34.

Bausani, A. (Ed.). (1970). *Lettera di Giovanni da Empoli.* Rome: lstituto Italiano per il Media ed Estremo Oriente, Centro Italiano di Cultura, Jakarta.

Bittner M., & W. Tomaschek (Eds. and trs.). (1897). *Die Topographischen Capitel des lndischen Seespiegels Mohit.* Vienna: Verlag der Kaiserlich-Königlichen Geographischen Gesellschaft.

Borschberg, P. (2003). Portuguese, Spanish and Dutch plans to construct a fort in the Straits of Singapore, ea. 1584-1625. *Archipel, 63,* 55-88.

Borschberg, P. (2004). Remapping the Straits? New insights from old sources. In P. Borschberg (Ed.), *Iberians in the Singapore-Melaka area (16th-18th centuries).* Wiesbaden: Harrassowitz.

Borschberg, P. (2008). Jacques de Coutre as a source for the early 17th-century history of Singapore, the Johor River, and the Straits. *Journal of the Malaysian Branch of the Royal Asiatic Society, 81(2),* 71-97.

Borschberg, P. (2011). *Hugo Grotius, the Portuguese and free trade in the East Indies*. Singapore and Leiden: NUS Press and KITLV Press.

Borschberg, P. (2017). Singapore and its Straits, c. 1500-1800. *Indonesia and the Malay World*, *45*, issue 133, 373-90.

Borschberg, P. (2018). Three questions about maritime Singapore, 16th and 17th centuries. *Ler História*, 72, 31-54.

Borschberg, P. (Ed.). (2015). *Jacques de Coutre's Singapore and Johor*. Singapore: NUS Press.

Corrêa (also Correia), G. (1858-66). *Lendas da Índia* (ed. R.J. de Lima Feiner, 7 vols.). Lisbon: Academia Real das Sciences.

Cortesão, A., & A. Teixeira da Mota. (1987). *Portugaliae Monumenta Cartographica* (9 vols.). Lisbon: Imprensa Nacional-Casa da Moeda.

Dam, P. van. (1931 –43). Beschryvinge van de Oostindische Compagnie (ed. by F.W. Stapel, 8 vols.). The Hague: Martinus Nijhoff.

Gibson-Hill, C.A. (1954). Singapore: Note on the history of the Old Straits, 1580 – 1850. *Journal of the Malayan Branch of the Royal Asiatic Society*, 27(1), 165 –214.

Gibson-Hill, C.A. (1955). Johore Lama and other ancient sites on the Johore River. *Journal of the Malayan Branch of the Royal Asiatic Society*, 28(2), 126 –99.

Gibson-Hill, C.A. (1956). Singapore Old Strait and New Harbour, 1300 – 1870. Memoirs of the Raffles Museum, 3, 11 –115. Reprinted in Kwa C.G., & P. Borschberg (Eds.), (2018) *Studying Singapore before 1800*. Singapore: NUS Press.

Han, Wai Toon. (1948). A study on Johore Lama. *Journal of the South Seas Society*, 5(2), 17 –34.

Heeres, J.E. (Ed.). (1907). Corpus Diplomaticum Neëlando-Indicum: Verzameling van politieke contracten en verdere verdragen door de Nederlanders in het Oosten gesloten, van privilegiebrieven, aan hen verleend, enz. (eerste deel, 1596 –1650). *Bijdragen tot de Taal-, Landen Volkenkunde*, 57, 1 –586.

Jack-Hinton, C. (1963). Further investigations at Johore Lama: Preliminary notes. *Federation Museum Journal* (new series), 8, 24 –31.

Jack-Hinton, C. (1963). A note on a Ch'eng Hua Nien Hao from Kampong Makam, Kota Tinggi, and some remarks on the Johore River trade in the fifteenth century. *Federation Museum Journal* (new series), 8, 32 –35.

Jonge, J.K.J. de. (1866). *Opkomst van het Nederlandsch gezag in Oost-Indië: Verzameling van onuitgegeven stukken uit het oud-coloniaal archief* (eerste reeks). The Hague: Martinus Nijhoff.

Kathirithamby-Wells, J., & John Villiers (Eds.). (1990). *The Southeast Asian port and polity: Rise and demise*. Singapore: Singapore University Press.

Kwa, C.G. (2017). *Precolonial Singapore*. Singapore: IPS and Straits Times Press.

Kwa, Chong Guan. (2004). 16th-century underglazed blue porcelain sherds from the Kallang River. In John N. Miksic & Cheryl-Ann Low M.G. (Eds.), *Early Singapore 1300s – 1819: Evidence in Maps, text and artefacts*. Singapore: Singapore History Museum, 2004.

Kwa, Chong Guan. (2018). *Kallang estuary: A 17th-century port city*. Cultural Connections 3. Singapore: Cultural Academy Singapore.

Kwa, C.G., & Borschberg, P. (Eds.). (2018). *Studying Singapore before 1800*. Singapore: NUS Press.

Lamb, A. (1964). Notes on beads from Johor Lama and Kota Tinggi. *Journal of the Malayan Branch of the Royal Asiatic Society*, 37(1), 92–97.

Liaw, Y.F. (Ed. and tr.). (1976). *Undang-undang Melaka*. A critical edition (Proefschrift Leiden). The Hague: De Nederlandsche Boek-en Steendrukkerij/ Verlagshuis S.L. Smits.

Linschoten, J.H. van. (1939). *Itinerario: Voyage ofte Schipvaert van Jan Huygen van Linschoten naer Oost ofte Portugaels Indien, 1579–1592, and Reys-geschrift vande navigatiën der Portugaloysers* (ed. H. Kern and J.C.M. Warnsinck, 2nd ed.). The Hague: Martinus Nijhoff.

Lobato, M. (1999). *Politica e comércio dos Portugueses na Insulíndia: Malaca e as Molucas de 1575 a 1605*. Lisbon: Instituto Portugues do Oriente.

Loureiro, R.M. (Ed.). (1996). *O Manuscrito de Lisboa da 'Suma Oriental' de Tomé Pires (Contribuição para uma Edicao Critica)*. Macau: Instituto Portugues do Oriente.

Macgregor, I.A. (1955). Notes on the Portuguese in Malaya. *Journal of the Malayan Branch of the Royal Asiatic Society*, 28(2), 5–47.

Macgregor, I. (1956). A sea fight near Singapore in the 1570s. *Journal of the Malayan Branch of the Royal Asiatic Society*, 29(3), 5–21.

Matos, L.J.R. Semeado de. (2015). *Roteiros e rotas portuguesas do Oriente nos séculos XVI e XVII* (doctoral dissertation, University of Lisbon).

Maxwell, W.G. (1911). Barretto de Resende's Account of Malacca. *Journal of the Straits Branch of the Royal Asiatic Society*, 60, 1–24.

Meilink-Roelofsz, M.A.P. (1962). *Asian trade and European influence in the Indonesian Archipelago between 1500 and about 1630*. The Hague: Martinus Nijhoff.

Mills, J.V.G. (1930). Report on the Golden Chersonese. *Journal of the Malayan Branch of the Royal Asiatic Society*, 8(1), 228–55.

Mills, J.V.G. (1937). Malaya in the Wu-Pei-Chih charts. *Journal of the Malayan Branch of the Royal Asiatic Society*, 15(3), 1–48.

Mills, J.V.G. (1951). Notes on early Chinese voyages. *Journal of the Royal Asiatic Society*, 3–25.

Mills, J.V.G. (1954). Chinese coastal maps. *Imago Mundi*, 11, 151–68.

Mills, J.V.G. (1974). Arab and Chinese navigators in Malaysian waters in about A.D. 1500. *Journal of the Malaysian Branch of the Royal Asiatic Society*, 47(2), 25–32.

Mills, J.V.G. (1979). Chinese navigators in Insulinde, about A.D. 1500. *Archipel*, 18, 69–93.

Muhammad Yusof Hashim. (1992). *The Malay Sultanate of Malacca* (tr. D.J. Muzzafar Tate). Kuala Lumpur: Dewan Bahasa dan Pustaka.

Munster, S. (1978). *Cosmographia oder Beschreibung der gantzen Welt etc. (facsimile reproduction of the Basel edition of 1628)*. Lindau: Antiqua Verlag.

Noonan, L.A. (1989). *John of Empoli and his relations with Afonso de Albuquerque*. Lisbon: Instituto de InvestigacaçàCientifica Tropical.

Obdeijn, V. (1942). De oude zeehandelsweg door de Straat van Malaka in verband met de geomorfologie der Selat-Eilanden. *Koninklijk Nederlands Aardrijkskundig Genootschap* (II serie), 59, 742–70.

Perret, D. (2000). Les stele funéraires musulmanes dites batu Aceh de l'État de Johor (Malaisie). *Bulletin de l'École française d'Extrême-Orient*, 87(2), 579–607.

Perret D., & Kamarudin Ab. Razak. (2004). *Batu aceh Johor dalam perbandingan*. Johor Bahru: Yayasan Warisan Johor.

Pintado, M.J. (Ed. and tr.). (1993). *Portuguese documents on Malacca (I: 1509–1511)*. Kuala Lumpur: National Archives of Malaysia.

Pinto, P.J. de Sousa. (2012). *The Portuguese and the Straits of Melaka, 1575–1619*. Singapore: NUS Press; Kuala Lumpur: Malaysian Branch of the Royal Asiatic Society.

Pires, T. (1944). *Suma Oriental: An account of the East from the Red Sea to Japan; written in Malacca and India in 1512–1515* (trans. and ed. by A. Cortesão, 2 vols.). London: Hakluyt Society.

Pires, T. (1978). *A Suma Oriental de Tomé Pires e o Livro de Francisco Rodrigues* (ed. by A. Cortesão). Coimbra: Por Ordem da Universidade.

Quaritch Wales, H.G. (1940). Archaeological researches on ancient Indian colonization in Malaya. *Journal of the Malayan Branch of the Royal Asiatic Society*, 18(1), 57–63.

Rouffaer, G.P. (1921). Was Malaka Emporium vóór 1400 A.D. genaamd Malajoer? En waar lag Woerawari, Ma-Hasin, Langka, Batoesawar? *Bijdragen tot de Taal-, Land- en Volkenkunde*, 77, 1–174 and 359–604.

Santos, J. dos. (1999). *Etiópia Oriental e Vária História de cousas Notáveis do Oriente* (ed. M. Lobato and M. do Carmo Guerreiro Vieira). Lisbon: Comissão Nacional para as Comemorações dos Descobrimentos Portugueses.

Serrão, J. Verissimo (Ed. and int.). (1973). *Comentarios de Afonso d'Albuqerque* (text of the 2nd edition of 1576, 2 vols.). Lisbon: Imprensa Nacional-Casa de Moeda.

Sopher, D.E. (1965). *The sea nomads: A study based on literature of the maritime boat people of Southeast Asia*. Singapore: National Museum of Singapore.

Spallanzani, M. (1999). *Giovanni da Empoli: Un mercante fiorentino nell'Asia portoghese*. Florence: Studio per Edizioni Scelte.

Subrahmanyam, S. (1993). *The Portuguese empire in Asia 1500–1700: A political and economic history*. London: Longman.

Thomaz, F.L.R. (1991). *Nina Chatu and the Portuguese trade in Malacca* (tr. by M.J. Pintado). Melaka: Luso-Malaysian Books.

Thomaz, F.L.R. (1994). *De Ceuta a Timor*. Lisbon: Difel.

Thomaz, F.L.R. (n.d.). *Early Portuguese Malacca*. Macau: Commisão Territorial de Macau para as Comemorações dos Descobrimentos Potugueses, Instituto Politécnico de Macau.

Tibbetts, G.R. (1979). *A study of the Arabic texts containing material on South-East Asia*. London and Leiden: E.J. Brill.

Varthema, L. de. (1928). *The Itinerary of Ludovico di Varthema of Bologna from 1502 to 1508* (tr. and ed. by J. Winter Jones). London: Argonaut Press.

Veen, E. van. (2000). *Decay or defeat: An inquiry into the Portuguese decline in Asia, 1580–1645*. Leiden: Research School of Asian, African and Amerindian Studies.

Winstedt, R.O. (1953). The date of the Malacca legal codes. *Journal of the Royal Asiatic Society of Great Britain and Ireland*, 1–2, 31–33.

Winstedt, R.O. (1979). *A history of Johore* (Reprint No. 6). Kuala Lumpur: Malaysian Branch of the Royal Asiatic Society.

제4장: 17세기

Andaya, L.Y. (1975). *The Kingdom of Johor 1641－1728: Economic and political developments.* Kuala Lumpur: Oxford University Press.

Andrews, K.R. (1964). *Elizabethan privateering: English privateering during the Spanish War, 1585－1603.* Cambridge: Cambridge University Press.

Booy, A. de (Ed.). (1970). *De derde reis van de V.O.C. naar Oost-Indië onder het beleid van Admiraal Paulus van Caerden, uitgezeild in 1606* (2 vols.). The Hague: Martinus Nijhoff.

Borschberg, P. (2002). The seizure of the Sta. Catarina, revisited: The Portuguese empire in Asia, VOC politics and the origin of the DutchJohor alliance. *Journal of Southeast Asian Studies, 33(1)*, 31-62.

Borschberg, P. (2004). Luso-Johor-Dutch relations in the Straits of Malacca and Singapore, ea. 1600-1623. *Itinerario, 28(2)*, 15-33.

Borschberg, P. (2010). *The Singapore and Melaka Straits: Violence, security and diplomacy in 17th-century Southeast Asia.* Singapore and Leiden: NUS Press and KITLV Press.

Borschberg, P. (2013). From self-defence to an instrument of war: Dutch privateering around the Malay Peninsula in the early seventeenth century. *Journal of Early Modern History, 17*, 35-52.

Borschberg, P. (2014). Left holding the bag: The Johor-VOC alliance and the Twelve Years' Truce (1606-1613). In R. Lesaffer (Ed.), *The Twelve Years Truce (1609): Peace, truce, war and law in the Low Countries at the turn of the 17th century.* Leiden: Brill-Nijhoff.

Borschberg, P. (Ed.). (2015). *Jacques de Coutre's Singapore and Johor.* Singapore: NUS Press. Borschberg, P. (Ed.). (2016). *Admiral Matelieff's Singapore and Johor.* Singapore: NUS Press.

Boxer, C.R. (1965). *The Dutch seaborne empire, 1600-1800.* London: Hutchinson.

Boyajian, J.C. (1993). *Portuguese trade in Asia under the Habsburgs, 1580-1640.* Baltimore and London: Johns Hopkins University Press.

Cortesao, A., & A. Teixeira da Mota. (1987). *Portugaliae Monumenta Cartographica* (9 vols.). Lisbon: lmprensa Nacional-Casa da Maeda.

Dam, P. van. (1931-43). *Beschryvinge van de Oostindische Compagnie* (ed. by F.W. Stapel, 8 vols). The Hague: Martinus Nijhoff.

Draeger, D.F. (2000). *Weapons and fighting arts of Indonesia.* North Clarendon: Tuttle Publishing.

Erédia, M. Godinho de. (1882). *Malaca L'Inde Méridionale e le Cathay: Manuscrit original autographe de Godinho de Erédia appartenant à la Bibliothèque Royale de Bruxelles* (tr. by M.L. Janssen). Bruxelles: Librairie Europeenne C. Muquardt.

Erédia, M. Godinho de. (2008). *Informação da Aurea Quersoneso, au Península, e das Ilhas Auríferas, Carbúculas e Aromáticas* (ed. by R.M. Loureiro). Macau: Centro Científico e Cultural de Macau.

Foreest, H.A. van, & A. de Booy (Eds.). (1980-81). *De Vierde Schipvaart der Nederlanders naar Oost-Indië onder Jacob Wilkens en Jacob van Neck (1599-1604)* (2 vols.). The Hague: Martinus Nijhoff.

Foster, W. (Ed.). (1934). *The voyage of Thomas Best to the East Indies 1612-1614.* London: Hakluyt Society.

Gaastra, F.S. (2003). *The Dutch East India Company: Expansion and decline.* Zuphen: Walburg Pers.

Grotius, H. (2006). *Commentary on the law of prize and booty* (ed. by M.J. van Ittersum). Indianapolis: Liberty Fund.

Hutterer, K.L. (Ed.). (1977). *Economic exchange and social interaction in Southeast Asia: Perspectives from prehistory, history and ethnography.* Ann Arbor: Center for South and Southeast Asian Studies.

Jacobs, H. (Ed.). (1980-84). *Documenta Malucensia* (3 vols.). Rome: Jesuit Historical Institute.

Jonge, J.K.J. de. (1866-1925). *Opkomst van het Nederlandsch gezag in Oost-Indië: Verzameling van onuitgegeven stukken uit het oud-coloniaal archief* (eerste reeks). The Hague: Martinus Nijhoff.

Keuning, J. (Ed.). (1938-49). *De Tweede Schipvaart der Nederlanders Naar Oost-Indië onder Jacob Cornelisz van Neck en Wijbrant Warwijck, 1598-1600* (8 vols.). The Hague: Martinus Nijhoff.

Klerk de Reus, G.C. (1894). *Geschichtlicher Überblick der Administrativen, Rechtlichen und Finanziellen Entwicklung der Niederlandisch-Ostindischen Compagnie.* Batavia and The Hague: Albrecht & Rusche and Martinus Nijhoff.

Kwa, C.G. (2017). *Precolonial Singapore.* Singapore: IPS and Straits Times Press.

Kwa, C.G., & P. Borschberg (Eds.). (2018). *Studying Singapore before 1800.* Singapore: NUS

Press.

Lombard, D. (1967). *Le Sultanat d'Atjéh au temps d'Iskandar Muda 1607-1636*. Paris: École Français d'Extrême-Orient.

Lopes de Mendonça, H., & R.A. de Bulhão Pato. (1884-1935). *Cartas de Afonso de Albuquerque* (7 vols.). Lisbon: Academia das Ciências de Lisboa.

Luard, C.E., & H. Hosten (Eds.). (1927). *Travels of Fray Sebastien Manrique, 1629-1643: A translation of the Itinerario de fas Missiones Orientales* (2 vols.). Oxford: Printed for the Hakluyt Society.

Max well, W.G. (1911). Barretto de Resende's account of Malacca. *journal of the Straits Branch of the Royal Asiatic Society,* 60, 1-24.

Meilink-Roelofsz, M.A.P. (1962). *Asian trade and European influence in the Indonesian archipelago between 1500 and about 1630*. The Hague: Martinus Nijhoff.

Mills, J.V. (1930). Eredia's Description of Malacca, Meridional India, and Cathay, translated from the Portuguese, with notes, by J.V. Mills. *Journal of the Malayan Branch of the Royal Asiatic Society,* 8(1), 1-288.

Moreland, W.H. (Ed.). (1934). *Peter Floris: His voyage to the East Indies in the Globe, 7611-7615*. London: Hakluyt Society.

Muhammad Y.H. (1992). *The Malay Sultanate of Malacca: A study of various apsects of Malacca in the 15th and 16th centuries in Malaysian history*. Kuala Lumpur: Dewan Bahasa dan Pustaka/Ministry of Education.

Munster, 5. (1978). *Cosmographia oder Beschreibung der gantzen Welt etc.* (facsimile reproduction of the Basel edition of 1628, 4 vols.). Lindau: Antiqua Verlag.

Naber, S.P. I'Honoré. (1930-33). *Reisebeschreibungen van Deutschen Beamten und Kriegsleuten im Dienst der Niederländisch West- und Ost-Indischen Kompanien, 1602-1797* (13 vols.). The Hague: Martinus Nijhoff.

Netscher, E. (1870). *De Nederlanders in Djohor en Siak*. Batavia: Bruining & Wijt.

Noonan, L.A. (1989). *John of Empoli and his relations with Afonso de Albuquerque*. Lisbon: Instituto de Investigação Científica Tropical.

Opstall, M.E. van (Ed.). (1972). *De reis van de vloot van Pieter Willemszoon Verhoeff naar Azië, 1607-1612* (2 vols.). The Hague: Martinus Nijhoff.

Rietbergen, P.J.A.N. van. (1987). *De Eerste Landvoogd Pieter Both (1568-1615): Gouverneur-Generaal van Nederlandsch-Indië* (2 vols.). Zutphen: Walburg Pers.

Sinclair, W.F., & D. Ferguson (Eds.). (1967). *The travels of Pedro Teixeira; with his "Kings of Harmuz" and extracts from his "Kings of Persia"*. Nendeln: Kraus Reprint.

Sopher, D.E. (1965). *The sea nomads: A study based on literature of the maritime boat people of Southeast Asia*. Singapore: National Museum.

Teixeira, M. (1961). *The Portuguese missions in Malacca and Singapore* (vol. 1). Lisbon: Agência Geral do Ultramar.

Temple, R.C. (Ed.). (1919). *The travels of Peter Mundy in Europe and Asia, 1608-1667* (vol. Ill). London: Hakluyt Society.

Tiele, P.A., & J.E. Heeres (Eds.). (1886-95). *Bouwstoffen voor de Geschiedenis der Nederlanders in den Maleischen Archipel* (3 vols.). The Hague: Martinus Nijhoff.

Veen, E. van. (2000). *Decay or defeat? An inquiry into the Portuguese decline in Asia, 1580-1645*. Leiden: Research School of Asian, African and Amerindian Studies.

제5장: 18세기

Ali al-Haji ibn Ahmad. (1982). *The precious gift/Tuhfat al-Nafis* (ed. and tr. by V.M. Hooker and B.W. Andaya). Kuala Lumpur and New York: Oxford University Press.

Andaya, L.Y. (1975). *The Kingdom of Johor 1641-1728: Economic and political developments*. Kuala Lumpur: Oxford University Press.

Andaya, L.Y. (2008). *Leaves of the same tree: Trade and ethnicity in the Straits of Melaka*. Honolulu: Hawai'i University Press.

Assey, C. (1819). *On the trade with China and the Indian archipelago, with observations on the insecurity of the British interests in that quarter* (2nd ed.). London: Printed for Rodwell and Martin.

Barnard, T.P. (2003). *Multiple centres of authority: Society and environment in Siak and Eastern Sumatra, 1674-1827*. Leiden: KITLV Press.

Bassett, D.K. (1958). English trade in Celebes, 1613-1667. *Journal of the Malayan Branch of the Royal Asiatic Society, 37*(1), 1-39.

Bassett, D.K. (1964). British trade and policy in Indonesia, 1760-1772. *Bijdragen tot de Taal-, Land- en Volkenkunde, 120*(3), 197-223.

Bassett, D.K. (1965). Anglo-Malay relations, 1786-1795. *Journal of the Malaysian Branch of the Royal Asiatic Society, 38*(2), 183-212.

Bastin, J. (2012). *The founding of Singapore 1819*. Singapore: National Library of Singapore.

Chijs, J.A. van der (Ed.). (1885-1900). *Nederlandsch-Indisch Plakaatboek, 1602-1811* (17 vols.). Batavia: Landsdrukkerij; and The Hague: Martinus Nijhoff.

Chijs, J.A. van der, & H.T. Colenbrander (Eds.). (1896-1931). *Dagh-Register gehouden int Casteel Batavia vant passerende daer ter plates als over geheel Nederlandts-India*. The Hague: Martinus Nijhoff.

Colombijn, F. (2003). The volatile state in Southeast Asia: Evidence from Sumatra, 1600-1800. *Journal of Asian Studies, 62*(2), 497-529.

Cowan, C.D. (Ed.). (1950). Early Penang and the rise of Singapore, 1805-1832: Documents from the manuscript records of the East India Company. *Journal of the Malayan Branch of the Royal Asiatic Society, 23*(2).

Dampier, W. (1906). *Dampier's voyages, consisting of a new voyage around the world* (ed. J. Masefield, 2 vols). London: E. Grant Richards.

Gaastra, F.S. (2002). *De Geschiedenis van de VOC* (4th ed.). Zutphen: Walburg Pers.

Gaastra, F.S. (2003). *The Dutch East India Company: Expansion and decline*. Zutphen: Walburg Pers.

Gibson-Hill, C.A. (1954). Singapore: Note on the history of the Old Straits, 1580-1850. *Journal of the Malayan Branch of the Royal Asiatic Society, 27*(1), 165-214.

Gibson-Hill, C.A. (1956). Singapore Old Strait and New Harbour, 1300-1870. *Memoirs of the Raffles Museum* (No. 3). Singapore: Government Printing Office. Reprinted in Kwa Chong Guan, & Peter Borschberg (Eds.), (2018) *Studying Singapore before 1800*. Singapore: NUS Press.

Irwin, G.W. (1956). Governor Couperus and the surrender of Malacca in 1795. *Journal of the Malayan Branch of the Royal Asiatic Society, 37*(1), 86-133.

Ismail Hussein (Ed.). (1979). Hikayat Negeri Johor: A nineteenth-century Bugis history relating events in Riau & Selangor. In R.O. Winstedt, *A history of Johore* (Reprint No. 6). Kuala Lumpur: Malaysian Branch of the Royal Asiatic Society.

Kemp, P.H. van der. (1898). De Singapoorsche Papieroorlog. *Bijdragen tot de Taal-, Land- en Volkenkunde, 49,* 389ff.

Kemp, P.H. van der. (1902). De Stichting van Singapore, de Afstand ervan met Malakka door Nederland, en de Britische Aanspraaken op den Linga-Riouw-Archipel. *Bijdragen tot de Taal-, Land- en Volkenkunde, 10,* 313-476.

Kemp, P.H. van der. (1904). *Geschiedenis van het Londensch Tractaat van 17 Maart 1824*. The

Hague, Martinus Nijhoff.

Kemp, P.H. van der. (1910). *De Teruggave der Oost-Indische Koloniën, 1814-1876*. The Hague: Martinus Nijhoff.

Klerk de Reus, G.C. (1894). *Geschichtlicher Oberblick der Admiriistrativen, Rechtlichen und Finanziellen Entwicklung der Niederlandisch-Ostindischen Compagnie*. Batavia and The Hague: Albrecht & Rusche and Martinus Nijhoff.

Kratz, Ernst Ulrich (Ed.). (1973). *Peringatan Sejarah Negeri Johor: Eine Malaiisch quelle zu geschicte Johor sim 18.jahrhundert*. Wiesbaden: Otto Harrassowitz.

Lewis, D. (1970). The growth of the country trade to the Straits of Malacca, 1760-1777. *Journal of the Malaysian Branch of the Royal Asiatic Society, 43*(2), 114-130.

Lewis, D. (1995). *Jan Compagnie in the Straits of Malacca, 1641-1795*. Athens, OH: Ohio University Centre for International Studies.

Lewis, D. (1997). British policy in the Straits of Malacca to 1819 and the collapse of the traditional Malay state structure. In B. Barrington (Ed.), *Empires and imperialism in Southeast Asia*. Clayton, Vic.: Monash Asia Institute.

Malchow, H.L. (1991). *Gentlemen capitalists: The social and political world of the Victorian businessman*. Palo Alto: Stanford University Press.

Marks, H. (1959). *The first contest for Singapore*. The Hague: Martinus Nijhoff.

Matheson, V. (Ed.). (1982). *Tuhfat al-Nafis: Raja Haji Ahmad dan Raja Ali Haji*. Kuala Lumpur: Fajar Bakti.

Milner, Anthony. (2016). *Kerajaan: Malay political culture on the eve of colonial rule* (2nd ed.). Petaling Jaya: Strategic Information and Research Development Centre.

Mohd. Yusof Md. Nor (Ed.). (1984). *Salasilah Melayu dan Bugis*. Petaling Jaya: Fajar Bakti.

Muhammad Yusoff Hashim (Ed.). (1992). *Hikayat Siak*. Kuala Lumpur: Dewan Bahasa dan Pustaka.

Netscher, E. (1870). *De Nederlanders in Djohor en Siak*. Batavia: Bruining & Wijt.

Ng, C.K. (2015). *Trade and society: The Amoy network on the China coast, 1683-1735* (2nd ed). Singapore: NUS Press.

Ng, C.K. (2017). *Boundaries and beyond: China's maritime Southeast in late Imperial times*. Singapore: NUS Press.

Ng, C.K., & Wang, G.W. (Eds.). (2004). *Maritime China in transition, 1750-1850*. Wiesbaden: Harrassowitz.

Paulus, J. (Ed.). (1917–39). *Encyclopaedie van Nederlandsch-Indië* (2nd ed., 8 vols.). The Hague and Leiden: Martinus Nijhoff and E.J. Brill.

Schilder, G., J. Moerman et al. (2006–10). *Grote Atlas van de Verenigde Oost-Indische Compagnie. Comprehensive Atlas of the Dutch United East India Company* (7 vols.). Voorburg: Uitgeverij Asia Maior.

Shaharom Husain. (1995). *Sejarah Johor: Kaitannya dengan Negeri Melayu*. Kuala Lumpur: Fajar Bakti.

Sirtema de Grovestius, C.F. (Ed.). (1852). *Notice et souvenirs biographiques du comte Van der Duyn de Maasdam et du baron de Capellen*. Saint-Germain-en-Laye: H. Picault.

Sopher, D.E. (1965). *The sea nomads: A study based on literature of the maritime boat people of Southeast Asia*. Singapore: National Museum of Singapore.

Surat-surat perdjandjian antara kesultanan Riau dengan pemerintahan-pemerintahan VOC dan Hindia-Belanda, 1784-1909. (1970). Jakarta: Arsip Nasional Republik Indonesia.

Tarling, N. (1962). *The Anglo-Dutch rivalry in the Malay world*. Brisbane: Cambridge University Press.

Tarling, N. (1978). *Piracy and politics in the Malay world: A study of British imperialism in nineteenth-century South-east Asia*. Nendeln: Kraus Reprint.

Tregonning, K.G. (1965). *The British in Malaya: The first forty years, 1786-1826*. Tucson: University of Arizona Press.

Trocki, C. (1977). *Prince of pirates: The Temenggongs and the development of Johor and Singapore*. Singapore: Singapore University Press.

Vlielander Hein-Couperus, C.R.G. (1915). *De overgave van Malakka aan de Engelschen door den Gouverneur Abraham Couperus*. Amsterdam: Bussy.

Vos, R. (1993). *Gentle Janus, merchant prince: The VOC and the tightrope of diplomacy in the Malay world, 1740-1800*. Leiden: KITLV Press.

Vries, D. de. (1996). *Uit de Kaartenwinkel van de VOC: Catalages van zeekarten van de Verenigde Oostindische Compagnie in the Collectie Bodel Nijenhuis*. Alphen aan den Rijn: Canaletto.

Warren, J.F. (2002). *Iranun and Balangigi: Globalization, maritime raiding and the birth of ethnicity*. Singapore: Singapore University Press.

Warren, J.F. (2007). *The Sulu zone, 1768-1898: The dynamics of external trade, slavery, ethnic-*

ity and the transformation of a Southeast Asian maritime state (reprint of 1981 ed.). Singapore: NUS Press.

Winstedt, R.O. (1979). *A history of Johore* (Reprint No. 6). Kuala Lumpur: Malaysian Branch of the Royal Asiatic Society.

Wright, N. (2017). *William Farquhar and Singapore: Stepping out of Raffles' shadow.* Penang: Entrepot Publishing.

제6장: 19세기

Aiza Maslan. (2014). Hajj and the Malayan experience, 1860-1941. *Kemanusiaan, 21(2),* 79-98.

Amrith, Sunil 5. (2013). *Crossing the Bay of Bengal: The furies of nature and the fortunes of migrants.* Cambridge, Massachusetts: Harvard University Press.

Arudsothy, Ponniah. (1968). *The labour force in a dual economy.* PhD dissertation, University of Glasgow.

Birch, E.W. (1879). The vernacular press in the Straits. *Journal of the Straits Branch of the Royal Asiatic Society, 4,* 51-55.

Carey, Hilary M. (Ed.). (2008). *Empires of religion.* UK: Palgrave Macmillan.

Chiang, Hai Ding. (1978). *A history of Straits Settlements foreign trade 1870-1915* (Memoirs No. 6). Singapore: National Museum.

Drabble, John H. (2003). Technology transfer in Singapore/Malaya during the colonial period: Some further comments. *Journal of the Malaysian Branch of the Royal Asiatic Society,* 76(2), 81-85.

Evers, Hans-Dieter, & Jayarani Pavadarayan (1980). *Asceticism and ecstasy: The Chettiars of Singapore.* Working paper, no. 79. Bielefeld: Forschungsschwerpunkt Entwicklungssoziologie,

Fakultat fur Soziologie, Universitat Bielefeld. Farwell, Byron. (1991). *Armies of the Raj: From the mutiny to independence, 1858-1947.* New York: Norton.

Goh, Chor Boon. (2013). *Technology and entrepôt colonialism in Singapore, 1819-1940.* Singapore: Institute of Southeast Asian Studies.

Harfield, A.G. (1984). *British and Indian Armies in the East Indies, 1685-1935.* Chippenham: Picton.

Megat Muhammad Nuruddin Muhammad Yunis. (1956). *Mecca pilgrim traffic, 1868-1897.* AE Department of History, University of Malaya.

Miller, Michael B. (2006). Pilgrims' progress: The business of the Hajj. *Past & Present,* 797(1), 189–228.

Rai, Rajesh. (2014). *Indians in Singapore, 1819–1945: Diaspora in the colonial port city.* New Delhi: Oxford University Press.

Riddell, Peter G. (2001). Arab migrants and Islamization in the Malay world during the colonial period. *Indonesia and the Malay World,* 29(84), 113–28.

Roff, William R. (1964). The Malayo–Muslim world of Singapore at the close of the nineteenth century. *The Journal of Asian Studies,* 24(1), 75–90.

Sandhu, Kernial Singh. (2010). *Indians in Malaya: Some aspects of their immigration and settlement (1786–1957).* Cambridge: Cambridge University Press.

Savage, Victor R., & Brenda S.A. Yeoh. (2013). *Singapore street names: A study of toponymics* (updated and expanded edition). Singapore: Marshall Cavendish Editions.

Schrader, Heiko. (1996). Chettiar finance in colonial Asia. *Zeitschrift far Ethnologie,* 727(1), 101–26.

Siebel, M. (1961). *A study of the changes in the Malaysian population of Singapore, 1819–1959.* BA Hons academic exercise, University of Singapore.

Solomon, John. (2016). *A subaltern history of the Indian diaspora in Singapore: Gradual disappearance of untouchability, 1872–1965* (Intersections: Colonial and Postcolonial Histories 12). London: Routledge/Taylor & Francis Group.

Song, Ong Siang. (1923). *One hundred years' history of the Chinese in Singapore.* London: Murray.

Spaan, E. (1994). Taikongs and calos: The role of middlemen and brokers in Javanese international migration. *The International Migration Review,* 28(1), 93–113.

Tan, Tai Yong. (2005). Early entrepot portal: Trade and the founding of Singapore. In Aileen Lau & Laure Lau (Eds.), *Maritime heritage of Singapore.* Singapore: Suntree Media.

Tan, Tai Yong. (2005). Early Southeast Asian maritime trade and historical overview of pre–colonial Singapore. In Aileen Lau & Laure Lau (Eds.), *Maritime heritage of Singapore.* Singapore: Suntree Media.

Tan, Tai Yong. (2005). The Indian Ocean: Arab and Indian traders. In Aileen Lau & Laure Lau (Eds.), *Maritime heritage of Singapore.* Singapore: Suntree Media.

Turnbull, Constance Mary. (2009). *A history of modern Singapore, 1819–2005.* Singapore: NUS Press.

Wong, Lin Ken. (2003). *The trade of Singapore 1819-1869* (Reprint No. 23). Bandar Puchong Jaya, Selangor: Malaysian Branch of the Royal Asiatic Society.

Yen, Ching-hwang. (1986). *A social history of the Chinese in Singapore and Malaya, 1800-1911*. Singapore: Oxford University Press.

제7장: 20세기

Abdul Rahman, Tunku, Putra AI-Haj. (1977). *Looking back: Monday musings and memories.* Kuala Lumpur, Pustaka Antara.

Bradbury, Malcolm. (1991). The cities of modernism. In Malcolm Bradbury & James McFarlane (Eds.), *Modernism: 7890-7930.* London; New York: Penguin Books.

Chanderbali, David. (2008). *Indian indenture in the Straits Settlements: 1872-1910.* Leeds: Peepal Tree.

Chua, Ai-Lin. (2012). Nation, race and language: Discussing transnational identities in colonial Singapore, circa 1930. *Modern Asian Studies, 46*(2), 283-302.

Fischer-Tine, Harald. (2007). Indian nationalism and the 'world forces': Transnational and diasporic dimensions of the Indian freedom movement on the eve of the First World War. *Journal of Global History, 2*(3), 325-44.

Huff, W. Gregg. (1997). *The economic growth of Singapore: Trade and development in the twentieth century.* Cambridge: Cambridge University Press.

Ismail Abdullah Umar Effendi. (1924). *Melawat ke Melaka 1920 dan 1927.* Singapore: Balai Pustaka.

Kaur, Amarjit. (2006). Indian labour, labour standards, and workers' health in Burma and Malaya, 1900-1940. *Modern Asian Studies, 40*(2), 425.

Lee, Edwin. (2008). *Singapore: The unexpected nation.* Singapore: Institute of Southeast Asian Studies.

Louis, William Roger. (1984). *The British Empire in the Middle East, 7945-7957: Arab nationalism, the United States, and postwar imperialism.* London: Oxford University Press.

Manring, T.A. (1968). National integration and legal systems: Malaysia. *Malaya Law Review, 70*(1), 29-54.

Murfett, Malcolm H., John N. Miksic, Brian P. Farrell, & Chiang Ming Shun. (2011). *Between two oceans: A military history of Singapore from 1275 to 1971* (2nd ed.). Singapore: Marshall Cavendish Editions.

Nik Ahmad Bin Haji Nik Hassan. (1963). The Malay press. *Journal of the Malayan Branch of the Royal Asiatic Society,* 36(1), 37-78.

Noor, Farish A. (2011). 'Racial profiling' revisited: The 1915 Indian sepoy mutiny in Singapore and the impact of profiling on religious and ethnic minorities. *Politics, Religion & Ideology,* 72(1), 89-100.

Ooi, Keat Gin. (2014). Between homeland and 'ummah': Re-visiting the 1915 Singapore Mutiny of the 5th Light Infantry Regiment of the Indian Army. *Social Scientist,* 42(7/8), 85-94.

Sood, Malini. (1995). *Expatriate nationalism and ethnic radicalism: The Ghadar Party in North America, 1910-1920.* PhD dissertation, State University of New York at Stony Brook.

Streets-Salter, Heather. (2013). The local was global: The Singapore Mutiny of 1915. *Journal of World History,* 24(3), 539-76.

Suppiah, Ummadevi, & Sivachandralingam Sundara Raja. (2016). *The Chettiar role in Malaysia's economic history.* Kuala Lumpur, Malaysia: University of Malaya Press.

Taagepera, Rein. (1997). Expansion and contraction patterns of large polities: Context for Russia. *International Studies Quarterly,* 47(3), 475-504.

Tan, Tai Yong. (2008). *Creating Greater Malaysia: Decolonisation and the politics of merger.* Singapore: Institute of Southeast Asian Studies.

Tan, Tai Yong. (2009). Singapore's story: A port city in search of hinterlands. In Arndt Graf and Chua Seng Huat (Eds.), *Port cities in Asia and Europe.* New York: Routledge.

Tyers, Ray K., & Jin Hua Siow. (1993). *Ray Tyers' Singapore: Then and now.* Singapore: Landmark Books.

Yeo, Kim Wah, & Albert Lau. (1991). From colonialism to independence, 1945-1965. In Ernest Chew & Edwin Lee (Eds.), *A history of Singapore.* Singapore: Oxford University Press.

Zainul Abidin bin Rasheed, Norshahril Saat, & Norshahril Saat. (2016). *Majulah!: 50 years of Malay/Muslim community in Singapore.*

결론

Borschberg, Peter. (2017). Singapore in the cycles of the longue duree. *Journal of the Malaysian Branch of the Royal Asiatic Society,* 90(1), 29-60.

Brooke, J.L. (2014). *Climate change and the course of global history: A rough journey.* New York: Cambridge University Press.

Coclanis, Peter A. (2006). *Time's arrow, time's cycle: Globalization in Southeast Asia over la longue duree* (Raffles Lecture Series). Singapore: Institute of Southeast Asian Studies.

Corfield, Penelope J. (2007). *Time and the shape of history.* New Haven/London: Yale University Press.

Corfield, Penelope J. (2013). Conclusion: Cities in time. In P. Clark (Ed.), *The Oxford handbook of cities in world history.* Oxford: University Press.

Eliade, Mircea. (1954). *The myth of the eternal return; or, cosmos and history* (Bollingen Series, XLVI). Princeton, N.J.: Princeton University Press. *Biblios,-aphy* 299

Goh, Keng Swee. (1967). Cities as modernisers. In Goh Keng Swee, *The economics of modernisation and other essays.* Singapore: Asia Pacific Press.

Hack, Karl. (2010). The Malayan trajectory in Singapore's history. In Karl Hack, Jean-Louis Margolin, & Karine Delaye (Eds.), *Singapore from Temasek to the 21st century: Reinventing the global city.* Singapore: NUS Press.

Hack, Karl. (2012). Framing Singapore's history. In N. Tarling (Ed.), *Studying Singapore's past: C.M. Turnbull and the history of modern Singapore.* Singapore: NUS Press.

Hack, Karl, & Jean-Louis Margolin. (2010). Singapore: Reinventing the global city. In Karl Hack, Jeanlouis Margolin, & Karine Delaye (Eds.), *Singapore from Temasek to the 21st century: Reinventing the global city.* Singapore: NUS Press.

Hopkins, A.G. (Ed.). (2001). *Globalization in world history.* London: Pimlico.

Kwa, Chong Guan. (2006). Writing Singapore's history: From city-state to global city. In Kwa Chong Guan (Ed.), 5. *Rajaratnam on Singapore: From ideas to reality.* Singapore: World Scientific & Institute of Defence and Strategic Studies.

Kwa, Chong Guan. (2013). The Singapore story: The writing and rewriting of a history. *Commentary 22.* Singapore: National University of Singapore Society.

Kwa, Chong Guan. (2018). From Temasek to Singapore: Locating a global city-state in the cycles of Melaka Straits history. Reprinted in Kwa Chong Guan & Peter Borschberg (Eds.), *Studying Singapore before 1800.* Singapore: NUS Press.

Preston, Peter. (2007). *Singapore in the global system: Relationship, structure and change.* London: Routledge.

Tan, Tai Yong. (2002). Surviving globalisation: An historical perspective. *Commentary 78.* Singapore: National University of Singapore Society.

Tregonning, K.G. (2010). *Merdeka and much more: The reminiscences of a Raffles Professor, 1953-1967.* Singapore: NUS Press.

Wee, C.J. W.-L. (2007). *The Asian modern: Culture, capitalist development, Singapore.* Singapore: NUS Press.

Zerubavel, Eviatar. (2003). *Time maps: Collective memory and the social shape of the past.* Chicago: University of Chicago Press.

역자 후기

본 역서는 싱가포르국립도서관(NLB)이 2019년에 발행한 *Seven Hundred Years: A History of Singapore*를 번역한 것이다. 싱가포르 역사를 1819년 영국 식민지 개시로 한정해 온 기존 통설을 넘어, 무려 700년에 걸친 장기간의 시간 속에서 재구성하려는 그야말로 야심 찬 통사일 뿐만 아니라 싱가포르국립도서관이 발행하여 국가 공식 역사서라고도 할 수 있다. 따라서 당연하게도 저자들도 싱가포르국립대의 역사학과 등에 소속된 저명한 역사학자들로 구성되었다.

사실 이 책은 싱가포르가 근대에 돌연히 등장한 항구도시가 아니라, 이미 14세기부터 동남아 해양 세계 속에서 의미 있는 위치를 점해 온 공간이었음을 설득력 있게 제시한다. 그래서 이 책의 가장 큰 특징은 서술의 출발점을 14세기 테마섹으로 설정하고, 말레이 세계와 해상 네트워크의 전개 속에서 싱가포르의 역할을 추적한다는 점이다. 이를 통해 싱가포르는 단일한 정체나 고정된 영토가 아니라, 해협과 항로, 상인과 항해자, 다양한 집단의 이동이 교차하는 관계적 공간으로 그려진다. 이러한 관점은 포르투갈, 네덜란드, 영국으로 이어지는 유럽 세력의 기록을 발굴해 비교해가면서, 그 자료들을 지역사적 맥락 속에 재배치하였다.

본서의 구성은 연대기적 통사와 주제사적 접근을 결합하고 있다. 각 장은 특정 시기나 문제의식을 중심으로 서술되지만, 전체적으로는 전근대, 식민지 시대, 독립 이후까지의 흐름이 비교적 자연스럽게 연결된다. 특히 조호르-리아우 술탄국 시기와 19세기 영국 지배기의 연속성을 강조한 점은, 식민지 이전과 이후를 단절적으로 이해해 온 기존 서술과 분명한 대비를 이룬다. 그런 점에서 학문적 기여 역시 뚜렷하다. 이 책은 단순히 싱가포르를 '발견된' 장소가 아니라, 오랜 기간 인식되고 활용되어 온 해양 거점으로 제시함으로써, 식민지 중심적 역사 서사를 재검토하게 만든다. 또한 고고학적 성과, 지도와 항해 기록, 문헌 사료를 폭넓게 활용하여 단일한 정치사나 제도사에 머물지 않고, 사회·경제·문화적 층위를 함께 조망한다는 점에서도 의의가 크다. 이 책은 전문 연구자뿐 아니라, 싱가포르와 동남아시아 역사에 관심을 가진 독자에게도 기존 인식을 재고하게 만드는 중요한 통사로 자리매김할 것이다.

물론 다소 아쉬운 점도 존재한다. 우선, 다수의 연구자가 참여한 편집서라는 성격상, 장마다 분석의 깊이나 문제의식에 차이가 있으며, 책 전체를 관통하는 하나의 강력한 이론적 틀이 명확히 제시되지는 않는다. 둘째로 싱가포르의 장기적 역사성을 강조하는 과정에서, 결과적으로는 근현대 국가적 서사를 보강하는 방향으로 읽힐 여지도 있다. 그런데도 이 책은 싱가포르 역사를 보다 넓은 시간적, 공간적 맥락 속에서 이해하려는 시도라는 점에서 높이 평가받을 만하다. 또한, 저자들은 의도적으로 책 속에 주석을 만들지 않아 난해한 용어나 맥락에 가끔 막히곤 할 것이다. 하지만, 대체로 내용 속에서 풀어 설명하고 있어 독자들이 큰 어려움을 느끼지 않을 것으로 생각한다. 정말 필요한 곳에는 역주를 간단히 달아두었다. 마지막으로 원서에는 정말 많은 이미지가 들어있는데, 이는 본문의 이해를 돕기 위한 목적으로 보인다. 하지만, 역서의 이미지도 사용료에서 예외일 수가 없어 본문의 내용과 직접적인 관련이 없는 이미지는 원서 발행처와 협의하여 제외하였다. 이미지 사용료와 관계없이 원본의 이미지보다 해상도가 더 높거나 어떤 의미에서 더 낫다고 판단되는 것은 대체하기도 했다. 이미지의 저작권 협상은 이 역서 출판에 있어서 전혀 예상하지 못했던 또 다른 난관 중의 하나가 되었다. 이 과정에서 제자 정현미 양이 정말 열심히 도와주었는데, 이 자리를 빌려 감사의 마음을 전하고 싶다.

원서의 제목 중 700년 숫자에서 출발했던 호기심이 실제 이 책의 번역으로 이끌었다. 싱가포르국립대 역사학과 마이트리 아웅뜨윙(Maitrii Aung-Thwin) 교수와 한국어판을 논의했고 그가 멋지게 협상해주어서 감사하게도 발행처인 싱가포르국립도서관이 무상으로 한국어판 저작권을 제공해주었다. 또한, 여전히 왕성한 학술 활동을 하고 계신 원저자 네 분의 흔쾌한 동의가 있으셨고 격려도 아끼지 않으셨다. 특별히 네 분에게 심심한 감사를 드린다. 그것이 2021년의 일이었다. 코로나 발생으로 전 세계가 혼란에 빠졌고, 개인적으로는 미얀마의 군부 쿠데타로 인하여 진행되던 일들이 엉망이 되면서 그동안 번역이 지체되었다. 그러다가 번역이 마무리되었던 2025년은 한국과 싱가포르가 외교 관계를 맺은 지 50주년이 되는 해였고 이 시기를 놓치지 않으려고 했지만, 결국 최종 출판은 해를 넘기고 말았다. 무엇보다 공동 번역자 강민지 박사, 이정은 교수님, 하정민 교수님께 깊은 감사를 드리고, 함께 출판의 기쁨도 나누고 싶다. 본 역서는 부산외대 아세안연구원의 재정 지원에 힘입어 연구총서의 하나로 빛을 보게 되었고, 이를 위해 애써주신 김동엽 원장님과 이다영 실장님께도 감사의 말씀을 드린다. 무려 4년 넘게 이 책의 출판을 기다려준 싱가포르국립도서관(NLB)의 편집장 지미(Jimmy Yap), 출판 관련 협의를 맡아준 베로니카(Veronica), 이미지 사용 협상에 엄청난 도움을 줬던 아이린(Irene)과 카라지(Karazie) 그리고 싱가포르국가유산청의 안나벨(Annabelle)에게 특별한 고마움을 표한다. 그들의 지속적인 관심과 협력이 없었다면 이 역서는 세상에 나오지 못하였을 것이다. 그리고 광속의 처리 속도로 멋지게 책을 만들어주신 진인진의 배원일 팀장님께도 심심한 감사를 드린다. 마지막으로 이 역서가 한국과 싱가포르의 향후 관계 제고에 일조하고, 싱가포르를 알아가려는 사람들의 훌륭한 길라잡이가 되어 한국의 동남아 이해와 연구에 보탬이 되길 소망해본다.

2026년 1월
옮긴이를 대표하여
박장식

이미지 저작권 표기

겉표지: (앞면) Astronaut Photography Interactive Map. Image Courtesy of the Earth Science and Remote Sensing Unit, NASA Johnson Space Center. (뒷면) Jewel Changi Airport. Courtesy of John Park. (잔팍 제공)

1 페이지 앞: S. Rajaratnam addressing University of Singapore History Society. Ministry of Infor-mation and the Arts Collection, courtesy of National Archives of Singapore. (싱가포르 국립아카이브 제공)

21: Gold armlet and earrings. Courtesy of the National Museum of Singapore, National Heritage Board. (싱가포르국립박물관 제공)

25: Graphic courtesy of John Park (잔팍 그래픽 제공)

27: Jewel of Muscat. Jewel of Muscat website: http://jewelofmuscat.tv/images/prepar-ing-for-sea/nggallery/page/3

28: Song dynasty junk. Reproduced from Kwa Chong Guan, Derek Heng, & Tan Tai Yong (2009), Singapore: A 700-Year History (Singapore: National Archives of Singapore). (싱가포르 국립아카이브 제공)

30: Stone inscription. Courtesy of the National Museum of Singapore, National Heritage Board. (싱가포르국립박물관 제공)

32: Graphic courtesy of John Park (잔팍 그래픽 제공)

33: (왼쪽) Glass globules. Courtesy of National Parks Board. (싱가포르국립공원관리청 제공) (오른쪽) Glass beads. National Parks Board. Photograph reproduced from Mark Ravinder Frost & Yu-Mei Balasingamchow (2009), Singapore: A Biography (Singapore: Editions Di-dier Millet). (싱가포르국립공원관리청 제공)

34: Graphic courtesy of John Park (잔팍 그래픽 제공)

35: Hypothetical reconstruction of temple on Fort Canning Hill. Adapted from drawing by Glenn Lim. (글렌 림 제공)

36: Dookoo or Duku or Lansium domesticum. William Farquhar Collection of Natural History Drawings. Courtesy of the National Museum of Singapore, National Heritage Board. Gift of Mr. G. K. Goh. (싱가포르국립박물관 제공)

37: Untitled Chart of Southern Singapore from Sentosa to Tanjong Rhu, 1825 (detail). From the British Library archive (IOR/X/3346). (영국국립도서관 제공)

39: Fragments of celadon platter and Bodhisattva figure. Courtesy of Lim Chen Sian. (림첸시안

제공)

40: (왼쪽) Fragment of stem-cup excavated from Fort Canning Hill. Reproduced from Kwa Chong Guan, Derek Heng, & Tan Tai Yong (2009), Singapore: A 700-Year History (Singapore: National Archives of Singapore). (싱가포르국립아카이브 제공) (중간과 오른쪽) Blue-and-white stem-cup (top and side views). Collection of the Asian Civilisations Museum, Singa-pore. (싱가포르아시아문명박물관 제공)

41: Small-mouthed jar. Courtesy of the National Museum of Singapore, National Heritage Board. (싱가포르국립박물관 제공)

43: Plan of Singapore Harbour by Captain Daniel Ross (1820). From the British Library archive (Maps 147.e.18.154). (영국국립도서관 제공)

44: Earthenware sherds. Reproduced from Kwa Chong Guan, Derek Heng, & Tan Tai Yong (2009), Singapore: A 700-Year History (Singapore: National Archives of Singapore). (싱가포르국립아카이브 제공)

47: A figurine of a rider on a horse. Collection of the National Museum of Singapore, National Heritage Board. (싱가포르국립박물관 제공)

48: Rhinoceros Hornbill, William Farquhar Collection of Natural History Drawings. Courtesy of the National Museum of Singapore, National Heritage Board. Gift of Mr. G. K. Goh (싱가포르국립박물관 제공)

49: Graphic courtesy of John Park (잔팍 그래픽 제공)

52: Graphic courtesy of John Park (잔팍 그래픽 제공)

55: Statue of Avalokitesvara. Collection of the Asian Civilisations Museum, Singapore. (싱가포르아시아문명박물관 제공)

63: Pages from the Malay Annals. Reproduced from Munshi Abdullah (Ed.), Sejarah Melayu, printed in Singapore, c. 1840. Collection of National Library, Singapore (Accession no.: B03014389F). (싱가포르국립도서관 제공)

67: Postage stamp of Tome Pires. Source: https://nenotavaiconta.wordpress.com/2012/11 /02/selos-postais-comemorativos-da-fundacao-de-macau-1955/

68: Dapunta Hyang Transmission of Knowledge by Zai Kuning at the Singapore Pavilion in the Arsenale. Image courtesy of the National Arts Council of Singapore. (싱가포르국립예술원 제공)

71: Amoghapasa at Candi Jago. Courtesy of John Park. (자고 사원의 아모가파사 조각, 잔팍 제공)

72: Seated Guanyin riding qilin with acolytes. Collection of the Asian Civilisations Museum, Sin-gapore. (싱가포르아시아문명박물관 제공)

73: Guanyin seated on lion. Collection of the Asian Civilisations Museum, Singapore. (싱가포르

아시아문명박물관 제공)

75: Zheng He treasure boat. Wikimedia Commons: https://commons.wikime-dia.org/wiki/File:Nanjing_Treasure_Boat_-_P1070978.JPG. (위키미디어 제공)

76: The Way of Trafficking by Exchange. Reproduced from Johan Nieuhof, Voyages & Travels to the East Indies, 1653-1670 (Oxford in Asia 1988 reprint, 1704 edition of English trans-lation), p. 184. Courtesy of National University of Singapore. (싱가포르국립대학교 도서관 제공)

77: Double ikat textile. Collection of the Asian Civilisations Museum, Singapore. (싱가포르 아시아문명박물관 제공)

78: (왼쪽) A Marchant of Java. Reproduced from Johan Nieuhof, Voyages & Travels to the East In-dies, 1653-1670 (Oxford in Asia 1988 reprint, 1704 edition of English translation), p. 276. Courtesy of National University of Singapore Libraries (싱가포르국립대학교 도서관 제공). (오른쪽) Malay lancaran and Chinese junk. Reproduced from G. de Erédia, C. Ruelens, & L. Janssen (1881), Malaca, L'Inde Orientale et le Cathay; Malaca, L'Inde Meridionale et le Cathay (Bruxelles: Librairie Européenne C. Muquardt). Collection of National Library, Singapore (Accession no.: B03013605G). (싱가포르국립도서관 제공)

79: Scale model of 15th-century Chinese vessel. Photograph by Nick Burningham.

80: New Geographic Map of the interior of Malaca (Godinho de Erédia, 1602). Wikimedia Commons:https://commons.wikimedia.org/wiki/File:New_Geographic_ Map_of_the_Interior_of_Malaca_WDL972.png. Collection of National Library of Brazil. (위키미디어 제공)

83: A Melaya Captain. Reproduced from Johan Nieuhof, Voyages & Travels to the East Indies, 1653-1670 (Oxford in Asia 1988 reprint, 1704 edition of English translation), p. 27. Courtesy of National University of Singapore Libraries. (싱가포르국립대학교 도서관 제공)

88: John Turnbull Thomson (1821-1884), Seletars of Singapore. Watercolour on paper, 23.5× 31.5cm. Hocken Collections, Uare Taoka o Hakena, University of Otago (gifted by the Hall-Jones family, Invercargill, 1992, Accession no.: 92/1259). (오타고대학교 혹켄컬렉션 제공)

91: Map of Singapore and the Johor River to Batu Sawar, by Manuel Godinho de Erédia (c. 1613). Reproduced (with colour added) from G. de Erédia, C. Ruelens, & L. Janssen(1881), Malaca, L'Inde Orientate et le Cathay; Malaca, L'Inde Meridionale et le Cathay (Bruxelles: Librairie Europeenne C. Muquardt). Collection of National Library, Singapore (Accession no.: B03013605G). (싱가포르국립도서관 제공)

94: Portrait of Alfonso de Albuquerque. Museu de Arte Antiga, Lisbon. Wikimedia Commons: https://commons.wikimedia.org/wiki/File:Retrato_de_Afonso_de_Albu-querque_(ap%C3%B3s_1545)_-_Autor_desconhecido.png. (위키미디어 제공)

95: Reconstructed map of Malay Peninsula based on the Muhit. Peter Borschberg, private collec-tion. (피터 보쉬버그 제공)

97: Portrait of Manuel Godinho de Erédia. Reproduced from G. de Erédia, C. Ruelens, & L. Jans-sen (1881), Malaca, L'Inde Orientale et le Cathay; Malaca, L'Inde Meridionale et le Cathay (Bruxelles: Image Credits 301 Librairie Européenne C. Muquardt). Collection of National Library, Singapore (Accession no.: B03013605G). (싱가포르국립도서관 제공)

98: Overlay of Eredia's Atlas Miscelanea map on modern topographic map. Graphic courtesy of Mok Ly Yng (莫縷勇). (목리잉 제공)

99: Sherds from Johor River. Collection of Heritage Conservation Centre, National Heritage Board. Photograph by Kwa Chong Guan. (싱가포르국립유산청 제공)

101: Sketch of a Malay woman. Image reproduced from J. Crawfurd (1828), Journal of an em-bassy from the Governor-General of India to the courts of Siam and Cochin China (London: Henry Colburn). Collection of National Library, Singapore (Accession no.: B20116740J). (싱가포르국립도서관 제공)

102: Drawing of clove plant. Reproduced from Kwa Chong Guan, Derek Heng, & Tan Tai Yong (2009), Singapore: A 700-Year History (Singapore: National Archives of Singapore). (싱가포르국립아카이브 제공)

103: Bird's-eye view of the city of Aceh (Johannes Vingboons, c. 1665). Wikimedia Commons: https://commons.wikimedia.org/wiki/File:AMH-6132-NA_Bird's_eye_view_of_the_ city_of_ Atjeh.jpg. (위키미디어 제공)

105: Gold coins. Courtesy of the National Museum of Singapore, National Heritage Board. (싱가포르국립박물관 제공)

109: Chorographic Description of the Straits of Sincapura and Sabbam. Reproduced from G. de Erédia, C. Ruelens, & L. Janssen (1881), Malaca, L'Inde Orientale et le Cathay; Malaca, L'Inde Méridionale et le Cathay (Bruxelles: Librairie Européenne C. Muquardt). Collection of National Library, Singapore (Accession no.: B03013605G). (싱가포르국립도서관 제공)

110: Map of the Singapore and Melaka Straits, by Andre Pereira dos Reis (c. 1654). W.A. Engel-brecht Collection, Maritime Museum, Rotterdam. (로테르담해양박물관)

111: (위) Porcelain vase and plate. Collection of the National Museum of Singapore, National Heritage Board. Gift of Geoffrey Ovens. (싱가포르국립박물관 제공) (아래) Fragment of a dish with a cavetto wall and fragment of a dish with a water-lily border. Collection of the National Museum of Singapore, National Heritage Board. Gift of Ms. Lee Geok Boi. (싱가포르국립박물관 제공)

112: Rochor, Singapore (1866). Courtesy of the National Museum of Singapore, National Heritage Board. (싱가포르국립박물관 제공)

114: Mao Kun map, published in Wu Bei Zhi. Courtesy of John Park. (잔팍 제공)

115: Selden map. Wikimedia Commons: https://en.wikipedia.org/wiki/Selden_Map#/media/File:Selden_map.jpg. (위키미디어 제공)

116: Overlay of Selden map with Erédia's maps of overland routes. Graphic by Mok Ly Yng (莫縷勇). (목리잉 제공)

117: Sketch of Batu Berlayar (Lt. Jackson, 1823). From the British Library archive (WD 2972). (영국국립도서관 제공)

118: Batu Blair or Sail Rock, Old Straits of Singapore (Charles Dyce). National University of Sin-gapore Museum Collection. (싱가포르국립대학교 박물관 제공)

119: Map of Singapore and Johor River (redrawing of Erédia map, c. 1616-22). Reproduced with permission from NUS Press, publisher of Peter Borschberg (Ed.), Journal, memo-rials and letters of Cornelis Matelieff de Jonge: Security, diplomacy and commerce in 17th-century Southeast Asia. (싱가포르국립대학교 출판사 제공)

121: Portrait of Jan Huygen van Linschoten, from the princeps edition of his Itinerario. Collection of John Park. (잔팍 제공)

122: Map of Singapore and Johor River region. Reproduced and adapted with permission from NUS Press, publisher of Peter Borschberg (Ed.), Journal, memorials and letters of Cor-nelis Matelieff de Jonge: Security, diplomacy and commerce in 17th-century South-east Asia. (싱가포르국립대학교 출판사 제공)

124-5: Exacta & accurata delineatio cum orarum maritimdrum tum etjam locorum terrestrium quae in regionibus China, Cauchinchina, Camboja sive Champa, Syao, Malacca, Arracan & Pegu. Collection of National Library, Singapore. (싱가포르국립도서관 제공)

126: Cezigt van het meer op de Negory Tondano en het daarachter gelegen gebergte.(1677) Collection of Foreign Maps Leupe, National Archives of the Netherlands, The Hague. (네덜란드국립아카이브 제공)

130: A view over Malacca shortly after its conquest by the Portuguese. Gaspar Correia (1858-1863), Lendas da Índia. Wikimedia Commons: https://commons.wikimedia.org/wiki/File:Malacca_in_1511.png. (위키미디어 제공)

133: Hand-coloured etching of junk. Reproduced from Jan Huyghen van Linschoten (1595), ltinerario (Amsterdam: C. Claesz). KB - Nationale Bibliotheek, The Hague (1702 B 4 [1]). (헤이그국립도서관 제공)

135: Etching depicting arrival of Raja Bongsu. Theodor de Bry, Johann Theodor de Bry, & Johann Israel de Bry (1607). Photo courtesy of the Bibliotheca Thysiana, Leiden. (라이든 비블리오테카 티시아나 제공)

140: (위) VOC logo. Wikimedia Commons: https://commons.wikimedia.org/wiki/File:VOC.svg. (위키미디어 제공) (아래) EIC coat of arms (1600-1709). Wikimedia Commons: https://commons.wikimedia.org/wiki/File:Coat_ofarms_of_East_India_Company_ 1600-1709. jpg. (위키미디어 제공)

141: Bazaar at Bantam(Banten), 1596. Wikimedia Commons: https://commons.wikimedia.org/wiki/File:Bazaar_van_Bantam,_1596,_RP-P-OB-80.246.jpg. (위키미디어 제공)

142: Portrait of Jacob van Heemskerk. Reproduced from General biography; or, Lives, critical and historical, of the most eminent persons of all ages, countries, conditions, and professions, arranged according to alphabetical order, 1818. Collection of John Park. (잔곽 제공)

143: Maurice of Nassau receiving Acehnese ambassador. Collection of Rijksmuseum, Amsterdam. (암스테르담국립박물관 제공)

144: Cover of pamphlet, Corte ende sekere Beschrijvinge (1603). Allard Pierson, the Collec-tions of the University of Amsterdam. (암스테르담대학교 제공)

145: Portrait of Hugo Grotius. Wikimedia Commons: https://commons.wikimedia.org/wiki/File:-Michiel_Jansz_van_Mierevelt_-_Hugo_Grotius.jpg. (위키미디어 제공)

146: Contrafactur des Scharmutz els der Hollender wider die Portigesen in dem Flus Balusabar. Theodor de Bry, Johann Theodor de Bry, & Johann Israel de Bry (1607). Collection of National Library, Singapore. (싱가포르국립도서관 제공)

148: Printed etching of landing of VOC troops at Melaka. Reproduced from Johan Isaksz Pontanus, Historia urbis et rerum Amstelodamensium (History of the City and Affairs of Amsterdam), first published in 1611. (요한 폰타누스 제공)

149: Portrait of Cornelis Matelieff de Jonge. Wikimedia Commons: https://commons.wikimedia.org/wiki/File:Cornelis_Matelieff_de_Jonge.jpg. (위키미디어 제공)

153: Title page of Cosmographia, 1628 edition. https://franpritchett.com/00generallinks/munster/graphics/xtitlepage1628.jpg. Collection of Frances W. Pritchett. (프란시스 프리쳇 제공)

155: Pepper plant. William Farquhar Collection of Natural History Drawings. Courtesy of the National Museum of Singapore, National Heritage Board. Gift of Mr. G. K. Goh. (싱가포르국립박물관 제공)

157: View of the city of Palembang. Wikimedia Commons: https://upload.wikimedia.org/wikipedia/commons/5/55/AMH-4619-NA_View_of_the_city_of_Palembang.jpg. (위키미디어 제

공)

159: Portrait of Pieter Willemsz Verhoeff (c. 1573-1609). Wikimedia Commons: https://upload.wikimedia.org/wikipedia/commons/3/30/Portret_van_Pieter_Willemsz_Verhoeff_%28c._1573-1609%29_Rijksmuseum_SK-A-1469.jpeg (위키미디어 제공)

162: View of entrance to port of Batavia. Wikimedia Commons: https://upload.wikimedia.org/wikipedia/commons/a/a4/AMH-6135-NA_View_of_Batavia.jpg. (위키미디어 제공)

163: View of the Island of Ternate. Johannes Kip, 1682. Collection of Rijksmuseum, Amsterdam. (암스테르담국립박물관 제공)

166: (위) Portrait of Sir Francis Drake in 1591. Wikimedia Commons: https://upload.wikimedia.org/wikipedia/commons/7/7d/Gheeraerts_Francis_Drake_1591.jpg. (위키미디어 제공) (아래) Bird's-eye view of the city of Bantam(Banten). Wikimedia Commons: https://commons.wi-kimedia.org/wiki/File:Bird%E2%80%99s-eye_View_of_the_City_of_Bantam_de_Bry.jpg. (위키미디어 제공)

167: View of Fort Concordia at Kupang on Timar. Wikimedia Commons: https://commons.wiki-media.org/wiki/File:AMH-4677-NA_View_of_Fort_Concordia_ at_Coupan.jpg. (위키미디어 제공)

170: Carte réduite des detroits de Malaca, Sincapour, et du Couverneur, dressée au dépost des cartes et plans de la Marine (Jacques Nicolas Bellin, 1755). Peter Borschberg, private collection. (피터 보쉬버그 제공)

172: Sultan Mahmud Mangkat di Julang Mausoleum. Wikimedia Commons: https://commons.wikimedia.org/wiki/File:Sultan_Mahmud_Mangkat_Di_Julang_Mau-soleum.jpg. (위키미디어 제공)

173: Hand-drawn chart of southern portion of Malay Peninsula and Singapore Strait, by Thomas Bowrey (1690). From the British Library archive (Add.5222 f.10). (영국국립도서관 제공)

174: A Map of the Dominions of Johor and of the Island of Sumatra with the Adjacent Islands. Reproduced from Alexander Hamilton (1727), A New Account of the East Indies. Leiden University Libraries. (라이든대학교 도서관 제공)

178: A Bugis or Boekjes. Reproduced from Johan Nieuhof, Voyages & Travels to the East Indies, 1653-1670 (Oxford in Asia 1988 reprint, 1704 edition of English translation). Courtesy of National University of Singapore Libraries. (싱가포르국립도서관 제공)

182: Hand-drawn Map of Riau Straits. Leiden University Libraries. (라이든대학교 도서관 제공)

184: Map of Singapore Straits (1680). From the British Library archive (Add. 15737 f.9v-10). (영국국립도서관 제공)

186-7: Carte réduite des détroits de Malaca, Sincapour, et du Couverneur, dressée au dépost des cartes et plans de la Marine (Jacques Nicolas Bellin, 1755). Collection of John Park (잔팍 제공)

188: Map of Singapore and the Straits (Dupré Eberard, 1700). From the British Library archive (Add. 15738 f.29). (영국국립도서관 제공)

189: Singapore's many names in historical maps. Graphic by Peter Borschberg. (피터 보쉬버그 제공)

190: A Large Chart Describeing the Streights of Malacca and Sincapore. Sam Thornton (c. 1711). Collection of National Library, Singapore. (싱가포르국립도서관 제공)

194: Fort of Rhio from the Roads (Charles Dyce). National University of Singapore Museum Col-lection. (싱가포르국립대학교 박물관 제공)

195: lranun Ianon warship, by Rafael Monleón (1890). Wikimedia Commons: https://commons. wikimedia.org/wiki/File:lranun_lanong_warship_by_Rafael_Monle%C3%B3n_(1890). jpg. (위키미디어 제공)

196: lranun pirate of Borneo. Reproduced from Frank Marryat (1848), Borneo and the Indian Archipelago: with drawings of costume and scenery (London: Longman, Brown, Green, and Longmans).

198: Watercoloured sketch of Dutch Melaka (Jan Keldermans, 1764). Collection of Rijksmuseum, Amsterdam. (암스테르담국립박물관 제공)

199: Portrait of Baron Godert van der Capellen. Wikimedia Commons: https://commons.wi-ki-media.org/wiki/File:Godart_Alexander_Gerard_Philip_Baron_van_der_Capellen_(l778-1848)._Gouverneurgeneraal_(1816-26)_Rijksmuseum_SK-A-3795.jpeg. (위키미디어 제공)

200: Portrait of Francis Rawdon-Hastings. Wikimedia Commons: https://commons.wikimedia. org/wiki/File: Francis_Rawdon-Hastings_(l754-1826),_2nd_Earl_of_Moira_(later_1st_ Mar-quess_of_Hastings),_Governor-General_of_Bengal_and_Commander-in-Chief_of_ the_Forc-es_in_lndia.jpg. (위키미디어 제공)

205: Malay Perahu. Thomas and William Daniell (1769-1837), 1800s, Singapore. Courtesy of the National Museum of Singapore, National Heritage Board. (싱가포르국립박물관 제공)

209: Map of Singapore 1819-20. The Bute Collection at Mount Stuart, Isle of Bute, Scotland. (부트컬렉션 제공)

213: Horsburgh chart (1824). James Horsburgh; engraved by John Bateman. Collection of Na-tional Library, Singapore. (싱가포르국립도서관 제공)

215: Sketch of the Land Round Singapore Harbour, Feb 7 1819. The National Archives, Kew,

Richmond, U.K. (Ref. ADM 344/1307). (영국국립아카이브 제공)

218: Raffles' ship Indiana. Courtesy of the National Museum of Singapore, National Heritage Board. (싱가포르국립박물관 제공)

221: Treaty of 1819. Courtesy of the National Museum of Singapore, National Heritage Board. (싱가포르국립박물관 제공)

222-3: Singapore Waterfront, 1861 (W. Gray). Courtesy of the National Museum of Singapore, National Heritage Board. (싱가포르국립박물관 제공)

224: Portrait of Munshi Abdullah by Harun Lat. Collection of Perbadanan Muzium Melaka. (말라카박물관 제공)

225: (왼쪽) William Farquhar. Lithograph, c. 1830. Wikimedia Commons: https://commons.wikimedia.org/wiki/File:WilliamFarquhar.jpg. (위키미디어 제공) (중간) Sir Thomas Stamford Raf-fles. Painted by James Lonsdale, 1817. Courtesy of the Zoological Society of London. (런던동물학회 제공) (오른쪽) Portrait of John Crawfurd. Courtesy of the National Museum of Singapore, National Heritage Board. (싱가포르국립박물관 제공)

226: The River From Monkey Bridge (Charles Dyce). National University of Singapore Museum Collection. (싱가포르국립대학교 박물관 제공)

227: View of Boat Quay from Fort Canning. August Sachtler of Sachtler & Co. (1860-70), 1860s. Courtesy of the National Museum of Singapore, National Heritage Board. (싱가포르국립박물관 제공)

228-9: Plan of Singapore Town and Adjoining Districts from Actual Survey by John Turnbull Thomson, Governor Surveyor (1844). Courtesy of National Archives of Singapore. (싱가포르국립아카이브 제공)

232: Siamese Junks Moored in Singapore (1842). Courtesy of the National Museum of Singapore, National Heritage Board. (싱가포르국립박물관 제공)

233: Chinese Junk in Singapore. Louis Le Breton, 1839. Courtesy of the National Museum of Singapore, National Heritage Board. (싱가포르국립박물관 제공)

235: Alexander Guthrie. Courtesy of National Archives of Singapore. (싱가포르국립아카이브 제공)

236: (좌) View of para rubber plantation, Singapore. Courtesy of National Archives of Singapore. (싱가포르국립아카이브 제공) (우) Henry Nicholas Ridley. Courtesy of National Archives of Singapore. (싱가포르국립아카이브 제공)

237: Coaling by Night at Singapore (1876). Courtesy of the National Museum of Singapore, Na-tional Heritage Board. (싱가포르국립박물관 제공)

238: Tanjong Pagar docks. Courtesy of the National Museum of Singapore, National Heritage

Board. (싱가포르국립박물관 제공)

239: View of Battery Road and Tan Kim Seng Fountain. Courtesy of the National Museum of Singapore, National Heritage Board. (싱가포르국립박물관 제공)

241: Kampong Bugis (1890s). G.R. Lambert, Streets and Places. Lee Kip Lin Collection. All rights reserved, Lee Kip Lin and National Library Board, Singapore. (리킵린 및 싱가포르국립도서관 제공)

242: Office staff of Alkaff and Co. Reproduced from Arnold Wright & H.A. Cartwright (Eds.) (1908), Twentieth-century impressions of British Malaya: Its history, people, com-merce, industries, and resources (London: Lloyd's Greater Britain Publishing Compa-ny, Limited).

244: Pilgrims on the Hajj on board a ship. Ministry of Information and the Arts Collection, cour-tesy of National Archives of Singapore. (싱가포르국립아카이브 제공)

245: Sri Mariamman Temple (c. 1890). Courtesy of the National Museum of Singapore, National Heritage Board. (싱가포르국립박물관 제공)

247: (왼쪽) Chettiars (studio shot from the 1920s). Nachiappa Chettiar Collection, courtesy of Na-tional Archives of Singapore. (오른쪽) Rm. V. Supramanium (1920s). Nachiappa Chet-tiar Collection, courtesy of National Archives of Singapore. (싱가포르국립아카이브 제공)

249: Portrait of Tan Tock Seng. Courtesy of National Archives of Singapore. (싱가포르국립아카이브 제공)

251: Hokkien Street (1890s). Courtesy of the National Museum of Singapore, National Heritage Board. (싱가포르국립박물관 제공)

252: The first committee of the Straits Chinese British Association. Courtesy of National Archives of Singapore. (싱가포르국립아카이브 제공)

254: Suez Canal. Wikimedia Commons: https://commons.wikimedia.org/wiki/File:Su-ez-CanalKantara.jpg. (위키미디어 제공)

255: Two Means of Conveyance in the Straits Settlements. Courtesy of the National Museum of Singapore, National Heritage Board. (싱가포르국립박물관 제공)

256: Electric tram at Collyer Quay (c. 1905). Koh Seow Chuan Collection, courtesy of National Archives of Singapore. (싱가포르국립아카이브 제공)

259: Hikayat Abdullah, published by Mission Press, Singapore, 1849. Collection of National Li-brary, Singapore (Accession no.: B03014389F). (싱가포르국립도서관 제공)

261: Chang Chin Fai, Changing Cityscape (1992). Reproduced with permission of the artist; re-produced from Singapore: Places, poems, paintings (Singapore: Art and Artist Speak). (창 친파이 제공)

262-3: Waterworks and Boat Quay (C.J. Kleingrothe, 1907). Courtesy of the National Museum of Singapore, National Heritage Board. (싱가포르국립박물관 제공)

266: Ferryboat between Singapore and Johor. Arshak C. Galstaun Collection, courtesy of Nation-al Archives of Singapore. (싱가포르국립아카이브 제공)

267: Singapore-Johor Causeway. Courtesy of National Archives of Singapore. (싱가포르국립아카이브 제공)

269: (위) Pillbox at Labrador. Courtesy of Minji Kang. (강민지 제공) (아래) General Archibald Wavell inspecting Singapore's fortification. Reproduced from Kwa Chong Guan, Der-ek Heng, & Tan Tai Yong (2009), Singapore: A 700-Year History (Singapore: National Archives of Singapore).

271: Execution of mutineers of 5th Light Infantry at Outram Road (c. March 1915). Wikimedia Commons: https://commons.wikimedia.org/wiki/Fi le:1915 Sirigapore_Mutiny.jpg. (위키미디어 제공)

273: Singapore Volunteer Corps, Seletar Camp (1928). Reproduced from Ministry of the Interi-or and Defence (1969), Our Security, 1819-1969: Nation-building through service in the armed forces and the police (Singapore: Printed by the Govt. Print. Off.). Collection of National Library, Singapore. (싱가포르국립도서관 제공)

274: Tan Kah Kee at Ee Hoe Hean Club. Tan Kah Kee Memorial Museum Collection, courtesy of National Archives of Singapore. (싱가포르국립아카이브 제공)

275: Japanese tanks rolling past Supreme Court, 1942. Courtesy of Lim Shao Bin, collection of National Library, Singapore (Accession no.: B29245901J). (림샤오빈 제공)

276: Japanese soldiers in Singapore. Reproduced from Liu Kang (1946), Chop Suey, Vol. II (Sin-gapore: Eastern Art Co.). Collection of the National Library, Singapore (Accession no.: B02901746G). (싱가포르국립도서관 제공)

277: Subhas Chandra Bose declaring the formation of the provisional government of Azad Hind. Nirvan Thivy Collection, courtesy of National Archives of Singapore. (싱가포르국립아카이브 제공)

278: Chin Peng as MPAJA commander. Imperial War Museum Collection, courtesy of National Archives of Singapore. (싱가포르국립아카이브 제공)

280: (위) Emergency regulations pamphlet. Reproduced with permission from SGM Herbert A. Fried-man (Ret.). (허버트 프리드먼 제공) (아래) Sir Gerald Templer at Kallang Airport (1952). Ministry of Information and the Arts Collec-tion, courtesy of National Archives of Singapore. (싱가포르국립아카이브 제공)

282: Tan Tee Chie, On Strike (1955). Oil on canvas, 66 x 86.5 cm. Collection of National Gallery Singapore. (싱가포르국립미술관 제공)

284: Ho Chi Minh (c. 1946). Wikipedia Commons: https://upload.wikimedia.org/wikipedia/commons/f/f7/Ho_Chi_Minh_-_1946_Portrait_%28cropped%29.jpg. (위키미디어 제공)

285: PAP members campaigning (1959). Ministry of Information and the Arts Collection, courtesy of National Archives of Singapore. (싱가포르국립아카이브 제공)

287: Lim Chin Siong's release from Changi Prison. Ministry of Information and the Arts Collection, courtesy of National Archives of Singapore. (싱가포르국립아카이브 제공)

289: Chua Mia Tee, National Language Class (1959). Oil on canvas, 112 x 153 cm. Collection of National Gallery Singapore. (싱가포르국립미술관 제공)

291: Lee Kuan Yew and Tunku Abdul Rahman in 1963. Courtesy of National Library Board. (싱가포르국립도서관 제공)

294: MacDonald House bombing. Ministry of Culture Collection, courtesy of National Archives of Singapore. (싱가포르국립아카이브 제공)

296: Tan Siew Sin and Goh Keng Swee. Ministry of Information and the Arts Collection, courtesy of National Archives of Singapore. (싱가포르국립아카이브 제공)

301: Raising of Singapore flag. Reproduced with permission from Ren min xing dong dang, 1954-1979 (People's Action Party 25th anniversary publication). Collection of National Library, Singapore. (싱가포르국립도서관 제공)

302: Smelted tin, Pulau Brani (1952). Ministry of Information and the Arts Collection, courtesy of National Archives of Singapore. (싱가포르국립아카이브 제공)

303: Transforming Jurong. Ministry of Information and the Arts Collection, courtesy of National Archives of Singapore. (싱가포르국립아카이브 제공)

304: Albert Winsemius. Ministry of Information and the Arts Collection, courtesy of National Archives of Singapore. (싱가포르국립아카이브 제공)

309: Lai Kui Fang, Construction of Sheares Bridge (1976). Oil on canvas, 202×132 cm. lstana Art Collection. Courtesy of National Heritage Board. (싱가포르국립유산청 제공)

310: Lee Boon Wang, Shipyard (c. 1970s). Oil on canvas, 84×123 cm. Gift of the artist. Collection of National Gallery Singapore. (싱가포르국립미술관 제공)

312-3: Port of Singapore. Photo credit: Maritime and Port Authority of Singapore. (싱가포르해양항만청 제공)

색인

700년의 싱가포르 역사

초판 1쇄 발행 | 2026년 1월 15일

지은이 | 콰총관·데릭 헹·피터 보쉬버그·탄타이용
옮긴이 | 박장식·강민지·이정은·하정민
발행인 | 김영진
발행처 | 진인진
등   록 | 제25100-2005-000003호
주   소 | 경기도 과천시 관문로 92, 101-1818
전   화 | 02-507-3077-8
팩   스 | 02-507-3079
홈페이지 | http://www.zininzin.co.kr
이메일 | pub@zininzin.co.kr

ⓒ 부산외국어대학교 아세안연구원 2026
ISBN 978-89-6347-664-3 03910